趙東艷、張志坤◎合著

藩鎮割據之亂與
新政舊制衝擊的悲歌

商君雄秦

在封建制戰勝奴隸制的浪潮中，商鞅以改革者的姿態在這一大潮中推波助瀾，並使秦國一躍而起。然而他本人最後卻遭受了極為悲慘的車裂之刑。

自從夏啟建立了世襲制的奴隸制國家後，奴隸制最終在中原大地上確立了起來，並於商周達到了鼎盛時期。奴隸制的最大特點就是以宗法制度來維護奴隸主貴族的統治。所謂宗法制度，就是在原來氏族部落的基礎上，以血緣為紐帶而建立的社會關係。在宗法制度下，全體宗族成員為族長而效命，世世代代受其奴役。到西周時期，就發展成了等級森嚴的分封制度。

西周時，周天子是最大的奴隸主，是全國土地和人民的最高所有者，普天之下，莫非王土，率土之濱，莫非王臣。可以想像他是何等的高貴顯赫，威震四方。他為了更有效統治他的國家和他的人民，把同姓子弟都分封到各處，同時受封的還有周的功臣、親戚以及堯、舜、禹三王後代，這樣就形成了西周時期非常有特色的塔形分封制度。

周朝還制定了嚴格的宗法等級——嫡長子繼承制，來維護統治，即天子之位傳給嫡長子，其他兒子只能受封為諸侯；各諸侯國中也是嫡長子為繼承人，其他兒子只可以在國內做大夫；大夫也同樣往下傳，其他兒子只能為士，嫡長子享有土地的繼承權。這樣天子是大宗，對於天子來說，諸侯是小宗，而對於大夫來說，諸侯又

是大宗，自己又是小宗了，就好比一棵樹分成無數樹枝，樹枝又分出葉子。層層分封，有如金字塔一般，天子位於塔頂，號令諸侯，諸侯統轄卿大夫，卿大夫又統轄士，位於塔底層的是千千萬萬窮苦的奴隸。

在這種嚴格的等級制度下，諸侯承擔鎮守疆土、捍衛王室、繳納貢物、朝覲述職等義務，卿大夫對諸侯承擔從徵、納貢等職責，士也要對卿大夫承擔各種雜務。如此明確的分工，使周天子在分封後的一段時間裡，能號令諸侯，一統天下，出現了奴隸制空前的繁榮。但是，就在統治者處心積慮、千方百計強化奴隸制統治，以為江山永固的時候，他們卻萬萬沒有想到，作為奴隸制掘墓人的新興封建因素，正在奴隸制的母體中孕育而生，並於不久之後取而代之。

隨著時間的推移，各諸侯國與周王室的血親關係越來越淡薄，親情逐漸淡漠。周王朝到了懿王時國勢衰弱，各諸侯國的勢力卻逐漸膨脹。西元前七七〇年，犬戎入侵，西周滅亡，周平王東遷洛邑（今河南洛陽）。東遷的周王朝再也不能對諸侯發號施令了，西周時期的那種「禮樂、征伐自天子出」遂為「禮樂、征伐自諸侯出」所代替，歷史進入到大國爭霸的春秋戰國時期。

與此同時，奴隸制的土地關係——井田制，也出現了新的問題。井田就是把土地分為方塊，以柵欄等分隔，呈井字形，所以叫井田。它分公田和私田兩部分。公田是領主的土地，私田分給奴隸。分得私田的奴隸首先要無償耕種公田，然後才能耕種自己的小塊分地。待秋收時節，領主的公田收成是領主的財產，而奴隸卻還要由私田所得向領主交納糧食、織麻等等。到頭來，奴隸所剩無幾，他們由衷發出「無衣無褐，何以卒歲」的慨嘆！但是，儘管奴隸主的盤剝較重，但奴隸畢竟有自己的一塊土地，也有一定的自由，而且隨著鐵製工具的使用以及牛耕的出現，這種自由越來越大了。

生產力的發展，使奴隸勞動的效率大大提高，公田和私田都能很快耕種完畢，於是奴隸們漸漸開始開墾一些荒蕪的土地，日久天長，私有土地越來越多。有遠見的奴隸主貴族感到已再難以將奴隸束縛在井田之上了，於是開始改變剝削形式，他們把土地分成小塊，出租給逃亡奴隸和破產平民，並以收租的方式代替了原有的勞

役地租。這樣就出現了自由民階層，一些奴隸主貴族也逐漸轉化成了封建地主階級，因此，維持奴隸統治的井田制遭到破壞，封建因素也悄然誕生。

就在封建制度已見萌芽之時，各諸侯國內的摩擦越來越激烈，那些有能力卻不能世襲侯位的卿大夫和士們開始不滿於現有地位，他們從自由民那裡買得土地，並建立了自己的武裝，成了新興的地主階級。這種階級自興起之日起便迅速發展壯大，並急於登上歷史的舞台，商鞅等一批改革者就是他們的代表。

春秋戰國時期，地主階級開始成為社會的主角。為了使國家走上富強，稱霸諸侯，他們面對新的社會局面，在國內紛紛實行了改革。

率先改革的是齊國的管仲。管仲將私田分成不同的等級進行徵稅，同時，把全國劃分為二十一個鄉，並設了鄙、屬、縣、鄉、卒、邑等各級地方組織，這樣就將原來的宗法關係變為封建的行政管理秩序。齊國經過改革之後，首先走上了春秋霸主的地位。

西元前五九四年，魯國也宣布「初稅畝」，即按擁有土地的畝數徵稅。此外，晉、楚、鄭國都對土地制度進行了相應的調整，並在政治上實施一系列改革，以打擊奴隸主貴族的勢力，為地主階級發展創造條件。這樣，齊、晉、魯、楚、鄭五國都通過改革而實現了富國強兵的願望，成為春秋五霸。

戰國初年，三晉、齊、楚等國雖都進行了不同程度的改革，但其中進行最早、影響最深遠的當屬魏國的改革。魏文侯是魏國有名的君主，他勵精圖治、奮發圖強、選賢任能、網羅人才，其中李悝、西門豹、吳起等都是魏文侯慧眼所識，並重用實行變法的人。

李悝是一位了不起的改革家，他首次大膽地提出了廢除維護奴隸主貴族特權利益的世卿世祿制度，規定以軍功的大小給予官吏俸祿，並重視以法致用，作《法經》，加強王權統治。與此同時他廢除原有井田的阡陌封疆，充分利用地力，並提出豐年向農民多徵糧食以備荒年之用的「平糴法」。李悝的變法使魏國迅速強大起來，成為戰國第一雄。繼此之後，南方的楚國也企圖富國強兵，起用了魏武侯時被大臣王錯排擠的吳起進行變

法。吳起也是從廢除舊貴族爵祿、並廢除官吏世襲這些十分尖銳的問題著手，怎知楚國的舊貴族勢力太強大，改革僅一年，吳起就被殺身亡。但是，由於吳起在楚國很注重養兵，使楚國的軍隊也日益強悍。

東方各國風起雲湧的改革之勢，使國家都變得強盛起來。他們都躍躍欲試，企圖威震一方，完成統一霸業。所有這一切，都使偏居西陲的秦國感到岌岌可危。

秦國原是位於陝西西部的一個小國，由於西周滅亡時，秦襄公護送周平王東遷有功，才被列為諸侯。春秋時期，當晉國稱霸之時，秦國也很想向東擴展自己的勢力，但幾次東征，都出師不利。秦國東進的道路被晉國牢牢地遏制住，無法向東邁進，便開始向西發展，去征服鄰近的戎人，開疆拓土，依山河之險，成了西方的霸主。

戰國初年，秦國的社會經濟也發生了劇烈變化，為了適應新的經濟發展形勢，西元前四〇八年，秦國也以實物地租的形式代替了勞役地租，叫「初租禾」。西元前三七八年，又開闢了市場交易，即「初行為市」，使商品交換活躍起來。秦國雖然有這些變動，但是比起東方各國卻落後許多。

此時，東方的魏、楚都因改革而強盛起來，並直接威脅到秦國。吳起在魏國時，就訓練了一支充滿戰鬥力的常備軍叫「魏武卒」。西元前四〇九年，吳起奉魏文侯之命領兵攻打秦國，一舉攻下秦洛水以東的五座城池。魏國在那裡設立西河郡，秦國失去了洛水以東的土地。楚國自吳起改革之後，將整頓機構和吏治所節省下來的錢作為加強軍備之用，使楚國很快強盛起來，並開始拓展疆土，也直接威脅到秦國。

就在魏、楚兵強馬壯之時，秦國不但沒有富國強兵之策，反而被極大的內憂所困擾。秦國的奴隸主勢力十分強大，統治階級內部的鬥爭異常激烈。自從秦躁公（西元前四四三年至四二九年）死了以後，秦國的宗室貴族操縱著國家的政權，他們爭權奪位的鬥爭接連不斷，國君更替不迭，臣子乘機作亂。秦懷公在位不到四年就被庶長鼂逼死，立了秦靈公。靈公死後，他的叔父發動宮廷政變，篡奪了君位，即秦簡公。

簡公時，秦國政治腐敗，經濟落後，雖有「初租禾」這一稅制改革推出，但一時很難扭轉積貧積弱的局

面。秦簡公死後，兒子惠公即位。秦惠公為了抵禦強魏的進攻，採取以攻為守的策略，曾三次進攻魏國，並曾出兵韓、蜀兩國，樹立了一定的國威。惠公死後，兒子出子即位。出子在位僅兩年時間，西元前三八五年，庶長菌改殺掉了出子，立靈公之子公子連即位，這就是秦獻公。

靈公死後，秦簡公篡位，公子連被迫流亡魏國長達二十一年之久。在背井離鄉的日子裡，他看到了魏國是何等的國富兵強，而想起自己貧弱的祖國，心裡便時時感到悲愴。回國後，他決心仿效魏國，發憤圖強，著手整頓國內事務，以改變秦國長期以來的內憂外困、貧弱落後的局面。他首先廢除在秦國實行了三百多年的殺人殉葬制度。初步制定了戶籍制度，即把人口編戶，五家為一伍，從而形成新基層行政單位的雛形。

他還在邊疆設立了打破奴隸主貴族世襲封地的四個縣，並把都城由原來的雍城（今陝西鳳翔）東遷到櫟陽（今陝西臨潼），以擺脫舊貴族勢力的影響和便於向東發展。秦獻公的這些措施對打擊奴隸主貴族的勢力、促進封建經濟發展無疑都具有積極的意義，同時也創造了良好的變法氛圍，為後來的商鞅變法打下基礎。秦獻公初步改革之後，秦國封建經濟有了一定的發展，國內外形勢也發生了一些變化。在此之後，秦國曾打敗韓魏聯軍，並曾深入魏國境內，一次斬首魏軍六萬人。在獻公時，秦國可說達到了初步的繁榮。

但是，儘管如此，秦國奴隸主貴族的勢力仍然很強大，國內摩擦還十分尖銳。在外交上，秦國的地位仍然很低弱，被視為夷狄之列。並一直被摒棄於諸侯盟會之外。就是在這種國亂、兵弱而主卑的情況之下，西元前三六二年，獻公的兒子渠梁即位，這就是秦孝公，一個使秦國發生翻天覆地變化的英明國君。

西元前三六二年，對於秦國人來說，是既悲傷又歡慶的一年。悲傷的是，他們失去了獻公這樣一位久未出現的好君王；歡慶的是，具有遠大抱負的新的國君即位了。

孝公登基不久，便在全國各地貼出詔令：「想當初先祖穆公在岐山雍水之間，修德行武，東與晉國以河為界，西霸戎狄，廣地千里，為後世開闢基業，是何等的榮耀。後來經過歷公、躁公、簡公、出子的混亂時期，內憂外患，使三晉奪取了我河西之地，各諸侯國都鄙視我秦國，這真是莫大的恥辱。獻公即位後，鎮撫

邊境，遷都櫟陽，目的在於向東擴展勢力，以恢復故地，行穆公之政令。寡人每想到父親未盡之事業，常常痛疾於心。現在各位賓客群臣，如能有誰獻出妙計，使秦國強盛，我將給予他高官，封賜給土地。」這就是孝公的招賢令。

人們看到了這個招賢令後奔走相告，議論紛紛。秦國有史以來獎勵功臣，從不賜給土地，如今新君以土地相許，足見其富國強兵的決心以及思賢若渴的急切心情。於是人們紛紛向孝公獻計獻策，各國有才之士也都紛紛投奔秦國。商鞅便是其中之一。

商鞅（約西元前三九〇年至三三八年）原是衛國沒落宗室貴族的後裔，他本姓公孫，名鞅，又名衛鞅，只因後來被秦孝公封在商地（今陝西商縣東），才被稱為商鞅，號商君。年輕時的商鞅就極熱衷於法家學說，曾經潛心研究過管子的法學思想，他對李悝、吳起等人的改革成就十分嚮往，並夢想著能像他們那樣有所作為。當時衛國是魏的屬國，魏國經改革之後國力強盛，欣欣向榮，這使年輕的商鞅對魏國充滿了希望，在他的心中，魏國的一切都顯得那樣朝氣蓬勃。因此，在魏惠王即位後不久，商鞅便懷著大展宏圖的志向，離開了自己的故鄉，來到了他嚮往已久的魏國。

商鞅首先投奔到了推崇變法的魏相公孫痤的門下，做了他的執事家臣中庶子，目的在於有朝一日，能使公孫痤將自己推薦給惠王。在那裡，他刻苦學習李悝的著作《法經》，並注重研究李悝、吳起的政治主張和改革實踐，準備待惠王重用他後，把自己的畢生精力都貢獻給新興地主階級的變法事業。

然而不幸的是，當公孫痤還沒來得及推薦商鞅的時候，就重病纏身，臥床不起了。魏惠王聽說後，特地來探望，他見丞相生命垂危，心裡很難受，怎奈自古死生有命，傷心也無益，他便向公孫痤請教後事。惠王問道：「萬一愛卿有個三長兩短，我的國家將由誰來輔佐呢？」公孫痤掙扎著說道：「我有個家臣，名叫公孫鞅，此人有非常的才能，希望我死後君王將國家託付給他，老臣便放心了。」惠王一聽，覺得很奇怪，心裡想：「公孫痤一定是病糊塗了，怎麼會讓我把國家交付給他的一個家臣呢？」所以他沒有作聲。公孫痤看

惠王沉默不語，知道惠王一定是覺得商鞅年輕，資歷淺，又沒有名望，因此不會重用他。於是他又讓身邊的人都退下，對惠王悄聲說道：「君王既然不肯重用此人，就一定要把他殺了，千萬不能讓他逃出魏國，否則日後必成魏國之患。」

這一次惠王點了點頭，看來是同意了。等惠王走後，公孫痤把商鞅叫到自己的榻前，他很抱歉地對商鞅說：「剛才惠王問我誰可以為相，我說你可以，王沉默不語，表明他並不同意我的意見。我因為先君後臣，於是對他說，如果不用你，就把你殺掉，這次他答應了我。現在你趕快逃走吧，以免遭殺身之患。」商鞅聽了以後，不但沒有害怕，反倒還笑了笑，他不慌不忙地說：「大人讓他重用我，他不聽，大人讓他殺了我，他也不會聽的。」果然不出所料，惠王覺得商鞅乃是一無名小輩，不必傷他。此事在他的腦海中逐漸淡忘了，直到有一天，商鞅率領秦國的軍隊打到魏國城下，他才如夢方醒，後悔沒聽公孫痤的話，當然這是後話。商鞅沒有馬上離開魏國，如他所預料的那樣，他的生命沒有什麼危險，但是他的理想卻成了泡影，他那種奔魏時所具有的巨大熱情和朝氣都被這團冰所冷卻。

正當商鞅在魏國懷才不遇的時候，傳來了秦孝公招賢的消息，商鞅欣喜若狂。他又抱著新的希望，一路風塵，來到秦國。

商鞅通過孝公的寵臣景監見到了孝公。那是西元前三六一年初春的一個早晨，商鞅第一次求見孝公。這對於還不到三十歲的商鞅來說，實在是太讓人興奮了，自己已經歷了一次磨難，這一次他慶幸自己終於找到了明主，他可以實現自己的夙願了。於是商鞅慷慨陳詞，侃侃而談，興致勃勃地說了許久。可是孝公卻似聽非聽，昏昏欲睡。孝公退朝後對景監大怒道：「你介紹的這叫什麼賢人啊，簡直就是狂妄之徒，怎能重用？」景監不知道是怎麼回事，就去問商鞅。商鞅不慌不忙地說：「我給公講的是帝王之道，看來公的志趣並不在於此。請大人為我稟明公，我要再次求見。」景監見他泰然自若的樣子，也只好答應了他。

孝公怒氣過後，回想起商鞅所講的稱帝方法，覺得還是很有道理的，只是自己所處的環境，連與各諸侯國

平起平坐都不能，還談什麼帝王之道。再細想想，覺得商鞅還是很有見地。過了五天之後，孝公再次召見商鞅。這一次商鞅講的是王道理論，顯然又未中孝公之意。

商鞅摸清了此時的孝公不需要帝道和王道，於是他在第三次見到孝公時，以霸道理論講給孝公聽，也就是建議孝公如何稱霸諸侯。這一下子就說到孝公的心裡了，他聽得十分認真，並覺得商鞅所言極是。事後，商鞅對景監說道：「孝公有用我之意，我知道他一定還會召見我的。」果然，沒過多久，孝公就對景監說：「你介紹的這位客人很不錯，我要和他仔細地談談。」

於是，孝公第四次召見了商鞅，這一次君臣二人談得十分投機，孝公甚至忘記了君臣之禮，不知不覺湊近商鞅，兩人如久別知己，一連長談幾天，都覺得意猶未盡，相見恨晚。商鞅終於在歷盡波折之後，得到了秦孝公的信任和重用，他終於找到了施展理想與抱負的天地，於是他便開始著手他的改革方案了。

孝公要重用商鞅實行變法的消息很快在秦國朝野上下傳開了。秦國裡舊的奴隸主勢力十分強大，他們知道變法一定會觸犯他們的利益，於是便極力進行抵制。除此之外，許多人都並不清楚變法究竟會怎麼樣，對變法持懷疑態度，這些人也不支持變法。面對這種局面，秦孝公也有些舉棋不定，尤其是甘龍、杜摯等反對者多次上疏，危言聳聽，極言變法的危害之後，孝公更是有些猶豫了。商鞅對此看得清清楚楚，他意識到，堅定孝公的變法決心是至關重要的，同時也為了使更多的人瞭解到變法是強秦的關鍵，他必須想辦法在輿論上戰勝守舊派。於是商鞅與甘龍等人就是否變法問題展開了一場別開生面的大討論。

這天早朝，孝公對是否變法問題，徵求百官意見。商鞅首先站出來說道：「臣啟陛下，行動舉棋不定，就不會有成就，辦事瞻前顧後，就難以取得成功。況且有所作為的人，容易受到世俗的非難；見地非凡的人，往往被人們所詆毀。愚蠢的人往往墨守成規，而智者往往都具有先見之明。普普通通的民眾不能與他們探討如何創業，他們只配坐享其成罷了。這就是所謂的至德者不和於俗，成大功者不謀於眾。所以說，從長遠角度來看，只要能使國家富強起來，就不必沿襲舊制度；只要有利於人民，就不能死抱老規矩不放。陛下若下定變法

決心，就不要再考慮天下人的議論了。」

孝公聽了這話，覺得是這個道理，他也知道商鞅的一席話是針對自己的些微猶豫而說，於是他連連點頭稱好。甘龍卻立刻出來反對。他說：「公孫先生此言差矣。聖人只能在不改變民眾的傳統習慣下才能實行禮教，智者只能不變更以往制度才能治理好國家。如果順應民眾的習俗去教化他們，可以事半功倍；沿襲舊法而去治理國家，官吏已經適應習慣，人民必然能安居樂業。現在我們只有沿襲古人遺留下來的制度才能永世留芳，造福子孫。否則如改變現有局面則必定使時局惡變，生出禍患。臣還是希望陛下能再考慮一下。」甘龍說完，只見朝中許多大臣都連連點頭表示贊同。

甘龍的話確實代表了朝廷內外一部分人的心聲，商鞅感覺到必須給予強有力的駁斥，以扭轉這些人的看法。於是他說道：「甘龍之言，乃是世俗之言也。平凡的人總是安於舊習慣，而儒生學子又往往只知舊禮，這兩種人可以當官做老爺，但不能同他們討論成法以外的事情。從遠的看，夏、商、周三代的禮制各不相同，而夏啟、商湯、周武王卻都成了王業。近世春秋秦穆公、齊桓公、晉文公、宋襄公、楚莊王五霸的制度都不一樣，而他們也都曾稱霸一時，這是為什麼，就是因為他們並不愚蠢地盲目遵守舊禮，而是因勢利導，有所創新。所謂智者制定法律，而愚者墨守之；賢者變通成禮，而不肖的人拘泥之。如今我們國家正處在只有變法才能圖強的歷史時期，這就要求我們必須效法聖人變通舊制以利於今的做法進行改革。而受舊禮制約的人是不值得同他們商量大事的，受舊法制約的人是不配與之討論變革的。」

商鞅這一針鋒相對的雄辯，使甘龍無話可說。這時杜摯站出來爭辯道：「我聽說，如果沒有百倍的好處，是不可以改變法度的；如果沒有十倍的功效，是不能改換祖先器物的。而且，遵守古法不會有過錯，依照舊禮不會出偏差，所以還請陛下三思。」

商鞅一聽這話，覺得十分荒謬可笑。他駁斥道：「變法圖強，使國家興盛，人民安樂，這個好處是千倍萬倍的，而不變法則必然貧弱落後。如今的國家與古代所處的時局不同，那麼治理國家的方法又怎麼能相同呢？

正因為此，商湯、周武因沒有恪守古制而興旺發達，一統天下，而夏桀、商紂沒有適時變革而歸於滅亡。歷史的經驗和教訓告訴我們，一定要變法才能強盛，否則必然走向最後的滅亡。至於說守古依禮，那麼前代的禮教各不相同，各代帝王的法制並不一樣，你究竟效法哪一個古代、遵循哪一個帝王呢？歷代的帝王都是適應時代的需要而創立法度，依據具體情況而制定禮教，禮和法總是因事而異，因時而異，從沒有一成不變的。只要有利於國家，有利於人民，就必須有所突破，剔舊出新。所以說，此時變法是我們國家的當務之急。」

商鞅的據理力爭，使甘龍、杜摯等人再也無可爭辯了，也使大多數朝廷重臣首肯稱是，孝公也更加堅定了變法的決心，打消了顧慮。商鞅以雄辯的口才論證了適時變法的必要性和可行性，他以深入淺出的道理宣傳了他的變法理論，使人們在心目中對變法有了新的認識，同時在輿論上他戰勝了守舊派，為變法奠定了良好的基礎。當時秦孝公就表示，即使以後變法遇到再大困難，他也再不會動搖。於是他任命商鞅為左庶長，主持變法。

在朝廷內，商鞅通過自己的努力，力排群議，使眾臣首肯了，這些都為他的變法開通了道路。但是在民眾的心目中，他們還不知道商鞅是誰，更不知道他的為人以及他的變法。為了在民間取得百姓的信任，他在變法前做了這樣一件事。

在熙熙攘攘的市場南門外，本來就是人來人往的交通要塞，這一天更顯得格外熱鬧。透過裡三層、外三層、層層圍觀的人們往裡望去，只見在大門口立有一根三丈長的木頭，並在旁邊貼出告示，說誰若能把木頭搬到北門去，就賞他十鎰黃金。告示的落款是左庶長公孫鞅。圍觀的群眾越來越多，大家交頭接耳，都覺得這不太可能，搬木頭那麼容易的事，怎麼能給十鎰黃金呢？大家都不知是怎麼回事，誰也沒有動。於是，商鞅又下令，有誰能把木頭搬到北門，就賞他黃金五十鎰。

這回大家更是詫異了。這時有一個十分膽大的人想試試這事是不是真的，他上前扛起木頭就走，等到了北門，商鞅馬上賞他五十鎰黃金。眾人見了，都萬分驚訝，原來左庶長商鞅說的話是真的。這個立木為信的故

事，使商鞅在民間樹立了極高的威信，從此人們對商鞅都有一種信任感。這種信任對日後商鞅的變法極其有利，商鞅的目的也就在於此。當上下就緒之後，商鞅便開始著手變法政令的實施。

在秦國，強大的奴隸主貴族勢力，一直是困擾統治者的嚴重社會問題。雖然曾經歷了簡公的稅制改革和獻公廢除人殉制及建立縣等改革措施，並開闢了市場貿易，使地主階級的力量有了一定程度的壯大，奴隸主貴族的特權受到了一定的削弱，但是秦國的奴隸主仍享受世襲的土地和俸祿，並左右著國家政令。商鞅意識到要在秦國全面改革，首先必須從這一根本性問題——取消奴隸主貴族的特權，為出發點。於是廢除奴隸主的世卿世祿制就成了商鞅的第一項改革措施。

商鞅規定，取消舊有的世襲制爵位、俸祿，改為以軍功授爵。也就是說國內無論貴族宗親，還是平民百姓，只要立有戰功，就可以受封受賞，否則，即使是皇親國戚，若沒有軍功，也不能授予爵位。他根據所立軍功的大小把秦國的爵制分為二十個等級，所謂軍功的大小就是指在戰爭中殺敵的多少。

例如殺敵兵一人授爵一級，如殺敵軍官一人，則除授爵一級之外，還給一頃田、九畝宅地和一個農奴。軍功爵高的還有食邑，如第九級五大夫就可以有食邑三百戶，食邑多的可達萬戶以上。這種以功授爵的制度，實際上就是廢除了舊的奴隸主等級制度，杜絕了舊貴族的世襲特權，建立了新的封建等級制度。而且爵位和封邑不再世襲，直接由國家控制，這都使妨礙封建經濟、政治發展的舊勢力受到了沉重打擊，大大加強了封建國家的政權統治。

然而，多年來世襲爵祿的奴隸主貴族忽然一夜之間就被奪去了爵位和俸祿，這可真使他們太驚訝了。以前世世代代享受的富貴榮華頃刻間都化為烏有，這就彷彿做夢一般，是他們萬萬沒有想到的。當他們如夢方醒，才知道不能就這樣善罷甘休，於是他們極力反對、開始阻撓。

反對派來勢洶洶，第一個犯法的是太子駟。太子年幼無知，罪魁則是他的兩個老師公孫賈和公子虔。他們倆成了反對派的首領，極力破壞、阻止變法實施。他們不敢直接出面，便唆使太子觸犯新法。法律雖然是嚴肅、神聖的，但如今太子駟犯法，這對於剛剛開始推行變法的商鞅來說，無疑是個嚴峻的考驗。

商鞅清楚地意識到：如果處罰了太子，孝公肯定不高興，若日後太子即位，肯定會給自己找碴。但是，商鞅更清楚的是，如果太子犯法就可以視而不見的話，那麼這樣的法律就很難使人心悅誠服，新法就很難實施。為了徹底否定舊的奴隸制，必須首先否定舊制度下刑不上大夫、禮不下庶人的傳統舊觀念；為了使封建制度在秦國確立，首先必須確立王子犯法與庶民同罪的法律新觀念。基於以上這些考慮，商鞅主張對太子繩之以法，以警世人，以樹法威。

商鞅為太子犯法事求見孝公，並表明自己的觀點，請求孝公發表對太子的處理意見。孝公沉默了許久也沒有言語。事實上孝公也正為此事犯難，商鞅所說的道理他都清清楚楚，而且自己也曾經表示過無論遇到什麼困難都支持他。但是畢竟太子是自己君位的繼承者，如果過分懲處太子，會使他喪失尊嚴，唯恐日後無法服眾。而若不處罰，則對變法不利，對自己的強秦宗旨不利。商鞅看出了孝公的為難，就對孝公說道：「新法難以推行，主要是因為舊貴族加以破壞抵制，如今太子犯法，我們必須予以處罪。但是太子是陛下的接班人，不便處理，那麼就處罰太子的師傅吧。」孝公覺得這主意不錯，立刻下令將公孫賈處以臉上刺字的黥刑，公子虔也受了處罰，後來他再度犯法，被處以割掉鼻子的劓刑。

太子風波算是過去了，反對派看到太子的老師都受到如此殘酷的鎮壓，他們再也不敢公開反對了。商鞅用刑之嚴，聞名歷史。據說他在渭水之濱一次就處死過七百多人，鮮血染紅了渭水盡頭，號哭之聲動於天地。秦國的舊勢力本來十分強大，不過商鞅以軍功授爵的政策，使得舊貴族並不像楚國經吳起變法之後那樣徹底絕望，他們在被剝奪世襲爵位和俸祿之後，也還可以立軍功重新得到富貴和煊赫，這就在一定程度上減少了他們的反抗情緒。再加上商鞅的嚴厲打擊，反對派的氣焰暫時被平息了。

新的軍功爵制代替了舊有的奴隸主貴族世襲制，這是商鞅以他的智慧和勇氣所取得的初步勝利，這就為他進一步改革創造了基礎。在此基礎上，他推出了富國的一系列措施。商鞅認為農業是立國之本，是國家興旺發

達的關鍵，因此他實行了重農抑商的政策。

新法規定，凡是努力耕織，多生產糧食布帛的，可以免除徭役賦稅，而凡是棄農經商、因懶惰而貧困的，會將全家沒入官府為奴婢。同時還規定一家如有兩個以上男子的必須分家，形成一家一戶為單位的個體經濟，並把五家編為一伍、十家編為一什，重新編制了戶籍。什伍之內，各家要互相監督、糾察，如果有一家作奸犯法，同一什伍的其他各家必須檢舉、告發，否則與犯人同罪。這就是「什伍連坐法」。人們必須安分守己，勤於耕作，否則就有滅門之災。

嚴酷的法律使人們在最初的一段時間裡覺得很不適應，每時每刻都處於被人監視的環境之中，人人都有一種岌岌可危、動則觸咎的感覺，這使老百姓覺得十分苦惱。變法之初，在舊貴族的鼓動下，京都有數以千計的人認為變法並沒有給人帶來方便，他們不滿意甚至反對變法。這些都沒有使商鞅動搖，他堅定不移地推行變法，用嚴酷的法律加以鎮壓，基本上穩定了新的局面。

事實證明，獎勵軍功和什伍戶籍法，對秦國的發展大為有利。在戰爭中立了軍功就可以得到爵位和地位，這使人們對戰爭都有一種渴望和期盼，希望戰爭能給他們帶來幸運，只要一聽說要有戰爭了，人們都互相道賀。秦國人都有戰鬥的勇氣，可想而知，秦國怎會戰而不勝呢！什伍連坐法又使一家一戶的人們安於勤耕土地，使農業有了迅速發展，為秦國的稱霸打下了堅實的物質基礎。

三年之後，秦國的面貌大為改觀。人們已習慣了新的習俗，民眾勇於公戰、怯於私鬥，以至於道不拾遺、山無盜賊、鄉野大治。秦國的地位也大大提高，西元前三五五年，秦孝公與魏惠王相會了，這是有史以來秦國的第一次會盟諸侯，它無可辯駁地表明了秦國的地位已經今非昔比。

秦孝公看到變法取得成功，心裡真是高興極了，慶幸自己得到商鞅這樣一位賢才。他對商鞅也就更加尊敬了，升任他為大良造，繼續主持秦國政務，並希望商鞅能輔佐他達到最終稱霸諸侯的目的。

秦孝公的志向高遠，最終目的是稱霸諸侯，為此他於西元前三五〇年遷都咸陽，以便繼續向東發展。

初步的成功，使商鞅大大地出了一口氣。然而，商鞅並沒有因此而沾沾自喜、停滯不前，也沒有因為暫時的成功而放棄變法的繼續深入，更沒有因為舊勢力的表面擁護而忘卻對奴隸制的徹底否定。從西元前三五〇年開始，他開始了第二次變法，使秦國的改革在戰國諸侯中最為徹底。

自從農民的生產積極性被大大調動起來以後，農村經濟有了長足的發展，但隨之而來的土地重新分配便成了亟待解決的社會問題。隨著鐵製農具的出現和牛耕的日益推廣，農民要求耕種更多的土地。針對這個問題，商鞅適時地提出了廢井田、開阡陌的英明舉措。他以法律的形式下令，廢除井田制，重新劃分畝數，以二百四十步為一畝，並設置新的田界，不許私自移動。商鞅還規定，把土地授給農民，並實行土地買賣，按擁有土地的畝數合理地徵收實物地租。

商鞅的這個新的土地和稅收政策，使農民擁有了土地，而授給農民的土地無疑就是原來奴隸主貴族的土地。國家以占田數為依據徵收地租，這就是說奴隸主也要根據占田多少，如數交租。貴族們的世襲特權被剝奪了，如今土地也少了，而且僅有的那點土地還要交租，這可是從來沒有經歷過的。於是他們再也忍受不住了，他們以祝懽為代表，竟不顧商鞅的強權政治，再次掀起反抗的浪潮。

祝懽知道，違反商鞅的法律是要被處罰的，他乾脆召集舊勢力，聚眾反叛，以維護他們的利益。商鞅以鐵腕將反叛鎮壓下去，殺了祝懽。奴隸主貴族在商鞅的威嚴面前怯下陣來。史書記載，這個土地和稅收政策實行五年後，秦國富民強，以至於周天子給孝公送來了祭祀祖廟的貢品。這表明秦國已非以前的戎狄之國，而成了被周天子賴以依託的霸主了。

新的土地制度徹底否定了井田制下的奴隸制經濟，建立的是新的封建制經濟秩序。土地買賣的結果，是使富者田連阡陌，而貧者無立錐之地，農民只能依附於地主，耕種地主的土地，並向地主繳納地租。商鞅徹底改變了秦國的土地制度，確立了地主剝削農民的封建土地關係，這是一件具有重大歷史意義的變革。從此以後，這個制度在中原一直持續了二千年之久。

為了進一步削弱舊的奴隸主貴族勢力，商鞅在村邑組織基礎上設立了縣，從而加強中央與地方的聯繫。縣在獻公時曾建立四個，只是在邊防重鎮局部地區實行。商鞅的重大改革是在秦國普遍推行縣制，全國共分為三十個縣（還有人說是四十一個縣），直屬中央管轄。縣級官吏不能世襲，由國君定期考察，以決定任用、提拔或者罷黜。

這與以前奴隸制下貴族以宗法關係世襲占有的封地截然不同，昔日的世卿世祿制度徹底消失了。新建立的縣是聽命於中央集權政府的地方機關，這樣秦國就可以通過縣這一地方政權，把全國的人力、物力統一起來，使秦國中央形成一股強大而集中的力量，這股力量遠遠超過於東方各國，為其他各國所望塵莫及，這對於秦國以後統一六國無疑發揮了相當大的作用。地方縣制的優越性被統一後的秦始皇推廣到全國，並一直推行下去，直至今日。

在經濟領域，國家雖然制定了新的賦稅制度，卻沒有一個統一的量器，這極不利於國家的稅收。於是商鞅制定了統一的斗桶、權衡和丈尺。秦始皇統一中原後把商鞅方升作為標準量器，繼續在全國使用。而秦始皇後期製造的「秦始皇方升」與商鞅方升的容器相差幾乎不到百分之一，可見商鞅頒發的標準度量衡器行之久遠，直到秦始皇統一度量衡後仍然沒有明顯的變化。商鞅的這項重大改革，不但在當時對秦國的經濟發展發揮了重要作用，而且對中國度量衡的統一也產生了極其深遠的影響。

商鞅的歷史功績是不可磨滅的。他以興秦為目的，不但在政治、經濟等方面進行了一系列的改革，而且在社會風氣、習俗等方面也做了脫胎換骨的變更，那就是禁止父子兄弟同室而居的落後習俗。商鞅對此這樣向孝公解釋道：「父子兄弟同室內息是落後的戎狄陋習，戎狄人在秦國占有相當大的比重，秦人深受其影響。父子無別，也就是男女無別，男女無別就很容易導致近親繁殖，這極不利於人口的繁衍以及素質的提高，而秦國地廣人稀，人力不足，對耕、戰都十分不利。所以，若要提高秦國人口的自然增殖與素質，必須禁止父子兄弟同室而居，這不僅僅是改革惡俗，更重要的是為了富國強兵。」孝公覺得商鞅的想法十分在理，便准其奏。

事實上，禁止父子兄弟同室而居，不僅僅是改革陋習、增加人口和富國強兵，其作用還在於防止貴族聚族而居，從而徹底地削弱奴隸主貴族的勢力。這又引起了守舊勢力的非常不滿，他們覺得自己在政治、經濟上的特權都被取消了，現在連自古形成的生活習俗也要被改變，真是有些太過分了。

趙良代表宗室貴戚來見商鞅。商鞅很有禮貌地接待了他。商鞅說：「我請求與先生結交，不知可以不？」趙良笑了笑，說道：「我實在不敢當。孔子有言說：『能禮賢下士的人，有才能之人都紛紛投靠他；而不肖之徒，即使是大賢之人也離他遠遠的。』我本無才，所以不敢受命。我又聽說：『不該居的位子而居此位了，叫貪位；不該有的名望而有了，叫貪名。』我聽君之言，則深恐被看作是貪位貪名，所以不敢受命。」商鞅一聽，便問他道：「莫非先生是說我治理秦國之事吧？」趙良說：「虞舜曾有言：『能自我反省的才是高尚的人。』你不如好好理解一下虞舜說的道理，何必要問我呢。」

此時趙良的態度已經是明顯對商鞅不滿，而商鞅卻還是和顏悅色地問道：「秦國最初受戎狄的影響，父子無別，同室而居。現在我改變了這個陋習，以至男女有別，並大造冀闕，宛如禮儀之邦魯國、衛國。你看我治理秦國與五羖大夫相比，哪一個更好？」

趙良不客氣地說道：「五羖大夫輔佐秦穆公，其功名藏於府庫，其德行施於後世。今君輔佐秦王，因景監推舉，而並不是因為什麼名氣。為秦相而不為百姓做事，卻要大築冀闕，這也並不是在立功勛。你以黥刑處罰太子的師傅，你對百姓施以重刑，你這是在積怨累禍呀。人民害怕你的威名以至於勝於國君，你對人民的懲罰比國君的命令要重得多。現在你又要移風易俗，實際上你這並不是在行教化。你如今面南而稱寡人，每天都使秦國貴公子繩之以法。迄今公子虔杜門不出已經八年了，你又殺祝懽、黥公孫賈，如此這些，是不得人心的。你每次出行，總是有全副武裝的護衛，如缺少一種武器，你就一定不出來。《詩經》上說：『恃德者昌，恃力者亡。』先生這樣時時處於若似朝露的危機當中，還想延年益壽嗎？先生何不回到你的封地去，棄官務農，並勸告秦王放棄嚴刑酷罰，養老存孤，敬父兄，尊有德，國家也可以稍稍安定一些。如果先生還是一味地執迷不

悟，積怨於民，那麼，將來秦王有朝一日一旦駕崩，秦國將怎樣對待先生你，還不是顯而易見的嗎？」

商鞅按捺住心中的怒火，聽趙良把話說完，趙良那從詆毀到勸說，再到最後的威脅，一直都沒能使他動絲毫聲色。他憤慼於許多人不理解自己的變法事業，甚至於誹謗攻擊。這也難怪，經過自己多年的努力，舊貴族的勢力已基本被削弱了，他們的特權地位被取消，反對、仇恨也是必然。畢竟自己付出的艱辛沒有白流，變法取得了最終的勝利，這才是令人寬慰的。但是，正如趙良所說的一樣，守舊貴族們把一顆仇恨的種子深深地埋藏在心裡，他們只是在等待報復時機的到來。

守舊勢力的攻擊和恐嚇沒能阻止商鞅那鏗鏘有力的變法腳步，在秦孝公鼎力支持下，商鞅最終實施了他的變法主張。商鞅之所以能取得成功，與他堅強的性格有關。商鞅除了具有作為一個優秀改革家的非凡才幹、超群智能之外，他還具備了常人所沒有的堅忍不拔與奮鬥精神。當他抱著滿心的希望、滿腹的才智，企圖在變法氛圍濃郁的魏國實現他那遠大的抱負、一展才華的時候，他遇到的卻是這個朝氣蓬勃的年輕人所始料未及的徹底失望！而這對於意志薄弱的人來說，如此當頭一棒定會斷送他一生的銳氣，然而對於商鞅卻是一個磨練意志的難得機會。

他就是在這種千錘百煉之後才練就了堅忍不拔的性格，在以後的變法歷程中闖過了一個又一個難關。首先以他富國強兵的理論有力地說服了賢德之君秦孝公，使孝公視商鞅為知己，並義無反顧地成了商鞅變法的堅強後盾。之後，他又論證了變法的必要性，第一次在輿論上戰勝了守舊落後的反對派，這無疑使變法思想在人們的心中留下了深深的烙印，使人們有了充分的思想準備。在變法過程中，改革極大地刺激了奴隸主貴族們養尊處優的神經，他們意識到長期賴以生存享樂的爵祿世襲大廈將傾，一切富貴榮華即將化為烏有，於是他們群起而攻之。所有這一切，商鞅都勇敢地面對了，他以法律為準繩，甚至太子的老師都在他繩之以法之列，做到了王子犯法與庶民同罪，這對還沒有完全退出歷史舞台的奴隸主貴族來說是無法想像的。而商鞅就是在剔舊出新、改弦更張的歷史年代裡擔當了高舉改革大旗的旗手，他不畏強權，不畏邪惡，勇敢地走在時代前列，奏出改革的最強音，為歷史的車輪滾滾向前推波助瀾。

商鞅借鑑了東方各國的變法經驗，他看到了李悝變法使魏國興盛，而吳起變法雖在一定程度上增強了楚國的國力，但在改革舊制度的政策上卻過於激進，沒有緩衝的機會，最終導致吳起變法失敗。商鞅正是借鑑成功的經驗，吸取了失敗的教訓，從而使秦國的變法高於各國之上，也最為全面、徹底。

他首先從政治改革入手，直接面對腐朽沒落的奴隸主貴族階級，取消世爵世祿制，扶持新興的地主階級登上歷史舞台。對於舊的奴隸主貴族來說，面對的只有兩條路，一條是怨天尤人，自消自亡，另一條是改頭換面，走向新生。而商鞅是給予舊貴族以新的出路的，他規定的軍功授爵制並沒有將他們排斥在外，這使一部分比較有遠見的舊貴族重新看到了希望，他們最終成了地主階級的一部分。這也是商鞅變法取得勝利的重要因素之一，奴隸主貴族轉化為地主階級，不但增添了地主階級的血液，壯大了地主階級的隊伍，而且使變法的阻力明顯減輕了，同時也加快了秦國的封建化進程。

此外，地方政權建立後，地方官吏由中央指派，他們主要是由軍功晉爵的新興地主階級組成，這樣，地主階級不但在中央機構中取代了因沒有軍功而沒有爵祿封官的奴隸主貴族，而且地方政權也為他們所掌握，全國上上下下遍布了封建地主階級的勢力。他們為維護自身利益而效忠國家，自然成了舊貴族勢力的抵制力量，從而客觀上保護了商鞅變法的成果，為變法提供了成功的可靠保障。

政治變革之後，經濟基礎的適時變更也應運而生。商鞅適時地建立了封建土地所有制。允許土地買賣，實則為地主階級暗送一秋波，示意他們收買土地，壯大實力，從而更有效地為封建政權服務。在封建制度剝削下，農民畢竟有了自己的土地，他們的積極性要比束縛在井田之下高得多。解放生產力是社會經濟發展的源泉，秦國因此出現了國富民強的繁榮局面。

針對宗法制度遺留下的陳規陋習，商鞅也做了徹底的清除。商鞅禁止父子兄弟同室內息，不但剔除了男女無別的惡俗，淨化了社會風氣，改變了戎狄之風，使社會向文明的階梯邁進，同時也增殖了人口，有利於秦國

耕、戰。總之，商鞅在秦國的一切改革措施都是以富國強兵為宗旨，發展封建經濟，使秦國走上富強之路。事實證明，這個目的完全達到了。

經過改革，秦國的國力、軍力都大大加強了，繼而開始向東發展，而首先進攻的就是魏國。西元前三四〇年，秦孝公接受了商鞅的建議，派商鞅率領秦軍，向東進攻魏國。魏國派公子卬為將迎擊。一個是剛剛變法，氣勢正盛的秦國，一個是新敗於齊，有些受挫，但畢竟是有雄厚根基的魏國。商鞅和公子卬在魏國時是好朋友，於是他給公子卬致信一封，假稱兩軍訂立盟約，不動干戈，永享太平。

公子卬竟信以為真，中了埋伏被活捉。魏軍大敗，商鞅大獲全勝。魏國無奈，只好派使者到秦國去講和，並把原先占領的河西之地，交還一部分給秦國，同時把國都遷到大梁。從此以後，魏國勢衰微，一蹶不振。這時候魏惠王想起了公孫痤臨死前向他推薦商鞅的事，不覺十分感慨地說：「我不該不聽公孫痤的話呀！」但此時後悔不已，為時已晚。

秦國從此以後氣勢更盛。然而，隨著秦孝公的去世，公子駟即位當了秦王，舊勢力又開始向商鞅發起猛烈的進攻，他的命運正如趙良所言，極為悲慘。

西元前三三八年，在位二十四年的秦孝公與世長辭。秦孝公一生胸懷改革圖強的雄圖遠略，他具有知人之明，識才之智，為了改革，他不徇私情，這些都是身為封建君主所難能可貴的。更令人稱頌的是，他臨死前曾欲將王位傳給商鞅，以保證變法的長期貫徹執行。如此聖賢之德，堪與古代堯、舜、禹相媲美。孝公的知人善任與商鞅的英雄偉業一同名垂青史。

商鞅堅決拒絕孝公禪位，並向孝公表示一定會盡心輔佐太子。孝公死後，太子駟即位，這就是秦惠文王。心胸狹窄的惠文王對商鞅仍然是懷恨在心。商鞅自知惠文王不會再如孝公一樣器重自己，而如今變法已深入人心，並已達到了強秦之目的，他的抱負已得到施展，終生夙願已經實現，於是商鞅便辭退了官職，告老還鄉。

然而，事情並沒有他所想像的那樣簡單。被剝奪了特權的宗族貴族們，他們對商鞅有著切齒的仇恨，他們

在得勢之後恨不得將其千撕萬裂。

秦惠文王即位後，他的老師，那個被削了鼻子十年閉門不出的公子虔這時候也出來了，他對惠文王甕聲甕氣地說：「現在秦國連婦女、兒童都只知道商鞅之法，卻不知是君王之法。商鞅這不是反臣為主了？更何況他還是君王的仇人，當年他陷害臣等，實是對著君王您而來。而且據臣所知，商鞅離開京都後早有謀反之心，希望君王盡快除掉他，以防後患。」惠文王一聽，不由得怒火中燒。「想當初，師傅受此惡刑，還不是你商鞅一人所為，如今又要謀反，豈不是太目中無本王了？」這位秦惠文王不顧一切，只聽師傅一人之言，下令捉拿商鞅。

商鞅聽到消息後逃走了。他逃到邊境的一個關口，準備在客棧暫住，然後逃出秦國。可是自從商鞅變法，秦國實行戶籍制和什伍連坐法之後，民間百姓處處小心，事事謹慎，唯恐犯法。客棧店主見商鞅行色匆匆，又沒有官文，不知道他是幹什麼的，就說：「按照商君的法律，收留沒有官文的客人是要處以連坐之刑的，這個罪過小人可吃罪不起，還是請客官自便吧。」商鞅被攆了出來，他只好流落荒野，與星星同宿了。這時他才深深地感覺到他所制定的法律實在是過於嚴酷，以至於黎民百姓誠惶誠恐，不可終日。如今自己竟也自食其果，不由得自言自語道：「想不到變法竟變到了我自己的身上，看來是天要絕我呀！」他不由得黯然神傷。

商鞅風餐露宿，來到了魏國。因他曾領兵攻打過魏國，又欺騙了公子卬，與魏國結下了不解之仇，魏國將他趕回秦國。商鞅心裡十分惱火，想當初自己歷盡千辛萬苦為秦國興邦建業，才與魏國結怨，而如今竟落得棄國不能，歸國不得，這可如何是好啊！真是上天無路，入地無門。在萬般無奈之下，他回到了孝公給他的封地商邑（今陝西商縣東南商洛鎮）。

在那裡，他集合了兵力，北出襲鄭，企圖在鄭國有一尚存之地。惠文王聽說商鞅真的起兵造反了，更是怒不可遏，他連忙派兵去鎮壓。商鞅的軍隊是臨時拼湊，怎能抵擋住經過自己一手編制、整頓並訓練有素的秦國軍隊！商鞅因兵敗在鄭國黽池被殺。秦國軍隊把這位一代偉人的屍體運回到洛陽，惠文王覺得商鞅的死並沒有消除他心中的怒氣，於是以謀反罪對死後的商鞅施以車裂之刑，並惡狠狠地說：「看誰還敢像商鞅這樣造

反！」之後商鞅的全家被害了。

商鞅，一代英烈，就這樣永遠作古。商鞅一生致力於改革，並為此獻出了自己的生命。然而他的名字正如他的變法一樣，永遠為後人傳頌！正如漢代著名理財家桑弘羊所說，商鞅「功如丘山，名傳後世」。

值得慶幸的是，商鞅人雖然死了，但是他的變法事業卻沒有因此而廢棄。秦惠文王雖以極殘酷的車裂之刑處罰了已死去的商鞅，但是，他並沒有倒行逆施，而是繼續執行新法，並使秦國持續穩定地發展著，不斷向東擴張勢力，最後由秦始皇獨霸天下，統一全國。對於秦國由封建制替換奴隸制的這項重大歷史轉折，商鞅在這個時期的貢獻是永不可沒的。

以夏變夷

魏晉南北朝，中原再一次地分崩離析，而鮮卑拓跋氏因有孝文帝的漢化改革而顯得那樣光豔奪目。改革促進了自身民族的發展，更促進了民族大融合，加速了統一的到來。

經過春秋戰國一大批有識之士艱苦卓絕的改革鬥爭，尤其是秦國的商鞅變法之後，封建制度在中原大地上牢固地樹立了起來。

封建制度取代奴隸制，這是一個歷史的進步。作為第一生產力的勞動者從奴隸制的禁錮中解放出來，大大推動了社會發展。然而，封建盤剝的結果是，農民最終依附於封建地主階級。隨著土地兼併的不斷加劇，最終形成了富者家資巨萬，而貧者無糟糠之食的惡劣局面。男子雖力耕，不足以糧餉，女子雖勤紡，不足以衣服，苦難深重的農民生活在水深火熱之中。後雖有秦漢建立大一統的帝國，仍無法解決這個十分棘手的土地問題。隨著西漢社會的經濟發展，又一個特殊的階層——即大商人，出現了。

他們與地主階級一道迅速擴充勢力，強占民田、役使和盤剝農民，掠奪財貨奴婢，其中一部分逐步發展成豪強大族，在成為官僚地主之後，便更加有恃無恐地掠奪土地。史載蕭何曾在關中強制買下民間田宅數千萬，霍去病為他的父親買眾多民宅奴婢，淮南王安後荼、太子遷等都曾侵奪民間田宅，甚至漢成帝也曾在民間私置土地。西漢中期以後，擁有三、四百頃土地的大地主為數眾多，有些甚至已達千頃以上。例如武帝時酷吏寧成

就買田千餘頃，哀帝寵臣董賢得到哀帝賜田就有二千餘頃。

豪強地主名義上是出錢收買土地，實則是強取豪奪，結果越來越多農民破產流亡，絕大多數成了依附於豪強地主的佃客。佃客向地主交租，同時還向政府負擔徭賦，忍受著雙重剝削。他們辛勤耕耘，不避寒暑，到頭來食不果腹、衣不蔽體，父子夫婦不能相保，更有甚者，賣兒鬻女而淪為奴婢。

西漢時期的奴婢十分多見，他們分官奴婢和私奴婢。官奴婢多數是罪人及家屬，他們一部分在皇家苑囿、官營手工作坊及其他公共工程中服勞役。元帝時，僅皇室使用的官奴婢就達十多萬人。私奴婢主要是破產農民及其子女，他們在貴族、官僚、地主、富商家中充當僕妾，或服各種雜役。

西漢晚期，統治階級生活極端腐朽，家中往往蓄有大量奴婢，以示富貴，以至於奴婢人數達百萬以上。奴婢生無衣食保障，死無葬身之地。非人的生活使他們大量逃亡，並不斷起來反抗，從而成了西漢社會嚴重的不安定因素。

農民起義、暴動時常發生，到漢宣帝時，膠東渤海等地的農民暴動，發展到攻官寺、救囚徒、搜朝市、劫列侯的程度，連宣帝自己也不得不說：「百姓貧疾，盜賊不止。」西漢末年，漢政權更是險象環生，農民起義此起彼伏。漢元帝為了懷柔關東豪強，消除他們對西漢王朝的動搖之心，便把漢初以來遷徙關東豪強來充實關中陵寢地區的常制也放棄了。儒生京房曾問元帝為何如此，元帝無可奈何地說：「現在時局如此之亂，還講什麼制度不制度的。」

除了社會如此動盪之外，國家的財政收入也極其微弱。奴婢成了豪強的私有財產，隨著奴婢的增多，稅收也就越來越少，以至於國庫空虛，國貧民窮，國家無一年之蓄，百姓無十日之儲。

然而，面對這種困境，統治階級仍渾然不顧，皇帝大興土木，昏憒至極，官吏貪汙奢侈，腐化成風。成帝為趙昭儀修建昭陽舍，盡其豪華；著手營建昌陵，企圖與秦驪山之陵相媲美。皇帝如此，眾臣爭相效仿，互比淫侈。丞相張禹，每次宴請賓客，總是輕弦妙曲相伴，嬌伎美女相陪，飲酒作樂，晝夜無別。

伏，西漢王朝已搖搖欲墜。至於外戚王氏更是奢僭驚人。到了哀帝時，災荒連年，飢民遍野，西漢王朝雖已朝不保夕，而哀帝仍毫無收斂之意。他不但自己奢華極度，而且為寵臣董賢起豪宅，修冢塋（墳墓），至於平時賜給董賢及親屬的金錢、財物也是動輒以千萬計。統治階級如此奢華，千千萬萬勞動人民卻在死亡線上掙扎，起義、暴動此起彼伏，西漢王朝已搖搖欲墜。

面對這種嚴峻的社會危機，一些有識之士意識到，若要拯危救難，必須進行一場社會改革，只有改革，才能挽救這一岌岌可危的封建大廈。這一改革思想，以哀帝時師丹的限田方案最具代表性。

西元前六年，哀帝即位。哀帝剛剛即位之時，將原來的錦繡帷帳都換成絹布，人們感到這位新上任的皇帝很可能有振作之意。在這種情況下，輔政的師丹便乘機進言，指出了當時十分嚴重的社會弊端，提出了限田和限制占有奴婢數量的主張。哀帝覺得師丹所說確實在理，便讓他與孔光和何武一同議定一個改革方案，以解決現有的危機。

很快方案制定出來，內容是：「諸王、列侯以至吏民占田以三十頃為限，超過規定的都要沒收歸公；占有奴婢數根據地位的不同而有差異，諸王最多不超過二百人，列侯、公主一百人，以下至吏民三十人。商人不得占田，不得為官。」其他還有一些邊邊角角的改革，涉獵的面也很廣。方案上交到皇帝手中，哀帝一看，覺得這些規定還真能解決一些問題，對自己的政權統治有利而無害。於是他便批准了這個方案，並擬好了詔書，準備頒發。

但這份改革詔書還沒有發出去，就立刻引起了權貴的群起反對，尤其是外戚丁、傅兩家以及哀帝的寵臣董賢態度十分堅決。限田、限奴婢會傷害他們自身利益，他們怎能不反對呢？問題是這股反對力量實在是太強大了，以至於朝廷上下幾乎沒有幾個人支持這項改革方案。哀帝本來就不是什麼振作自強、力挽狂瀾之君，他看詔書引起權貴們如此不滿，就連忙把詔書收起，不再頒發。師丹的限田方案成了一紙空文。

限田方案破產了，西漢固有的社會問題依然存在，而且越演越烈，西漢王朝的危機與日俱增。在這個緊要

關頭，王莽篡奪了漢家政權，建立了新朝。然而新莽政權不但沒有挽救這個根深蒂固的社會危機，反而更加激化了摩擦，使整個社會變得一片混亂。

新朝成了一個短命的王朝，在歷史的煙波浩渺中蕩然無存了。繼王莽之後建立的東漢政權，更加旗幟鮮明地維護地主階級的利益。到了東漢後期，政府日益腐敗，門閥勢力日益膨脹，豪強勢力日益擴張，最後出現地方割據局面，中原進入了三國鼎立時期。

呈鼎足之勢的魏、蜀、吳三國都勵精圖治，努力進取，試圖完成統一大業。由於他們力量對比並不太懸殊，虎熊之爭，難分勝負，誰也沒能如願。與此同時，三國各自為政，長期征戰，大大地影響了社會經濟的發展。其後有西晉短期統一，但由於西晉統治集團的腐朽、朝廷內外爭權奪利鬥爭不斷，階級矛盾和民族矛盾都十分激烈，西晉很快就滅亡了。

西元三〇四年，匈奴貴族劉淵利用匈奴人民仇視西晉統治的情緒，在離石（今屬山西）起兵反晉，他自稱是劉漢政權的後裔，建國號為漢，並於西元三一六年興兵滅了西晉。

劉淵自稱是漢朝的後繼者，建立的政權也叫漢，但身為匈奴貴族的劉淵，並不懂得緩和民族矛盾的重要性，相反他卻採取胡、漢分治的辦法，壓迫漢人，使民族摩擦更加激化，政權的統治也很不穩定。西元三一八年，劉漢為劉曜的前趙所滅，此後幾十年的時間，先後有石勒的後趙，冉閔的魏，鮮卑慕容氏的前燕、後燕、北燕、西燕和南燕等政權建立，最後由氐族苻堅建立的前秦統一了北方。

西元三八三年，前秦與東晉爆發了著名的淝水之戰後，前秦政權土崩瓦解，北方又重新陷入混亂。各小國又紛紛建立，彼此征戰吞併，廝殺不斷，人民苦不堪言，流離失所。正因為如此，北方各族人民急切盼望著統一，等待著統一。是北魏完成了這項歷史使命。

在很久很久以前，位於嫩江西北部的大興安嶺地區，居住著古老的慕容拓跋部民族。當時共有九十九個氏族的三十六個遊牧狩獵部落（後來演變為八個部落）組成了部落聯盟。後來，有一個酋長叫推寅，他把整個

部落南遷到大澤，也就是今天的呼倫池（湖泊名），之後又傳了八代。潔汾當酋長時，又向南移，經過大山深谷，九難八阻，最後終於到達了匈奴故地。

西元二五八年，酋長力微率部移居盛樂（今內蒙古自治區托克托縣）地區，由於當時曹魏政權從這裡撤消了雲中、定襄等郡，所以拓跋部才得以順利發展。

此時的拓跋鮮卑，由於定居於漢人的集中區，受漢文化影響極大，社會進步很快。當時酋長力微的兒子沙漠汗曾兩次到洛陽訪問，在洛陽一共滯留八年，這八年使他接受了更多漢文化，並決心回國後有所作為。但是，就在他歸國的途中，那些守舊的部落大人們，怕沙漠汗回國後變革舊俗，竟無情地把他殺害了。由此可以看到，當時的守舊勢力何等強大，他們固守著本部落自古因襲的舊俗，十分恐懼漢文化的影響和滲透。

西晉後期，猗盧建立了國家，取名代，從此拓跋鮮卑族也加入了北方征戰的行列，但不久被前秦所滅。西元三八六年，道武帝拓跋珪重建國家，改國號為魏，建都盛樂（今內蒙古自治區呼和浩特西南）。

拓跋珪是拓跋部的傑出人物，他息眾課農，學習漢族的農業技術，使國家有了穩定的經濟基礎，同時征服了一些北方的遊牧部落，俘獲大批人眾和牲畜，使拓跋部由此迅速強大起來。強盛的魏國開始東征西討，首先大舉進攻後燕，奪得并州，又東出井陘，進入河北各州郡，陸續占領了信都、中山、鄴等重鎮，基本平定了關東地區。

道武帝拓跋珪在位期間，比較重視接納和吸收漢文化。他曾命令吏部尚書崔宏通署三十六曹，置五經博士，增加國子太學生名額；又聽從博士李先的建議，命令郡縣蒐羅書籍，送到平城；同時效法魏晉中正制，命令郡縣舉賢才以充實政府機構。他的這些措施無疑對北魏社會的進步以及加速封建化的進程具有進步意義，使魏政權更加強盛起來。

從此以後，北魏威震北方。太武帝拓跋燾時，連年征戰，進攻柔然，攻打夏國，並於西元四三一年，滅了鐵弗部的夏國。西元四三二年，北魏圍困北燕都城和龍（今遼寧朝陽），攻陷郡縣多處，並遷徙燕民三萬家到

幽州。西元四三六年，北燕終於屈服於魏，將和龍宮殿焚燒，向東逃到高句麗而亡國。

北魏滅夏平燕，至此聲威大震，從此以後，北魏大軍，浩浩蕩蕩向西域進犯。西元四三七年，魏首先派使者到達西域，烏孫王親自為嚮導，領魏使者到達破落那（即大宛）、者舌（即康居），其他各國也都遣使通魏，達十六國之多。西元四三九年，魏太武帝親自統兵進攻北涼，北涼滅亡。這樣西晉末年以來的十六國紛爭局面終於結束了，北魏完成了北方的統一大業。

統一給社會帶來的進步是無法估量的，戰爭的結束，意味著社會的安定，生產的恢復，人民的幸福。那麼，在群雄稱霸中，為何北魏能一枝獨秀、一舉奪魁，在各國紛爭中立於不敗之地呢？究其原因，最主要的就是，北魏政權在與中原接壤之後，受到了封建經濟文化高度發達的漢文化衝擊，他們能面對時局，適時地調整統治政策，使拓跋部本身的氏族關係逐漸瓦解，並建立了封建統治秩序。

與此同時，北魏統治者意識到了漢族地主對其統治的重要價值，極力籠絡漢族上層分子。早在西元三九六年道武帝奪得并州時，就積極招引漢族士人，充實統治機構，並讓崔宏等人立官制，制禮儀，定律令。西元四三一年，太武帝征招中原士族范陽盧玄、博陵崔綽、趙郡李靈、河間邢穎、渤海高允、廣平游雅、太原張偉等幾百人，給他們以官爵。北魏滅夏時，又得到趙逸、胡方回等儒生。滅北涼後，把河西儒生闞駰、索敞、胡仲達和祖籍中原的常爽、江式等人遷到平城，讓他們教授生徒、整理經籍、考訂律制、撰修國史、傳播詩文、釐訂文字等等。

北魏政府之所以籠絡一些漢族士人，這是對中原地區軍事占領的需要，是政治統治的需要，甚至也是軍事鎮壓的需要。

但是，拓跋貴族與漢族地主的摩擦並沒有因此而消除，這種摩擦有時甚至很尖銳。道武帝滅燕後，強徙境內守宰、豪傑、吏民二千家到平城，就是為了加強對漢族地主的控制，消除他們的反抗意圖。明元帝詔征各地豪強地主入京為官，州郡對被召的人加以逼遣，釀成了很大的騷動，直到太武帝時，還有一些關東地主不願出

仕，把到平城做官視為畏途。太武帝最親信的漢人士族崔浩，由於反對北魏與南朝為敵，又提倡族姓門第，竟慘遭殺害，株連九族。

北魏統治者對漢族地主懷有極大的戒備和敵視心理，對反抗他們的漢族以及各族人民則更是無比的仇恨。北魏與後燕的參合陂一戰，後燕無數士卒降魏，都被坑殺。在太武帝攻打劉宋時，他們不但殺盡丁壯，而且毫無人性地刺穿嬰兒於槊上，然後開懷大笑。

替他們征戰、賣命的非鮮卑族士兵命運也同樣如此，每次戰爭，鮮卑族騎兵都強驅徒步前進的漢人和其他少數民族士兵，使這些人即使不死於敵手，也喪生於鮮卑騎兵的鐵蹄之下。當魏猛攻劉宋盱眙時，太武帝致書宋將臧質說：「圍城的兵盡是氐、羌、匈奴和丁零，如果你軍殺死他們，正可以減少北方各地的反魏力量，對北魏沒有什麼不利。還是請你軍快快投降吧。」這是何等赤裸裸的表白啊！民族歧視使被征服的漢族和其他少數民族人民過著極其悲慘的生活。北魏統一北方的戰爭，是以民族征服和軍事掠奪為基本目的和主要內容，每次大規模的戰爭結束後，北魏統治者都要把俘虜賜給鮮卑貴族、功臣，充當奴婢，或者充作政府的軍戶、隸戶、牧子、伎作戶和雜戶，等等。奴隸終年衣不遮體，食難果腹，還經常受到慘無人道的大屠殺。軍戶、隸戶、雜戶等各種依附戶受到北魏政權的嚴密控制，為其服各種雜役，生活也極其貧苦，而且世代相襲，永無翻身之日。

北魏統治者對漢族以及各族人民實行如此殘酷的民族高壓政策，怎能不激起各族人民強烈的反抗。從北魏建國到魏孝文帝太和九年（西元四八五年），一個世紀的時間裡，各族人民的起義多達八十餘次，從逃亡、抗租、射殺官軍，到舉行大規模的武裝起義，鬥爭的形式多種多樣。各民族的人民還經常聯合抗爭，如西元四四五年的蓋吳起義就是各族人民聯合舉行的大規模武裝鬥爭。

魏孝文帝即位後，農民暴動幾乎連年發生，太和元年（西元四七七年），秦州略陽王元壽起義、懷州伊祁苟初起義，太和四年（西元四八〇年）雍州氐民齊男王起義、洮陽羌人起義、徐兗地區司馬朗之起義，太和五

年（西元四八一年），平城沙門法秀密謀利用宗教作掩護聚眾起義。各族人民方興未艾的反抗鬥爭，迫使北魏統治者不得不考慮如何緩和與各族人民的尖銳摩擦。與此同時，正因為如此複雜的民族摩擦和階級摩擦，北魏的政權統治已岌岌可危了。這使統治者意識到，要想繼續在中原地區統治下去，就必須改變鮮卑舊俗，接受漢族文化，進行徹底的漢化改革。魏孝文帝拓跋宏完成了這項偉業。

西元四六九年的一天，北魏的都城平城熱鬧非凡，這裡正舉行冊封大典，三歲的拓跋宏被立為皇太子。小孩子什麼也不懂，他的祖母，也就是獻文帝拓跋弘的母親馮氏馮太后，在一旁微笑著，向前來祝賀的文武百官點頭致意。群臣們都知道，眼前的這位太后才是當今政權的直接操縱者，獻文帝確實鬱鬱不得志。正因為如此，皇帝厭倦了這個沒有實權的權位，兩年之後，將皇位傳給了年僅五歲的拓跋宏，自己做起了太上皇。孝文帝即位之後，一直由馮太后輔政，二十年後的西元四九〇年，馮太后病故，孝文帝才獨掌朝政。可以說，馮太后對孝文帝的影響十分巨大。

馮太后，即文成文明皇后，她生於長安，是漢族人。馮太后的原籍在今河北冀縣，也就是當時的長樂信都。十六國時期，她的祖父馮弘和伯父馮跋都曾是北燕國的國王。北燕滅亡後，父親馮朗降魏，後來曾擔任過秦、雍二州的刺史，姑母成了魏太武帝拓跋燾的昭儀。不久，父親馮朗因反叛被殺，她便入宮由姑母撫育成人，十四歲被選為魏文成帝拓跋濬的貴人，後來因為她知書達理、有膽有識而被立為皇后。

由於家庭的熏陶、教育，使她通曉漢族傳統文化和封建治國經驗。馮太后躬親撫養孝文帝長大成人，她完全用漢族文化、儒家經典來培養孝文帝，以至於使孝文帝從小就雅好讀書，手不釋卷。所學範圍也十分廣泛，五經之義、諸家史傳、莊老之學等等無所不包。他才華橫溢，好作文章，詩賦銘頌，隨口吟來。對於一位少數民族的封建帝王來說，漢學水平達到如此程度，實在是難能可貴。

孝文帝的成長與馮太后的教育絲毫不能分開，正因為如此，他對馮太后既尊敬又孝順，在他親政之前，事

無鉅細，都要稟報太后，「請祖母決策」這是他常說的話，每當大臣們讓他裁決時，他都這麼講。

馮太后確實非一般的女流之輩，她具有一位政治家的才幹和素質，足智多謀，能行大事，生殺賞罰，當機立斷，因此威震四方。正是由於馮太后潛移默化的影響，孝文帝也成了一位深慕華風的封建帝王。

歷史發展到祖孫二人統治時期，這個靠武力征服建立起來的王朝，已矛盾重重，危機四伏了。時代在呼喚改革，呼喚用漢文化來根本改變這個征服民族所固有的落後，於是馮太后、孝文帝的改革應運而生。這場轟轟烈烈的社會變革以吏治的改革拉開了帷幕。

北魏初年，這個以軍事統治為主的政權，由於每發動一次戰爭，便將戰利品分給部將，長此以往，就形成了百官斷祿制。沒有俸祿的結果，使他們盡情地搜刮、掠奪，中飽私囊。統一北方之後，由於很少發生戰爭，官吏們得到的封賜相對減少，這又使貪汙腐化達到無以復加的程度。

太武帝時，派平南將軍公孫軌到雍州徵收糧餉，公孫軌藉機每戶多收絹一匹，貪汙為己用。公孫軌死後，太武帝對崔浩說：「上次我出行到上黨，沿途百姓都說，公孫軌不但受賄，而且縱賊，以致現在餘奸不除，這都是公孫軌造成的。他剛上任時，是騎著一匹馬，自己拿著鞭子來的，等到卸任時，竟從車百輛，滿載而歸。此人幸而早死，否則我定治其滅門之罪。」由此可見，官吏的貪汙之風是何等盛行，北魏的官僚政府是何等腐敗。

針對這種狀況，魏太武帝曾採取嚴懲的辦法打擊貪官汙吏，但收效不大。孝文帝太和初年，官吏們仍橫徵暴斂，不思利民之道。馮太后也曾試圖以嚴懲來煞住貪汙之風，她於太和三年（西元四七九年），曾把貪贓不法的秦州刺史尉洛倍和雍州刺史宣都王日辰處以死刑。但是這個臨時性的打擊措施並不能從根本上制止官吏的貪汙之風。這使馮太后敏銳地意識到，對官吏實行斷祿是官場腐敗的根本原因。於是，她在太和八年（西元四八四年）實行班祿制，即給百官以俸祿，這樣，孝文帝為帝時期的改革政令推出了。

班祿令規定，官吏以官職的大小而給予不同數量的土地和穀調，即給予俸祿。其中刺史給土地十五頃，太

守十頃，別駕八頃，縣令郡丞各六頃。同時頒布了嚴懲貪贓枉法的新法律，只要貪汙一匹絹就要處死刑。以此表明朝廷整治吏治的決心。

從常規來看，政府給官吏以俸祿，解決官吏的生活之需，這是一件大快人心的好事，應該使百官拍手稱快才對。但實際上，政府給的俸祿，哪抵得上官員平日貪占搜刮所得！皇親國戚、達官顯宦們攫取巨贓的門路被堵死了，他們自然要跳出來反對。

孝文帝的舅爺、秦益二州刺史李洪之反對最甚。李洪之長期以外戚顯貴自居，早已養成了貪婪暴虐的惡習，家資上億，生活奢侈無度。班祿制實施後，他照例貪贓無誤，自以為是皇親國戚，馮太后也不會拿他怎樣。正因如此，馮太后考慮了他的特權地位，決定殺一儆百，以利於變法的進一步推行。李洪之事情敗露之後，被戴上了枷鎖，迫令自殺。

面對強大的反對勢力，馮太后和孝文帝不但沒有退卻，相反卻義無反顧地行使法律的尊嚴。同年秋，又對文武百官進行嚴格的審查，有四十多名地方官員被處以死刑。如此的嚴刑酷罰終於暫時煞住了官吏的貪汙賄賂之風，使官場風氣大為改觀，吏治改革取得了明顯效果。

但是，這種平靜只是表面的，在達官貴人的心中，一直難以忘懷以前的那種強取豪奪，富貴榮華。如今屈服於政府的法律，不得不克制自己貪婪的慾望，心裡真是難受極了，他們真希望能早一天恢復斷祿，取消俸祿制，重新找回自己的奢侈豪華。他們努力想使夢想變成現實，終於有一天，他們的代言人淮南王拓跋佗站出來說話了。

一次早朝，拓跋佗啟奏道：「臣啟陛下、太后，自從實行俸祿制以來，懲處了眾多國家命官，致使官吏怨言很大。而且給官吏俸祿，增加了人民負擔，人民也十分不滿。既然此制度如此不得人心，臣請求恢復斷祿制。」

馮太后知道拓跋佗對俸祿制不滿，於是就針對這個問題讓群臣討論，徵求大家的意見。這時只見中書監高

閭說道：「在飢寒難擋的情況下，即使是慈母也不能保其子。現在給官吏俸祿，則廉潔的人可以不至於過於清貧，貪婪的人受到了約束。如果不給俸祿，則貪者肆無忌憚，廉者不能自保。而淮南王說恢復舊制斷祿，那麼請問，取消俸祿，你將以何為生呢？」

這一問，把拓跋佗問得面紅耳赤，站在那裡一聲都不敢言語了。馮太后和孝文帝聽了，心裡很高興，這表明朝廷內並非都是貪官汙吏，還有廉潔正直之士支持著改革。他們看到班祿制已深入一部分官吏的心中，更堅定了變法的決心和信心。

班祿之爭，使馮太后和孝文帝充分認識到，官吏的素質十分重要。於是他們繼實行俸祿制之後，又制定了釐定官制、調整結構、考核官吏等一系列措施，使北魏政權機構日臻完善。

如此徹底的吏治改革，使各級官吏都能忠於職守、廉潔奉公，漢族地主中許多有才學之人也能充實到北魏政府中來，使北魏政府充滿了生機和活力。吏治改革的成功，為經濟領域裡的全面改革以及全盤漢化奠定了組織基礎。

北魏初年，除了政治矛盾層出不窮之外，經濟上也危機四伏。十六國時期，由於長期割據戰爭，使北方地區的農業生產遭到了極大破壞。北魏統一後，曾採取勸課農桑等一些措施，但效果並不明顯，到孝文帝時期，仍有大面積土地荒蕪。同時，百姓流散，強宗豪族肆意侵凌，他們乘機兼併土地，包庇蔭戶，形成宗主督護。政府所掌握的戶籍不實，國家的稅收無幾。針對這種狀況，馮太后和孝文帝進行了均田制、三長制和新租調制等經濟領域的三大改革。

西元四八五年，北魏政府頒布了均田令，對國家土地實行再分配，以期發展農業生產。均田令規定了十五歲以上男子可受露田四十畝、桑田二十畝，女子受二十畝露田。與此相對應的賦稅制度也做了調整，即一夫一婦每年出帛一匹、粟二石。這樣，均田與稅收都是以一夫一婦為個體單位，形成了新的組織結構。

政府同時接受了李沖的建議，改變過去的宗主督護制，而實行五家立一鄰長、五鄰立一里長、五里立一黨

長的三長制度。鄰長、里長和黨長的主要職責是檢查戶口、催督租調、推行均田，從而形成了新的地方行政組織。三長制與均田、新租調制三者相輔相成、互為促進，對經濟的發展以及國家的稅收都極其有利。

但是，三項改革對於作為地方豪強的宗主貴族來說，無疑是一種權力的剝奪。他們所兼併的土地沒有了，他們所庇護的人丁沒有了，他們曾經擁有的權力也被取消了，這一切都使他們感到十分氣憤，於是在一開始便激烈反對。

一天，朝內中書令鄭義、祕書令高祐、著作郎傅思等發起了攻勢。高祐首先進言道：「臣啟太后、陛下，李沖所主張的立三長制，實際是欲使天下混亂之法。它聽起來似乎可用，但實際上卻很難執行。」鄭義接著說道：「臣的意見也是如此，三長制是不切實際之想。如果不信臣等之言，可以先試行一下，只有失敗了，才知道臣等說的不錯。」傅思也連忙補充說道：「實行舊制，為時已久，如今一旦改制，恐怕會致混亂。」

馮太后聞聽此言，不容辯駁地說道：「立三長制，則課賦都有了統一的標準，可以把被包庇的蔭戶查出來，使豪強地主不再存僥倖心理。這種制度有萬利而無一弊，有什麼不可以實行的呢？」

大臣們見太后如此意志堅決，而且也知道太后向來行事果斷，賞罰嚴明，尤其是前時對李洪之的懲罰還清晰地記憶在人們的腦海中，所以他們都害怕起來，再也不敢言語了。這樣，在太后的堅持下，三長制以及均田、新租調制等改革措施得以徹底貫徹，並在其後不久，其優越性便明顯地表現出來了。

經過前期的改革實踐，在馮太后和孝文帝的艱苦努力下，抵制了反對派一次次的非議，不但對官吏實行了班祿，而且在此基礎上進行了徹底的吏治改革。新的經濟改革也極大地促進了北魏社會經濟的恢復和發展，並增加了政府收入，增強了國力。政治、經濟改革的成功，也緩和了北魏業已存在、十分嚴重的階級矛盾和民族摩擦，使面臨危機的北魏政權可以堅實地屹立於中原大地之上了。

太和十四年（西元四九〇年），馮太后因病去世了。這對於年僅二十三歲的孝文帝來說，無疑是個嚴峻的考驗。舊貴族們開始蠢蠢欲動，他們要藉此機會，取消新法，恢復舊制。

馮太后去世之後，孝文帝鄭重向大臣們宣布：「太后之制不變！太后法律不變！」這個年輕的皇帝，不但繼承了馮太后的改革精神，而且把改革更加深入地推進一步，使拓跋鮮卑進行徹底的漢化改造。

馮太后的歷史功績可以說是不可磨滅的，她付出的艱苦努力，抵制住了種種壓力，對一個野蠻的、尚武的少數民族實行了一系列的改制，並取得了初步成效。更主要的是，她親手培養了一代聖主明君，使鮮卑民族漢化的理想早已在她的繼承者心中紮下了根，而這正是她的事業得以繼承和發揚的重要因素。

孝文帝親理朝政後，決定把祖母的改革事業深入下去。當時，宗室貴族的勢力太大，北魏宗室及功臣子孫中被封王的很多，他們常常仗勢胡作非為。孝文帝為削弱他們的勢力，下詔道：「除了烈祖的後代以外，各王都降為公，公降為侯，但官品如舊。」

在首都平城，孝文帝躬親助耕，以鼓勵生產。皇上剛剛舉起一鍬土，立刻被風吹起，吹得滿身、滿臉全是沙土，如此惡劣的自然條件，使人們無論怎樣努力，這裡的農業生產效率都很低。相反地，黃河流域在實行新的經濟政策之後，便迅猛地發展起來，在國家經濟生活中的地位也不斷提高。這些都使孝文帝感覺到，對黃河流域的統治，已經有些鞭長莫及了。

就在孝文帝不知如何是好的情況下，一天，中書監高閭對皇帝說：「凡是帝王無不以中原為正統，我朝也應依據儒家的陰陽五行，定為土德。」皇帝明白了他的意思，但是聰明的孝文帝在他的啟發之下，一下子悟出了另一層內涵，那就是連高閭自己也沒有想到的，遷都中原。

孝文帝忽然間豁然開朗了，是啊，為什麼以前就沒有想到呢！平城本來就是在軍事掠奪的過程中所構建，整個都城都被尚武的氛圍所籠罩著，這裡極適於用武，而不適於文治。在武力統一北方之後，只有一種穩定的、祥和的氣氛，以文治國，才能使政權長治久安。而且平城是鮮卑貴族保守勢力的老窩，如想在這裡繼續深入地移風易俗，恐怕會難上加難。更何況，平城北部柔然不斷侵襲，很不安寧。看來，只有遷都，這些問題就會迎刃而解了。但是，孝文帝清楚地知道，遷都可是牽繫著鮮卑人根本利益的大事，他們貪戀本土，難捨在故

土的既得利益，如果貿然行動，他們必定會群起反抗，遷都之事定難成功。於是，一個周密的計劃在孝文帝的心中形成了。

西元四九三年五月的一天，孝文帝與群臣商議，大舉伐齊。他說：「商湯、周武王革命，都是應天順人。現在，朕要行湯、武之志，進兵齊國，一統天下。眾卿意向如何？」群臣一聽，又要發生戰爭了，心裡雖然不贊同，卻也不敢發表反對意見。但是，尚書任城王拓跋澄說道：「今齊國還未見滅亡之兆，依臣看，陛下出師遠征，並不是很吉利。」

孝文帝厲聲說道：「國家社稷乃是朕的社稷，任城王你還想違背朕的意願不成？」拓跋澄毫無畏色地說道：「社稷雖為陛下所有，但臣也是社稷之臣，怎麼能明知陛下所為對社稷不利而不加以阻止呢？」孝文帝知道任城王有理，但他真害怕任城王會影響他的行動大計。過了許久，孝文帝才說道：「人各有志，何必要大傷感情呢！」

孝文帝在實施計劃的第一步，就遭到了忠誠之臣的反對，他感到有必要與任城王說個清楚，他想如此直言進諫之臣一定會全力支持自己的宏偉事業。回宮後，孝文帝便立刻召見任城王拓跋澄。孝文帝對他說道：「剛才大殿之上，朕怕人人都反對我，阻撓我的大計，所以才對先生聲色俱厲。」他讓身邊的人退下，繼續說道：「我國興自朔北，徙居現在的平城，這是個用武的地方，而不適合以文治國。現在朕想移風易俗，而道路卻十分艱難，朕想藉這次南征之機而遷居中原，不知卿以為如何？」

任城王一聽，恍然大悟，原來皇帝是志在遷都，以利於更好地移風易俗，他這位忠正之臣自然是非常贊同。他說：「陛下原來是想定居中原，然後經略四海，這是行周、漢興隆之舉，臣自當竭力相助。」

孝文帝見任城王果然贊同自己，心裡自然很高興，於是便跟他商量道：「北人戀故土，他們對此一定會極力阻撓，該怎麼辦呢？」任城王說道：「此乃非常之事，只有非常之人才能做到。陛下出自一片聖心，他們也奈何不得。」孝文帝由衷地說道：「任城王，你真是朕的知己啊！」

孝文帝這回有了任城王拓跋澄的支持，他的行動便順利多了。就在這一年的九月，魏孝文帝親率三十萬大軍南下伐齊。

九月的天氣，正是秋雨連綿。三十萬大軍在泥濘的道路上艱難地行進著。這時探馬來報，前面就是河南洛陽城了，眾人一聽，無不興奮已極。到了洛陽這個落腳點，可得好好歇歇了！這些人已經是人睏馬乏，疲勞不堪了。然而，當大軍剛一到洛陽，孝文帝就下令：「繼續南下，不得停歇！」

此令一下，眾將士都吃驚不小。這時，李沖等人跪在孝文帝馬前，流淚苦諫：「陛下今日之舉實為天下所不願，而唯獨陛下堅持南征，臣等實在是心有餘而力不足，所以冒死請求罷兵。」

孝文帝大怒道：「朕剛剛經營天下，立志要一統全國，而卿等卻屢次阻撓。你們都不要再說了，否則就要治罪。」

這時早已受不了長途雨中行軍折磨的眾將士、臣子，都一起跪下，齊聲說道：「懇請陛下罷兵。」孝文帝看到元老眾臣們已經中了自己的圈套，便說道：「現在我們興師動眾，率三十萬大軍南下伐齊，如果無功而歸，何以見世人？朕世代深居朔北，早想南遷中原，如果依照眾卿之意不再南伐，那麼就應遷都於此。眾卿之意如何？」

正當大臣們不知如何是好之時，孝文帝又命令，要他們立刻表態，同意的站左邊，不同意的站右邊。心腹大臣們率先紛紛站到了左邊，許多大臣心裡雖然不願遷都，但是一想到如果南伐，不但路途艱辛，而且更害怕在刀光劍影的戰場廝殺中丟掉自己的性命，兩者權衡，他們就不得不同意遷都之舉。

當然，也有大臣當場表示反對。燕州刺史穆羆就對孝文帝說：「遷都事關重大，依臣看，恐怕不可。」孝文帝問：「為什麼不可？」穆羆舉出了幾條十分可笑的理由，說什麼，四方未定，九區未平，征伐之舉得需戎馬，如到中原則沒有馬等等。實際上他自己也不知為何不能遷都，只覺得應該不能。孝文帝聽了，就問大臣們：「還有誰有異議？」尚書於果、前懷州刺史青龍、前秦州刺史呂受恩等，都說不明白孝文帝為何要遷都。

孝文帝和顏悅色地給予解釋，他們也就接受了這個既成事實。

就這樣，孝文帝運用自己的聰明才智，以絕妙的謀略，終於使遷都這個保守勢力定會全力阻撓的大事，輕而易舉地實現了。

孝文帝在洛陽的首場演出以成功而宣告結束了，他命人快馬加鞭，在洛陽修築宮殿，做定都的一切善後工作。然而，對平城該怎樣交代呢？孝文帝心存一絲憂愁。他有些擔心那裡的守舊貴族會聚眾造反，但他轉念想到手中握有的權力，便又恢復了自信。

當任城王返回舊都平城，向留守在那裡的鮮卑貴族宣告遷都之旨時，眾人無不十分驚駭：原來孝文帝南伐是假，遷都是真！這消息太突然了，任城王拓跋澄只好動之以情，曉之以理，引經據典，對他們進行開導。經過一番思慮之後，他們覺得皇帝既然已經將生米煮成了熟飯，自己再反對也無濟於事了，莫不如就接受這個既成的事實吧。大多數貴族準備南遷，平民百姓在經歷了最初的震動之後，也開始遷徙。

但由於受到傳統觀念和多種利益的制約，有少數人堅決反對南遷。於是，便發生了恆州刺史穆泰、定州刺史陸叡、安樂侯元隆等人密謀反抗之事。

穆泰等人接到皇帝的遷都令之後，大為不滿，便在一起商量，如何抵制南遷。上書反對已毫無意義，拒不南行，也不被允許。於是，他們鋌而走險，聚眾反抗。

穆泰等人的反叛，令孝文帝十分憂慮，他對任城王拓跋澄說：「穆泰圖謀不軌，引誘宗室叛變，這都是因為遷都造成的。北人戀舊，如此的南北紛爭，朕恐怕洛陽要立不住了。現在朕派你快速北進，如果反叛勢力薄弱的話，你可以直接擒獲，如果他們勢力強盛，你就徵調并、肆二州的兵力進行鎮壓，雖然他們是王爺犯法，但這關係到社稷安危之大事，請愛卿不要手軟。」

拓跋澄見皇上信任自己，很激動，便說：「穆泰等人本來就是愚蠢之人，他們只是依戀北土，而並非有什麼遠圖。臣當盡心盡力，平定叛亂，請陛下勿憂。」

於是拓跋澄出兵恆州。當行至雁門時，有人報告說，穆泰已西據陽平，而且弓強馬壯，屯兵據守。拓跋澄知道後，便快速向陽平進發。右丞孟斌對他說：「依我看形勢不可低估，應徵召并、肆兵力，然後步步為營，向前進攻。」拓跋澄不這麼認為，他說：「穆泰既然叛逆，就應該據守他所在的恆城，而他卻轉守陽平，說明他兵力薄弱，我們應該快馬前進，出其不意，定能平定叛亂。」果然，他派李煥為先鋒，便擒得了穆泰，其他黨羽被俘，陸叡、元隆等百餘人皆入獄。

穆泰等保守勢力的反抗被平息了，孝文帝成功地完成了遷都大業。但是，守舊的鮮卑貴族戀舊情緒卻很難一下子扭轉，以至於發生了太子恂帶頭企圖逃離洛陽之事。

太子恂，平時就不愛讀書，不明大禮，又因為長得膘肥體胖，很受不了洛陽夏日的酷暑炎熱，整日拿把扇子，東遊西蕩，無所事事。一想起平城的涼爽，不免思鄉之情油然而生。他時常懷念著北方，追憶著北方。太子的思緒正迎合了大部分念舊思故、反對遷都之人的心理，很多人就利用太子向孝文帝發難，這對在洛陽的統治極為不利。

當時的中庶子高道悅曾多次告誡太子要支持父親的事業，潔身自愛，以免生出禍患，可太子就是不聽。孝文帝出行松岳，令太子留守洛陽，他便企圖乘此機會逃奔平城。太子召集了一些人馬，殺了高道悅，準備從西掖門出城。但守門將軍拓跋儼把守嚴密，太子沒有成功。

第二天一早，早有人飛馬報告孝文帝，孝文帝一聽，臉都氣白了，他從沒有想到自己的親生兒子、今天的太子、未來的皇帝竟然公開反對自己！太子不支持自己的事業，那麼太子即位後，所有的改革事業都將前功盡棄，自己畢生的心血都將化為烏有，想到這，孝文帝不禁一陣心寒。他不允許任何人阻止自己的改革步伐，即使這個人是自己的兒子，為了使變法順利進行，孝文帝決心予太子以嚴懲。

孝文帝當即火速回京，立刻召來太子。太子垂頭喪氣，剛走進殿門，他便大罵太子不孝，並親自下殿杖打太子。事後，孝文帝和群臣商議是否廢掉太子，太子的老師穆亮和李沖連忙跪在孝文帝面前，苦苦地為太子求

情，並摘下帽子表示要替太子受過。

孝文帝見二位老臣如此忠心耿耿，不免有些感動，但為了自己矢志不渝的變法事業，他必須執法嚴明，懲罰太子以警戒國人。於是他說道：「二位愛卿為太子求情是因為私人的感情，而朕所考慮的是國家的利益。古人云，大義滅親。現在太子企圖違父背尊，逃歸朔北，天下哪有這樣無父無國之人？你們何必要包庇這樣的人。此小兒今日不除，乃是我國家之大禍，朕決心已定，你們就不要再說了。」

眾人見孝文帝如此大義滅親，也就不敢多言了。孝文帝將太子恂廢為庶人，並派人看守。後來中尉李彪又密奏說太子企圖謀反，孝文帝一怒之下，便將其賜死。這樣，太子拓跋恂結束了短暫的十五歲生命。

孝文帝以賜死太子為代價，穩定了新都洛陽的局勢。保守勢力看到孝文帝對兒子都不放過，他們再也不敢起來反抗，也就安於定居洛陽了。

然而，遷都洛陽，並不是孝文帝的最終目的，他要使鮮卑族達到徹底的漢化，並為此繼續努力不懈。

語言是交流的重要工具，鮮卑人在民族形成過程中形成了自己的語言。遷都之後，不同民族之間的人民很難溝通，更不利於鮮卑人對漢文典籍的學習、研究，不利於汲取漢族豐富的文化營養。孝文帝決定改變這種狀況。

西元四九五年的六月，孝文帝下令：「朝廷內任何人不得說鮮卑話，違令者，必免官罷職。」此令一下，朝廷內外立刻就像炸了鍋一樣。這些朝中大臣祖祖輩輩、世世代代說的都是鮮卑話，如今一下子要改變它，實在是有些強人所難。孝文帝也看出了難度，便做了調整，他以三十歲為界，凡三十歲以下的必須用漢語交談。

但是，即使這樣，人們也覺得很難接受，於是孝文帝與大臣們做了一次長談。

孝文帝召見眾臣，他說：「眾愛卿，你們想不想讓我們魏朝與歷史上的殷周齊名、與漢晉並美呢？」

咸陽王拓跋禧連忙說：「陛下聖明御運，實願趕超前王，留名青史。」

孝文帝接著問：「如果這樣，那麼怎麼才能實現這個願望呢？是修身改俗呢，還是因襲舊制？」

拓跋禧回答：「應改變舊俗，以成欣欣向榮之勢。」

孝文帝又問：「這種局面是只停留在一代，還是要傳之子孫久遠呢？」

拓跋禧說：「當然是要傳之後世萬代。」

孝文帝於是說：「既然是這樣，一定要改革更新。眾愛卿應適應這種改弦更張，不應違背！自古以來的各種典章制度以及經史子集，無不是用漢語寫成的。我們鮮卑人只有斷北語，行漢禮，才能與中華民族宏大的文化融為一體。我以三十歲為界，三十歲以下的必須都說漢語，你們都要牢固地記住。長此以往，漸漸地形成了一種習慣，就能風化日新了。如果仍襲舊俗，恐數世之後，洛陽之地到處都是披髮之人了。」接著，他又說：「朕曾經與李沖論及此事，李沖說：『四方之語，哪有什麼誰是誰非，皇帝所說的就是正音，何必要改舊從新呢。』李沖說這話，應判死罪。」

李沖一聽，嚇得直冒冷汗，這時又聽皇帝點自己的名，說道：「李沖，你肩負著國家社稷之重任，說出如此守舊之言，按理應該懲處。」

李沖連忙請罪，眾大臣也都幫著講情，才使李沖得以免罪。孝文帝如此認真的態度，使得朝廷內上下有了統一的認識，這項改革得以順利實施。斷北語，說漢話，是孝文帝漢化改革的重要部分，對鮮卑人的漢化過程發揮促進作用。

漢話在鮮卑人的口中傾吐自如了，而滿口漢話的鮮卑人如再穿著舊有的胡服，則顯得很不協調。鮮卑族久居北方，以狩獵為生，男人編髮左衽，婦女則穿著夾領小袖短襖，頭戴小帽。孝文帝也要改變這種生活習俗。他讓尚書李沖和馮誕、游明根、高閭等人反覆討論改革方案，並讓巧思多藝的陸少游花了六年的時間研究漢族服裝樣式。當漢式服裝定型後，孝文帝立即下令，不分男女，一律改穿漢裝。這樣朝廷內外，煥然一新，朝野上下，宛若漢人集居，孝文帝的漢化改革得到了進一步的深入。

但是，保守勢力總是要對新事物進行頑固的抵抗。有一部分鮮卑貴族始終不願改變舊的習俗，其中元老拓跋丕就是最為堅決的一個。他認為自己一生一世都在繼承祖業，如今老了，很難改變早已形成的生活習慣。孝文帝很尊重他，因為他是元老重臣，更主要的是，他支持別人都服漢服，孝文帝特許他一人可以穿著鮮卑服裝入朝。

這是孝文帝網開的一面，而對其他人的戀舊行為，他都予以堅決地取締。有一次，他從前線返回洛陽，看到有些鮮卑婦女仍然穿著夾領小袖的胡服，就把留守京城的官員叫來大加訓斥一頓，他說：「昨天我看見一些婦女仍穿胡服，我外出時期，你為何違背詔令？」留守官吏連忙請罪，並表示督察此事，以功補過。過了一段時間，孝文帝有一次去鄴城，他發現車上的人仍然戴冠帽著小袖襦襖。他十分惱火，立即將任城王拓跋澄叫來，嚴厲指責他身為尚書，為何不察。

任城王看孝文帝如此的惱怒，就說：「穿胡服的人還是少於不穿的，他們占少數。」孝文帝聽了更加火冒三丈，他厲聲怒斥道：「這可真是奇怪呀，難道你任城王還想讓全城的人都再穿胡服不成？」由此可見，對於人們業已形成的風俗改變，並不是一朝一夕所能完成的，它需要改革者努力不懈和鍥而不捨的精神，孝文帝正是通過這種努力，才得以實施移風易俗。

對於人們生活習慣的改變，行政命令雖然具有一定程度的無比震懾力，但是，在人們的心中，返祖歸根一直是人們魂牽夢繞的願望。無數鮮卑貴族，他們屈服於孝文帝的權威，不得已定居洛陽，並學漢語，說漢話，穿漢服。

但是他們有一個最終的願望，那就是死後回到朔北，歸葬祖宗的身旁。這種對故鄉的思念雖然是情有可原，但它卻使人心渙散，心身兩處，嚴重影響孝文帝漢化改革的實施。針對這種狀況，他於太和十九年（西元四九五年）規定：「凡是遷居洛陽之民，死後都要葬於河南，不得北遷。從此以後，從平城南遷的人，都是河南洛陽人。」孝文帝的這項規定，將鮮卑人的籍貫都給改變了，徹底斷絕了鮮卑貴族回歸舊土的念頭，他們無

奈，只有死心塌地地沐浴儒風漢習了。

孝文帝將鮮卑人的根都給挪植、遷移了，鮮卑人生活中的一切都變了。從此以後，鮮卑拓跋氏就世世代代生在洛陽、死在洛陽，按照漢人的生活方式而生活著。而且就連姓氏也被孝文帝改變了，將絕大部分鮮卑姓氏改為漢姓，使鮮卑人根本忘記自己曾經是鮮卑人。他首先以身作則，將皇姓拓跋氏改為元氏，這也就是孝文帝拓跋宏為何叫元宏的緣故。他又把太祖以來的八大著姓都改為漢姓，即改為穆、陸、賀、劉、樓、於、嵇、尉姓。

孝文帝改姓氏，是為了使本民族與漢族更為接近，具有很深遠的意義。但是，他在改姓氏的同時，也將魏晉以來十分盛行的門閥制度引到北魏官僚機構中來，他給予八姓最高品級，並授以高官厚祿，八姓以外的鮮卑貴族，也都規定了不同的流品。門閥制度在中原已經落後了，而孝文帝為了實現全盤漢化，竟不顧李沖的反對，完全照搬過來。孝文帝在門閥重建以後，嚴格按照門第高低來選拔人才，鮮卑貴族借助於以貴承貴、以賤襲賤的門閥制度，完成了自身的門閥化，同漢族士族幾乎沒有什麼差別了。但鮮卑貴族也因此很快便腐朽了。這是孝文帝改革的失誤之處。

孝文帝使一個野蠻、落後的民族，一改過去的胡風野氣，使北魏王朝的異族色彩消泯殆盡，與昔日定都中原的漢族封建政權可以相提並論了。這正是孝文帝以及他的祖母馮太后通過不斷努力，在與頑固勢力進行艱苦卓絕的鬥爭之後所取得的。孝文帝的改革取得了圓滿的成功。

改革者擁有的權力是改革成功的基本保障，與此同時改革的成功也是與改革家的自身素質和良好品格分不開。

孝文帝自幼受馮太后嚴格的漢族式教育和培養，馮太后是一位了不起的知識女性，她不但使孝文帝接受博大精深的漢文化熏陶，而且力主改革，並為孝文帝的改革打下了堅實的基礎。孝文帝和馮太后，他們同樣具有順應歷史發展趨勢的遠見卓識，能衝破狹隘的民族偏見，具有膽識和氣魄，對落後的鮮卑民族進行全面的漢化

改造，並在同各種各樣反對勢力的鬥爭中，表現了他們作為政治家所具有的堅定性格和頑強毅力。事實證明，欲變法革新總是會遇到守舊勢力的阻撓，而改革越是徹底，鬥爭也就越激烈。孝文帝徹底的改革就是在同保守勢力的艱苦鬥爭中取得的。

在改革過程中，孝文帝以身作則，他最先與漢族地主通婚，娶李沖女兒為夫人，以盧氏、崔氏、鄭氏、王氏四姓之女為妃。他帶頭改姓氏，將拓跋氏改為元氏。禁胡服時，他首先穿起了漢族服裝。每一項改革措施推出後，他身為皇帝，都身體力行。在一國之君的帶動下，各級官吏和平民也都漸漸地唯命是從。孝文帝大義滅親之舉也是使變法順利實施的重要因素之一。

改革家的才智和謀略是至關重要的。改革是一項偉大的系統工程，孝文帝和馮太后正是在確立改革目標的基礎上，制訂合理的計劃，並按照預定步驟實施，正因為改革是按步驟、有計劃、一步步進行的，才使無數牽動鮮卑人習慣的改革，幾乎沒有遇到強烈阻撓，一一順利通過，這一切不能不歸功於孝文帝這位傑出改革家的過人睿智。

經過孝文帝改革，北方社會經濟得到了顯著恢復和發展，手工業和商業都相應地有所發展，社會出現欣欣向榮的局面，從而為北朝末年結束分裂對峙，實現全面統一奠定了堅實的基礎。

孝文帝作為一個少數民族政權的改革代表，在少數民族以鐵蹄踐踏中原之後，他以遠見卓識的頭腦敏銳地意識到，只有用中原漢文化來改造這個征服民族，才能使自己的政權得以鞏固，因而果敢地將鮮卑族進行了全面而徹底的漢化改造，不但穩固了鮮卑拓跋氏在中原建立的政權，而且對於促進各少數民族進步，以及推動北方各民族的大融合，都發揮了巨大的積極作用。

從此以後，鮮卑族以及其他一些少數民族，在經濟生活方式、語言、風俗習慣等方面，與漢族之間的差別日見消泯，各族統治階級之間也早已打破華夷有別的民族界限，實際上渾然一體了。這種民族大融合的實現，使中國歷史上持續了二百多年的南北對峙局面抹去了民族矛盾的內容和色彩，轉變成為統一與分裂的鬥爭。正

因為如此，才出現了隋唐時代絢麗多彩的文明。

從這一層意義上來說，北魏孝文帝為民族融合，樹立了一座不朽的豐碑！

曇花一現

范仲淹等人的慶曆新政可謂切中時弊，但北宋的守舊勢力太強大了，以至於新政僅存一年有餘便夭折了。

經歷了魏晉南北朝分崩離析的局面之後，中國歷史又步入了隋唐的統一和集權。隋唐時期，是中國封建社會發展的巔峰，政治宏威大振，經濟欣欣向榮，文化成為東方各國文明的搖籃。如此的繁榮盛世是經歷楊堅、李世民、武則天、李隆基等幾代傑出政治家和改革家艱苦卓絕的努力所換來的，是他們創立了豐功，建築了偉業，締造了輝煌。但在二個世紀的鼎盛之後，值得驕傲和謳歌的大唐帝國最終走上了它的末途。

唐玄宗李隆基創造出開元盛世之後，便陶醉於歌舞昇平之中。他不再銳意進取，而變得荒淫無度，嫉賢妒能，養奸成患。從此唐王朝開始走向下坡。日益加劇的階級矛盾和統治階級的內部鬥爭，終於爆發了長達八年之久的「安史之亂」。之後，藩鎮割據局面形成，河北、山東、河南、淮南和嶺南等地區形成無數大大小小的軍閥，他們時常發生戰爭或叛變，使國家殘破、民不聊生，社會各種矛盾更加激化。終於在全國境內爆發了推翻唐王朝的農民大起義，大唐王朝也迎來了滅亡的命運。

唐亡後，開始了五代十國，中原再一次經歷分裂、動盪的考驗。從西元九〇七年起，到西元九六〇年，中原地區相繼出現了梁、唐、晉、漢、周五個短命的王朝，歷史上稱作「五代」。與北方五代同時，南方分別建立了前蜀、吳、閩、吳越、楚、南漢、南平、後蜀、南唐等九個王朝，加上北方的北漢，歷史上稱作「十

國」，統稱「五代十國」。在僅五十年的時間裡，王朝更迭如此頻繁，割據政權如此之多，實為罕見。這種局面的出現實質上是唐朝末年藩鎮割據的延續。

但是在形成分裂爭雄割據的局面時，一個走向統一的趨勢又開始孕育，由後周的殿前都點檢趙匡胤於西元九六〇年在陳橋驛發動兵變，建立了北宋政權。

趙匡胤黃袍加身，便當了皇帝。以兵變奪取皇位，在動盪的五代時期是司空見慣的，問題的關鍵是，北宋是不是也會成為一個短命的王朝？趙匡胤輕易奪取的皇位，會不會有人也爭相效法，再來一個黃袍加身呢？這不能不使人憂慮。與此同時，初創的北宋政權面臨的形勢十分嚴峻，北方有十分強大的遼國，太原有北漢政權，南方還分布著南唐、吳越、後蜀、南漢、南平等國，北宋僅囿於中原一隅。即使是北宋境內，軍閥割據勢力仍十分強大，他們在各地擁兵自重，稱雄一方。所有這一切，都使趙匡胤清楚地意識到，欲穩固政權統治，實現統一大業，唯一的出路就是加強中央集權。

一次，趙匡胤設宴款待高級將領慕容延釗、韓令坤、石守信、王審琦等人。這些人都是他奪取政權時的親信或功臣，君臣情同手足，自然是縱情暢飲。酒至酣時，趙匡胤忽然對石守信等人說：「朕如果不是諸位相助，何以有今天。但是為君真是太艱難，倒還不如為節度使時快樂，朕何嘗一夜得以安寢！」石守信等人一聽，無不感到奇怪，心想：「這是怎麼了，太祖得了皇位為何反倒不安寢了呢？」於是忙問其中緣故。趙匡胤長嘆一口氣，唉聲說：「這並不難知，天子之位，誰人不想得呀！」此話一出，眾將立刻全都明白了，趙匡胤是怕他們重演黃袍加身之故技，要奪他們的兵權了。石守信連忙跪地說道：「陛下怎麼出如此之言，如今天命已定，誰還會有二心呢？」趙匡胤神情凝重地說道：「你們固然是沒有異心，但是你們的部屬如貪圖富貴，一旦有一天將黃袍也加在你們身上，你們能不幹嗎？」這話說得再明白不過了，在座的將領們嚇得汗流不止，個個涕泣漣漣，乞求解除兵權。不久，眾將都以各種理由離開了京都，解甲歸田，趙匡胤給予他們豐厚的金帛財物。趙匡胤就這樣杯酒釋兵權，使全國兵權收歸己有。

在收奪兵權的基礎上，宋太祖趙匡胤實行了整頓軍制，改革中央官制以及削弱地方政權等一系列加強中央集權的措施。他取消禁軍的最高將領，由三司統率，以分散將帥權力，將帥只有指揮作戰權，而調兵權直接控制在皇帝手中，從而杜絕了軍事將領擁兵割據的可能。政權機構中，宋太祖在中央削弱朝中重臣的權力，主要是宰相的權力，在宰相之下添設參知政事，並把晚唐五代時權宜設置過的樞密使和三司使定為常設官員，以樞密使分取宰相的軍政大權，以三司使分取宰相的財政大權。對地方州郡長官的權力，也給予削弱，不許地方官兼任一個州郡以上的職務，財權和兵權也都收歸中央政府，其他諸如司法、選人等都由中央政府統管。這樣北宋的各種權力都高度集中到中央，集中到皇帝手中。這個高度集權的行政體系，讓北宋初期那種混亂的社會局面迅速穩定下來，使趙宋集團在建國之後的二十年裡，不但鞏固了這個在尚武氛圍下建立的政權，而且東征西伐，終於在西元九七九年完成了統一大業。

事情往往物極必反，矯枉過正。正是由於如此過分地集權，使各項政策都存在著許多消極因素，隨著時間的推移，便開始惡性膨脹。宋太祖趙匡胤為了加強皇帝的權力，以防政權傾斜，事無鉅細，他都要躬親審理。據說，他為朝政鞠躬盡瘁，勤勤懇懇，每天三更起床，夜半方寢，如此辛勞，奏摺還是不能批完。相比之下，群臣卻都無事可做，也無權做事。這就是宋太祖高度集權的政治，群臣的積極性很難調動，這個機構很快也就運轉失靈。除此之外，為了使官吏分權，無謂地增加了許多新機構和新官員，造成機構重疊，官吏冗繁，行政效率降低，政府負擔加重。另外，軍隊實行「更戍法」，將不知兵，兵不知將，軍隊戰鬥力大受影響。總之，在加強中央集權的同時，又矯枉過正，其結局就是使北宋王朝很快出現積貧積弱的國勢。

應該說，這種局面的形成不能完全歸咎於宋太祖的改革。宋太祖在天下還沒有統一、藩鎮割據勢力還十分強大、剛剛建立的政權還不十分穩定的特定國情下，運用鐵的手腕，採取一些過於激烈的措施，使宋朝沒有成為繼五代之後的第六個短命王朝，並完成了統一大業，這不能不說是趙匡胤的高明之舉。問題是，在特殊的歷史環境過後，他的繼承者們應適時調整這項過度政策，建立在和平時期所應有的統治秩序。但十分可惜的是，自太宗趙光義以後，真宗趙恆、仁宗趙禎、英宗趙曙都是墨守成規的無能之輩，他們坐享其成、不思進取，當宋初制定的一系列政策不再適應新形勢的需要時，他們不能進行有效的調整，使社會的各種矛盾日益激化。到宋仁宗趙禎統治的慶歷年間（西元一〇四一年至一〇四八年），已出現了「冗兵、冗官、冗費」的全面社會危機。

北宋建國二十年後統一了中原，按理說統治者應罷兵歸農，扶持農桑，使百姓休養生息。但是宋統治者不但沒有這麼做，而且還愚蠢地大規模擴充軍隊。每遇災年，政府為了防止災民造反，竟把成千上萬的災民招募為兵，使他們有軍糧可吃。這樣年復一年，軍隊的數量急驟上升，而戰鬥力卻日益下降，以致在對遼、夏作戰中，不斷戰敗。越是如此，宋政府就越加擴充軍隊數量，以期以量取勝。宋政府如此失當之舉的結果是使軍隊惡性膨脹。當初在削平割據勢力、統一全國時靠的軍隊僅是三十萬左右，慶歷時鞏固政權卻使軍隊擴充到一百四十萬之多。這是一個十分驚人的數目，當時一年總計收入也不過六千餘萬錢，而養兵的費用竟達五千萬，天下六分之物，五分用來養兵，如此巨大的軍備開支，無疑給財政帶來極為沉重的負擔。冗兵的結果也使農村勞力不足，田園荒蕪，國家稅收也大受影響。

再看看北宋的政府機構。宋初，趙匡胤為充實政府中文官的不足，採取科舉考試的方式大量吸收地主階級知識分子。這本來具有積極的意義，但到後來卻流於形式，考試不嚴，名額不斷增加，同時更為滿足政權分立之需，以至於湧入政府的官員源源不斷。與此同時，北宋官員享有「恩蔭」的特權。「恩蔭」，就是皇帝對大臣和功臣的子孫賜予官職，也叫「任子」。這種制度，漢唐以來就有，但在宋朝卻達到了前所未有的氾濫程度。皇帝登基、過生日都要對百官施以恩蔭，三年一次的祭天典禮有蔭，甚至皇帝結婚、生子等都有蔭。官吏級別越高，得恩蔭的人就越多，如一個二品宰相，不但子孫親戚，就連他的門客、私人醫生等都能沾光得到官職。如此之官，數不勝數，北宋的官僚機構也就越來越臃腫了。仁宗時，內外官員達二萬多人。而官吏的待遇還十分優厚，一個宰相和樞密使的月俸是三百貫，還發給春冬服裝和各種生活日用品，即使是僕人的衣食也由政府

供給。每逢節慶吉日，都有各種恩賞，動輒賜給大臣數千兩白銀，多的達萬兩。官吏數量大，待遇豐厚，政府開支也就十分龐大了。

總之，冗兵、冗官的後果必然是造成冗費。仁宗時，軍費耗銀高達一百二十五萬兩，官吏費用更是無數。此外，與遼、夏戰爭失敗，還有巨額賠款，這些都使財政面臨著嚴重的困境。北宋政府把如此沉重的費用負擔，完全加在勞動人民的身上。

北宋人民的生活極其困苦。他們在經歷了五代混戰帶來的痛楚之後，並沒有得到休養生息，生活負擔反倒越來越重。北宋政府不斷增加課稅，以解決財政危機，使得百姓穀未離場，帛未下機，已非己所有，一年到頭，農民繳納賦稅之後，所剩無幾。此外由於宋初實行不抑兼併的土地政策，使得土地兼併十分嚴重。大官僚地主田連數千，農民被迫淪為佃戶。仁宗時，佃戶達二分之一以上，他們不但受政府盤剝，更受佃主的欺榨，人民再也難以生存下去了，唯一的出路就是起來反抗。

仁宗即位時，各地農民起義頻繁爆發。慶歷三年（西元一〇四三年），在河南、河北、山東、山西、陝西、四川、湖北、湖南、江西等地，都有小規模的農民起義，其中聲勢較盛的是王倫領導的起義和張海、郭貌山領導的起義。王倫本是京東路沂州的一個士兵，他發動兵變，並且黃袍加身，署置官吏，建立年號。陝西地區張海、郭貌山領導的起義軍，攻破州縣，打開府庫，分散財帛，斬殺貪官汙吏、惡霸地主。這支軍隊曾使北宋統治集團極為驚惶，宋軍調集上萬軍隊也沒能鎮壓下去，最後不得不特立賞格，招募敢死士，才將其殘酷地鎮壓下去。在湖南桂陽的瑤族等少數民族也展開了反抗北宋政府的鬥爭，而且一直持續五年之久，到慶歷七年（西元一〇四七年），宋政府採取了安撫政策，派遣官員到山區起義軍聚集地宣布安撫條款，這場鬥爭才宣告結束。

境內如火如荼的武裝起義，使北宋政權處於嚴重的社會危機之中。面對風雨飄搖的宋室江山，不少有識之士開始擔心起國家的命運，他們連連上疏要求仁宗進行改革。

仁宗寶元二年（西元一〇三九年），宋祁上疏，指出社會危機主要是因為官吏臃腫、軍費耗資巨大、僧道氾濫無數，如除去此三冗三費，朝廷就會曠然高枕。這是一個很切中要害的意見，但是這個主張並沒能引起仁宗的重視，宋仁宗臥於柴薪之上，竟還高枕無憂，以致危機越演越烈。面對這種積貧積弱局面，一些有識之士進一步大聲疾呼變法圖強。慶曆二年（西元一〇四二年），歐陽修進言：「整頓吏治已勢在必行。」尹洙也上疏疾言：「朝廷如若再因循固守，將弊壞日甚。」在改革呼聲的強烈推動下，宋仁宗終於意識到他處於險象環生的緊迫形勢。尤其是面對慶曆三年以後出現的眾多武裝起義，仁宗開始日夜恐慌起來。於是他急於擺脫困境，便迫不及待地起用維新派范仲淹等人進行改革，慶曆新政就是在這樣的歷史背景下產生。

范仲淹，字希文，西元九八九年的盛夏，出生在徐州一個小小的地方官家庭。童年的范仲淹就經歷了父親早亡、母親改嫁、受繼父之辱等生活的磨難，這使年幼的他過早地成熟、自立。青年時代的范仲淹，刻苦讀書、虛心好學。二十三歲那年，在強烈求知慾的驅使下，他到應天府書院求學。在那裡，范仲淹閉門不出，晝夜苦讀，終於在西元一〇一五年金榜題名，一舉中了進士，從此開始了他的仕途。

范仲淹為官不同於當時眾多的平庸之輩，他是抱著救國救民的遠大抱負而走入仕途的。面對北宋已成積弊的社會問題，他從做官的第一天起就立志扭轉這種局面，使宋王朝走上繁榮強盛之路。

范仲淹為地方官時，便在沿海地區興修防潮堤壩，為人民謀福謀利。與此同時，他向朝中宰相們上疏，建議朝廷重臣以國家利益為重，因時變革。

當時的宰相多是不思進取的守舊官僚，他的進言自然沒有收效。但是他的才幹和見識卻使他到了京都，從此入朝為官。最初任秘閣校理，也就是負責圖書的管理、編寫、校勘等事。范仲淹的直言敢諫引起了宋仁宗的注意，不久，被仁宗命為諫官。利用這個有利的條件，范仲淹開始頻繁地上言進諫，極力主張朝廷興利除弊。正在這時，西夏寇邊，范仲淹臨危受命，抵禦了西夏，立下赫赫戰功。慶曆三年的春天，宋仁宗召回范仲淹。

宋仁宗決心除舊更新，改弦更張，朝廷內外立刻為一種維新的氛圍所籠罩。慶曆三年三月，宋仁宗增設諫

官，成立了由歐陽修、王親、蔡襄等人組成的知諫院，旨在重用維新志士，同時對守舊派，開始罷免官職。四月，皇帝下詔，召回各地公卿，以商討當世急務。當時皇帝原打算以守舊派夏竦為樞密使，召京議事。歐陽修、蔡襄諫言道：「夏竦在陝西執事，不肯盡力，畏懼怯懦，致使邊境時時告急。陛下想勵精圖治，卻任用如此懷詐不忠之臣，怎能有所建樹呢？」中丞王拱辰也說道：「夏竦經營西北邊境，如今無功而歸，這樣的人任樞密使之職，何以使宋室江山永存萬世呢？」仁宗聽了勸告才有所醒悟。當時夏竦得詔後已快馬加鞭，到了國門之外，馬上就要面見皇帝、走馬上任了。在萬分緊急關頭，右正言余靖意識到，若不早早讓皇帝做出決斷，夏竦必堅決面見仁宗，流淚落涕、苦苦哀求，再有左右為其求情，皇帝必會為其所迷惑，於是余靖連連上疏，言夏竦之惡。這一招果真靈驗，仁宗立即下詔讓夏竦先回家待命，並同時下詔，任杜衍為樞密使。這樣，維新派以閃電戰術首次戰勝了守舊派，為變法奠定了組織基礎。守舊的呂夷簡、王舉正也相繼被罷免。范仲淹被任命為參知政事，韓琦、富弼為樞密副使，歐陽修、蔡襄、王素、余靖等為諫官，一時間改革派在朝廷中占了絕對優勢。

范仲淹多年的改革夙願終於有了得以施展的機會，他的心情無比激動。憶想曾經上書當朝宰相，以期他們能使國家變法昌盛，自己的憂國憂民之心，蒼天可鑑，日月可表。如今自己終於可以得心應手、一展才華、報效朝廷了，這個機遇是多麼的來之不易！范仲淹決心傾其所有，全力以赴，徹底改造積貧積弱的北宋社會。他清楚地意識到，社會痼疾已日久根深，並不是一朝一夕所能改變的，必須制定一通盤周密的政策方案，要慎重行事。

宋仁宗這個才疏學淺的無能之君，他之所以主張變法，是因為他的統治已左右搖動了，如再不做適時的調整，將傾的大廈必將毀於一旦。在朝不保夕的情況下，宋仁宗才接受了改革者的大聲疾呼。仁宗顯得迫不及待，只想急功近利。他為范仲淹單獨找個地方，並起名叫天章閣，讓他在那裡日夜思考，儘早拿出改革方案來。范仲淹在仁宗皇帝的一再催促下，推出了他的十項改革方案，即明黜陟、抑僥倖、精貢舉、擇長官、均公

田、厚農桑、修武備、推恩信、重命令、減徭役。宋仁宗都一一採納，並以詔書的形式頒布天下。這樣，歷史上又一次挽救危亡的改革運動在中原大地上展開了，這就是慶曆新政。

范仲淹改革概括起來說，涉及了政治、經濟、軍事等諸多方面。他針對經濟領域裡徭役不均、不務農桑、水利漸廢、民庶凋敝的事實，實行了減徭役、均公田、厚農桑等改革措施。而最主要是政治領域裡對吏治的改革。

北宋統治機構中官吏隊伍龐大、臃腫，是政權職能失控、官吏腐敗無能的癥結所在。而吏治冗濫、腐朽的原因是在官吏的選擇上存在明顯的失誤，恩蔭法和科舉的錯誤導向，使官吏氾濫為災，而又無治國之能。針對這些問題，范仲淹提出了明黜陟、抑僥倖和精貢舉等改革措施。明黜陟，就是改革過去的磨勘之制。磨勘，也就是官吏憑年頭陞遷，文官只要年滿三年就可以升職，武官五年一遷。這樣的制度使官吏只講資歷年限，不問政績如何，以至於上下官吏終日飽食，無所事事，只是消磨時光，陳陳相因。范仲淹對此予以堅決整治。他規定，要嚴格考核官吏政績，成績突出的提前晉陞，才能出眾的，也要破格提拔，而那些老疾愚昧、貪贓枉法之徒，一律罷官懲處。為了更有效地實行對各地官吏的考察，范仲淹在各地設立按察使，並親自擇定人選，任命張昷之、王素、沈邈、施昌言、李絢分別為河北、淮南、京東、河東、京西按察使，考核官吏，以決定是否任用。范仲淹也親自拿來班簿，將不才之官一筆勾掉，當時在場的富弼不無擔心地說：「一筆勾之容易，豈不知這會使一家為之哭泣。」范仲淹果斷地說：「一家哭泣總要比一路人哭泣好得多。」就是這樣，范仲淹將那些不才之輩全部罷免。

庸官、貪官一時被罷免，這並不難做到，難的是堵住庸官、貪官之來源。針對這一點，范仲淹採取了十分有效的措施，那就是調整科舉制度和恩蔭法。科舉考試側重於治國安邦之策，將以往的背誦詩賦經典列於其後，以此來選拔經國治世之才，提高官吏隊伍的素質。恩蔭法是官吏冗濫的一個重要原因，范仲淹對恩蔭做了嚴格的限制，規定以後吉日、節日等都不再恩蔭；即使是被恩蔭之人必須通過銓試，否則不以預選；子孫必須

年過十五，弟侄要年過二十，以此杜絕童稚授官的笑話。此種改革，對官吏特權加以限制，有效地控制了官吏人數。

在歷史上，范仲淹的吏治改革是很徹底的，他既懲治了汙吏，罷免了冗官，又解決了冗官之源。然而，也正因為此，改革遭到了守舊派的強烈反對。

早在呂夷簡當宰相時，范仲淹所顯露的新思想就遭到守舊派的攻擊和誹謗。當時是仁宗景祐三年（西元一〇三六年），呂夷簡為相，范仲淹曾向呂夷簡進獻百官圖，建議他如何號令百官，使公私職權分明，更有效地行宰相之責。這使呂夷簡很不高興，他對這位被貶睦州又被覆官的開封府知州並沒有什麼好感。那還是在范仲淹入朝不久，他發現仁宗的母親章獻太后權勢過重，便公然上書太后，勸她還政仁宗。因此觸怒了太后，以致被貶。現在對丞相呂夷簡也同樣有失恭敬，自然是遭到不滿。後來，朝廷又議論建都洛陽之事，范仲淹也發表了自己的看法，他說：「洛陽地勢險固，而汴梁則平坦無險。如處於太平無事年間應居汴梁，如遇戰事，必居洛陽。所以應在洛陽廣積儲備，修繕宮室。」仁宗拿不定主意，就問呂夷簡這個意見如何，呂夷簡對仁宗說：「仲淹迂闊不切合實際，務名無實。」這項結論無疑將范仲淹貶得一文不值。范仲淹聽到後，情緒激動，義憤激昂，以《四論》上疏仁宗皇帝，目的在於譏切時弊，並說：「想當初漢成帝信任張禹，對外戚不加防範，故有新莽之禍。臣恐怕今日也有張禹，壞陛下家法。」呂夷簡一聽此言，更是怒不可遏，他斥責范仲淹越職言事，離間君臣，並誣陷他聚結朋黨。從此他們結下了不解之仇。

時過境遷，幾年以後，呂夷簡罷相，范仲淹當政，實行改革。呂夷簡告病還鄉，從此靜觀時勢變遷，不動聲色。然而，對於大多數守舊官吏來說，按察法使許多冗官失去權勢，恩蔭法的調整使官僚的特權受到了限制，被一筆勾掉的官吏，不滿情緒自不待言，這些人聯合起來，為保護自己的既得利益，對范仲淹等改革派群起而攻之。

首先反對新法的是監察御史劉湜。劉湜在變法前行使對官吏的監察職責，權力很大。實行按察法後，范仲

淹親自任命各地按察使，行使對官吏的任免、監察之權。中央的監察御史有名無實，這就等於削奪了劉湜的權力，劉湜屢次上書，譴責按察法把州縣官吏弄得人心惶惶，無所適從。他說：「自從行按察法，派按察使到各地以來，各地官吏都惶惶不可終日，他們不知道自己的命運如何，更無法安心做事，這樣嚴重破壞了各衙門的正常秩序。」無獨有偶，監察御史劉元瑜也提出強烈的反對意見，他主要是針對磨勘法而言的，他說：「官吏陞遷不按資歷年限而按政績，這就會使百官不知廉恥，競相爭官，為取得政績而不遺餘力，從而完全搞亂了祖宗舊法，應該盡快廢除。」反對派對新的貢舉法也大加攻擊，說什麼新的科舉制選擇的人才都是政治投機者，而非真才實學。對恩蔭法的變更，反對的人更多，他們說對恩蔭的限制，有違皇恩浩蕩，實在亂國亂民。有一些地方官吏，如京西轉運使陳洎、張升等人拒不執行新法。由此可見，新法面臨的阻力是何等巨大。更嚴重的是，以夏竦為首的反對派對變法志士進行惡毒的人身攻擊，手段之卑鄙，用心之狠毒，史不忍書。

夏竦曾任西北統帥，是個詭計多端的傢伙。當宰相呂夷簡告病退休時，他滿以為憑自己的資歷可以接替宰相之職，事實上，仁宗皇帝也是以此為初衷而招他進京的。但在石介、歐陽修等維新派的抨擊下，他非但沒當上宰相，而且連樞密使的官職也丟了，這使他惱羞成怒，懷恨在心，發誓要予以報復。他家有一名女奴，較有才華，字寫得漂亮，夏竦就讓她臨摹石介的手跡。女奴日日夜夜苦練，終於寫得與石介之字一模一樣了。於是夏竦偽造一封石介寫給富弼的密信，商議如何廢掉仁宗，讓女奴抄寫，一切就彷彿真的一樣。夏竦造好假信之後，連忙敬獻仁宗，並到處張揚，誣陷改革派結黨謀反，陰謀另立皇帝。同時他們還串通收買宦官，在仁宗面前不斷散布范仲淹等人私樹黨羽的讒言。一時間，朝野上下，流言四起，人心惶惶，反對派乘機大造聲勢，不明真情的官吏也都交頭接耳，議論紛紛。仁宗本來就很昏庸，此時充滿耳際的又都是對改革派的詆毀之言，他也漸漸地對范仲淹等人猜忌起來，對他們也就不那麼信任了。

面對反對派的猛烈攻擊，范仲淹等人並沒有奮勇抗爭，不懈努力，對反對者加以有力回擊。反之，在變法最需要維護、仁宗的變法決心最需要堅定、自身的清白之名與憂國憂民之心最需要辯解的時候，他們卻無力地

退卻了。這是范仲淹等人的軟弱，這是慶曆新政的悲哀！

慶曆四年六月，也就是變法的第二年，范仲淹見大勢已去，改革再也難以推行了，恰在這時，西北又傳來警報，他便申請前往巡視。

起初，仁宗並不同意他於此時離京，但范仲淹出於對流言的恐懼，而且確有西北邊亂，他曾經在陝西用過兵，在那裡威望極高，也是赴邊的合適人選。在范仲淹的一再堅持下，已經對變法失去信心的仁宗皇帝也就不再勉強了。其實，仁宗不願范仲淹西行，並不是還想堅持變法，而是對范仲淹疑心太重，深恐他到了自己的勢力之地，聚眾反叛。但無奈西北邊亂再起，只好派范仲淹前行了。就這樣，范仲淹在一片反變法的叫囂中離開了京都，以陝西、河東宣撫使的名義到西北去了。

范仲淹赴陝途中，路過鄭州。當時已罷相的呂夷簡年事已高，深居於此。范仲淹順路去見呂夷簡。呂夷簡見范仲淹來此，非常驚訝，問道：「先生不在朝廷內實施變法，為何事出京啊？」范仲淹回答說：「現在西北邊亂，我暫時去安撫一下，事成即還。」呂夷簡感慨地說：「先生此行正處於危急時刻，恐怕你再也不能入京了。若想治理西北邊陲，何必親身前往，不如在朝廷指揮更好些。」范仲淹聞聽此言，十分驚訝，他自己在離京之前，確實對形勢估計不足，經呂夷簡一指點，方恍然大悟，也覺得事態的嚴重。呂夷簡為政時，雖屬於守舊官僚之一，但他對仁宗也忠心耿耿，他在仁宗親政、廢章獻太后等事上都表現出對仁宗絕對的忠誠，被仁宗稱為一代忠相。他曾與范仲淹有隙，曾說范仲淹迂闊、務虛名，但他對變法並沒有提出異議，而且他時刻心繫朝廷，關心著國家命運，所以才有上述的一席話。

果然范仲淹一走，仁宗皇帝立刻開始冷遇維新派。二個月後，富弼為河北宣撫使，石介為濮州通判，二人先後離京。次年春，杜衍、韓琦也被罷免。至此，維新派全部敗下陣來，守舊勢力重新掌握了政權，慶曆新政的一切改革措施都被廢除了。堅持了一年四個月的慶曆新政終於以失敗而宣告結束了。

改革失敗後，范仲淹被貶到鄧州，在鄧州的花洲書院，他揮毫潑墨撰寫了著名的〈岳陽樓記〉，激情豪邁地提出「先天下之憂而憂，後天下之樂而樂」的遠大理想，成了千百年來鞭策和鼓舞無數仁人志士的千古絕唱，同時也表達了他那寬闊的胸襟和強烈的責任感。正是在這種憂國憂民的精神鼓舞下，范仲淹才力主改革政治，效忠朝廷，企圖將災難深重的北宋王朝從重重危機中拯救出來，使人民安樂祥和，過上康樂的幸福生活。

范仲淹還是個頗有遠見卓識的政治家。他常說：「國家之憂患，莫過於缺乏人才。學校是培養人才的地方，只有辦好學校，才能使天下大治。」他多次建議朝廷要勸天下之學、育天下之才。范仲淹一生在地方從政達三十年之久，每到一處，他都盡己所能提倡教育事業，興辦學校。

他在蘇州故鄉，準備買一塊蓋住宅之地，他請風水先生看看地氣，風水先生看了又看，覺得范仲淹所要買的地是寶地，便賀喜道：「恭喜大人，這是塊貴地，今後您家中一定會有公卿相繼問世。」范仲淹聽了笑道：「既然這是寶地，與其讓我家獨占，倒不如讓出來建立學校，使士人都在此受教育，公卿將相不是更多了嗎？」不久，他果真在這裡建起了郡學，親並自聘請學識淵博的人任教，使學堂越辦越好，果真應了風水先生之言。范仲淹將家資拿出來興辦教育，培養人才，自己卻過著清貧儉樸的生活。

范仲淹一生勤儉，即使是後來做了當朝副宰相，掌握國家命脈之時，他也從不奢華。當兒子結婚時，他聽說未過門的兒媳用羅綺縫製帳子，心裡十分不高興，他對妻子說：「做帳子怎麼用這麼貴重的東西呀！我家一向清儉，不能因此而敗壞了我們的家風。她如果敢帶這樣的東西過門，我就把它當眾燒掉！」范仲淹就是這樣，始終保持著樸素的作風，一直到晚年，都沒建造過一所像樣的宅第。他死後入殮時，竟連件新衣服都沒有。也正因如此，在他死後，凡是他從過政的地方，人們都紛紛為他建祠畫像，西北慶州羌民聽到他的死訊，數百人到祠堂內為他痛哭哀悼，齋戒三日才肯離去。

但是，作為一個改革者，他並不是完美的。變法革新，觸犯陳規陋習和守舊勢力的既得利益，遭到反抗是必然的。問題在於，成功的改革家，他們在阻力面前不是退縮不前，而是勇於抗爭，堅持不懈。范仲淹身為諫官時，能做到不畏強權，直言敢諫，但在新法遭受守舊派的猛烈攻擊時，他卻退縮了。特別是當守舊派偽造石

介的廢立詔書時，范仲淹和富弼都深怕禍及己身，並一再乞請罷相赴邊。本來仁宗皇帝在最初也並不完全相信守舊派的謠言，如果范仲淹等人能聯合起來，毫不動搖地進行維護變法的鬥爭，充分利用自己的權力極力說服仁宗，在仁宗面前能堅決辯解，或許還能維持仁宗的圖治之志，變法也很有可能堅持下去。但是，十分遺憾的是，范仲淹一再請求出京，對改革大局棄之不顧，這是改革者懦弱的表現，缺乏為事業而獻身的鬥爭精神。旗倒兵散，主帥一走，反對派的氣焰更加囂張，革新派的勢力大受其挫，富弼在反對派的攻擊下，在朝內無法立足，也請求出京。富弼走後，攻擊的人就更多了，韓琦、歐陽修等雖奮起抗爭，但終因沒有主帥，孤軍奮戰，都被反對派一一趕出朝廷。

很顯然，新政的夭折同范仲淹的軟弱直接聯在一起，這是一曲令人深以為憾的悲歌！值得人們深思：凡改革都不可能一帆風順，都會遇到強大的阻力，而在阻力面前，如果失去鬥爭的勇氣和力量，那麼即使空懷壯志未酬的憂慮之心也是無濟於事的。只有那些有膽有識，具有超常鬥爭勇氣和堅忍不拔毅力的人才可能體會成功的喜悅。

不容否認，作為與改革休戚相關的皇帝，他們的立場是決定改革成敗的關鍵。就拿范仲淹改革來說，他的改革思想並非始於慶歷三年，而早在天聖三年（西元一〇二五年），他任大理寺丞時，就曾上疏朝廷，指出恩蔭之弊。兩年後，他又提出了一套富國強兵的改革方案，可是皇帝不予理睬，方案只好束之高閣。慶歷年間，仁宗在危機四伏的情況下，為解燃眉之急，才迫不及待地實行改革，在皇帝的重視下，改革方案才得以推出。但是，由於急於求成，倉促上陣，行之過速，使這場規模巨大、影響深刻的社會變革缺乏充分的準備和周密的安排。還有，當遇到反對派攻擊的時候，皇帝作為改革者的後台，應該對變法志士堅信不疑，使改革者無後顧之憂，勇敢向前。但是仁宗卻沒有做到這一點，他在反對派惡意中傷與挑撥之下，對范仲淹和他的新政產生了懷疑，尤其是當守舊派誣陷改革者要廢掉仁宗時，他更是迷惑、動搖了。雖然歐陽修曾在范、富相繼離京後針鋒相對地揭露了守舊派的陰謀，指出了范、富是被排擠出去的，並請仁宗將他們都召回來，但是仁宗皇帝還是把新政官吏逐一趕出了朝廷，自己也陷入了反對派的包圍之中，最後終於導致仁宗自己導演了變法的推出，又由他自己親手葬送，使慶曆新政這一線希望之光很快便煙消雲散了。

不管怎麼說，慶曆新政在北宋王朝危難深重的歷史關頭，確實為人們點燃了一線希望之光。范仲淹等改革者，他們以整頓吏治入手，不但解決了長期困擾北宋政權的冗官之濫，使死氣沉沉的官僚衙門出現了活力，同時控制了冗官之源，對科舉和恩蔭實行有效的限制，這在改革史上吏治改革方面是比較徹底的一次。同時這次改革涉及的範圍也比較廣泛，對於三冗之一的兵冗也做了限制，使冗兵之患也得到一定程度的解決。改革雖然失敗了，但是，范仲淹的這次新政卻開創了北宋士大夫議政的新風，為北宋後期的王安石變法揭開了序幕。

安石拯危

北宋政權到神宗執政時，已是病入膏肓，雖然有王安石拯危救難，但仍未能阻止其向垂死的邊緣滑去。

慶歷新政夭折了，北宋王朝這輛千瘡百孔的破車又重新回到了沿襲舊制的古道，在那裡顛簸著、喘息著。一切都依然如舊，社會痼疾依然存在，冗官、冗兵、冗費三冗之弊更加嚴重。慶歷新政失敗後，重新掌握政權的守舊勢力變本加厲，社會矛盾更加激化，北宋王朝已大廈將傾、搖搖欲墜了。

宋仁宗取消一切變法措施之後，就再也沒有絲毫進取之心了。他置朝事於不顧，每天沉溺於深宮，抱殘守缺，苟且因循又過了十七、八年，於嘉祐八年（西元一〇六三年）三月病死。他留給兒子英宗趙曙的是一個破爛不堪、岌岌可危的殘邦斷國。

北宋王朝已經到了生死存亡的最後關頭。英宗皇帝即位後，曾經決心改弦更張，有所作為，並展開架式，將富弼、韓琦等新政重臣又都召回京來，與他們共同探討積弊之源以及裁救之策。英宗雖然勵精圖治，志在有為，但是他只成了歷史舞台上的一個匆匆過客，在位僅四年，還沒來得及施展他的抱負就因病棄世而去了。北宋王朝更加破敗不堪。

就在這樣的歷史環境下，年僅二十歲，朝氣蓬勃的神宗趙頊即位了。宋神宗面對著百年之積的衰敗局面，立下宏圖大志，誓欲披荊斬棘，有所作為。神宗自幼便痛心於仁宗皇祖屈服於遼、西夏的國恥，不滿於朝廷上

下萎靡不振、百無聊賴的精神面貌。他勤奮好學，立志要強國雪恥。在他身居東宮的歲月裡，常常廢寢忘食，為此內侍時常加以催促。當內侍告訴他應該吃飯時，他便回答說：「我興致正濃，不感到飢餓。」直到英宗皇帝再派內侍傳令休讀才作罷。

神宗登基後，志向遠大，富於朝氣，他急於物色理國之英才。正是在皇帝求治之心的感召下，曾一度沉寂的宋廷又被要求改革的強烈呼聲打破了。天空又出現了一道霞光，將慶歷新政後籠罩在人們心頭的陰霾漸漸驅散，無數改革志士又重新登上了歷史的舞台，王安石便是這個時代契機之下湧現出的卓越人物。

熙寧元年四月的一天，王安石宅第門外熱鬧非凡，原來是皇帝派人傳旨宣王安石立即進宮議事。王安石領旨謝恩之後，兩行熱淚順頰而下。是啊，王安石經歷了多少年的期待，為了實現自己的報國之志，他曾怎樣的焦慮、痛苦、失望啊！

王安石，字介甫，號半山，於北宋真宗天禧五年（西元一〇二一年）出生在撫州臨川的一個官員家庭。王氏一門，從叔祖王貫之登進士開始起家，父親二十二歲中進士，王安石也是在這一年齡時中了進士。他之所以能學有所成，是因為他自幼就立下了鴻鵠之志。早在十七歲那年，王安石跟隨父親到了南方大城市金陵，在那裡他的思想開始成熟，有了重大的飛躍。在〈憶昨詩示諸外弟〉一詩中，記載了他的這種變化：

端居感慨忽自寤，青天閃爍無停暉。
男兒少壯不樹立，挾此窮老將安歸？
吟哦圖書謝慶吊，坐家寥寞生伊威。
材疏命賤不自揣，欲與稷契遐相睎。

這首詩是在敘述他自己正襟危坐，思索人生的情景。時光流逝，男兒當立志，謝絕婚喪慶吊之應酬，潛心攻讀，最後要學到經緯之才，行稷、契故事，學伊尹輔君。在王安石年僅十七歲的心靈上，就希慕著遠古先祖契和

后稷，立下了學以致用、經世治國的遠大志向，由此也奠定了他日後在荊棘叢生的道路上奮戰一生的理念基礎。

慶曆七年（西元一〇四七年），王安石被派往鄞縣（今浙江寧波市一帶）當了知縣。在那裡，他興修水利，興辦學校，為人民做了許多好事，致使鄞縣人民永遠懷念著他。

在王安石三十八歲的那年，也就是仁宗嘉祐三年（西元一〇五八年），因為他在地方政績卓著，被朝廷任命為中央三司度支判官，以總理全國朝政。當時正值仁宗末年，自慶曆新政失敗後，朝野上下一片沉寂。然而已在地方供職十六、七年的王安石，憑著對社會弊病的體察、對民間疾苦的感受，以及他那顆報國的熾熱之心，決心在新的崗位上有所作為，試圖使仁宗皇帝能重新覺醒，能再一次掀起改革浪潮。於是，他到任不久，便把多年思考的治國之策，整理成一封洋洋萬言的〈上仁宗皇帝言事書〉進獻給仁宗皇帝。

萬言書首先指出國家所面臨的內憂外患的嚴重局面，對外懼怕「夷狄」，對內財力困窮，風俗日衰。而問題的關鍵在於現行法度陳舊，必須予以變革，才能合乎先王之政。改革的關鍵是培養一批優秀的人才隊伍，等等。王安石同時也提出了人才的培養要做到「教之、養之、取之、任之」四個環節。所謂養才，即提高官俸，高薪養廉；取才是通過考察實際才能決定是否選拔；任才就是以德任之，而不是憑資歷年限。王安石的這套變法理論與范仲淹吏治改革有相同之處，它可以說是慶曆新政的延續。同時，他所提出的救治社會弊病方案也成了日後王安石變法的重要理論基礎。

萬言書呈給仁宗皇帝後，根本就沒被當一回事。仁宗本來就懦弱平庸，胸無大志，也無治國之才，晚年更是沉溺深宮，幾乎不問政事。王安石未遇明主，萬言書如一根鴻毛扔在一潭死水之上，沒有濺起任何漣漪。為此王安石曾十分苦惱，他眼看北宋政權已病入膏肓，卻拒絕用藥醫治，有什麼辦法呢？皇帝沒有變法圖治之心，身為人臣，也無能為力。王安石只能盡心思慮，勤於職守，將本職工作做好。

正因為他的勤勤懇懇，兩年之後，嘉祐六年（西元一〇六一年）王安石被調任知制誥，擔任起草皇帝命令等機密文書工作，成了親近皇帝的侍從官，地位也隨之提高了。王安石充分利用了與皇帝接近的機會，時刻宣

傳自己的救國救民主張，雖然屢次遭到仁宗的拒絕，但他總是鍥而不捨。萬言書石沉大海，他又上了一折〈上時政疏〉，重申了培養人才、改革法度為當務之急的主張，並且列舉了後樑、後唐、後晉帝王不用賢才、不修法度以致亡國的先例，直言相勸仁宗皇帝以此為戒。

仁宗皇帝疾病纏身，已無力也無心去整理國事，更不會接受王安石的建議去勵精圖治、變法圖強了。王安石在仁宗一朝，雖位居顯赫，但終因抱負難施，而鬱鬱寡歡。他寄希望於未來，相信自己不會終生不得志。值得慶幸的是，這樣的機會終於來到了。神宗年輕有為，剛毅果敢，富於朝氣，他早知王安石之賢，即位後便決定起用此人。

早在神宗為皇子時，就已對王安石之名有所耳聞。當時王安石的朋友韓維任潁王府記室參軍，經常給皇子趙頊講經論義，得到了趙頊的高度讚賞。而每次韓維都說：「這是朋友王安石的學說。」神宗由此對王安石產生了極好的印象。更重要的是他的變法精神與神宗所追求的富國強兵思想不謀而合，神宗銳意進取，便十分器重王安石。

神宗初繼，他的進取之心，使許多迷茫中的仁人志士看到了希望，他們又都紛紛行動起來，力主變法事宜，司馬光也是其中之一。早在仁宗時期，司馬光就曾經說過，因為時勢變遷，對舊的統治方法不能一味地因循，應有所釐革，革除弊政。他曾向仁宗進言，朝廷要斟酌時宜，損益變通，並針對冗官、冗費問題，提出具體的改革措施，建議隨材用人，破格提拔，改變只按出身資歷的選官制度。對冗兵問題，他提出務精不務多的選兵原則。

神宗即位，他上疏指出：國家財政困難的根源是用度太奢、賞賜不節、宗室繁多、官職冗濫、軍旅不精五個方面，必須深思其患，力救其弊，裁減國家用度，他的根本主張就是節制國家所用，即節流。與司馬光不同的是，王安石則以開源為原則，他的宗旨就是因天下之力以生天下之財，即以開發財源的理財之道來解決國貧民窮的困窘局面。這樣在如何變革，改些什麼問題上，兩位天下大賢發生了嚴重的分歧，而且這種分歧隨著王

安石變法的深入，竟達到水火不容、完全對立的程度，這是中國改革史中少有的現象。

神宗皇帝更看重王安石的開源理財之道，便特召王安石入殿，商討國家大事。這才有了皇帝派人到王府受官宣召之事。王安石終於得到了神宗的重用，此時，他已年近半百，然而他那顆憂國憂民之心還依然年輕，即將覲見明君神宗，他感覺到自己苦苦等待幾十年施展抱負的時機終於來臨了，激動的心情無以言表。

王安石驅車快馬加鞭來到皇宮之外，早有侍衛稟報神宗，神宗連忙宣召，君臣二人一個是求賢若渴，一個是久期明君，他們如久別知己，終於相見。神宗見王安石布滿歲月滄桑的臉上滿載了睿智，不知不覺對王安石肅然起敬。於是一場決定王安石命運的談話開始了。

神宗首先說道：「朕久知愛卿之名，今想請教愛卿一事，不知當今治國應從何處入手？」王安石回答：「臣啟陛下，當今治國，應以擇術為先。」神宗對此很感興趣，繼續問道：「那麼選擇何術方能治國呢？」王安石回答說：「自北宋建立百年來，由於理財無術，致使民不富、國不強。現在當務之急就是要從理財入手。」王安石的這一治國理論大合神宗心意。他又進一步問王安石：「唐太宗此人如何？」言外之意，自己是否能建立唐太宗之功勛。王安石笑了笑說道：「陛下豈能以做唐太宗就滿足了呢！應以堯、舜為榜樣，享有唐堯虞舜之聖名。」

王安石仍戀戀不忘他自幼立下的要為稷、契，追隨明主，輔佐聖君的壯志，他認為神宗就是他所追尋的聖主明君唐堯虞舜。他將其平生所學傾囊相送，恨不得朝夕瞬間便實現他的夢想。神宗對王安石高遠的志向也十分欣賞，他高興地說：「非卿不能為朕推行新法，朕當以政事任卿。」君臣相知，一見如故。事後王安石又遵神宗之命，寫了〈本朝百年無事札子〉，指出北宋政府十七條不盡如人意之處，最後大聲呼籲：大有為勵精圖治，正在今日！神宗對此十分滿意，他曾毫不隱諱地對王安石說：「自古以來，君臣之間像朕與卿這樣如此相知的，極為罕見。」

宋神宗要重用王安石實行變法的消息很快傳遍了京城。朝中那些安於陳規舊俗的元老重臣，聽說王安石要

變革天下弊政，便驚恐萬分，參知政事唐介毫不掩飾地對神宗說：「王安石不可以授大任，如果讓他當宰相，恐怕將來會變更成法。」說的多麼直接明確，祖宗之法不可變，無論誰為相，只要變更法度，我就反對你，這就是守舊大臣的心聲。

當年慶歷新政時的改革鬥士，這時也都心灰意冷，銳氣消磨了，他們或者是根本就不願意變法，或者是與王安石的變法主張不同，總之是對王安石入相持堅決的反對意見。富弼是慶歷新政的主要人物，這時看神宗果真要有所作為，竟對神宗說：「陛下臨朝未久，應該首先布德施恩，願二十年不談兵事。」神宗一聽，跟自己的富國強兵之治根本不相符合，便默不作聲。

富弼也知道自己在神宗一朝不會得志，便再三請求罷相。神宗於是問他：「卿即去，誰可代卿呢？」富弼馬上推薦文彥博，神宗沒有說話，沉默了許久，又問：「王安石怎樣？」富弼這回也以沉默不語表示異議。神宗即位，韓琦也繼富弼之後罷相，神宗挽留不住，便問他：「卿去，誰可屬國，王安石如何？」韓琦說：「王安石做翰林學士綽綽有餘，而輔佐陛下從政則絕對不可。」神宗見欲起用王安石卻找不到支持自己的人，他便問有變法之志的司馬光，請他說一說王安石這人如何。司馬光與王安石早有爭議，他不贊同王安石的理財主張，就對神宗說：「有人說王安石奸邪，這種譭謗是有些太過分了，但如果說他不懂事理，人又執拗，這卻是事實。」神宗一聽，此言與反對王安石入相無二意，他在朝廷元老重臣中幾乎找不到王安石的支持者。神宗深深地感覺到，欲實行變法，將會舉步維艱。

值得慶幸的是，神宗皇帝意志堅決，行事果敢，他沒有受輿論的干擾，更沒有被反對勢力所左右，還出面為王安石辯解，說王安石不好官職，不求享樂，算得上賢者。並對王安石堅定地表示：「人們對你都不很瞭解，以為你只知經術，而不曉世務。但我瞭解你，並真正地需要你，正如唐太宗必得魏徵、劉備必得諸葛亮。」王安石滿懷信心地說：「唐太宗、劉備何足道，陛下要為堯、舜，臣願全力相助。」君臣二人都沒有被困難和阻撓所懾，他們齊心協力，對前途充滿信心。宋神宗終於力排群議，於熙寧二年（西元一〇六九年）的二月，

任命王安石為參知政事，實行變法。

王安石對神宗知遇之恩十分感激，他決心不負所望，鞠躬盡瘁報答宏恩，並實現自己的畢生夙願。就這樣，歷史上聞名中外的王安石變法揭開了序幕。

神宗問王安石，變法以何為先，王安石說：「變風俗、立法度，是當今之所急。」於是在神宗的大力支持下，設立了制置三司條例司為變法的總指揮部，開始制定各種法度。

就在這一年的七月，在淮、浙、江、湖等六路實行均輸法。之所以實行均輸法，王安石是這樣說的：「各路向朝廷所上貢品，每年都有固定數目，以至於豐年時不能多獻，等到歉收之年，獻貢十分困難，卻不敢不如數敬獻。此外在遠方花成倍的價錢買來，到中都恐怕不得以降半價出售，這樣使富商大賈乘機牟取暴利。而今命江、浙、荊、淮發運使總管各路賦稅收入，他們掌管錢物，凡是上貢的物品，都要以徙貴就賤、因近易遠的原則實行統購。並且要預知京都倉庫所存，在貨物便宜時多買入，控制貨存的有無。過不了多久，就會使國用充足，而民財又不匱乏。」簡而言之，王安石實行的均輸法就是要打破年貢常制，改為豐年多致、荒年少致的原則。以市場供求為準繩，發運使發揮權衡商業的中心作用，限制富商的囤積居奇、哄抬物價的投機行為。更重要的還是要充分發揮均輸為國家求富斂財的作用，從買賤賣貴的商品流通中牟取利益，從而將原來的商人所贏之利轉到國家手中，以此達到富國之目的。

這項變法方案剛剛推出，立刻引起了許多人的激烈反對。本來王安石入相，即為元老重臣所強烈抗議，變法更是在艱難中起步。

王安石執政剛剛四個月，守舊派御史中丞呂誨就以十大罪狀彈劾王安石，這事讓司馬光都感到驚訝。一次早朝之前，呂誨路遇司馬光，司馬光小聲問他：「今日覲見皇帝，將有何事上奏？」呂誨神祕地一指袖子說道：「袖中所藏彈劾奏文，是對新任參知政事的。」司馬光一時愕然，說道：「大家正高興喜得新官，你為何要彈劾他呢？」呂誨說：「先生竟也說這樣的話，王安石雖然有名氣，但固執偏見，唯務改作，天下必受其禍。況且皇上新即位，如果有所圖治的話，也只是變更二、三個政策而已。如果此人當政，必敗壞國事。此乃心頭之患，豈容片刻延緩！」說罷，徑直上殿，上疏神宗皇帝。

他說：「大奸似忠，大詐似信。王安石表面樸素隨和，實際內心巧詐。臣誠恐陛下只看中他的才辯，久而久之，大奸得道，則賢者盡去，混亂由此而生。臣考察了王安石政績，此人本無遠略，只是務於改作，標新立異，美言飾非，罔上欺下。臣深為此憂慮，誤天下蒼生，必是此人啊。」神宗聽了呂誨如此惡毒的攻擊，知道他對改革執反對意見。王安石對此不屑一顧，他對神宗毅然表示：「臣以身許國，只要陛下處分的理直義正，臣絕不會因怕人詆謗而束縛自己的行動。」神宗見王安石有著大無畏的精神，十分感動，當即罷去了呂誨的御史中丞職務。

此事過後，反對派的攻勢並沒有結束，均輸法推出之後，反對的浪潮又接踵而來。為了實施均輸法，朝廷任命薛向為發運使，並拿出內府藏錢五百萬緡、供米三百萬石作為均輸之用。薛向又請求朝廷設置官屬，協助辦理均輸事務。這一政令，又使上至朝廷重臣，下至地方小吏，群起而攻之。

御史劉琦、錢顗等上疏攻擊薛向，他們說：「薛向小人，藉口貸錢之便，隨意變更法度，即使有所收益，也是侵奪商賈之利。」還說王安石是「奸詐專權之人，豈能任其混亂國紀，願早罷逐，以告慰天下元元之心」。蘇轍對均輸法也堅決反對，他說：「如今實行均輸，首先就設官置吏，所用經費已經很多，再加上官吏接受賄賂，官府收購物資，一定比民間的還要貴，到出售時，所表現出的弊端與以前定會沒有兩樣。臣恐怕此錢一出，再難收回。即使稍獲小利，也遠不如從富商那裡徵收稅額之多。」

蘇轍的這個憂慮是基於對朝廷命運的考慮，並不是對改革派的惡毒攻擊，這在新法剛剛實行，還未見其收效的時候，他以國家利益為重，有此疑慮，是可以理解的。神宗不納其言，也沒有對他實行什麼制裁。而知諫院范純仁卻不同了，范純仁並不是憂國憂民，提出合理建議，他是態度明確地反對變法。他對神宗說：「現在效法桑弘羊行均輸之法，聚斂百姓財富，使民怨沸騰。王安石以富國強兵之術蠱惑陛下之心，實在是急功近

利，欲速不達。路途遙遠理當驅馴馬而至，辦大事不可速成，人才不可急求，積弊不可頓改，否則必為奸佞之人乘虛而入。請陛下速罷免王安石，此乃眾望所歸。」

此番言論，神宗已聽得夠多的了，他為了掃清變法道路上的障礙，將這些反對變法的人都一一罷黜，范純仁也不能倖免，被貶和州。即便如此，反對勢力仍屢罷不絕。刑部劉述也上奏神宗，詆毀王安石，他說：「王安石行事偏頗而立新議，陛下不察實情而盲目聽其之言，使天下為害。先朝所立制度，自應世世代代固守勿失，而今卻事事更張，廢而不用。如此奸詐專權之人，豈能任之處於朝堂而亂國紀，願早日罷免王安石以慰天下之人。」面對劉述等人的叫囂，神宗皇帝給予王安石以有力的支持，最後將劉述及其同黨丁諷、王師元等六人免職。

變法如此艱難，僅一個均輸法就使這麼多人站出來並不畏神宗的強權制裁而公然反對。王安石對所有的造謠、誣衊、誹謗都坦然處之，他堅信自己所從事的事業是正確的，把「人言固有不足恤」作為他的格言，並義無反顧地繼續實行變法。

在實行均輸法後兩個月，王安石又推出了青苗法。青苗法是指在青苗不接的時候，由政府主動向農民發放貸款救急，一年按季節發放兩次，夏料在正月三十日以前，秋料在五月三十日以前發放完畢，隨夏秋兩稅償還，收取二分利息，如超過規定數額收三分利息。這樣做的目的是抑制高利貸者在青黃不接之際強取豪奪，保證農民赴時趨勢，不誤農時，同時也增加了國家財政收入。

王安石實行青苗法可以說是以農民利益為重，同時也是富國之舉，可謂利國利民。王安石在鄞縣當地方官時就曾經在一縣之內實行過青苗法，並取得很好的效果。另外，陝西轉運使李參也曾做過類似試驗，數年之後，官府由糧儲不足而轉為廩有餘糧。實踐和理論都表明，青苗法會有利於限制大地主、大商人的盤剝，減輕農民的一些負擔，並能增加國用。按理說，此法是應該得到大臣們支持的，但事實卻恰恰相反，青苗法所引起的爭議和反對比均輸法還要激烈。

制定青苗法時，在條例司內部就遭到了蘇轍的反對。蘇轍原本是支持王安石變法的中堅力量，被任命為制置三司條例司檢詳文字官，與呂惠卿一同共事。但在均輸法實施之後，他就表現了自己的憂慮之情。制定青苗法時，他又提出不同意見，他說：「把錢貸給百姓，並收二分利，本意是救民，實際並非如此。放貸款之時，官吏貪汙受賄，雖有法不能禁。錢到百姓手裡，雖良民也不免妄用，等到收納本息時，雖富民不免逾期不還。到最後，則定要用刑懲處，州縣定會生亂，社會將不太平了。」蘇轍的見解也並不是絲毫沒有道理，官吏確實有貪汙受賄之嫌，百姓也有貸款容易回收難的可能。但是他的論調過於悲觀，與王安石銳意改革的朝氣格格不入，一怒之下，王安石免去了他的檢詳文字官職務，出任河南府推官。

但是，除蘇轍之外，還有更多的人對此提出異議。富弼在出判到亳州之後，他在那裡拒不推行青苗法。外任青州太守的歐陽修強烈要求朝廷停止發放青苗錢。翰林學士范鎮也認為青苗法行於唐之衰世，不足以效法。其中蘇軾和司馬光不僅僅對青苗法有異議，而且對整個變法都提出了質疑。

蘇軾為開封府推官，他向宋神宗上〈萬言書〉，提出自己對變法的看法。他認為新設立的條例司，使本來就臃腫的官僚機構更加龐大；青苗法推行，將來必有暴官汙吏以抑配法強迫百姓借錢出息，使孤貧不濟之人鋌而走險，成為社會的動盪因素。他對均輸法也提出不同意見，他認為均輸法在漢武帝時就實行過，結果是嚴重破壞了商業的正常秩序，盜賊日盛，幾乎造成社會動亂。簡言之，均輸、青苗法在蘇軾看來是虧官害民，得不償失。

對新法反對最為激烈的當首推司馬光。司馬光與王安石政見的分歧自神宗起用王安石變法的那一天起就開始了。他們本來是一對好朋友，但是在如何變法、都變些什麼問題上發生了矛盾衝突。司馬光認為，國家的財政困難在於冗費過多，應針對冗費實行改革。他認為王安石所主張的理財之道是盤剝人民，所謂「民不加賦而國用足」是桑弘羊欺騙漢武帝之言。

他以節流理論為基礎，對王安石實行了全面的否定。首先他建議撤銷制置三司條例司，他說：「國家要解

決財力不足，應依靠原來的轉運使、知州、知縣等機構恭儉節用，如今卻又增設新機構，以冗增冗，定會使國家更加危機，百姓騷動。其次發放青苗錢，不僅會使官吏倚仗權勢，貪贓枉法，騷擾百姓，而且還會使常平使為了多散立功，不問貧富，按戶強行抑配。貧者得錢後轉眼就用完了，到時無錢償還，為了躲避官府催逼，必四處逃匿。僅剩下的富戶要償還幾家應交之錢，這樣勢必使貧者都逃了，富者也變貧困了。朝廷散發的數千萬緡青苗錢，本來就是人民的血汗錢，而十年之後，富人家都變貧窮了，青苗法也被破壞了，國庫也變空虛了，到時再遇上天災人禍，勢必造成老弱者轉死溝壑、青壯年聚為盜賊。」他建議朝廷趁著事態還沒有惡劣，盡快撤銷制置三司條例司，追還諸路常平使。他懇請皇上趕快下令追還青苗錢，對已散發之地，待豐收時催還本錢，也不要利息了，沒發散的盡快停止，以免造成嚴重惡果。

司馬光真情切切，衷心可表，神宗皇帝也不免為之感動。不過司馬光也確實過於危言聳聽，青苗法在執行過程中確實出現一些官吏不法之事，但此法是經過王安石等人仔細論證過的，而且局部試點已證明了它的成效，說明青苗法是可行的。事實也確實如此，有一次，秀州（今浙江嘉興）判官李定，從家鄉到京師，他先拜訪了諫官李常。李常問他：「你從南方來，老百姓對青苗法都怎麼議論啊？」李定回答說：「老百姓都說好啊，沒有不高興的。」李常立即封住他的嘴說：「當今朝廷正為青苗法爭辯不休呢，請你千萬不要講這樣的話。」

神宗召見李定，李定據實上報了，這使神宗堅定了推行青苗法的決心，對司馬光的警告也就不予理睬了。可是，司馬光還是覺得王安石的變法主張與自己以節約開支為宗旨的理財理論相矛盾，並一直堅持著這個認知。所以他不但在神宗面前據理力爭，而且還一連給王安石寫了三封信，表明自己的態度，對新法提出嚴厲批評。

面對如此激烈的政見分歧，王安石並沒有沉默不言，他堅定自己的變法立場，給反對派以有力的駁斥。針對司馬光的觀點，他寫了一封簡明的覆信，這就是有名的〈答司馬諫議書〉，他說：「今君實所說的，無非是我侵官、生事、徵利、拒諫，而導致天下怨謗。而我認為從皇帝那裡接受命令，議訂法令制度，經過朝廷討論

修正，再交給負責的官員去執行，這不算侵官；替國家理財，增加收入，不算徵利；駁斥錯誤的言論，揭露巧言善辯的壞人，不算拒諫。而至於怨誹之多，早就在我的意料之中。人們苟且偷生不是一天了，士大夫多半不顧念國事，以附和世俗，討好眾人為善。當今皇帝要除此弊端，我就不再考慮反對者多少了，要出力幫助皇帝來抵抗，世俗之眾哪能不氣勢洶洶地誹謗呢？」

王安石與反對勢力的抗爭，得到了神宗皇帝的大力支持，神宗以行政手段將反對變法的人一個一個逐出朝廷。那個曾阻止李定說青苗法大快人心的諫官李常，看一計沒成，又生一計，竟以莫須有罪名上告青苗法的危害，他說：「有州縣官名義上發放青苗錢，實際一個銅錢也沒發到百姓手裡，卻勒令老百姓歸還利息，致使百姓怨聲載道。」神宗一聽，很生氣，便責問王安石是怎麼回事，王安石追問李常，要他說明此事發生在何州何縣，由何官將此事上報。李常一聽，不覺瞠目結舌，因為根本就沒此事，都是他捕風捉影胡亂編造的謠言。神宗明白了事情真相，當即將李常罷官。就這樣，因誣陷、誹謗、攻擊、疑慮新法而被免官的反對派不計其數。司馬光也感覺到難以在朝廷安身，便也請求外任，神宗准他以端明殿學士知永興軍。

司馬光離開後，朝廷內幾乎是變法派的天下了。王安石看到經過自己與神宗的共同努力，變法終於取得了初步的勝利，他感到十分的欣喜。幾十年的心血沒有白流，自己的畢生夙願終於得以實現，這是在怎樣艱難的條件下實現的呀！還曾記得，未遇明主時苦苦的等待，年富力強時壯志未酬的苦悶。還算是蒼天有靈，在自己已即知天命之年，明君出現了，這曾使半百的老人怎樣的興奮，自己算是不枉此生，終於可以實現自己的抱負了。然而變法之初，人們是那樣的不理解，甚至譭謗、排斥，以無中生有的事實進行惡毒的攻擊，即使是自己的故朋好友！這就是變法之難啊！如今雖取得了初步的勝利，但是，王安石也清楚地認識到，以後的路同樣充滿荊棘。

熙寧三年（西元一〇七〇年），神宗擢升王安石為中書門下平章事，王安石大權在握了。皇帝對他十分信任，王安石自可以坐享功名和利祿，等待著青苗和均輸之利，也可以減緩與反對者的衝突。但是，王安石沒有

這樣做，他同所有銳意改革的志士一樣，在困境中勇於進取，在成功時不驕不躁。他獨掌重權之後，以大無畏的氣概，將變法有力地推向前進。自西元一〇七〇年至一〇七四年，一項項新法又相繼頒行了。

北宋政權是在五代擾亂基礎上建立的，長期紛爭割據，軍閥混戰，社會生產力已破壞嚴重。而北宋建國近百年的時間裡，統治者一味加強中央集權，農民根本沒有得到休養生息，農田水利破壞嚴重。再加上兼併橫行，農民破產，耕地荒蕪，社會動盪不安，這也是自仁宗時期改革呼聲持續不斷的重要原因。慶歷新政，范仲淹還沒來得及整頓農業，就在保守勢力的一片聲討聲中敗下陣來。王安石卻不同，他以堅忍不拔的毅力，頂住了反對勢力的強大壓力，站住了腳跟，從而才使這一關係國計民生的大問題有了得以解決的可能。

變法之初，王安石就深知農田水利是民生、政務、理財的關鍵所在，所以在成立三司條例司之後就立即派人到各地考察農田、水利、賦役狀況，並於變法當年，即熙寧二年（西元一〇六九年）的十一月，頒布了農田水利法。招募流民墾荒，五年之內不入版籍。興修水利，開挖溝渠，疏濬河道，所需費用，由當地住戶依照戶等高下出資出料，工程浩大的，政府出錢貸款。北宋政府曾拿出近十六萬貫錢支付水利工程。

農田水利法的收效十分明顯，幾年間，政府新開荒田廢地達一萬多處，共計三千六百多萬畝。同時，治理了漳河、汴河、蔡河、滹沱河等河流。在治理黃河時，先後採用鐵龍爪、浚川耙等扒疏工具，將河床淤泥扒起，使其順著急流入海，或被沖上兩岸，既達到了治河目的，又造出良田。除此之外，還從石門到三限口開渠灌田達三百萬餘畝。這些基本建設的實施不但在當時對發展生產具有積極的意義，而且造福了子孫後代。農田水利法是利國利民的一項重要改革。

王安石所推行的一系列新法，其中核心環節就是要通過發展農業生產以達到富國的目的。為此，他還制定了免役法、方田均稅法、市易法等一系列配套的改革措施。

北宋開國以來，政府採取不抑制兼併的土地政策，致使兼併日甚，田籍不清，豪族地主侵奪土地，農民失去土地卻不能免去賦稅，被迫逃亡各地，不但嚴重影響國家收入，而且激化社會矛盾。王安石為解決這個社會

問題，制定了方田均稅法，也就是重新丈量土地，根據擁有土地的多少、土地質量的高低而徵收土地稅。這項法令的實質是增加國家稅收，使賦稅負擔與土地占有的實況相符合，也在一定程度上緩和了階級矛盾。但是它觸動的是官戶、富豪之家的利益，實施起來相當困難，成效並不顯著，元豐八年（西元一〇八五年）廢除。

市易法與均輸法限制大商人壟斷市場，與增加政府財政收入有異曲同工之效。即由國家出資，收買市場上因富商大賈操縱物價而滯銷的貨物，等到市場需要時，再以加年息一分或二分的利賒給普通商販，限於半年或一年之後償還。市易法的推行，在很大的程度上使豪商大賈們壟斷市場的權利受到限制，增加了政府收入，小商販也不至於遭受大商人的欺壓，市場價格也能相對保持平衡，這對於當時商品經濟的正常發展是大有好處的。

免役法是王安石著力最多的一項改革措施，因為它所觸及的是非等閒之輩的利益。也正因為此，反對變法的浪潮又如潮汐般湧來。

北宋政府的服役制度是承襲前代，實行差役，也就是依照戶等輪流在州、縣政府內職役。差役制實質上仍屬於力役制，是在兩稅之外，為解決地方官府的勞役需求而額外的加徵，給人民造成沉重負擔，影響人民的生產生活。朝廷只知役使，無相應的俸餉月銀，許多服役之人趁維持地方治安之機謀取外快。針對差役制的弊病，王安石經過兩年時間的醞釀和試點，終於推出了免役法，也叫募役法。

即將百姓輪流服役改為由州、縣政府出錢募人應役，此錢由管內住戶按戶等高下分攤。服役的人家交免役錢，就可以不再服役。而原來享有免役特權的戶，如官戶、未成丁戶、單丁戶、女戶、寺觀戶等，都按等級減半出錢，叫助役錢。此外，在僱役徵用的正額之外，還加收百分之二十，稱為免役寬剩錢，以備災年之用。募役法改差役為僱役，這在役制史上是一件重大改革。它使農民從役制的束縛下解放出來，有較充足的時間從事生產或經商，促進了農業和商業的發展，這是歷史的一個進步。但是，免役法觸犯了特權者的利益，勢必引起強烈的反對。

豪門貴族享受慣了世世代代的免役特權，如今硬讓他們拿錢來僱人服役，使他們覺得很不舒服，雖然他們

只需交原來應服役人所交的一半，對於他們來說，也算不上什麼太大的經濟負擔，但在他們的腦海裡已根深蒂固形成了一種成見，那就是平民百姓理應去服役。司馬光作為他們的代表又出面了，他說：「原來役戶輪流更換，還有休息時期，如今出錢免役，服役的人也就再無休息之期了。此外單戶、女戶等以前從來不服役，而且他們也沒有餘錢，如今卻硬讓他們拿錢，即使是鰥寡孤獨之人也不能倖免。本來力氣是人們生而有之，穀帛為人們耕桑而得，至於說錢，為官府所鑄，非民眾所私有。而現在制定免役法，就只是惟錢是求，惟錢是用了。豐年時百姓賣糧得錢可以交納了，然而如遇災年呢，就得被迫伐樹、殺牛、賣田才能交得起免役之錢，如此，人們何以為生！這是對貧苦人民怎樣的盤剝呀！」

司馬光的論斷從表面上看，似乎還有些道理，他認為人的力氣是與生俱來的，最為廉價的，而糧帛金錢則是辛辛苦苦用勞力換來的，似乎是勞動所得要比自身氣力昂貴得多。但關鍵的一點卻被司馬光忽略了，那就是勞動者本身是生產力的第一大要素，只有人才是社會財富的創造者！司馬光也堪稱社會一大賢達，但是，他卻沒有意識到這個關鍵問題。凡夫俗子、烏合之眾隨之叫囂，一時間，以反對免役法為龍頭的反變法浪潮又甚囂塵上。

新法在實施過程中，確實出現過某種擾民弊病，反對派借此機會大肆渲染。青苗法頒布不久，又設置了諸路提舉官。由於官吏素質參差不齊，確實出現了一些人們憂慮的現象。有些人往往為迎合王安石心意，盡力去多散青苗錢，以此求功。根據戶等的高下不同強制抑配，最後竟造成富民不願貸或者不願多貸，而窮困之戶想貸卻貸不到，百姓對此十分不滿。

河北安撫使韓琦上疏說道：「臣依據青苗法的詔書得知：此法力在施恩於民，以防富商大賈趁青黃不接之際高息放貸，高利盤剝。如今執行起來，卻按戶等制定借款數額，而且三等以上戶還可以多借。孰不知，上等戶歷來都是兼併之家，官府以三分利借錢給他們，實際上是放錢取息，與變法初衷相違背。此外，貧民貸款容易還款難，會出現許多連鎖問題。陛下如果能躬行節儉以化天下，自然會國用有餘，又何必派使臣紛紛四出，豈不令人費解。臣乞求罷免諸路提舉官，一切依舊法行事。」

皇帝看過韓琦的上疏，有些吃驚，不禁皺緊了眉頭，他把疏放在一旁，自言自語地說道：「韓琦還真是個忠臣，雖身在朝外，卻不忘國事。朕開始以為青苗法可以利民，沒想到竟害民如此。提舉官怎麼能硬行攤派呢？」王安石一聽皇帝之言，不覺對韓琦怒火中燒，他深怕神宗動搖變法意志，影響變法的整個進程，於是針對韓琦所奏說道：「如果說桑弘羊壟斷天下財貨，以供皇上私用，可以稱他為興利之臣。而如今陛下行青苗法是為了資助百姓，至於說適當地收取利息，這也是周公當時所制定的法令，其目的在抑制兼併，賑濟貧弱，而並不是為了滿足私慾，怎能說臣是興利之臣呢？」王安石說完，用眼睛的餘光偷偷地看著神宗皇帝。只見神宗面無表情，這與往常王安石奏事之後皇帝都面呈喜色形成鮮明對比。

王安石不免一驚，怎麼，今日自己說的不對嗎？莫非皇上對自己不滿了嗎？事實確實如此。神宗皇帝看了韓琦的上疏之後，心裡總覺得不是滋味，青苗法竟出現擾民現象，與自己的初衷相違，這使神宗悶悶不樂，對王安石的辯解也是充耳不聞了。這一次是皇上對王安石的首次不信任，也是王安石變法面臨著更大阻力的開始。

面對反對勢力的強大壓力，若得不到皇帝的支持，就會失去堅強的後盾。於是王安石採取了以退為進的戰術，稱病不出了。

王安石不上朝了，神宗便想起了司馬光，準備任命他為樞密副使，主持變法。司馬光接到神宗詔書之後說：「陛下之所以用臣，是因為臣直言進諫，一心為國吧。然而只是給予臣高官厚祿，卻不聽臣之言，則是朝廷用錯了人。如果臣只是以祿位自榮，卻不能救民於水火，那臣與盜賊無異。陛下如果能取消制置條例司，追回提舉官，不行青苗、免役法，那麼即使是不用臣，也是對臣的恩賜呀！」神宗一聽這話，立刻明白司馬光已經和王安石格格不入了。雖然他也曾在英宗朝提出過以募人之法代替差役，其實質與募役法宗旨完全相同，但現在卻不一樣了，他已由最初的與王安石政見不同轉變為全盤否定變法，這對於還企圖以改革達到富國強兵目的的宋神宗來說是不能接受的。相比之下，還是王安石變法合乎自己的心意。

韓絳等人早已看出帝意，便勸說皇帝挽留王安石。王安石本來也並非真想辭官歸田，君臣二人又一拍即合。王安石上殿謝恩，君臣相見，互相對視了良久，最後同時一笑。就這樣，多少不快、隔閡以及委屈都在這相視一笑中化解、消融了。王安石對神宗說：「內外大臣、從官、台諫們，他們都企圖破壞先王正道，而阻止陛下變法，所以才鬧得朝野上下議論紛紛的。」神宗也認為是這個道理，便又與王安石相知無隙，王安石又堅定地踏上了變法之路。

韓琦見前功盡棄，便更加變本加厲譴責王安石引用周禮蠱惑皇上之心。於是，皇上下令：凡是韓琦奏文一律壓在條例司內不予上報。神宗派遣二位心腹太監（也是王安石的死黨），到各地考察瞭解實情，二人回來後，都極言變法乃民心所願，而沒有出現強制抑配青苗錢之事，神宗對此深信不疑。

久經磨難的王安石再一次經受住了風雨的洗禮，他的變法意志更加堅定，行事也更加果敢。

王安石除了推行均輸、青苗、免役等理財方面的變法措施之外，強兵也是神宗與王安石所追求的目標，於是推出了保甲法、保馬法、省兵置將法等軍事方面的改革。

宋太祖趙匡胤為防範武將專制其兵，創立了更戍法，官兵時常更換，結果兵不知將，將不知兵，指揮不靈。同時冗兵問題一直困擾著宋廷，是百年來難以解決的癥結之一。針對這項弊端，王安石實行改革，劃定禁軍防守區，不再將軍隊調來調去，並由固定將官，對禁軍就地加以訓練，使兵知其將，將練其士。同時，裁併原軍營、諸路廂軍，限定軍隊人員，規定應役年限。至此，冗兵之數大減，軍費開資大大減少，軍隊戰鬥力卻有所增強。北宋長期以來懸而未決的冗兵問題被王安石解決了，這是一項利國利民的重要改革。

保甲法是把農村民戶按保編制，十家為一保，五保為一大保，十大保為一都保，每家有兩丁以上，出一人作保丁，對保丁加以訓練，並逐步走向正規化。農忙時務農，農閒軍訓，既不誤農時，又加強了地方武裝，既減少了兵員，又加強了地方統治。保甲法成了王安石的得意之作。

保馬法就是由保戶養馬，給予養戶一定的報酬，但是養戶要負擔許多責任，諸如馬死賠償等等，而且還規

定養馬限額。它有利於政府的節省開支以及強兵備戰，實現了利國之目的。

王安石在推行新法過程中，他深深意識到有一批精明強幹、熱心改革人才的重要性，於是進行了教育和科舉方面的改革。整頓學校，改組太學，把反對變法的學生統統罷退，統一編定教材，規定科舉考試科目，為培養實用人才創立了良好條件。

王安石大張旗鼓地改革，在富國強兵方面，收到了一定的效果。如財政收入明顯增加，到元豐年間（西元一〇七八年至一〇八五年），中央和地方府庫無不充盈，可以支付二十年之用。北宋邊防也得到加強，熙寧五年（西元一〇七二年）即變法的高潮時期，經略安撫使王韶曾打敗西夏，收復了二百年前唐中葉以後失陷的熙河等五州、幅員二千里的土地，這是北宋歷史上少有的勝利，是變法在一定程度上扭轉了積貧積弱局面的有力證據。

但是，變法終究是觸動了大官僚地主階級、大商人以及王公貴族的利益，他們自始至終沒有放棄對變法的阻撓，千方百計破壞變法，以達到最終取消新法的目的。雖然有王安石堅決的鬥爭，但是終因反對派的勢力過於強大，變法在風雨飄搖中傾斜了。

在古代，由於缺乏科學知識，對地震、山崩、星變等自然現象，長期得不到正確解釋。反對派就是用災異天變，天變降罰作為輿論武器，對變法進行破壞。

一天，王安石奏請皇上派人浚治漳河，這本來是件利國利民、造福子孫萬代的好事。但是那個曾經說：「祖宗之法具在，不須更改」的文彥博立刻站出來反對，他說：「只有百姓得以安寧，才可能一心務於勞作，國家財用才能豐足，而如今動眾擾民，恐為不可。再者，漳河長久不修，也沒見有什麼壞處。而且即使是河流改道，不流向西，便流向東，十年河西，十年河東，此害彼利，此利彼害，還不都是一回事。」這番謬論簡直是荒唐之極，他在不遺餘力反變法中表現得是那麼無知，神宗聽了也覺得是無稽之談，並沒往心裡去，治理漳河如期動工了。

但是之後不久，京東、河北等地突然大風驟起，狂風怒吼，天昏地暗，直吹得人搖樹動，三日不絕。人們都驚恐萬分，連神宗皇帝也不知所措了。這時台諫官劉摯趁機對神宗說道：「陛下，如此惡風，乃是天降災異，這是人們開工動土，驚動了天神，才使天神興風作浪，降下災禍。如果繼續下去，以後不知還會有什麼天災降臨呢。」神宗一聽，立即驚慌起來，神宗雖然算得上是一位開明的君主，但在神祕未解、信奉神靈的年代，大多數人都信奉天命，神宗也不例外。如此狂風亂作，再加上劉摯之言，神宗感覺到這是上天對自己做錯事的懲罰，於是下令停止漳河水利工程。王安石察覺到了反對派的用心，立即上疏神宗，指出天颳風是自然現象，與人事無關，並極言修漳河之利。神宗有所覺悟，收回成命，水利工程得以繼續進行。這個風波算是過去了，但在宋神宗的心裡，卻留下了一道陰影，他對天的威力不免已產生了恐懼心理。

反對派等待機會，借題發揮，這樣的機會終於又來了。西元一〇七二年的一天，華山突然崩裂，京都再次嘩然。文彥博又一次上疏恐嚇神宗，他說：「這是因為實行市易法，侵犯了人民的利益，民怒，才使華山崩塌，這難道不是天在警告我們嗎？」神宗一聽，立刻又害怕起來。與此同時，又偏偏趕上天下久旱，飢民流離，反對派更以所謂天怒人怨為依據，反對新法。

神宗害怕天罰，為此坐臥不寧，憂形於色，常常長吁短嘆，想將不完善的法律罷去。王安石反覆開導神宗，跟他講天鳴地裂、河水氾濫、石殞星移等都是天按照自己的規律運行而與人間事情毫不相干的道理，有時二者偶爾相遇，那只是一種巧合。至於水旱災害則是常有的事，即使是唐堯、商湯盛世也在所難免，這不足以使人憂慮，當務之急就是只要做好人為之事就可以了。聽了王安石苦口婆心的勸解，神宗深嘆一口氣，說道：「正是因為人為之事沒做好，才使天降下災害，這豈是小事，朕怎能不憂慮恐懼呢？」王安石那種天變不足畏的大無畏精神並沒有消除神宗的疑懼，反對派抓住了可乘之機，大肆以附會之說動搖神宗，以達到罷黜王安石，廢除新法的目的。

不久，天空有彗星出現。彗星在古代被視為妖星，反對派又以此大造聲勢，使神宗皇帝憂心忡忡。這時參知政事馮京上言說：「臣聞宋初王小波、李順起義，就是因為政府在成都設置博買務，控制百姓在市場的交易，如今又設立市易務，恐怕會引起同樣的事件發生。」神宗一聽立刻六神無主起來，他連忙下罪己詔，要臣下廣為進言。

這時已退居洛陽的司馬光，看皇上有求退之心，連忙上疏，陳述朝政的六條失誤，對新法予以全面的否定。他指出：「青苗錢，使百姓負擔日重，而官府無所得；免役錢，聚斂百姓之錢，卻養活了一批遊手好閒之人；市易司與民爭利，而實質是耗散官府財物；保甲法教民習武，疲擾農民；農田水利法，盲目破土，勞民傷財。總之，新法侵擾四方，得不償失。」在司馬光的眼裡，新法已是一無是處了。神宗見司馬光疏之後，對新法的利弊得失也開始懷疑起來。這種懷疑再加上來自後宮的強大壓力，神宗皇帝終於動搖了。

後宮是皇上的生活起居之所，同時又是宦官施展計謀之處。宮廷內所需日用品，都由宦官從商人處購得，他們從中取得巨額回扣，中飽私囊。但自從實行市易法後，都要按市易務規定的市場價格出錢購買，這就堵住了宮中索財的重要渠道，因此他們在太後面前極言新法不便。日久天長，太后也就真的覺得王安石在變亂天下。一次，太監鄭俠繪了一幅在旱災之下流民扶老攜幼圖獻給太后看，並說：「旱災都是由王安石引起的，罷免了王安石，天必下雨。」太后和皇太后二人見圖中百姓悲慘之狀，惻隱之心油然而生，她們來到神宗面前，流著眼淚說：「王安石擾亂天下，快把他逐出朝廷吧！」神宗一時間不知所措，他連忙安慰太后，並點頭稱是。

神宗皇帝終於被反對派的強大攻勢搞昏了頭，他對王安石的信任動搖了，同時也懷疑起新法來。王安石見神宗已完全改變了主意，自己的努力已屬徒勞，於是他請求辭去宰相之職。不知所措的神宗皇帝同意了王安石之請，任他為江寧府（今南京市）知府。

神宗皇帝終於在反對勢力的強大壓力面前敗下陣來，他屈服了！怯懦了！讓步了！王安石也第一次無能為力地退出了朝廷重地。

值得慶幸的是，神宗在王安石罷相之後，並沒有使新法廢棄，他任用改革派韓絳和呂惠卿繼續推行變法。由於二人意見往往不合，於是韓絳密請神宗召回王安石。

被貶到江寧府後的王安石，心情也十分沉重，他想起變法以來的風風雨雨、艱難歷程，不禁一陣心寒，反對勢力怎麼如此頑固，變法圖強何其艱難！王安石沒有因為丟棄相位而放棄理想，他相信，總有一天他會實現自己的夢想，將變法深入下去。為此，他養精蓄銳、藏器待時，並寫詩作賦，修身養性。詩〈登北高峰塔〉就是他這時的成功之作，表現了王安石志趣高遠、高瞻遠矚、不畏舊勢力的胸懷和氣概：

飛來峰上千尋塔，聞聽雞鳴見日昇；
不畏浮雲遮望眼，自緣身在最高層。

王安石寄景生情，抒發自己的情懷。正在他急於想瞭解事態變化、變法實施如何的時候，皇帝下詔書召其回朝。王安石見詔後，十分激動，為了徹底實現自己的政治抱負，他又鼓起鬥爭的勇氣，決定在改革的道路上奮鬥到底。他歸心似箭，晝夜兼程，僅用了七天時間就回到京師，再度為相。

反對派初見王安石被貶，他們欣喜一陣。正當他們指望神宗廢除全部新法之時，王安石卻第二次任相了。於是他們再次把矛頭指向了王安石，並企圖將王安石置於死地。宗室趙世居被指控謀反後被誅，許多人都受到牽連，其中與王安石相識的術士李士寧就是其中之一。負責辦理此案的范百祿以此大做文章，企圖定李士寧死罪，然後株連王安石。此事多虧了副手徐禧及時發現並予以揭露，王安石才免於此難。

王安石見反對派之心如此惡毒，他真是有些困惑了，這一切都是為了什麼呢？反對勢力為什麼如此頑固？這件事對他的打擊很大，他不免有些看淡了仕途，也有些看破紅塵了。

變法的艱難還來自於變法派內部。呂惠卿是變法的核心人物，他對新法的推行也發揮很重要的作用，但他有些專橫跋扈，權欲很重，所以對王安石復相並不歡迎。不久他又與章惇一起貪贓不法雙雙被罷出朝廷。變法派內部分裂了，大大削弱了戰鬥力，也使王安石的改革銳氣受到了極大挫傷。搖擺不定的神宗皇帝這時更加動搖了，對王安石也並不像以前那樣言聽計從，用王安石自己的話說，十句能聽五句就不錯了。這種情況下，王

安石清楚地意識到再也很難把變法向前推進了。

正當他日益消沉的時候，忽然傳來愛子王雱病死的噩耗，王安石真是悲傷極了。在這種內憂外困的形勢逼迫下，已屆老年的王安石心灰意冷，看破紅塵，再也沒有精力和心思從事他的變法事業了。同年十月，王安石第二次罷相，回江寧過退居生活去了。

王安石在披荊斬棘、奮戰八年之後，離開了紛繁多變的政治舞台。在這不同凡響的八年裡，他夜以繼日，處心積慮，不以為苦；群誹並興，眾謗集身，終無所怨。這就是王安石高尚的品格！退居江寧之後，他寄情山水、訓詁文字，編撰《字說》，作詩填賦，過著恬靜的生活。

王安石第二次罷相之後，新法在宋神宗主持下繼續推行，而且還對王安石基本沒有觸及的官制進行了改革，繼承仁宗時范仲淹改革的某些做法，使北宋長期以來存在的冗官問題得到一定的解決，歷史上稱之為「元豐改制」，是王安石變法的繼續。可以說，神宗皇帝是北宋開國以來守國明主，他不固守祖宗成法，立志對建國以來長期形成的積弊進行改革，這是北宋王朝所有守成帝王都不能比擬的。在守舊派強大的壓力面前，他義無反顧地支持王安石變法，在極其困難的條件下，使變法全方位地展開，並在王安石兩次罷相之後，都使變法得到繼續和深入，這不能不說是神宗皇帝的歷史功勛。所以史家往往將王安石變法又稱為熙寧變法是有道理的。

元豐八年（西元一〇八五年）三月，宋神宗病逝，年僅十歲的哲宗皇帝即位，朝中大權完全掌握在太后手中。她以恢復祖宗法度為先務，立召司馬光輔政。司馬光把新法視為毒藥，予以全盤的否定，新法被全部廢除。

第二年的四月，在令人窒息的氣氛中，王安石悲愴地離開了人世。他走了，帶著深深的失望走了。

這是北宋王朝的悲哀，這是歷史的悲哀！一代偉人走了，一場宏大的運動也銷聲匿跡了。一聲春雷轟鳴之後，大地又沉寂了，天空又充滿了陰霾。北宋的守舊勢力是那麼依戀積貧積弱的局面，終於使北宋政權一步步走向了衰亡。

一場轟轟烈烈的改革運動，就這樣以神宗皇帝的死而告終，這曾引起多少人的深思，它留給我們的歷史教

訓究竟是什麼？

毋庸置疑，在北宋王朝江河日下、風俗日敗、國力日衰之時，在慶歷新政殷鑑不遠、人人自危、無人橫刀立馬之刻，王安石以異乎尋常的勇氣和膽識，發出了「祖宗之法不足守」的吶喊，並在頗有遠見的神宗皇帝大力支持之下，發動了一場震驚世界的變法圖強運動。這種披荊斬棘、不畏樊籬、勇往直前的革命精神和鬥志，使王安石，這位十一世紀的改革家，名垂青史。王安石變法也是留給後人的一筆珍貴遺產。它留給人們的教訓正如它的經驗一樣，令人深思。

王安石變法主要是在經濟領域內進行，目的在於富國強兵，並為此做了不懈的努力，取得了一定的成效。但是在熙寧變法時期，並沒有實行政治改革，使之發揮與經濟改革相輔相成的作用，而且即使後來神宗皇帝有所觸及，也遠非經濟改革那麼全面徹底。沒有政治改革相配合，沒有建立一支廉潔向上的官吏隊伍，使改革在實施過程中，出現貪汙不法之官，扭曲了變法的本來面目。重要的還在於，王安石並沒有建立一個維護變法、保護變法的強有力的法律依靠，對反對變法、惡毒攻擊變法之人只是罷黜、降職，給他們留有反撲之機。歷史上成功的改革家如商鞅、孝文帝等，都是以嚴格的法律為保障，才使變法順利實施，並取得最後勝利。所有新與舊的鬥爭，都是極其殘酷而激烈，新勢力面對強大的壓力和阻撓，不是依法鎮壓，使新法根深蒂固，就是屈服於舊勢力的反撲之下，做無力的掙扎。

這是政治鬥爭的規律，也是王安石與神宗變法失敗的關鍵。變法過程中，遭遇到如此眾多堅決而頑固的反對者，這也是王安石變法所獨有的。之所以如此，與變法本身有關。面對北宋長期以來存在的冗官、冗兵、冗費這些嚴重的社會弊病，許多仁人志士為此而苦惱，並努力去改變。范仲淹就是其中之一，富弼、韓琦等都曾是慶歷新政的旗手，以後的蘇軾、司馬光等人都為此而思考著、探索著。在人們的心目中，似乎形成了一種模式，要拯危救難就要解決這個社會弊端。三冗現象確實使國家積貧積弱，然而，王安石卻別出心裁，繞過三冗之弊，把重點放在了開源理財、增加國家收入上來。這就引起人們一種不平衡心理，都覺得眼看明擺著的問題不予解決，卻增設新的機構，推出利弊難卜的重大舉措。而且隨著變法的深入，新法本身演繹出的弊端以及實施過程中的失誤，使持不同政見者更加堅信王安石變法的不可行性，反對的呼聲也就越來越高。再加上徹頭徹尾的守舊派因變法觸犯了他們自身利益而強烈反對變法的叫囂，二者混淆一起，使變法自始至終在艱難中跋涉，最後的失敗也在所難免了。

如果說，王安石在醞釀變法或在變法實施過程中，能夠考慮一下不同意見，汲取司馬光等人的節流主張，在開源的同時對於國家痼疾冗費之患予以整治，那麼變法將何其完美，歷史或許能給予他們一個美好的結局。然而十分遺憾的是，政見的分歧影響了王安石集思廣益、從諫如流，使他閉目塞聽、一意孤行。

更讓人悲哀的是，曾享有天下大賢美譽的司馬光，在掌握政權之後，將自己禁錮於個人恩怨之中，甚至無視自己曾經有過的變法主張，他不是對王安石變法做調整、補充和完善，而是全盤地否定了！這是司馬光一生最大的失誤，也是他留給後人的千古遺憾。

王安石，這個偉大的改革家，他沒能使垂死的北宋王朝復甦過來、振作起來，王安石變法帶給人們的一點希望之光，也如范仲淹的慶歷新政一樣轉瞬即逝了。

晉用楚材

「楚材晉用」是春秋戰國時代人才流動的普遍現象。十三世紀初葉，中國又出現了一位「晉用楚材」，那就是生於金卻為蒙古所用的契丹後裔耶律楚材。

王安石變法失敗了，北宋王朝點燃的一點希望之光轉瞬即逝，人們又重新回到了循規蹈矩的歲月之中。新法一一罷除，國家政策一片混亂，這為政治投機者蔡京等人造成可乘之機，他們竊居要位，為非作歹，使政局更加動盪不安，趙宋王朝貧弱不堪，其滅亡的命運在劫難逃，最終被強盛起來的金朝所滅。

金朝是宋徽宗政和五年（西元一一一五年）由北方女真族建立的政權，在西元九一六年遼太祖耶律阿保機建立遼國時，女真族還置於遼朝統治之下。當時的女真族遠遠落後於已接受漢文化影響的契丹族，更落後於中原漢文化。但是，金朝統治者憑著政權初創時的銳氣，與對中原文化異乎尋常的接受力，經過太祖完顏阿骨打、太宗完顏晟、熙宗完顏亶、海陵王完顏亮以及金世宗完顏雍等幾代人艱苦卓絕的努力，探索出一條仰息漢文化的改革之路，終於使女真政權由弱變強，由小到大，完成了自身的封建化進程，並於西元一一二五年使已是強弩之末的遼國滅亡。兩年之後，腐敗不堪的北宋王朝也遭到了靖康之難，徽欽二帝成了大金帝國的階下囚，北宋滅亡了。

隨後，趙構在南京建立了南宋政權。偏安東南的南宋統治者終日沉醉於腐朽生活之中，胸無大志，不思進

取，根本無視國家的統一與民族的振興，一味地苟且偷生，直接把杭州作汴州，終日沉浸在歌舞昇平之中。但是如此沒落的南宋政權竟然苟延殘喘長達一百五十餘年之久，之所以會出現歷史上這個奇怪現象，與金政權息息相關。金統治者在以漢文化為指導，對女真族進行社會改造的同時，卻對宋朝的種種弊政缺乏認識，將漢文化中的精華與糟粕毫無選擇地幾乎全盤吸收。因此，金朝在滅亡北宋之後，也很快地腐朽下去，繼金世宗之後，女真勢力每況愈下，日益衰落的金王朝已無力南侵，就這樣，兩個同樣不堪一擊的政權互相匹敵，南北對峙著。

正當宋金對峙之時，生活在北方的蒙古民族趁機強大起來，一代天驕成吉思汗於西元一二〇六年建立了奴隸制蒙古國家，並開始了舉世震驚的大規模戰爭。歷史上著名的三次西征，其勢力遠達歐洲和西南亞，使蒙古成了一個橫跨歐亞的大汗國。當然這個汗國只是一個不穩固的政治軍事聯合體，不久便分裂成幾個獨立的汗國了。蒙古國大顯神威，也使十三世紀的中國聞名於世。成吉思汗相繼使西遼和西夏了，並連續向金發動進攻，為後來元朝統一全國打下了堅實基礎。西元一二二七年，成吉思汗在第三次西征的東返途中病死於六盤山，他的兒子窩闊台繼承了他的事業，繼續對金形進行猛烈攻勢，終於使金滅亡，占領了金的全部統治區域。

金亡後，下一個目標就是直逼南宋，統一全國。然而，如何才能使政權在占領區內得到鞏固，並更加強盛，最終完成統一大業，這著實使蒙古統治者煞費一番苦心。歷史告訴人們，凡是落後的征服民族終究會被先進的被征服民族所同化，鮮卑、契丹、女真的歷史都已經證明了這一點。而使蒙古人認識這個真理的是生長於契丹族封建官僚家庭中的耶律楚材。

金世宗大定二十九年，即西元一一八九年的一天，金朝的中都燕京（今北京）內一個契丹耶律氏人家分外熱鬧，充滿節日的喜慶，進進出出的人們笑逐顏開，祝賀與感謝之聲不絕於耳。堂內一位花白鬍鬚的老者面帶微笑向人們連連致謝，原來是這位老者六十花甲又得一子，這使他大喜過望，興奮之餘免不了大擺宴席，親朋好友爭相前來祝賀。此時的耶律氏老者雖然沒有他祖父輩那般顯赫，但也不乏滿座親朋。這位老年得子的老人

就是已亡遼國耶律氏的後裔耶律履。遼國被金滅亡後，遼國皇族大都定居於燕京，置於金政權的直接統治之下，耶律履就生活在這樣的社會環境之中。當時距離遼國滅亡已經六十餘年，金統治者對耶律氏已解除禁戒，所以才有了耶律履歡慶得子之場面。他對前來祝賀的人們說道：「我年近六十又得了個兒子，這是我家的千里駒，日後必成雄才大業，為他國所用，就給他取名楚材吧。」耶律履望子成龍的同時，也詛咒著有亡國之恨的金國必有滅亡之日。於是才給兒子取名楚材，字晉卿，取意《左傳》中「楚材晉用」的典故。「楚材晉用」是說春秋時，楚國刑罰苛刻，不重視人才，使許多士大夫投奔晉國，為晉所用，在晉楚爭戰中，楚國總是處於被動局面，當時就有人議論說：雖楚有材，晉實用之。耶律履為兒子取名楚材，確實應了他的心願，耶律楚材終為蒙古國所用，為蒙古滅金立下了汗馬功勞。

耶律楚材的童年生活十分清苦，三歲時，十分珍愛他的父親就病故了，是母親楊氏一人將其撫養成人。楊氏是一個很有教養的婦人，夫亡後，她一心撫育兒子，將所有的心血傾注在兒子身上。耶律楚材也確實天資聰穎，勤奮好學，不久便成長為博學多才、能詩善文的有為青年，終於在金章宗末年中了進士，考取了功名，被任命為尚書省左右司員外郎。

然而，耶律楚材的仕途之路並不是一帆風順的，此時金王朝已經由鼎盛時期衰落下來，統治集團腐化墮落，苟且偷生。初創的蒙古國從西元一二一一年起，在成吉思汗的率領下南下伐金，勢如破竹，長驅直入，攻陷山西、河北、山東的許多州縣和城鎮，並包圍了金中都燕京。在這種嚴峻的形勢面前，金主衛紹王完顏永濟，怯懦無能，不能有效組織對蒙古軍的抵抗，於西元一二一三年被從前線敗歸的將領所殺。繼承者宣宗完顏珣同樣缺乏堅守燕京的信心，一改抗戰禦敵而為屈辱求和，向蒙古軍繳納金帛，並以公主和親來換取暫時的和平，然後倉皇逃走，直奔汴京（今開封）。皇帝一走，燕京更是勢氣大衰，留守丞相完顏暉再也沒有能力抗敵，燕京終於西元一二一五年淪陷，耶律楚材同燕京一起，落入蒙古人之手。

這時的耶律楚材，意志十分消沉。燕京被占領，他的從政仕途被阻死，施展才華無路，報效祖國無門，看

到的只是蒙古軍隊對當地人民的踐踏，受盡蹂躪的苦難人民無力地掙扎，耶律楚材心灰意冷了。他杜絕交遊，不理家務親情，一心一意地鑽研起佛教來。

他的老師萬松老人是當時有名的禪宗僧人，兼通儒學和佛學。跟萬松求學的三年是耶律楚材一生受益最深的一段時光，對他以後從政發揮了極其重要的作用。他不但接受了儒家思想的熏陶，而且也深受佛教清心寡慾的啟迪，最後終於形成了以儒治國，以佛治心的思想原則。當時他寫了一篇名為〈貧樂庵記〉的散文，表明了自己的理想和抱負。他說，他的理想是能輔佐像堯舜那樣的君主，使天下百姓都受其恩澤。並指出以儒家思想為指導，治國安邦，是他刻意追求的政治目標。從此，他從最初的消沉中振作起來，並為實現自己的政治理想而努力著。

正在這時，東征西伐的蒙古大汗成吉思汗得知耶律楚材精通陰陽、數術、天文歷法和醫術，便立刻派人到燕京將楚材召請到蒙古國都斡難河源。

耶律楚材見召，心情十分激動，他久聞成吉思汗之威名，也深切意識到蒙古國是當時中國最有實力、最充滿朝氣的政權，國家的統一也只有蒙古人才能完成。同時，他也親眼目睹了蒙古軍隊的肆意橫行。耶律楚材認為，只有對蒙古軍隊實行文明的漢化改造，才能使這個政權充滿活力，承擔起完成祖國統一的大業。

耶律楚材懷著希望，帶著夢想，離開了自己的家鄉。經過半年的艱苦跋涉，耶律楚材終於見到了他心目之中仰慕已久的聖主、威武莊嚴的蒙古大汗。成吉思汗所見到的也是一位身材魁梧、氣度不凡的契丹族青年，大汗非常高興，便把耶律楚材留在自己身邊，隨時諮詢。

耶律楚材見成吉思汗如此看重自己，喜出望外。但是，日子一天天過去了，他只是隨著大汗西行，從事著解答疑難、觀察星相、預卜吉凶、書寫漢文詔書等瑣碎事務。日復一日，年復一年，他的時間和精力都用在這種文祕性質的繁瑣工作之中。耶律楚材親眼目睹的是蒙古大軍西征的野蠻，所到之處，燒殺掠奪，人民深受其苦。如此悲慘的局面，是耶律楚材那顆深受佛教洗禮的心靈所無法接受的。他曾多次向成吉思汗建議停止西征，穩定國

內秩序，發展農業生產，以文治國。但是，大汗所要建立的是至威武功，對於這位文書的話充耳不聞。

耶律楚材人微言輕，他沒有權力參與軍國大事的決策。對此，他十分苦惱，自己的政治願望是輔佐明君，以儒佛治國，而如今卻走上了戎馬生涯，事與願違。雖然如此，但楚材沒有消沉，他利用自己與大汗接近的有利條件，影響他、勸誡他。

西元一二一九年至一二二四年，是蒙古軍的第一次西征時間。成吉思汗率軍西征花剌子模（今中亞阿姆河、錫爾河流域一帶）。多年的征戰，軍隊無止境地向前推進，當前方遇到頑強抵抗，後方暴動不斷發生時，蒙古軍隊已兵疲馬憊。於是，耶律楚材便尋找機會，勸成吉思汗班師。恰在這時，前方軍隊遇到一頭怪獸，這頭怪獸體形像鹿，卻長著一條馬尾，通身發綠，頭上只長一隻角。實際上這是頭犀牛，可是大家沒見過，都感到很奇怪。眾人十分驚詫，成吉思汗也深以為怪，便詢問楚材是怎麼回事。耶律楚材便藉機向成吉思汗進言道：「啟稟大王，這獸名叫角瑞，是天派到人間的使者，牠惡殺好生，一天能行一萬八千里，懂得四方各國的語言。上天派牠來轉告大王，要大王您不要再行征戰，要保全民眾，趕快班師回朝。」成吉思汗一聽，信以為真，立刻下令班師。耶律楚材利用蒙古統治者對天的迷信，借題發揮，巧妙解釋，終於促成了成吉思汗結束西征，這對人民堪稱為一件幸事。

第一次西征結束，舉國軍民皆大歡喜，成吉思汗如夢初醒，這才明白耶律楚材的良苦用心，不覺對他倍加賞識。回想起平日耶律楚材的多次進諫，成吉思汗猛然發現，身邊的這位文書兼算命先生乃是一個難得的治國人才！他為得到這位人才深感欣慰，並決定回朝後，重用耶律楚材，讓其為治理國家出謀獻策。

耶律楚材得到大汗的賞識和器重，這與他堅持不懈的努力是分不開的。在西征期間，有一次成吉思汗身邊的西夏工匠常八斤曾對他說：「我們這個朝代是崇尚武功的，您卻以文才求進取，豈不是走錯路了嗎？」楚材立即反駁道：「你是工匠，一定知道製造弓箭得需要工匠。同樣的道理，治理天下也需要一種工匠，那就是有文才的人。」楚材懷著遠大志向，在逆境中也沒有放棄自己的理想，這種對理想的執著終於感動了成吉思汗，使成吉思汗也清楚地意識到了「天下雖得之馬上，卻不可以馬上治」的道理，明白了保衛江山社稷單靠武力是不行的，必須以文治國。

西元一二二七年八月二十五日，對於蒙古人來說，是一個舉國哀悼的日子，因為他們的領袖，中國歷史上的一代天驕成吉思汗，在還沒有完成他的歷史使命之時，永遠地闔上了雙眼。臨終前，成吉思汗拉著兒子窩闊台的手，一遍又一遍地告訴兒子：「耶律楚材是上天賜給我家的真正天才，以後你要把治理國家的事委託給他，凡事要多徵求他的意見。」然後又把耶律楚材叫到床前，意味深長地望著他，似乎在叮嚀耶律楚材：千萬輔佐好蒙古新的大汗，這樣自己才可以瞑目九泉啊！當他從耶律楚材那含淚的目光中看到了肯定之後，他才放心地永遠睡去了。

成吉思汗的時代結束了，但是對於耶律楚材來說，卻是他政治生涯的真正開始。成吉思汗的臨終遺言，將他視為治理國家之才，其地位也就青雲直上，今非昔比。這為他實現自己的政治主張，提供了良好的契機。

成吉思汗生前曾安排由三兒子窩闊台繼承汗位，但按照蒙古社會的傳統，大汗的繼承人應由「忽力勒台」也就是貴族大會選舉產生。因此窩闊台還沒有合法的地位，在忽力勒台召開之前，暫由其弟拖雷代行大汗職權，稱為監國。

拖雷監國期間，耶律楚材曾奉命前往故鄉燕京懲治盜賊，與此同時，他寫了一部隨軍西征遊記《西遊錄》。書中除記載了西北和中亞地區的山川地理、氣候物產以及風土人情之外，在最後明確提出了他的治國之略及政治主張。內容包括：定制度、議禮樂、立宗廟、建宮室、創學校、設科舉、拔隱逸、舉賢良、求方正、勸農桑、抑遊惰、省刑罰、薄賦斂、尚名節、斥縱橫、去冗員、黜酷吏、崇孝悌，賑困窮等等。這種主張囊括了政治、經濟、法律、風俗等方方面面，堪稱耶律楚材經過十年深思熟慮和精心準備之後而提出的施政綱領。西元一二二九年，窩闊台（元太宗）稱大汗，耶律楚材以輔臣的身分開始實現自己的治國之策。

此時的蒙古國，雖依恃武力占領了中原大部分地區，在漢文化高度發展的中原地區有了一席之地，但它仍

處於落後的奴隸社會時期，每征服一處，或是掠奪財物，或是霸占土地以做牧場，並沒有意識到農業的重要性，對漢人更懷著莫名的仇恨。一些蒙古貴族曾建議：「把俘虜的漢人都殺掉，使農田空出來，長出草木，作為牧場。」這種論調不是一、兩人的想法，而是代表著整個蒙古統治集團的一致心態。

耶律楚材對此十分著急，他不畏強權，挺身而出，針鋒相對地指出：「農業是治國之本，而人民是農業的直接勞動者，只有安撫漢人，才能發展農業，也只有發展農業，才能稱霸中原，統一全國。如今大汗擁有這麼遼闊的土地，豐富的物產，只要治理得當，需要什麼就可以得到什麼。」太宗對耶律楚材的話雖然將信將疑，但因耶律楚材是父王所托，而且又很有學問，也就聽從了他的意見。

按照蒙古軍攻城略地的一貫做法，所攻城邑，如果是曾經予以抵抗，而不是一開始就開門迎降，那麼城被攻陷後，就要屠城。當蒙古軍攻打金朝都城汴京時，城內曾進行了頑強的抵抗，使蒙古軍圍城達半年之久，才於西元一二三四年的正月攻破汴京城，金朝滅亡。按照慣例，將對汴京屠城，大將速不台為此請示太宗。耶律楚材得到消息之後，連忙趕到太宗跟前，勸阻道：「將士們風餐露宿，不畏烈日嚴寒，大汗您廝殺疆場，身先士卒，為的都是什麼？不就是為了爭奪土地和人民嗎？如果占領了這塊土地，卻殺光了人民，那麼誰來經營土地，土地還有什麼用呢！而且汴京城裡住著不少能工巧匠和殷實豪富之人，他們都將為您所用，豈不是更好！」一席話，使太宗改變了一貫做法，使汴京城內百萬餘人從蒙古軍隊的屠刀之下解脫出來。

耶律楚材對人民的愛護，其實是對經濟恢復和發展的重視。他看到戰爭給人民帶來的災難，給經濟生活造成的嚴重破壞，覺得當務之急就是招撫流民，穩定人心，恢復生產。

由於戰爭，使無數官兵百姓成了俘虜，他們之中很多人不堪忍受俘虜的待遇，逃了出來，成為逃民。皇帝為此下令：如有收容逃民或供給他們飲食的，一律處死，而且一家犯禁，全族連坐。此令一下，人們惶惶不可終日，以至父子兄弟不敢相認，逃民無處安身，餓死路中，不計其數。耶律楚材看到這種慘不忍睹的悲慘景象，認為這道命令對人心穩定及恢復生產都極為不利。於是他又勸說太宗取消禁令，他說：「俘虜逃亡固然可

恨，但是如果大汗您能放寬政策，安撫他們從事正常的生產生活，他們也就不會逃亡了。如今流民隨處可見，應及時招撫他們，使他們重新回到土地上去，否則如果他們走到窮途末路，勢必成為社會的不安定因素，汗王應防患於未然。」太宗覺得他講得很有道理，便取消了禁令。流民得到安撫，很快都回歸故里，從事農業生產。此舉對中原經濟的恢復和發展具有極其重要的積極意義。

國家收入主要靠稅收來完成，經濟發展了，財源自然也就滾滾而來。耶律楚材首先在燕京、宣德（今河北宣化）、西京（今山西大同）、太原、平陽（今山西臨汾）、真定（今河北正定）、東平、北京（今內蒙古寧城）、平州（今河北盧龍）、濟南等地設立了十路徵收課稅所，長官被稱為課稅使，人員在中原士人中挑選，同時制定了徵收鹽、酒、雜稅和地稅數目。第二年，各路課稅使便將白花花的銀子、成匹的布帛、成石的糧食如數呈到太宗面前。太宗一見那白花花的銀子、琳瑯滿目的綾羅綢緞、堆積如山的糧食穀物，他簡直不敢相信自己的眼睛，再定神仔細看看，這些竟是真的！太宗驚喜萬分，他萬沒想到耶律楚材竟有如此本事，中原士人也有這麼多能幹之才。太宗這時才知道除了用軍事手段進行掠奪之外，還可以用行政手段索取漢地的財富。有了這一次的收穫，嚐到了以前從沒有過的甜頭，太宗終於把農業和稅收提到議事日程上來了。

當蒙古統治者看到稅收給他們帶來的好處之後，便決定制定一個可行的賦稅制度。但是，在賦稅方式以及徵收數額上，統治者顯得貪得無厭，耶律楚材為此再一次與守舊勢力發生了爭執。

那些守舊大臣為了多徵賦稅，主張以丁為收稅單位，耶律楚材當即表示反對：「自古以來，統治中原的國家，沒有哪一個是以丁徵稅的。徵收地稅是歷史的進步，我們不能倒行逆施，違背歷史的發展規律。所以還是收取地租，以土地為收稅的標準。」反對派也覺得耶律楚材的論斷有道理，但是這卻與自己貪婪之用心不相符，於是便強詞奪理起來，他們竟說什麼：「金朝是以地取稅的，但其是亡國之政，不足以效法。」這種說法確實令太宗心動：「是啊，金朝是被我蒙古滅掉的，怎能再用它的制度呢！」耶律楚材見皇帝也有這種想法，便耐心地向太宗解釋說：「金朝固然是為我朝所滅，但是它的一些政策是先進的，是符合歷史發展規律的，我

們為什麼不能用呢？如果汗王只是因為這一點而不用先進的制度，那麼，漢承秦、唐承隋又如何理解呢？」經過他苦口婆心的講解，太宗皇帝終於算是明白了這個道理，便責成耶律楚材主持制定賦稅數目。

耶律楚材本著輕徭薄賦、寬恤民力、以利生產的原則，制定了稅額，即地租上田每畝三升，中田二升半，下田二升，水田五升；酒稅收利息的十分之一；雜稅收取三十分之一；商人販鹽要領取鹽引，鹽引四十斤收銀一兩；同時還規定了每戶繳納絲料的數額。當他把這個稅額交給太宗、太宗向朝臣公布之後，立刻引起了朝臣的普遍反對。他們都覺得這一賦稅數額太小，根本不能滿足需要。耶律楚材認為不能再增加了，他指出：「國家初立，戰事還沒有結束，對百姓要輕其負擔，使之休養生息，經濟才能發展，國力才能增強。如果竭澤而漁，勢必造成國力衰竭，必呈危機之勢。」太宗再次採納了他的方案，從而使農民有了一個良好的生產生活環境。經濟政策的基本確立使國家經濟發展有了可靠保障，這也是耶律楚材治國的一個主要方面。

與此同時，他又在政治上制定了一系列政策和措施，使國家走上了有法可依，有章可循的有序化軌道。

按照蒙古的禮節，大汗雖貴為皇帝，但他手下大臣卻與之平起平坐，並沒有跪拜之禮。太宗即位時，耶律楚材參照中原王朝禮制，制定了登基禮儀，規定所有臣民都要向大汗行跪拜之禮。對此，太宗的哥哥察合台很不理解，他說：「想當初父王在位的時候，我們也沒有跪過，只是服從命令罷了，可是如今卻要向弟弟下跪，這豈不是荒唐！」耶律楚材對他耐心地說服道：「大王您雖然是大汗的哥哥，但弟弟既然已是大汗，您就居於臣子的地位了。按禮節，臣拜君，這不是理所當然的嗎？如果您帶頭參拜大汗，那麼誰還敢不拜呢！」最後，察合台終於接受了他的意見，在太宗繼位儀式上，帶領貴族和臣僚跪拜在大汗面前。從此，蒙古國才有了對大汗的跪拜禮節。禮儀雖然是細枝末節之事，但是它對於初創的蒙古政權來說，意義卻是深遠的。在蒙古統治集團中，貴族勢力十分強大，他們往往可以左右大汗，參拜之禮的制定，也就同時確立了大汗在貴族中至高無上的地位，這對加強大汗權力，穩定剛剛建立的政權是十分有利的。

太宗即位之初，諸事紛繁，地方官吏也各自為政，肆行不法，任意掠奪，聚斂財物，兼併土地，無惡不作。蒙古貴族和功臣也常常干預地方行政，擅自行使權力。針對這種混亂局面，耶律楚材開始致力於整頓和重建封建秩序，穩定中原局勢。他提出，分解地方官的權力，將軍權和民權分開，財權由徵收賦稅的課稅官所掌管，地方長官只管民事，設立萬戶府管軍政。這樣三者可以互相牽制，互相監督，地方官吏受制於中央，使中央對地方的統治權大大加強了。

法律對於一個政權來說是至關重要的。只有臣民依法辦事，遵紀守法，這個社會才會井然有序。耶律楚材制定法律，對地方實行控制，並限制蒙古貴族的權力，不許他們干涉地方行政事務。他清楚地意識到，廉潔官吏隊伍必須使官吏有穩定的收入，因此他又制定了班祿制度。

太宗以前，官吏都沒有俸祿。官吏、將領、士兵的收入不是來自戰爭掠奪，就是來自大汗的賞賜。其結果是官吏侵吞公物，勒索百姓，利用一切可能的機會中飽私囊，給社會風氣造成極壞影響。耶律楚材為了整頓吏治，制定了按級給俸的原則，使官吏有了固定收入。與此同時，又制定了對官吏的監督與考核辦法。蒙古貴族對此都提出強烈的反對意見，因為班祿制堵住了他們因肆意掠奪搜刮而聚斂財富的發財之路。由於太宗的支持，班祿制最終確立下來。班祿制的確立，是蒙古社會邁向封建化的關鍵一步，隨著各種制度的一一制定，社會秩序開始逐步走入正軌。

蒙古地區與中原和西域聯繫的驛站，管理上十分混亂，王公貴族利用手中權力，不論公私大小事務，都任意使用驛馬、驛卒，稍不如意，便行使武力，使沿途百姓和驛卒不堪其苦。針對這種現象，耶律楚材規定：凡是官府派遣的使臣，一律發給牌劄，朝廷統一制定牌劄，沒有牌劄的，驛站一律不予接待。同時又根據事情緩急、官位高低，制定不同的接待規格和飲食標準。這樣驛卒和百姓才稍稍得以安寧。

除此之外，耶律楚材還制定了懲罰犯罪的一系列法律，諸如對私自買賣、借貸官物之人，要依法治罪；官吏貪汙要治罪；府庫管理人員若盜竊府庫物資，要處以死刑等等。

高利貸是蒙古社會的一大禍害。建國之初，百廢待興，許多百姓難以生計，於是一些西域商人便藉機放高

利貸，以搾取暴利。此外，州縣如有盜竊、搶劫案發生，如一年之內不能破案，丟失的錢物就要由當地官民如數賠償，此種規定使本來就十分貧困的百姓更加上一層重負，他們無路可走，只好去借債。而高利貸盤剝是十分殘酷的，借貸一年，要付百分之一百的利息，若逾期不還，利息又變成了本金，再收同樣的利息，如此利滾利地累積，十年下來，就要使借債人償還本金的一千零二十四倍，這個驚人的數目，使無數人傾家蕩產。耶律楚材對此做出規定，今後不論借貸時間長短，不得將利息劃作本金繼續計算利息，同時也對利息做了調整。此種規定對高利貸做了必要的限制，使高利貸擾民現象得到了控制，社會秩序大為安定。

經過耶律楚材一系列的整頓和改革，蒙古國在中原地區的政治經濟制度已經初具規模。從此以後，中原地區開始走上恢復軌道，蒙古國在軍事征伐的同時，國民經濟也得到了一定程度的發展，社會秩序走向了井然有序化。隨著金國滅亡，統治範圍擴大，面臨的問題也開始增多，耶律楚材進一步加大力度，使蒙古社會逐步向封建化邁進。

按照蒙古慣制，攻城略地之後，所得的土地、人口，都按等級高低、功勞大小分別賞賜給貴族和將領，這也是奴隸主貴族積極從事戰事的動力之一，也是在民族矛盾上升時期，統治階級為調動官兵積極性而採取的主要措施。但是，在入主中原後，如果還繼續實行這種分封制，則意味著在封建經濟已高度發展的中原地區，將會出現地主制向領主制的倒退，這是歷史發展規律所不容的！耶律楚材及時並有效地阻止了這項歷史的倒退。

西元一二三六年，太宗命人在河北、山東、山西等地區清查戶口，準備在漢地實行分封，並確定分封的地區和每個領主應得民戶的數目。情況十分緊急，耶律楚材挺身而出，他對太宗說：「啟稟大汗，中原地區已有一千多年封建經濟的歷史，封建經濟在這一地區已根深蒂固，而且漢人地主在各地都有自己的武裝。如果大王再把這些土地分給蒙古貴族，實行領主制，那麼漢人地主勢必會不滿而起來反對。而且領主很大程度上會廢農田開牧場，勢必破壞經濟的發展，所以為了避免戰爭的發生，維護得之不易的和平局面，並使農業經濟繼續發展，還是不要分封。」

太宗對楚材解釋說：「愛卿有所不知，眾人隨我南征北戰，走南闖北，不就是為了得到這些利益嗎？如果我不賜給他們土地和人民，他們一定會不滿意朕，那樣會對朕的統治產生不利的影響。」

耶律楚材則說道：「大汗，其實從歷史的經驗來看，西周實行了分封制，最後出現了春秋戰國群雄爭霸的局面；漢初也行分封，被漢武帝取消，才加強了中央集權。汗王如果現在實行分封，將來地方勢力一定會逐漸強大，最終會導致地方與中央的對抗，反而更不利於汗王的統治，不利於統一政權的建立和鞏固。還請汗王三思。」

太宗聽了耶律楚材這番話，覺得耶律楚材說得很有道理。但是，令他擔憂的是統一大業還沒有最後完成，南宋還沒有消滅，他唯恐停止實行分封之後，蒙古貴族會喪失進取之心，不再為他賣命效勞，所以他舉棋不定。而當時，朝廷內所有的蒙古大臣都極力說服太宗盡快實行分封，他們好儘早得到自己應得的那一份。耶律楚材在朝中沒有一個同盟者，異常孤立。

正當此時，中原地區漢人地主階級掀起了反對蒙古貴族分封的浪潮，其中東平地區行軍萬戶、漢人武裝地主嚴實準備起兵反對分封。他先派手下人王玉汝到蒙古首都和林（今蒙古國鄂爾渾河上游哈拉和林）來找太宗評理告狀。王玉汝深知耶律楚材是傾向於漢人地主的，所以連夜跑到耶律楚材的住處，求他幫忙。王玉汝一見到耶律楚材，跪地就哭，耶律楚材急忙問發生了什麼事，他哭訴道：「嚴公派我來見太宗，要求不要分割嚴公所統轄的東平地區。可是我到了這裡才知道，就算是先生您都不能說服太宗轉變想法，看來我就更沒有辦法挽救這種局面了。我也沒有面目回報嚴公，只有一死了之了。」耶律楚材連忙加以阻止。

王玉汝的到來，無疑給耶律楚材帶來很大的震撼，看來漢族地主階級就要起而反抗了，這更增添了他的緊迫感。第二天，耶律楚材領王玉汝面見太宗，他向太宗申訴道：「嚴實對朝廷是有功的，他率領三十萬戶歸順，使汗王能順利地統治了中原。如今卻要分割他的土地，把歸附他的民戶賞給別人，汗王對有功之人如此無情，會使人心寒的。」王玉汝也在太宗面前哀求。從各方面利益著想，太宗不知如何是好，默然無聲。

蒙古貴族與漢人武裝地主的衝突已經是箭在弦上，一觸即發。若不能妥善解決，後果不堪設想，剛剛平息

的中原戰火，有可能重新點燃，中原人民渴望已久的和平也將化為泡影。就在這個關鍵時刻，耶律楚材為了解決這個迫在眉睫的摩擦，急中生智，提出了一個萬全之策，並被太宗改採納，那就是五戶絲制度。

五戶絲制規定：分封成命不取消，各領主仍按原計劃占有一定數量的民戶，但是封地要隸屬於地方政權管轄，州、縣由朝廷派遣官吏，而領主無權干涉行政事務，也不得任意在封地徵兵徵稅。領主政治上的損失，在經濟上給予補償，即政府按領主占有民戶的數目，以每五戶出絲一斤的標準，向領主頒賜絲料。

耶律楚材的這個五戶絲政策皆大歡喜，漢人地主可以以朝廷命官的身分行使對地方行政的管理權；蒙古貴族也可以從朝廷那裡得到固定的經濟報酬。由分封引起的一場紛爭就這樣結束了。五戶絲制度穩定了蒙古政權的統治，為全國統一創造了條件；同時，它限制了地方勢力的膨脹，為後來加強中央集權打下了堅實的政治基礎。

分封風波結束後，耶律楚材倍感人才之重要。朝中眾大臣都是蒙古守舊貴族，對政權穩固極其不利，於是他提出了科舉取士的構想。

西元一二三七年的一天，耶律楚材對太宗說：「製造器物要選用高超技術的工匠，而鞏固統治也必須任用傑出的人才。」太宗問他：「如何才能得到傑出的人才呢？世上還有像愛卿您這樣的賢才嗎？」耶律楚材笑了笑，說：「天外有天，人外有人，世間比愚臣強的人何止千萬。就看汗王用不用了。」太宗一聽，連忙說道：「愛卿憑您的學識，已為朕解決了許多棘手的問題，看來以文治國至關重要，我現在急需像您這樣的人才，愛卿請講，到哪兒可以找到更多的賢才儒臣呢？」耶律楚材答道：「只要通過科舉考試，就可以盡招天下之才。」太宗立刻應允。

第二年春天，蒙古統治區域首次出現了開科取士的壯舉。在考試的那段日子裡，各地熱鬧非凡，因為對蒙古人來說這是一件新鮮事，他們還從來沒經歷過科舉考試，而對中原漢人來說，多年的戰爭已使科舉廢弛，現在，士人孺子又重新看到了希望。這次科舉設經義、詞賦、策論三科，由斷事官術忽䚟和宣德路課稅使劉中到各路主持，凡是儒生都可參加。而且還特殊規定，凡在戰亂中淪為奴隸的也可參加，若主人加以阻撓，就處以

死刑。奴隸通過考試不但能獲得自由，而且還可以入仕為官，這是耶律楚材令人鼓舞的創舉，同時也為國家收攬了大批人才。這次考試取士四千多人，其中有四分之一是奴隸。這些人歡欣鼓舞，心潮澎湃，他們決心用自己的才華報效朝廷。

科舉取士使才子儒士充實到政府官僚機構中，這又使舊貴族中那些無能之輩惶惶不安，他們擔憂的是有朝一日，自己將被文人學士所取代。為了不致失勢，他們便在科舉剛剛見到成效之時，極力地去阻撓，傾其所能將此取士之法扼殺在萌芽之中。被守舊貴族包圍著的太宗皇帝，聽信了貴族們所謂科舉制給社會造成混亂這種謬論，將只進行了一次的科舉制度給取消了。雖然如此，耶律楚材畢竟保護和選拔了一批人才，為世祖時期的發展繁榮積蓄了力量，奠定了人才基礎。耶律楚材單槍匹馬，衝破重重阻力，促使太宗採取了發展生產、嚴明法紀、限制權貴等一系列措施，從而引起了舊貴族和舊官僚的不滿，他們伺機報復，並企圖將其置於死地而後快。

在金滅亡之前，有一次貴族石抹咸得卜唆使皇叔斡惕赤斤誣告耶律楚材勾結金朝，企圖顛覆蒙古國。謠言一出，那些反對他的人立刻捕風捉影，極度誇張，導致滿城風雨，太宗也有些疑惑了。耶律楚材毫不畏懼，他對太宗說：「臣自從跟隨了先祖成吉思汗，就一心為國效力，從無二心。汗王即位以來，臣將全部精力都用於各項制度的確立之上，所有這些，汗王您都親眼目睹了。至於謠言所說，請汗王詳查，如確有其事，臣誓死不辭！」太宗最終查出皇叔所告不實，真相大白，耶律楚材才免於被害。

貴族的誣陷與誹謗並不可怕，耶律楚材可以仰仗太宗的信任和支持與之抗爭，可怕的是壓力來自於皇上。

有一次，太宗十分寵信的大臣通事楊惟中，因為受賄被耶律楚材關了起來。太宗得知此事，立刻就火了，他二話沒說就命人把耶律楚材綁上，準備處治。這時大堂上鴉雀無聲，誰也不敢說話。過了一會兒，太宗開口了，他問道：「耶律楚材，你可知罪？」耶律楚材回答：「臣不知何罪之有。」「既不知有罪，為何不替自己辯解？」太宗問。實際上這時太宗的氣已消得差不多了，他知道耶律楚材是棟樑之材，從大局著眼，他也會網開一面，何況他也知道耶律楚材是秉公辦事，問題出在自己寵愛楊惟中，要偏袒他罷了。

太宗氣消之後，開始後悔自己所為，便命人給耶律楚材鬆綁。而此時的耶律楚材卻不肯，他說：「我是朝廷大臣，陛下把國政都委託給我了。今天陛下命人把我捆綁起來，是因為我犯了大罪。現在又讓鬆綁，則說明我沒有罪。陛下身為一國之君，如此出爾反爾，怎麼能行呢？臣有罪就當罰，如沒有罪也要當眾說清楚，臣才肯讓人鬆綁。」耶律楚材的這一番話，使在場的群臣都緊張起來，他們預感到皇上定會大發雷霆，耶律楚材定有不測之禍。沒想到，太宗竟被耶律楚材的話感動了，他居然對耶律楚材道起歉來，說：「我雖然是皇帝，難道就沒有辦錯事的時候嗎？還是請愛卿不要怪朕。」耶律楚材不畏強權的鬥爭精神以及義無反顧的改革信念，使這位萬人之上的少數民族封建帝王竟置自己的神聖權威於不顧，而勇於向自己的臣下當眾道歉，作為君臣其品質都是難能可貴！有充滿才智的臣子，再加上性情寬厚仁愛的君主，才有了蒙古初期的進步和封建化改革的初步成功。

經過改革，蒙古國到了西元一二三八年，政府倉庫的儲存，可以支付十年之用。各項制度初備，人民生活基本安定，蒙古社會走上了有序化。

但是，隨著改革的深入，中原財富源源而入，太宗的貪慾也就隨之逐漸增強，其眼中只有看得見的財富。於是，一些阿諛奉承之徒，便乘虛而入，竭盡所能，搜刮民財，如此既得太宗歡心又使自己陞官晉爵。

自西元一二三〇年制定徵稅制度以後，每年徵收的數目都有所增加。西元一二三六年規定課稅數額為五十萬兩白銀，到西元一二三八年，稅額增加了一倍，達一百一十萬兩。而太宗對此還不滿足。一次，回回商人奧都剌合蠻提出用二百二十萬兩銀子撲買課稅，撲買就是用這些錢買得課稅權，而他如何徵收，政府就不再過問了。可以說這種撲買課稅對百姓來說是一種災難，一旦撲買成功，大地主商人便會以此巧取豪奪，牟取暴利，人民就會苦不堪言了。

對此，耶律楚材堅決反對，他對太宗苦苦相勸，他說：「徵稅二百二十萬兩已是百姓的極大負擔了，而回回商人得到撲買權之後，他所徵收的要遠遠超過這個數字，這勢必要用嚴刑苛法殘害百姓，百姓如被逼得走投

無路，就會鋌而走險。這難道對國家會有好處嗎？還請陛下三思。」然而，這時的太宗皇帝早已被白花花的銀子打動了心，他對這些規勸根本聽不進去。耶律楚材並沒有放棄一線希望，他據理力爭，極力申辯，甚至動之以情，聲淚俱下，太宗非但不為所動，而且發起火來，他對耶律楚材怒吼著：「你是為百姓哭泣嗎？你是不是想造反呢！你退下，再不許多言。」群臣見太宗對耶律楚材如此動怒，知道耶律楚材已經失寵，便群起而攻之，本來平日對他早已不滿，現在多年的怨氣終於可以發洩了。耶律楚材嘆息著，無奈地退了下去。

撲買實行之後，耶律楚材苦心獨創、慘淡經營的事業，在剛剛見到成效之時，就相繼被破壞了。

西元一二四一年，太宗病逝，皇后乃馬真氏總攬朝政，她寵信奧都剌合蠻，冷落耶律楚材。政治上的失意，使他憤悶、抑鬱，兩年之後，年僅五十四歲的耶律楚材孤獨地與世長辭。他死後，有人誣告他為政期間，把國家收入的一半以上都據為己有。乃馬真氏派人搜查，結果，他家中除了數張名琴、數千卷古今名畫金石遺文之外，別無他物。

耶律楚材就這樣去世了。他把自己的聰明才智都獻給了國家，獻給了在中原建立政權的蒙古國，獻給了那裡的人民，而從未為私利著想過。一次，有人建議他對族人和親屬適當地做些安排，以鞏固自己和本家族的地位。對此他不以為然，他說：「輕易給他們官職，表面上看是為他們著想，但他們如果不勝任，或者違犯了朝廷的法令，我又不能以公徇私，包庇姑息他們，那豈不是害了他們。」

他就是這樣，嚴於律己，克己奉公。同時他勤奮好學，博覽群書。他雖然沒有給予子弟以功名利祿，但是，他的品格和學識卻給子孫留下了一筆豐厚而珍貴的財富。在他的影響和教育下，兒子耶律鑄自幼就聰明多才，能詩善文，頗為燕京的士人所推崇。後來在憲宗蒙哥、世祖忽必烈朝曾三度擔任宰相職務，為元朝的統一立下了不朽的功績。

耶律楚材在世時，雖然沒有幫助蒙古統治者完成統一全國的偉業，但是，他所初創的一切政治制度、法律法令，卻使蒙古國從奴隸制向封建社會邁進發揮了決定性作用。正是在此基礎上，才使得後來的忽必烈大汗有

所作為。忽必烈改蒙古為元，並使元朝完成了全國性的統一，這固然與他本人的勵精圖治、勇於進取息息相關，但是，如果沒有蒙古政權初創之時，耶律楚材一系列政策的推出，這一切都是萬難做到的。耶律楚材制定的政策和制度都為忽必烈所用，並發揮了很好的效用，使元朝迅速強大起來。可以說，耶律楚材是蒙古初年實行文治的先行者，是元朝政治制度的奠基人。

人亡政息

明朝末年，張居正使瀕臨滅亡的封建政權重現一片生機，但後期卻剛愎自用，喜好阿諛奉承，厭聽逆耳之言，於是晚節不保，很快便身敗名裂、人亡政息。

繼耶律楚材在蒙古國實行改革之後，忽必烈繼往開來，他不但繼承了父兄的遺志，發揚武功，建立元朝，統一全國，而且還學習漢法，推崇儒學，改革蒙古國舊俗，鞏固了統一戰爭的勝利成果。元朝的統一大業，結束了自五代以來近三個世紀的分裂局面，為歷史發展做出了巨大貢獻。與此同時，它也是第一個統一全國的少數民族政權，表明了忽必烈所進行的漢化改革要比其他不同程度接受漢化改造的少數民族更加徹底、更為自覺，忽必烈建立了後趙石勒、前秦苻堅、北魏拓跋宏、遼朝耶律隆緒、金朝完顏雍等所沒有建立的功績。但是，元朝只存在不到百年就被推翻，繼之而起的是朱元璋建立的明朝。

明太祖朱元璋為了鞏固在元朝廢墟上建立的大一統王朝，進行了強化君主專制集權政治的改革，使中國封建社會的中央集權制度發展到了高峰，與之相適應，朱元璋設立特務機構錦衣衛，嚴密監察，控制官吏，其結果是人人怵然，人人自危，發展到後來，吏治腐敗，它就成了官吏之間傾軋的工具，使明朝政治極其黑暗、殘酷。但不管怎麼說，明太祖廢除丞相，加強皇權，使明朝政權得到鞏固，同時進行了政治、經濟等一系列改革，為明朝持續二百七十多年的統治打下了十分堅實的基礎。

朱元璋的繼承者建文帝朱允炆、明成祖朱棣、仁宗朱高熾、宣宗朱瞻基還都能繼承祖業，發憤圖強，使這個政權持續穩定地發展著。特別是仁宣之時，出現了歷史上的「仁宣之治」。但是明成祖朱棣卻打破了朱元璋限制宦官干政的規定，只因他在起兵奪取建文帝皇位之時，得到了宦官的幫助，所以他開始重用宦官，與此同時，他設立新的特務機構東廠，專門由親信宦官統領，這樣，宦官的權勢急劇膨脹，為後來宦官涉政提供了條件，同時也為宮廷鬥爭的複雜化增加了新的內容。

中國封建社會發展到明朝，已進入它生存的後期，各種社會弊病日見突出，尤其以土地兼併問題最為嚴重。自從宣宗死後，英宗朱祁鎮即位，明朝的統治就開始走下坡路了。英宗胸無大志，昏庸無能，而這時明成祖朱棣重用宦官的隱患已明顯暴露出來，宦官權勢越來越大，他們跋扈難制，左右朝政，國家政治變得一片混亂，人民生活在水深火熱之中。到憲宗朱見深時，憲宗更是耽於享樂，不理朝政，與寵愛的萬貴妃日夜相伴，外戚萬通、萬喜等人仗勢橫行，宦官汪直、梁芳、陳喜、韋興等人極盡奉承巴結之能事，取得萬貴妃歡心，進而爭得憲宗寵信，他們把持朝政，結黨營私，操縱朝中重權。孝宗皇帝朱祐樘時，他整肅吏治，廣開言路，除弊興利，改良政治，使明朝政治得以中興，出現了十幾年較好的社會環境。但是，孝宗皇帝沒有解決社會的根本摩擦，不能扭轉封建社會江河日下的歷史趨勢，在他之後，武宗正德、世宗嘉靖年間，這個王朝已明顯露出趨於末世的徵兆。

武宗同憲宗一樣寵信宦官，當時最得勢的宦官是劉瑾，他慫恿武宗耽於遊樂，大肆揮霍，皇帝不朝，大權落在劉瑾手中。劉瑾進讒言打擊異己，使孝宗時的正直老臣如馬文升、劉大夏等人都被排擠，餘下的都是趨炎附勢、阿諛奉承之輩，這樣的統治集團使國家變得暗無天日。明世宗朱厚熜也就是嘉靖皇帝，崇信方術，祈求長生不老，為此揮霍了大量資財，甚至還殘害數以千計的民間女子。他還重用奸佞之臣嚴嵩，直攪得朝野上下一片混亂，真是國將不國，大廈將傾了。

繼世宗之後的是穆宗朱載垕，他雖然說不如世宗那麼無道和荒謬，但也醉心享樂，置國家大事於不顧。皇

帝如此貪圖享樂，大權自然旁落，朝中大臣自然爭權奪利，互相傾軋。在這種嚴峻的政治鬥爭環境中，張居正，這位自幼就顯示出非凡才能的南郡奇童，以他的超常智慧和左右逢源的處事技巧，脫穎而出，當他千辛萬苦掌握了國家大權之後，便進行了一場轟轟烈烈的改革事業，使已經垂危的明王朝又出現了新的轉機，給人們帶來了新的希望。

明嘉靖十五年（西元一五三六年）某一天，荊州府知府李士翺夜裡做了一個夢，他夢見玉帝讓他把一個玉印交給一個童子。醒來後，他覺得此夢甚是奇怪，心裡盤算著，不解其意。第二天是科舉府試，身為知府，自然是主考官，他在應試的儒生之中，發現一個叫張白圭的十二歲學童非常出色，李士翺想，昨日夢中童子定是此學童了，於是他當即給張白圭改名為居正，其意在於期望他長大後能正道而行，成為棟樑之材。這就是張居正之名的由來。

張居正十二歲就中了秀才，簡直就是神童了，於是神童之名在荊州傳開了。張居正出身平民，他的父親張文明中秀才後曾七次參加省試，都以失敗而告終，兒子也就成了他唯一的希望。張居正果然不負眾望，十三歲，他就到湖廣省首府武昌參加鄉試（也就是省試），當時主考官很欣賞他的試卷，便主張錄取他，可是當徵求巡撫顧璘的意見時，顧璘卻說：「此童子很有天賦，如果讓他早登仕途也不是不可以，但如果這樣，他很可能會驕傲自滿，那樣的話，這棵奇偉之材就會過早枯萎，豈不是太可惜了。莫不如先讓他多些磨煉，待他更成熟些時，其成就會不可限量。」三年之後，張居正中了舉人，二十三歲時中進士，從此踏上了仕途之路。

張居正入仕的年代正是世宗嘉靖帝的中後期，當時嚴嵩當政。皇帝荒暴，首輔奸佞，張居正就是在這個歷史背景下入朝為官的。最初的官職是翰林院編修，參與修纂國史和官書。

張居正不滿於此，他面對朝廷弊病，本著為國效忠的宗旨，憑著初出茅廬時的銳氣，上呈〈論時政疏〉。此上疏指出了當時政治的五大弊病，句句切中時弊。他說五大病是：宗室驕恣，侵凌地方官民；不重視人才，官吏名不副實；吏治不健全，使官場十分腐敗；邊疆防備不力，邊患不止；財政用度太奢。張居正將奏疏遞上之

後，由於皇帝久不上朝，奏疏落入嚴嵩之手。

嚴嵩看著張居正的上疏，覺得奏疏中所提的時勢之病，似乎都是針對自己而來的，心裡十分不舒服，不由得對這個剛剛到任的翰林編修懷恨在心，一怒之下，將張居正的上疏扔到一旁。不過從奏疏上看，並沒有指名道姓地說嚴嵩什麼，而且張居正畢竟從進士而入翰林，有些資歷，又是剛剛到任，並沒有劣跡，所以嚴嵩還找不到張居正的什麼把柄。更重要的是，嚴嵩覺得，張居正只位於翰林學士之職，還夠不上對自己產生威脅，因此，嚴嵩對張居正沒有採取什麼打擊行動。

但是，對張居正來說，奏疏石沉大海，等於給自己潑上一盆冷水。無疑，朝廷並沒有變法圖強之心，他所指出的五病，是他所看到的，也是眾多賢士良臣都清醒認識到的時弊，可謂切中要害。其奏疏不被理睬，這對於初入仕的張居正來說，是一個深重的打擊，他那顆血氣方剛、銳意進取、志在有為的報國之心受到了深深的傷害！然而，這正是磨煉其意志的開始，此後不久張居正便充分表現出了他的政治才能。之所以這麼說，不僅僅是因為他對時弊的清醒認識，還在於沉默的張居正已學會了進退自若、屈張自如的本領。而這一點，是他從直言極諫的忠臣楊繼盛的教訓裡吸取而來。

在張居正二十九歲的時候，也就是他上疏後的第四年，與張居正同中進士的楊繼盛，在激烈的政治鬥爭中掌握住了機會脫穎而出，一年之內四遷，從山東諸城知縣一躍而成了兵部武選司。嚴嵩覺得，楊繼盛連續陞遷，一定會對自己感恩涕零，他萬萬沒有想到，楊繼盛到任一個月後，便列十大罪狀彈劾嚴嵩。他指出嚴嵩是怎樣結黨營私、無惡不作，同時又是怎樣地使陛下閉目塞聽。他在疏中也直指世宗：「陛下奈何愛一賊臣，而忍百萬蒼生陷於塗炭哉！」此疏一上，如投了一顆炸彈，立刻產生轟鳴。嚴嵩暴跳如雷，對楊繼盛恨得咬牙切齒。世宗皇帝也是怒髮衝冠，說皇帝重用賊臣，這不就是指責皇帝也是昏憒之輩嗎！最後的結局為：楊繼盛被廷杖一百，之後在刑部監獄關了三年，三年之後在一件跟他毫無關係的案子中被定死罪。

正直之人遭此劫難，使張居正清楚地看到了時局的黑暗，以及嚴嵩的當權誤國。張居正明白了，只要嚴嵩當政一天，朝政就難有改善之希望，自己的報國之志也就很難實現。

此時的北方動盪不安，韃靼時常南下，侵擾中原，燒殺掠奪，人民深受其苦。然而，嘉靖皇帝卻聽信嚴嵩老賊讒言，一味屈辱忍讓，並殘酷殺害了積極主張反擊韃靼的總督曾銑和大學士夏言。這使韃靼的俺答汗更加有恃無恐，西元一五五〇年八月，俺答汗率眾越過長城打到北京城下，嘉靖帝和首輔嚴嵩、大將軍仇鸞都束手無策，聽任他們大掠三天之後回歸塞外。不久，仇鸞以互通馬市為條件，向韃靼屈辱求和。所謂馬市，就是俺答每年給明朝若干匹馬，而明朝每年要向韃靼交若干布帛、粟豆等。從表面看，是互為通商，但實際上，朝廷是以生活必需品換取幾匹不能作戰的馬，換言之，就是以交納物品換取和平。即使這樣，韃靼也沒有忘記在和平的氛圍中，不斷進攻大同、懷仁等地。

張居正感到失望和苦悶，他為嚴嵩的專權而憤懣，他在等待時機，等待嚴嵩倒台的那一天。與此同時，他也感到恐慌，自己已上過〈論時政疏〉，初露鋒芒，萬一哪一天嚴嵩感覺到自己的威脅，自己也會在劫難逃，到那時，性命都沒了，還提什麼報國之志。幾年的官場生涯，張居正已學會了如何明哲保身。在萬般無奈之下，他選擇了以靜待動之路，西元一五五四年，張居正告病回到了故鄉江陵，在家鄉美麗的水濱遙視朝廷動靜，等待著時機的到來。

回歸故鄉的三年，是張居正養精蓄銳的三年，這期間，他閒庭信步，作詩對賦，玩水遊山，表面上他的鄉居生活優哉樂哉，實際上，他的內心深處卻極不平靜。塞外不時傳來俺答繼續擾掠的警報，朝廷內嚴嵩繼續陷害忠良。由於國勢衰微，除了北方韃靼侵擾之外，江南一帶，到處都有倭寇肆行，總督浙福南畿軍務張經和巡撫浙江副都御史李天寵積極備戰。而嘉靖皇帝卻聽信嚴嵩義子趙文華的建議，禱祀東海，寄希望於海神幫助鎮壓倭寇。趙文華憑著嚴嵩的勢力，得到皇帝寵信，他奉命南行，不是力懲倭寇，卻沿路騷擾，並上疏彈劾張經。張經、李天寵先後被捕入獄，二人與楊繼盛同時棄世。一個個壞消息從京城北京接踵而來，使居江陵的張居正坐臥難寧。楊繼盛等人遇難的噩耗傳來，他感到痛心疾首，朝廷的黑暗統治使他感到十分壓抑。其實，他所居住的江陵也不是什麼世外桃源，同樣是官府弊端叢生，地主豪強大肆兼併土地，農民陷入水深火熱之中。從中央到地方，一切跡象都表明大明王朝的根基已在動搖，整座大廈已搖搖欲墜了。張居正再也沉默不住了，他決心用自己畢生的精力獻身政治，改革弊政，以挽救這個危在旦夕的王朝。他在給友人的詩中滿懷激情地寫道：「欲騁萬里途，中途安可留？各勉日新志，毋貽白首羞！」表達了他為了不使自己終生遺憾，將要毅然走出田園，重新回到政治的漩渦中，去報效祖國的決心。他扔下親情，告別了家鄉，奔赴北京。臨行前，他為父親留下了一首〈割股行〉：

> 割股割股，兒心何急！捐軀代親尚可為，一寸之膚安足惜？膚裂尚可全，父命難再延，拔刀仰天肝膽碎，白日慘慘風悲酸。吁嗟殘形，似非中道，苦心烈行亦足憐。我願移此心，事君如事親，臨危憂困不愛死，忠孝萬古多芳聲。

張居正懷著報國拯危的信念，回到了他別了三年的北京，回到了他所熱衷的政治舞台上。

此時的北京充滿陰霾，嚴嵩父子仍是大權在握，無惡不作，邊境時常告急，一切還都依然如故。張居正對友人表露心跡，他說此時的社會非得磊落奇偉之士，打破常規，掃除障礙，不足以弭天下之患。他是以奇偉之士自許的，但在當時的形勢下，張居正對嚴嵩父子也只能是一味地恭維，以靜待時機。

在當時，與嚴嵩作激烈鬥爭的主要人物是徐階。徐階是禮部尚書，他早已不滿於嚴嵩的黑暗統治，不滿於嘉靖皇帝寵信嚴嵩、不理朝政。多年的政治生涯，使他極為老練，但在具體事宜上卻據理力爭。嘉靖二十九年，俺答進犯，北京告急，大將軍仇鸞不敢開戰，便派人和俺答接洽，只要不攻城，什麼條件都可以答應，於是俺答要求入貢。

世宗為此召集嚴嵩、李本和徐階商討對策。嚴嵩說：「這是一群餓賊，請皇上不用操心。」徐階卻鄭重地說：「韃靼軍隊一直打到北京城外，殺人像切草一樣，這就不僅僅是餓賊了。」徐階又說：「敵人已經到了近郊，要開戰守城，卻沒有任何準備，目前唯一的出路是議和，但是惟恐他們貪得無厭，所以這是關鍵。」最後皇上採納了徐階的建議，要求韃靼退兵，然後滿足其求貢之請，以此作為緩兵之計。徐階就是這樣，在處理問題時有剛有柔，既表現了他的政治才幹，又使嚴嵩無懈可擊。

徐階與張居正有著極為親密的友誼，在張居正入進士後任庶吉士時，當時的徐階任翰林院學士，從翰林院的名義上，徐階是張居正的老師，師生之誼使他們彼此親近，更重要的是，他們的政治立場是相同的。而如今，面對嚴嵩的專權，他們都只好隱忍著，等待著。

徐階和張居正苦苦等待的機會終於來了。

嘉靖四十年以後，嚴嵩已年過八十，人老智昏，他再也不能像過去那樣心領神會地迎合皇上旨意，皇上對他漸漸疏遠起來。恰在這時御史鄒應龍彈劾嚴嵩父子禍國殃民、貪贓枉法的嚴重罪行，徐階對此積極支持，最後終於在激烈的政治鬥爭中，徐階戰勝了嚴嵩。嘉靖四十一年的五月，嚴嵩被罷官，兒子嚴世蕃被捕，三年後被處死。

嚴嵩倒台，張居正興奮不已，多年被壓抑的心情終於晴朗起來。他有詩句「佳辰已是中秋近，萬里清光自遠天」，表達了他那豁然開朗的心情。

嚴嵩倒台了，徐階升為首輔，然而明朝的政治卻絲毫沒有改善。這不是徐階的無能，而是嘉靖皇帝昏憒已極。嘉靖晚年疾病纏身，終日迷戀煉丹之術，對國事已毫無進取之心。當時有名的清官海瑞曾經痛罵過嘉靖皇帝，他說：「嘉靖『就是家淨，家家窮得乾乾淨淨，沒有錢用』。」海瑞在嘉靖四十五年的二月，將後事都料理完了之後，上了治安疏，向皇帝提出質問，旨在要求改革。他在疏中說：「現在嚴嵩雖然罷相了，但是朝廷還沒有什麼改革，你一心只知修道，企圖長生不老，你可知道，你的老師陶仲文教你長生之法，可是他已經死了。你看堯、舜、禹、湯、文王、武王哪個活到了現在？要知道修道沒有什麼好處，應該立即醒悟過來，每天上朝，研究國計民生，痛改幾十年的錯誤，為人民謀些福利。」海瑞還大膽地指出：「目前的問題就是君道不

正，臣職不明，這是天下第一件大事。」世宗看了奏疏之後，鼻子都快氣歪了，便立刻逮捕了海瑞。此時的首輔徐階仍然是不動聲色，他太熟悉世宗皇帝了，皇帝一世的昏庸，怎麼可能一夜之間就變得賢明起來呢！他把所有的希望都寄託在下一個皇帝身上，所以他接替了嚴嵩的位置，整天為皇帝寫青詞（青詞就是寫給天神的信），徐階以此保全著自己的首輔職權。

嘉靖四十五年的十二月（西元一五六七年一月），在位四十五年之久、年近六十歲的明世宗嘉靖皇帝服丹中毒而死，兒子朱載垕即位，即穆宗皇帝。皇帝死了之後，第一件事就是發表遺詔。久負眾望的大臣，常常能借此機會，把前朝的一切弊政以遺詔的名義加以革除，在政治上，遺詔往往發揮著重大的作用。徐階早就等待著這個時刻的到來，他立刻找到還並非內閣成員的張居正商量，起草遺詔，宣布：「嘉靖帝生前進行的大興土木、採擇珠寶、營辦織造等勞民傷財之舉一律停止。」並將因直諫等被錯殺錯罰的諸臣，加以昭雪或復官。這是一個很得人心的遺詔，徐階因此威望大增。

新的皇帝穆宗，因為早在當裕王時，嘉靖皇帝曾想另立儲君，是徐階的百般勸解才免於此舉，因而他對徐階有感恩之念，於是乎，徐階才敢放開手腳，大膽起用有才華的青年張居正。張居正也因曾是穆宗的老師而得以青雲直上，西元一五六七年二月，他升為吏部左侍郎兼東閣大學士，成了執政的閣臣。二十年的夙願終於實現，他終於入閣了。

起初，明朝開國皇帝朱元璋廢除丞相之後，他因政務過於繁忙，窮於應付，不得不找了幾個助手，分別擔任華蓋殿、武英殿、文淵閣、東閣等殿閣大學士的職務，協助他批閱奏章，但卻不給他們任何權力。在他死後，這種設置便成了一個常設機構即內閣，而且權力越來越大，到明孝宗時取代吏部尚書的地位而成了百官班首。大臣初入閣者多為東閣大學士，其後逐次進文淵閣、武英殿、文華殿、建極殿、中極殿大學士，首席大學士就是首輔，是最高權臣。

張居正入閣，主要是仰仗徐階的賞識和器重。按理說，徐階、張居正掌權，他們都主張變法圖強，明朝的

政治該有好轉，但是，由於穆宗皇帝也是平庸無能之輩，當徐階一再勸阻他少些遊宴作樂，特別是太監進讒言之後，漸漸地對徐階冷淡起來。內閣中的高拱，在爭權奪利的鬥爭中取得了穆宗的信任，戰勝了徐階。在內閣紛爭中，張居正沒有站在老師這一邊，為了保全他的政治地位，也為了實現他的報國夙願，此時的張居正顯得有些不近人情了。

張居正的苦心終於有了報答。西元一五七二年的五月，穆宗病逝，十歲的太子朱翊鈞即位，是為神宗，即萬曆皇帝。高拱、張居正、高儀三人以顧命大臣的身分輔佐神宗皇帝。

在多年的政治鬥爭過程中，張居正已學會了如何運用權術，以及如何戰勝他的敵人。高拱的地位在張居正之上，自然是張居正的一個障礙。神宗即位後，張居正看到李貴妃（神宗的生母）是左右神宗的關鍵人物，便極力取得李貴妃的好感。神宗即位，尊嫡母陳皇后和生母李貴妃為太后，按照規矩，后尊妃卑，她們在徽號上要有所區別。

而張居正在處理此事時，卻摒棄舊規，尊陳皇后為仁聖皇太后，李皇后為慈聖皇太后，她們都加了兩個字的徽號，以示並尊。此舉使李太后大為感激，從此，對張居正十分信賴。太監馮保在穆宗死後，取得了兩位太后的信賴，藉口遺詔，掌握了掌印太監之職，張居正將其拉攏過來。馮保站在了張居正這邊，他將高拱在穆宗死後哭訴中說的「十歲的太子，怎樣治天下」以表自己責任重大的話，加油添醋地進行歪曲，最後終於使皇帝傳下諭旨，令高拱回原籍閒住。首輔高拱被逐出京城，次輔張居正循例成為首輔。不久，高儀病死，張居正就成了唯一的顧命大臣，他的政治地位終於得以鞏固了。

高拱的失敗，教育了張居正：要鞏固首輔地位、確保內閣的行政權力，必須得到後宮和內廷的支持。他懂得如何敷衍和遷就，與此同時，他又懂得如何對他們進行嚴格限制。這就是張居正的高明之處，也是他施展政治才華的必要保障。一切就緒之後，張居正開始大展宏圖了。

穆宗隆慶二年（西元一五六八年），張居正曾上呈〈陳六事疏〉，提出了省議論、振紀綱、重詔令、核名

實、固邦本和飭武備六項施政主張。這是後來張居正改革的基本綱領，但在穆宗一朝，並沒有引起朝廷的重視。如今張居正大權在握，可以實施他的改革方案了。張居正的改革與眾不同，為了減少阻力，他是打著「惟在遵守祖宗舊制，不必紛紛更改」的旗號進行改革的。

西元一五七二年六月十九日早晨，神宗皇帝第一次召見張居正。十歲的小皇帝對張居正說：「先生為建父皇陵寢辛苦受熱。國家事重，凡事請先生盡心輔佐。」張居正連忙說道：「臣受先帝厚恩，承顧命之托，怎敢不竭才盡忠，以報君恩。方今國家當務之急，是要遵守祖宗舊制，不必紛紛更改。至於說陛下刻苦學習，親近賢臣，愛護百姓，節約費用，這都是君道所必備的首要職責，請聖上留意就是。」神宗皇帝連連點頭稱是。君臣首次相見便達成了默契，張居正苦苦等待支持自己事業的君主終於出現了。

神宗皇帝雖然只有十歲，但他卻自幼聰明好學。五歲的時候便已經讀書了，這在明代皇帝不甚注意皇子教育的情形之下，是一個特例。不但生母李貴妃喜歡他，就是穆宗和陳皇后也都對他倍加疼愛。當時陳皇后因為多病，住在別宮裡，每天早晨，李貴妃都帶著太子，到皇后宮中請安，皇后每聽到小靴子在階道上橐、橐、橐，便連忙起來，她自己沒有兒子，但是看見這樣聰明的孩子，也實在高興。皇后把經書取出來，一句一句地問他，太子都對答如流，皇后更加歡欣，視太子如己出。

聰明的神宗即位後，除了聽從太后的話以外，再來就是依靠父親臨死前託付的顧命大臣了。而這時的顧命大臣中只有張居正忠實可靠，又深得太后及內廷信賴，由此而來，神宗對張居正言聽計從，這一切都為張居正變法圖強創造了良好的條件。

要拯救這個岌岌可危的王朝，從哪裡入手呢？張居正深思熟慮之後，認為首要的癥結是紀綱不振。吏治腐敗，各級官府有令不行，互相推諉，因循疲沓。公文從京師出來，下發到各地，便都成了各個衙門口裡的檔案，銷聲匿跡了，這就是神宗時期明朝的政治。而且各個機構分工不明，權力級別關係也並不清晰，當時內閣首席大學士即首輔雖在名義上是級別最高的權臣，但是各部官吏及宦官仍對朝政起重要的干涉作用。明朝前

期，吏部尚書的職權要遠遠超出內閣，而在紀綱不振、法度不行的年代，吏部成了傾軋朝臣、閣員權力鬥爭的工具。針對這一系列問題，張居正提出了整頓吏治、整振朝綱的考成法。

萬曆元年（西元一五七三年），他在上〈請稽查章奏隨事考成以修實政疏〉中說：「蓋天下之事，並不難於立法，而難於法之必行；不難於聽言，而難於言之必效。」正是為了監督政令的執行，讓各機構都能明確職守，他提出了考成法。考成法要求吏、戶、禮、兵、刑、工六部在下發各種文書之前，拿出三本帳簿，一本做底冊，自己保留；一本送到監察六部的六科，由各科查核執行情況，實行一件，註銷一件，若發現沒有按規定執行的就糾舉上奏；一本送到內閣稽核，如發現六科所報有不實之情，則加以議處。這樣做的目的是要改變長期以來官府有令不行、行之無效的頹廢局面，有令必行，行之必果。

張居正的吏治改革可以說是有史以來最為徹底的一次，他與歷史上許多改革家一樣，精簡機構，裁汰冗員，嚴肅法紀，賞罰分明。張居正改革的徹底性還在於從機構上加以層層牽制，即不是針對某一個官吏的為官是否清廉、才能是否卓著，而是在制度上增強官吏機構的政府職能，保證整個官吏體系的健全發展。此外，考成法規定，以六部督轄地方官，再由六科監督六部，而最後的稽查六科權則集中到內閣，這使原來作為皇帝顧問班子的內閣終於演變成了能領導六部的最高權力機構。內閣權力的擴大，就是對張居正執政權力的肯定，從而更有利於張居正改革的實施。

張居正打出的旗號是祖宗之法不必紛紛更張，然而，他的行動告訴人們，他是在變革！本來朝中有許多大臣並不滿意於嘉靖以來的混亂局面，他們也想重新找回太祖朱元璋時的宏威，所以他們把希望寄託在張居正恢復祖宗之法上。但萬沒想到張居正實質是在變更祖宗之法，這使一些人立刻產生了抗拒心理。

萬曆四年（西元一五七三年）某一天，御史劉台上疏，他說：「張居正制定考成，使內閣的權限列於六部六科之上。而按太祖制度，原來的六部分理國事，六科之臣對其進行考核，這都是他們分內的事，內閣只備皇帝顧問而已。張居正創立考成法，其意欲是企圖脅制科臣，使之拱手聽令，難道祖宗之法是這樣的嗎？太祖已

廢除了丞相，而張居正是以丞相自處，使自己作威作福，目無朝廷，這難道是恢復祖宗之制嗎？還請陛下抑損張居正權力，以免滯事誤國。」

張居正早就知道變法會遇到阻力。變法之初，他就曾說過：「天下之勢最怕個成字，如果是治制之勢已成，即使想使它變亂也難；反之，如果亂勢已成，欲變成治勢更難。」嘉靖、隆慶以來，積弱之勢已成，張居正早已做好了應付困難的準備：「我棄家忘身，為國事鞠躬盡瘁，一時的名譽之毀我並不在乎，即使是後人如何評價我都並不計較。」然而，劉台的彈劾卻使他太意外了，因為劉台是他的學生，這深深地刺痛了張居正。他十分傷心地對神宗說：「二百年來還沒有發生過學生彈劾老師的，如今此事發生在臣的頭上，臣真是無地自容，只好一走了之了。」說完，他跪在神宗面前，不覺淚水直流。

十四歲的神宗連忙下殿扶起張居正，深情地說：「先帝將朕付託給先生，您怎能離去呢。先生盡忠輔佐朕，不辭辛勞，不圖功利，蒼天、祖宗盡知。請先生不必多慮，朕廷杖劉台便是。」張居正聽皇上這麼一說，將淚止住，向皇上謝恩。於是神宗立刻下旨要對劉台施以廷杖。廷杖是明太祖定下的懲處朝臣的一種酷刑，即用大杖毒打，非死則傷。張居正考慮到如對劉台施以如此酷刑，對自己的影響並不好，便奏請神宗批准，從輕改判，將劉台革職為民。

張居正賞罰分明，嚴肅法紀。當時京城有個黔國公沐朝弼，此人屢次犯法，作惡多端，擅殺無辜，百姓對他恨之入骨，然而又非常懼怕他，敢怒不敢言。張居正把他抓了起來，將之廢為平民，並押往南京禁錮。除掉沐朝弼這個惡霸，真可謂是大快人心，百姓無不拍手稱快。

驛站混亂是不治之朝的通病，明中後期也是如此。官吏無論公私之事，都要利用驛站，役使百姓，百般勒索。張居正將整頓驛遞作為嚴肅法紀的一個重要方面，他重申官員只有得到勘合，執行公務，才可利用驛道。同時，在馬匹、民夫和食宿供應上也有種種限制。這無疑限制了官僚們的特權，是一件安民利國的好事。制度制定之後，張居正執法非常嚴格，就連他的兒子、弟弟出門都是自己僱車而行。一次他家僕人依仗權勢擅自向

驛站索取官馬，被張居正送到錦衣衛，重責百杖，並遣回原籍。張居正以身作則，嚴守法令，以至於萬曆八年（西元一五八〇年）神宗派皇親上武當山祈神賜子，都沒有使用驛站。

但是，對驛站的整紀直接觸犯官僚的切身利益，他們享受慣了的特權一下子被取消了，這使他們感到很不舒服。於是有人對新法置若罔聞，拒不執行，有人甚至公開反對。一次，南京兵部主事趙世卿上疏，要求放鬆驛傳之禁。神宗找來張居正，與他商量，問他趙世卿的建議是否可以考慮。張居正語重心長地對神宗說道：「近年來驛遞困弊至極，官吏有令不止，任意運用驛遞，實在擾民至甚。今加以整頓，凡是無勘合的，一律不許使用驛道，這只是恢復了祖宗的舊規，以防擾民之舉。臣每每想起本朝建國時的規模，其章程法度，盡善盡美，遠遠盛過漢、唐制度，至於說宋的懦弱被人牽制，更無法與我朝相比。臣由此覺得從制度上不必紛紛更改，只要能遵循太祖之制，從安民的意願出發，就可以固本安國了。臣受事以來，兢兢業業，忙於政務，鋤強戮凶，剔奸釐弊，有時不得已運用武力加以控制，這都是為了安民而已。而奸人因為侵犯他們的特權，所以便說時政太苛刻，以此來蠱惑眾聽，這些都是為了他們自身利益著想，而不顧國家大局。臣的良苦用心，請陛下明查。」

張居正的話是再明白不過了，他的目的就是為了恢復太祖祖制，利國安民，所以，不軌之人一定會對此不滿。神宗還能說什麼呢，他連忙安慰張居正：「請先生不必多慮，一切就依先生便是。」在皇帝的大力支持下，張居正更加態度堅決地行使法律的尊嚴。以後無論地位多高，身分多特殊，如果違反了使用驛站的法律，都毫不容情，給予處罰。經過張居正吏治改革、嚴肅法紀之後，官場作風明顯好轉了。

張居正的最終目的是要富國強兵。當時國匱民窮，經濟凋零，豪強權勢兼併土地，隱報占田數目，使賦役制度完全破壞了，致使國庫空虛，國用不足，軍用匱乏，邊境危機自始至終也沒有解決，北方的韃靼雖以封貢為條件暫時停止了進攻，但並不意味著有永久的和平。解決重重危機的唯一辦法就是富國強兵，富國的唯一出路就是在經濟領域裡大規模實行改革。賦役是封建國家最根本的經濟制度，在國家經濟衰竭，賦役廢弛的情況

下，張居正採納了地方上一些有為地方官為發展一方經濟而探索出的一條鞭法，在全國範圍內推行。所謂一條鞭法，就是把原來按土地和人丁分別徵收的賦稅和斂派的徭役合併為一，無論稅糧，還是差役，都一律改為徵銀，差役由政府僱人充當，把差役轉移到地畝之中，使一部分無地或少地農民，多少減輕一些丁役負擔。這一度地而稅的賦稅制度，使國家在不加賦的情況下，而增加賦稅，同時又抑制兼併，減輕貧民的負擔，是一項利國利民的措施。而這項新賦稅方式能否切實貫徹，其關鍵就在於對土地的核實與清查。一條鞭法實行之前的萬曆九年（西元一五八一年），一場長達三年之久、轟轟烈烈的清丈土地工作在全國範圍內展開了。

清丈土地，就是調查戶口、田地，凡是農田、牧場以及廢地等等都要從實丈量。其目的就是使廣占民田的豪紳列強也來承擔國家的賦役負擔，從而在一定程度上限制貧富不均、負擔不平的現象，並達到增加國家稅收之目的。

由於清丈土地觸犯了大土地所有者的利益，所以，清丈的詔諭一發布，王公貴族們便一下子憤怒起來，京城的街頭巷尾，到處是他們不滿的叫囂聲。官員們紛紛上疏加以反對。宗室鎮國中尉廷墣、奉國將軍俊㮮上疏反對清丈，他說：「張居正以丈量土地為名，行苛稅搜刮民財之實，實在是掊克之舉。請陛下早日罷之。」上疏皇上的同時，他們還在實際中堅決抵制清丈他們的土地。

面對如此強大的抵抗勢力，張居正沒有退卻，他面奏皇上，重申清丈之由，並對年僅十六歲的神宗皇帝講明，清丈土地、實行新的賦稅制度，關係到富國強兵這一大事，對於國家來說是至關重要的。神宗對張居正已言聽計從，他當即下詔廢俊㮮為庶人，削奪其族人宗祿。同時下令：「各地巡撫負責丈田均糧，如果有違背阻撓的，不分宗室、官宦、軍民，都要依法重處。」皇帝的支持，保障了清丈工作的順利進行。張居正通過考成法督促地方官依法清丈，違法者嚴懲不貸。嘉知縣張一心上報的清丈數字是以舊額假充的，被發現後，受到了降級處分；河南上報的數目也與舊額完全相等，給巡撫褚鐵和巡按趙楫停俸處罰。有的地方官看到清丈條例中，對於田地有分列上、中、下等的規定，就索性一律填報下田，這些都被加以懲處。

張居正以身作則，他讓兒子清查自己家的田產，查出隱占田賦五百餘石，向官府作了如實匯報。

衝破重重阻力，張居正的事業終於獲得了成功。本已混濁的官場政治變得清明起來，凋零衰竭的經濟又重新走上了正軌。在張居正輔政的十年裡，國庫餘銀二千萬兩，這是一個不小的數字，可供政府使用十年。如此的成績僅僅是十年之功，而且起步於一個入不敷出的困窘局面，這不能不說是張居正的卓著所為。與此同時，軍備也充實了，邊境危機也得以緩解。

然而，張居正以維護祖宗之法為招牌的改革，自始至終也沒有離開反對勢力的抵抗。在他執政之初，一些只會高談闊論的人便公然說道：「我們以為張公在朝，當行帝王之道。現在看他的議論，不過是富國強兵，僅僅如此，真是太令人失望了。」面對這些人，張居正啼笑皆非，在國貧兵弱的條件下，首要的問題就是務實求富求強，帝王之道，只能是虛談。對於這般迂腐之人，張居正不屑與之爭辯，只是笑了笑說道：「這真是太抬舉我了，我怎麼有能力使國富兵強呀！」張居正確實是講究實做精神，反對清談，所以嚴格科舉，打擊學政，雖然說這有些矯枉過正，但也可見他的良苦用心。事實上，他也感覺到了困難的巨大，面對如此積弊日甚，惰性成習的官僚集團，僅僅憑藉手中的權力，能奏效嗎？很快便證明，他的這種擔心並不是多餘的，隨著改革的深入，守舊集團反對變法、反對張居正的氣焰越加囂張。萬曆五年（西元一五七七年）的奪情之爭，成了反對張居正的焦點。

西元一五七七年九月十三日，張居正七十四歲的父親張文明在老家江陵去世了。這個不幸的消息使張居正悲痛萬分，十九年沒看到親生父親，這些年來，自己在外疲於奔命，無暇去看望家鄉的老父親，然而現在卻永遠也看不到了，這怎能不使他傷心呢？然而隨著父親的去世，大麻煩卻來了。按照儒家禮制，小孩子在出生以後的三年中，全靠父母愛護，因此在父母身死以後，應當守制三年，為官的至少也要守制二十七個月，叫丁憂，以報父母之恩。但對於此時的張居正來說，他很難做到守制二十七個月，更不用說三年。張居正當國五年三個月的時間裡，整個國家安定了，政治上了軌道，經濟有了發展，邊疆也和平了，大明王朝，已經從困

頓的狀態中解放出來，成了富強的國家。這一切都是誰的功勞？張居正心裡清清楚楚。自己如果走了，國家交付給誰呢？內閣中呂調陽忠厚老實，但沒有大的抱負；張四維雖然有些才氣，但資歷太差；慈聖太后雖然賢明善良、教子有方，但她並無治國之才；馮保更不用說，如果讓他執政，不弄個馬仰車覆才怪呢。張居正自己雖然和馮保交情甚篤，但那是在利用他，得到他的支持，同時也借他之威風來壓制其他內監。神宗皇帝只有十五歲，還是個孩子，他怎麼能夠負擔起這個國家呀！但在宗法社會裡，守制之請是不可少的，於是張居正上疏請求回原籍守制。而正如他所預料的一樣，神宗皇帝很快便下旨，不許守制。

此時的神宗，根本無法離開居正的輔佐。雖然他已年滿十五歲，大婚在即；雖然張居正對他的要求過於嚴格，以至於使他或多或少地產生了逆反心理；雖然在帝師張居正的嚴厲教導下，他也學會了一些太祖批閱奏章的方式，瞭解了一些民間疾苦，掌握了一些明君之政。但是母后的動輒罰跪，以及常常勸告的「聽先生教誨」使他意識到，自己還是個沒長大的孩子，正如離不開母親一樣，也離不開老師，他沒有勇氣接受張居正的離開，他對張居正太依賴了。更主要的是張居正的政績，誰能保證，張居正離開後，明朝不會重新回到困頓中去！

於是，神宗對張居正挽留說：「卿篤孝至情，朕十分感動，只是皇考將朕托屬給卿，卿盡心輔導，迄今海內安定，蠻貊率服，朕自知年幼，對卿深切依賴，頃刻離卿不得，怎能等待三年？還是請卿身繫社稷安危，強抑哀情，以不負我皇考委託之重。」張居正見神宗態度如此誠懇，內心十分感動，他說：「今臣處在君臣、父子兩倫不能並盡之時，而父制當守，君父尤重，臣怎敢不仔細分析、酌其輕重呢？」

事實上，張居正也不情願離去！他從二十三歲中進士以後，經歷了三十一年的苦苦奮鬥，才取得現在的政治地位。而他一旦走開，這個寶座自然歸為他人所有。

按照明朝制度，首輔離開三天以後，次輔便把座位從內閣的右邊搬到左邊，翰林院的後輩和內閣僚屬都要穿紅袍前來道賀。此時的張居正因父親病逝的緣故，正在悲傷、猶豫，已經三天沒上朝了。到第四天早上，大家以為張居正一定為守制做準備呢，以後也不會回來了，於是便都穿起了紅袍向次輔呂調陽道賀，呂調陽雖然是個老實人，沒有把座位移到左邊，但也接受了道賀。這事使張居正非常震驚，自己還沒有去位呢，人情已經變了，將來如果當真離開了，那還了得嗎！種種理由促使張居正決定，在京辭俸守制。在君臣達成一致意見之後，張居正在喪期照舊任職。奪情之舉立刻引起那些反對張居正的變法之人、那些封建禮教衛道士們的強烈反對，一場奪情風波嘩然而起。

宋堯俞是張居正的門客，當他知道張居正奪情之後，致書給張居正，他說：「自萬曆元年以來，政治清明，邊疆安寧，先生功業永不可沒，如果能繼續留任，自然是天下蒼生甚幸。然而守制乃是綱常名教所定，如不守制則會被人指責為熱衷權勢而不守禮儀。希望先生帶頭遵守綱常名教，為萬世師表，這樣功成身退，以求萬世之名。」張居正的好友、薊鎮總兵戚繼光也致書張居正，建議守制，並提出請回徐階擔任首輔。他說：「徐階年事已高，不會長久在位，先生服喪期滿以後，仍可擔任首輔之職。」戚繼光的建議頗使張居正動心，他感激戚繼光、宋堯俞對自己的愛護，但他認為，徐階太老了，已經精力衰竭，不能擔當重任了，而自己的奪情之舉，是為了國家，不是為了自己，如果他的改革能繼續下去，可以事半功倍，否則將前功盡棄。

奪情成了定局之後，便激起了相當一大批士大夫的不滿。最初皇上聖旨發到吏部，示意吏部尚書上疏慰留張居正，並辦理奪情。吏部尚書張瀚和左侍郎何維柏商量，何維柏說：「丁憂守制，這是天經地義的事，是遷就不得的。」於是張瀚在心裡有了主意，吏部司官們請他復奏，張瀚裝糊塗，他說：「大學士奔喪，本來是應該加恩的，這是禮部的事，和吏部沒有什麼關係。」張瀚用這種方式表達了他的不滿。皇帝奪情的詔書屢次下發，張瀚拒不合作，他認為，如果同意此奪情之舉，「從此以後，綱常就掃地了」。皇帝為此勒令張瀚致仕，罰何維柏停俸三個月。

對張瀚的處罰，如同火上澆油，更加激起反對派憤怒的情緒。在這些飽受儒學熏陶的士大夫心目中，綱常名教是立國之本，綱常之中又以孝道為首，他們聲稱：「國無孝道不可以為國，家無孝道不可以為家，人無孝

道與禽獸無異，中華無孝道則與夷狄無異。」張居正平素經常談到聖賢之道，祖宗法度，他們覺得，張居正言行不一，不守孝道，違背綱常，必將給國家帶來災難。恰在這一年的十月，天空中出現了一顆彗星，出現彗星在封建社會裡一直被視為是天上降災的標誌。神宗連忙下詔修省。反對張居正的人也立刻發難，認為天降災難是由於張居正的奪情所致。於是反對張居正的呼聲又如洶湧的浪潮一浪高過一浪。

接著，翰林院編修、張居正的學生吳中行上〈論奪情疏〉。他說：「臣覺得張居正十九年未見其父，父亡而不能親自辦理喪事，是違背人之常情，不守制更是違背了聖賢之訓和祖宗法度。此事關繫著萬古綱常，四方視聽，還請張居正回鄉守制。」張居正的另一個門生、翰林院檢討趙用賢也上疏反對奪情。他說：「臣感到奇怪，張居正能以君臣之義而效忠陛下數年，卻不能以父子之情盡孝一日。張居正多年積起的動望，請陛下不要敗之一旦。」

吳中行、趙用賢都是張居正的門生，並不希望他就此下台，而只希望他不僅能做立不世之功的能臣，更要做萬民萬世的楷模。他們在反對張居正的同時，也給張居正留了許多面子。而刑部員外郎艾穆、主事沈思孝的〈諫張居正奪情疏〉就不留絲毫情面了。他們說：「陛下常說為社稷故而留張居正。那麼社稷最為重要的就是綱常，而元輔大臣是綱常的表率呀，如果綱常敗壞，還談什麼國家社稷之安呢？張居正位極人臣，反倒不守平常百姓之節，將來何以對天下後世？臣懇請陛下讓張居正奔喪守制，以全大節。」

士大夫們的攻擊，使張居正十分惱火，神宗皇帝也覺得這些人太不識大體，於是便決定以廷杖之刑處分他們。這個消息傳出之後，禮部尚書馬自強以及翰林院的許多官員紛紛出面援助，他們向張居正求情，盛怒之下的張居正表示愛莫能助。結果，吳中行、趙用賢受廷杖六十後被除名，艾穆、沈思孝受廷杖八十後被充軍。

處罰了吳中行等人之後，朝野上下議論紛紛，形勢對張居正十分不利。神宗皇帝為了穩定人心，於廷杖吳中行等人後的第二天下詔說：「朕身為君主，有權決定大臣的進退予奪，元輔肩負著天下之重，豈容一日去朕左右？且綱常人倫以君臣為大，恪守君臣之義也就是恪守綱常。而那些群奸小人，忌妒元輔忠正，於是便以綱

常之說，試圖排擠元輔，使朕閉目塞聽於上，他們方可任意恣行，這才是悖逆不道，傾危社稷，真正大傷朕心。從此以後，如再有黨奸懷邪，欺君罔上，必嚴懲不貸。」神宗皇帝把奪情的責任全都攬在自己身上，以保全張居正。這樣，一些善於明哲保身的官吏就不再敢公開反對了。

然而，年輕的刑部觀政進士鄒元標仍然上疏反對。他不但對奪情之事進行攻擊，而且還指責了張居正的改革，並對其人身進行誹謗。他說：「陛下以為張居正是有利社稷的嗎？張居正雖有一些才志，但在施政過程中剛愎自用，他削減生員，斷刑苛刻，阻塞言路，實在是乖張之舉。臣觀張居正之疏中有這樣一句話：『世有非常之人，然後辦非常之事。』如果說奔喪是平常之事而不屑為之，豈不知只有盡此五常之道然後才能稱其為人。現在竟有人連父親生時不照顧，父親死了卻不奔喪，還堂而皇之地稱什麼：『我是非常之人。』更為可悲的是，世人竟也不把喪心之人當做禽獸，卻也稱其為非常之人，豈不悲哉！」

鄒元標抓住改革過程中出現的一些弊病而對張居正進行否定，又借奪情一事對其人身進行攻擊，這實在有些太過了。張居正的改革如果沒有一點問題，那也是不切實際的，因為沒有任何事物完美無缺。如果張居正對官吏不是要求嚴格，「斷刑苛刻」，以法律衡量官員，就無法使改革進行下去，而這正是張居正的明智之舉。然而，到了後期，尤其是奪情之爭過後，張居正開始大搞京察，打擊了一大批並非完全出於惡意的反對奪情者，提拔一些奸佞小人，如吏部侍郎王篆等人只因贊成奪情便青雲直上。從此，在張居正周圍形成了一個依附於張居正的親信集團，這不但影響了他的個人威望，同時也危及改革的順利進行，使一些贊同改革的正直大臣，不願與他合作。當然這些都是後話。

鄒元標說張居正削減生員，阻塞言路，這是針對張居正學政改革而發的議論。張居正面對明朝後期官學生員大增，素質卻在下降的實際情況，核減生員入學名額，嚴格考試制度，有的州縣只能選錄一名生員，對已入學的生員也要時常嚴加考核，被地方送來的生員，如果京考不合格者超過五名，則該省學政就要受到降官他調的處分。這種十分嚴格甚至苛刻的考試制度，使許多人斷絕了當時最受重視的以學入仕途徑，這些人當然不滿

於張居正。明代後期，心學的發展，使清談之風盛行，士人往往以書院為名聚黨空談，張居正對此十分反感，他主張學以致用，士人應以古代聖賢之書為治國安民、立身處世之用。他反對空談，由此引發了禁毀天下書院的做法。張居正的務實精神是好的，但他企圖以強制手段來消弭思想界的派別鬥爭，這非但做不到，相反地，禁止了民間講學，倒摧毀了思想界的生機。

鄒元標對張居正不能公允評價，同時以愚儒之見對張居正大肆攻擊，使張居正異常氣憤，只見他臉色鐵青，嘴唇發紫，用顫抖的手指著鄒元標，卻一句話也說不出來，撲通一聲癱倒在大殿之上。神宗嚇壞了，他唯恐張居正有個一差二錯，幸好張居正沒出什麼危險，只是憤怒過度，一時刺激使之啞然。神宗皇帝連忙降旨，杖責鄒元標一百，發配都勻衛充軍，立即執行。

在此之後，很少有人再就奪情之事敢公然反對了，歷時僅僅十幾天的奪情之爭告一段落。但是，反對派對張居正的不滿卻持續著，並對以後深入的改革懷有更深的仇恨，直到張居正身敗名裂為止。

西元一五八二年六月二十日，五十八歲的張居正沒能抵得住死神的召喚，在他功成名就之後，終於捨棄了他難以放下的權力以及十分依戀他的神宗皇帝，匆匆地走了。瀕臨垂危的大明王朝，出現生機和活力，這都是張居正的功績，是張居正改革的功勞。可以說，張居正由政治入手，再由經濟領域深入，旨在富國強兵的改革獲得了成功。

張居正去世了，受制於張居正的神宗皇帝失去了依賴，同時擺脫了張居正的專權，他感到了從未有過的自由和輕鬆，直到這時，他才猛然意識到自己是個威福自專的皇帝！回想起受制於人的歲月，他感到一種恥辱向他襲來，以前的十年，自己也是皇帝，卻要任人擺布，真是滑天下之大稽。神宗是世宗嘉靖皇帝的孫子，在他的血管裡流動著皇祖的血液，遺傳著皇祖的孤高與奢華！張居正改革十年後，政治清明，經濟富足，邊境安寧，這一切都使身為皇帝的神宗逐漸滋生了貪圖享樂的惡習。在張居正謝世的日子裡，他所做的不是對張居正的感激，繼而發憤圖強，將改革的事業繼續下去。相反，他卻選擇了報復，不但報復張居正的約束和獨裁，而

且對他的改革也做了令人遺憾的反攻倒算。

這時，那些因張居正改革而被觸犯了利益的人們，也開始活躍起來。他們迎合皇帝心願，又掀起了攻擊張居正的熱潮。

張居正執政後期，特別是奪情之爭之後，剛愎自用，睚眥必報，喜歡阿諛逢迎，厭惡逆耳之言。萬曆八年六月，南京兵部主事趙世卿上疏，指出不少言官只因阿諛奉承便得以陞遷，這種風氣極不利於社會風氣的淨化，應予以扭轉。同時他提出應廣開言路，不應禁錮人們的思想。這些都是有進步意義的。然而張居正卻認為這是對他的攻擊，最後找了個理由罷了趙世卿的官。相反，為其歌功頌德之人卻都得到他的重用。原禮部侍郎邱岳寫了一副對聯，曰：「日月並明，萬國仰大明天子；丘山為岳，四方頌太岳相公。」張居正見了大喜，正準備給予越級提拔時，因自己病重才未能得以實施。

張居正雖然是一位政績卓著的改革家，但隨著地位日隆，身價倍增，其生活也日見奢華起來。萬曆六年三月，張居正回鄉葬父。此次回鄉，真可謂威風凜凜，轎子是特製的，前面有起居室，後面是寢室，還有廁所等。由三十二名轎伕抬著，赫赫煊煊從北京南下，一路上有戚繼光的軍隊保護，沿途巡撫、巡按御史以及府、州、縣長官出來迎接，贈送奠品，熱情招待，真可謂浩浩蕩蕩，場面非凡。最能使人抓住把柄的是他的科場作弊、縱容親屬受賄等特權行為。在張居正執政之初，對子弟、家人約束比較嚴格，不許他們結交權貴，教育子弟勤奮學習，以求科舉取士。他的兒子嗣文、嗣修、懋修等也確實都刻苦好學，小有成績，但並不都是最優秀的士子學童。

萬曆五年，張嗣修參加科舉考試，當廷試拆卷要發榜時，排在二甲的張嗣修，被神宗列為一甲第二名榜眼。為了掩人耳目，又將同張嗣修一起讀書的才子沈懋學定為狀元，將原定狀元的宋希堯降為二甲第一名。事後，神宗對張居正說：「朕無以報先生功，只有對先生的子孫予以一些照顧了。」張居正對此事自始至終裝作不知，最後對神宗的好意也怡然接受了，從此科場風紀大壞。與此同時，江陵的張家借張居正之威，又強占了遼王府。這些都使人感到張居正在嚴於律人，寬以待己。張居正的「失節」行為，雖然不能與歷史上貪官汙吏同日而語，但這畢竟是他政治生涯中的汙點。正因為如此，當他死了之後，再一次遭到反對派的攻擊。

當反對張居正的人不斷上疏，試圖否定張居正、進而否定改革之時，神宗皇帝再也不是張居正堅強有力的後盾了。他對張居正的反感也在升級，最後終於以逮捕馮保，查抄其家為先，然後向死去的張居正下手了。

在張居正身歿僅僅九個月之後，也就是萬曆十一年的三月，神宗下詔取消張居正上柱國、太師之名，並取消他死後加賜的文忠公謚號，責令其子錦衣衛指揮簡修為民，接著便取消了張居正的所有改革措施。這還只是一個開始。四月，原遼王妃子控告張居正陷害遼王憲㸅，強占遼府產業。於是，神宗下令抄沒張居正家產，派遣司禮太監張誠、刑部右侍郎邱橓等人，從北京出發，直奔江陵張府。真是牆倒眾人推，在這些人到達之前，荊州府和江陵縣的長官已將張府的門給封了，張宅的人不敢出來，官府也不許他們出來。

當北京來人到後，打開宅門，發現有十餘口已經餓死了！經搜檢，共抄得黃金萬餘兩，白銀十餘萬兩。神宗派來的人認為，連馮保家都有金銀一百餘萬兩和大量珠寶，張居正的家資怎麼會這麼少？他們硬說張家有二百多萬兩銀子，用毒刑逼著長子敬修交出來。敬修不勝拷打，最後悲憤地自殺而死，懋修則自殺未遂。不久，神宗下詔宣布張居正罪行，其主要罪狀有：「誣衊親藩，侵占王墳，箝制言官，蔽塞朕聰，私廢遼王，假丈量田地，騷動海內，專權亂政，罔上負恩，謀國不忠。」就這樣，張居正人亡政息了，他的弟弟張居易和兒子嗣修被充軍到邊遠的煙瘴之地。張居正名譽一落千丈，他的一系列改革措施也付諸東流。

從此以後，神宗皇帝日漸昏庸，不理朝政，張居正創造出的富強國勢，急轉直下，到了崇禎年間，明王朝終於在全國農民大起義的洪流中覆滅了。

如果說張居正的改革成功，可是在他死後，明王朝卻很快走向滅亡。如果只因明朝滅亡而說張居正改革失敗，這又顯得不太客觀。改革的十年，是垂危的明王朝重現生機的十年，他使國富民強，稱得上功成名就。成功與失敗，這本來是截然相反的兩個概念，在這裡卻難以劃分。或許這是因為張居正的改革有著自己的特殊性吧，它不同於孝文帝名主自身主持的改革，也不同於商鞅、王安石聖君在世時的改革。這一次確實特殊，促使張居正變法的是神宗，取消變法的也是神宗。是神宗皇帝使張居正的改革獲得了成功，同時也是神宗皇帝使改革走向了最終的失敗。這是九泉之下張居正的悲哀，更是明朝的悲哀！但不管怎麼說，張居正是帶著成功的喜悅離開人世的。

洋務新風

當封建中國的大門被強行打開的時候，沉睡的中國人被驚醒，於是乎，刮起了一股洋務新風。

張居正拯危救難的改革並沒有挽救危難之中的大明王朝，在農民起義的熊熊烈焰中明王朝銷聲匿跡了。然而，李自成的農民起義軍不能承擔起統治全中國的重負，崛起於白山黑水之間的清王朝成了中原大地的主宰。清朝是中國封建社會的最後一個王朝，在延續了二百多年的封建社會之後，終於在十九世紀中葉走向了它最後的腐朽與沒落。

西元一八四〇年，對於大清王朝乃至對於整個中華民族來說，都是一個極不尋常之年。英國的隆隆炮聲震撼了中國的海域，震撼了中國的南疆，也震撼了中國的心臟，中國的大門被打開了！這炮聲使守疆的戰士驚訝，使抗戰的愛國將帥驚訝，更使清廷的貴族老爺們驚訝，大清帝國不是世界強國、文明古國嗎？小小的蠻夷之國怎敢如此無理、如此膽大妄為？但事實就是事實。清政府與英國簽訂了《南京條約》，以屈辱換來了「和平」。從此，香港割讓給英國，沿海港口開放，牟取暴利的鴉片也運了進來。

有了第一次，就有第二次。西元一八五六年，由英法聯合發動的第二次鴉片戰爭打響了，結果中國損失慘重，迫不得已，與侵略者簽訂了《中英天津條約》、《中法天津條約》以及中英、中法的《北京條約》。接著，又是割地、賠款、開放眾多城市、外國人開始大量湧入。隨後，號稱公正的美國人，也以十分「和平」的方式介入，取得了和英法同樣的在華利益。

面對屈辱的現實，人民開始逐漸覺醒，三元里人民在街頭巷尾，與敵人短兵相接，給予英國侵略者有力的打擊。香港、九龍的工人罷工、罷業、停水、停電，使整個城市處於癱瘓，外國人最後只好求助於高傲又卑賤的清朝政府，而腐朽無能的清政府只知道在屈辱退讓中苟延殘喘。

在地主階級的上層，有一些人開始意識到國家不能再這樣屈服下去了，再這樣下去，大清帝國就要滅亡了。而且當時來自於下層社會的太平天國運動已經風起雲湧，勢如浪潮，這更加重了他們的危機感。清朝政府要自救，然而自救的出路在哪裡？人們尋找著、探索著，終於發現自救的唯一方式就是學習能使外國人船堅炮利的先進西學。西元一八六一年之後，一場大規模、持續三十餘年之久的中學為本、西學為末的洋務運動開始了。

所謂洋務運動，就是由清政府內部一些進步人士為首而掀起的辦洋務熱潮，它是以西元一八六一年在北京成立「總理各國事務衙門」（簡稱「總理衙門」）而開始的。

中國人辦洋務，這可不是一件簡單易行的事情！在閉關鎖國的封建時代，不僅僅是封建政府機構的官僚，就是普通的平民百姓乃至士大夫知識分子們，他們也只知道四書五經，知道三綱五常封建禮義，知道宗教佛學。為民者以學好詩經、考取功名為榮，為官者以如何維護統治、效忠皇帝為尚。他們對外邊的世界知之甚少，只知道不同於自己的民族都是蠻夷，北方有蒙古、韃靼，沿海有倭寇，海外一定還有許多蠻夷。鴉片戰爭爆發前，沿海向朝廷告急。

道光皇帝向大臣們問道：「英國是哪方夷人？地方幾許？與俄羅斯是否接壤？」如此驕傲與無知的清政府，將大清帝國與世界割裂，以為大清就是這個世界的主宰。二十年之後，清政府內部竟出現了洋務派，他們把辦洋務作為求強求富的必要手段，而且場面之大，規模之宏令人驚嘆不已。為什麼會有這樣質上的突飛猛進，為什麼封閉了幾千年的文明古國會迎接世界、走向世界呢？這種變化的關鍵來源於兩次戰爭對中國的撞擊，來源於睜眼看世界的第一人林則徐以及繼他之後魏源的思想啟蒙。

林則徐，以他虎門銷菸的威名流傳青史，盡人皆知。同時，他也是中國近代史上瞭解西方，認識西方的先驅，范文瀾先生稱之為「睜開眼睛看世界的第一人」。當英國人看準了中國這個市場，將鴉片源源不斷地帶到中國之後，身為湖廣總督的林則徐以欽差大臣之名義到廣州禁菸。那時，他就產生了一種強烈的願望，要瞭解英國，瞭解西方，知己知彼。林則徐大量蒐集外國書籍，找人翻譯，把西元一八三六年倫敦出版、慕瑞所著的《世界地理大全》譯為《四洲志》，把《澳門新聞稿》譯為《澳門月報》，又把德庇時、地爾洼等人所著的《中國人》、《在中國做貿易罪過論》合譯為《華事夷言》。這些近代中國系統介紹西方各國地理歷史知識的書籍，使中國人瞭解了陌生的世界。

鴉片戰爭時，面對英國人的堅船利炮，林則徐不是害怕屈服，而是勇敢地站起來進行抗爭，並主張把他們的船炮拿過來為自己所用，這就是林則徐的高明之處，是他不同於時人的遠見卓識，可謂慧眼獨具。當鴉片戰爭失敗後，林則徐總結失敗的教訓時說：「我覺得若想抗擊夷人，如不擁有夷人所有的新式船炮，建立水軍，那麼只能是自取失敗。只有器良技熟、膽壯心齊，才能克敵制勝。」可以說，鴉片戰爭之後，林則徐向西方學習的想法便形成了。

西元一八四一年林則徐因禁菸、抗戰而被革職充軍到新疆。林則徐去往新疆的途中路過京口，和正在京口的志同道合好友魏源相見後，便把《四洲志》的稿子交給魏源，囑咐他：「你要以此為藍本撰寫一本《海國圖志》，以便更有系統、更具體地介紹西方社會。」魏源沒有辜負林則徐的期望，於一八四四年完成了《海國圖志》的編纂。初始五十卷，後來又進行擴充，一八四七年補充到六十卷，一八四九年又擴編為一百卷。魏源在《海國圖志》中不但詳細敘述了世界各國的沿革、地理，而且對資本主義自由競爭的社會現象、對外開拓殖民地的社會本質，以及其技術水平、政治制度、風土人情等等都做了介紹，並加以評述。

他是這樣描述英國的：「英國並不看重宗教，只重視商業和武力，以此到世界各地去開拓殖民地。」他指出，鴉片戰爭不是林則徐禁菸的結果，實際上是英國侵略者唯利是圖、唯威是畏的必然行為，以及清朝落後所造成的。他為林則徐申冤的同時，又指出必須學習西方長處。他大聲疾呼：「師夷長技以制夷。」

林則徐、魏源的啟蒙思想，促使中國士人更多地瞭解了西方，使中國知識界眼界大開，耳目一新，從而也引導了更多人來學習西方、學習西學。但是，林則徐、魏源對西方長技的認識還是相當淺層次的表面，所謂長技不外乎指船堅炮利而已，還沒有上升到西學這種高度。當然，我們不能苛求他們，因為在萬民皆睡我獨醒的狀態下，能大聲發出吶喊，這已經是很不容易的事！他們做出了自己應做的貢獻，更深層的認識只能靠後人來完成。事實也確實如此，洋務運動之所以能迅猛發展起來，後來的馮桂芬發揮了不可低估的作用。

著名的《校邠廬抗議》是馮桂芬的一部力著，其中《採西學議》和《製洋器議》集中反映了他學習西學的思想。馮桂芬把學習西方長技提高到了學習西學的高度，這是理論上的飛躍。他在《採西學議》中寫道：「在我國古代的一部天文歷算著作《周髀算經》中，有四極四合與半年為晝、半年為夜的說法，後人都不解其意。戰國時的陰陽家騶衍，說中國名為赤縣神州，而中國之外也如赤縣神州的還有九個，這在當時也被看做是荒唐之言。然而，他們說的並沒有錯，地球確實大無邊際，並不是舟車、人力所能到達的。據西人地圖所列，天下有百國。而這百國的書籍，在明末譯過來的僅意大利和英吉利兩國的書就有數十種之多，其中的算學、重學、視學、光學、化學等都十分具有科學性，是中國人遠不及的。這些對於我中華大一統之邦來說，難道不是中國學子的羞恥嗎？」

「今欲採西學，宜於廣東、上海設置翻譯公所，選附近十五歲以下聰穎易悟的童子，聘西人教他們各國語言文字，再聘內地名師教他們經史之學。一切西學都從算學開始，西人十歲以上無人不學算學，今欲採西學，自然不可不學算學，或者以西人為師，或者請內地知算學的人為師都可。我聽說香港英華書院、上海墨海書院藏書都很多，另外一八四七年俄國人送政府方略館的書籍也達千餘種，都可以有選擇地翻譯過來。這樣歷算之術、格致之理、製器尚象之法，無所不包，互為貫通，對中國將大有裨益。聽說西人發明了新的測量地動之術，與天行密切配合，可以報時。又聞西人海港刷沙，其法甚捷，可以把它引來用以治水。又如農具、織具，

百工所需，多用機輪，用力少而收效大，可以學來以利民生。其他凡是有利於國計民生，我們不管他是什麼奇技淫巧，只管學來便是。這樣，三年之後，那些文章已能對外國書籍應口成誦，以此來補充本學；諸生中如有成績突出，具有真才實學的，可由通商大臣請示朝廷封他們為舉人。如前所議，中國多秀民，必有出之於夷而勝於夷之人，這實在是當今治學的第一要務。」

「愚以為在今日宜曰：『鑑諸國。』諸國同時並行於世，都能獨自達到富強，更何況我們對各方面做以比較，選擇其中最好的來學習呢！如以中國之倫常名教為原本，輔以諸國富強之術，不更是善之善者哉？夫御夷為當今天下第一要政，此議如能行，則學習外國語言文字的人必然多起來，則必然有正人君子、通達治體之人脫穎而出，然後得其要領而抵禦之。」

綜觀馮桂芬的思想，他已將魏源的「師夷長技以制夷」發展為「師夷善法而制夷」，提出了更廣泛學習西方的口號。他認為中國不僅僅在軍事技術上落後西方，而且在人才、地利、君民關係、名實必符等諸多方面都不如夷，所以要廣泛地學習，但必須是在以中學為本的前提下進行。

他的這種以中學為本、西學為末的思想對中國洋務運動時期政治思想的發展產生了極其重要的影響。學習和掌握西方技術，是馮桂芬倡導自強之道的重要課題，這也成了洋務運動的初衷。他的《製洋器議》簡直就是一步一步地告訴洋務派如何去學西學，如何去製造洋器。馮桂芬將西學思想灌輸到人們的頭腦之中，只等著洋務派將他的思想付諸實施了。

西元一八六一年十二月，安徽合肥雖然沒有北方的皚皚冰雪，但也是寒氣逼人，冷風瑟瑟。此時，在剛剛組建的淮軍總部，李鴻章正雙目緊閉，雙眉緊鎖，坐在那裡愁眉不展。左右見狀，不知為何，小心翼翼地問道：「大人已承曾總督相助，組建了淮軍，繳匪已勝利在望，大人還為何事憂慮？」李鴻章什麼話也沒說，他揮了揮手，示意左右退下。於是他們都不敢再言語，心懷疑慮地走了。

此時的李鴻章已奉兩江總督曾國藩之命建立了淮勇，面對士氣高漲的太平天國，他正待命準備開赴戰場，而且充滿了必勝的信心。那麼他究竟在想什麼呢？原來，這位二十四歲就中進士、曾是曾國藩幕僚的李鴻章，正為國事而憂慮、困惑。

兩次鴉片戰爭失敗之後，農民起義又風起雲湧，大清王朝江河日下，危機四伏。太平天國勢在推翻清朝政府，英、法、美等國企圖主宰中華，這就是十九世紀六〇年代的國情！十一月，慈禧太后發動宮廷政變，掌握了大清實權，並以恭親王奕訢為首成立了總理各國事務衙門，以應付日益繁多的對外事宜。然而，這又能給人們帶來什麼希望呢？總理衙門只是為外國人在中國取得更大的利益大開方便之門罷了。李鴻章閉目思索著，心裡更增加了幾絲愁緒，眉間的皺紋更深了。

忽然，外面一片嘈雜聲使他從混亂的思緒中清醒過來，他睜開雙眼，看看究竟出了什麼事。原來是他的一個幕僚剛剛從蘇州回來，只見他興沖沖地來到李鴻章近前，「太令人振奮了，請大人看看這本書。」來人急不可耐地說。李鴻章接過來一看，是馮桂芬的《校邠廬抗議》！翻開扉頁，再翻下去，繼續看下去，李鴻章越看越興奮，他不知不覺中熱血沸騰了，不禁大聲說道：「原來我所苦苦尋找的答案就在這裡啊！」是啊，這就是李鴻章所要找的答案，拯救危難中的中國，拯救搖搖欲墜的清政府，只有學習西學才是唯一的出路。李鴻章興奮著、欣喜著，他已不再困惑，不再猶豫，出路就在眼前，只要自己沿著別人給指的路向前走就行了。

與此同時，馮桂芬的書籍走出了他的家鄉蘇州，在合肥、上海、北京、湖南等地傳開了，恭親王奕訢看到了，兩江總督曾國藩看到了，無數的士人看到了。

此時的曾國藩，對農民起義自然是恨之入骨，但更使他痛心的是兩次鴉片戰爭失敗後的民族的劫難。他看到外國人肆意橫行於中國的沿海與沿江，他的心被一種不可言狀的憤怒與傷感所籠罩。他把這種愁苦心情寫在紙上，向他的日記傾訴，「大局已壞，令人心灰」，他無法沉默，無法忍讓，「扼腕久之，泫然有嗚咽之哀」。該如何擺脫這種苦痛呢？終於，他看到了一種新穎的思想。

西元一八六二年九月十七日，他在日記中這樣寫道：「余偶從朋友處得到馮氏之《校邠廬抗議》一書，如

獲至寶，仔細研讀，實覺馮氏之論乃名儒之論矣。」讀罷馮氏之作，曾國藩茅塞頓開，有如撥開雲霧，看到了久違的希望和陽光。馮氏的西學之路，就是中國的自救之路，他終於明白了這個還不是眾多人都能明白的道理。曾國藩這位封建禮教的衛道士，在民族危難面前，選擇走在時代的最前端。

林則徐、魏源、馮桂芬，他們使矇昧了幾千年的中國人眼界大開，他們喚醒了沉睡中的人們，尤其是地主階級之上一些有識之士。這些有識之士開始學習西學、接受西學，並採納西學，洋務運動由此而產生了。

《北京條約》簽訂之後，英、法、美等國侵略者大量湧入中國，並在北京派駐公使，中國外交事務逐漸繁重起來。過去承擔對外事務的理藩院已明顯不能應付目前這種局面，於是清政府便在北京成立了總理衙門，以總理外交事務。慈禧太后給予奕訢領導的總理衙門很大的權力，按軍機處的規模組建，除主管外交事務之外，還兼管各路軍務及海關等。但是，總理衙門一成立，便成了洋務派實行洋務運動的領導機構，這實在是清朝政府所始料不及的。

與洋人打交道遇到的第一個問題就是語言障礙，於是，總理衙門便把這個問題看成了頭等大事。西元一八六二年，以學習英語為首要任務的同文館成立，第二年又開設了法文館和俄文館，所屬同文館。

隨著總理衙門、同文館的設立，新的思維、新的觀念也在中華大地上勃然而生。大權在握的恭親王奕訢接受了新思維的陶冶，總理衙門事實上成了洋務運動的大本營。

此時，地方上的李鴻章等人也開始行動起來。西元一八六三年初春，被調到上海、已被提拔為江蘇巡撫的李鴻章終於將他久慕的馮桂芬請到自己帳下。共同的理想和信念，使相差十幾歲的兩個人走在一起，並使他們成了師生、戰友和知己。李鴻章視馮桂芬為恩師，馮桂芬也更加深入而具體地把他的西學思想灌輸給李鴻章。由馮桂芬建議和擬稿，李鴻章依照同文館之例，奏准在上海設立廣方言館。廣方言館比北京同文館更加進步，其學生不但學習外國語言，而且還學習西方自然科學和製造技術，它與第二年兩廣總督瑞麟在廣州設立的同文館一樣，為了培養洋務人才做出了突出貢獻。與此同時，各同文館大量地翻譯書籍，對打開中國風氣無疑發揮

了極其重要的作用。

西元一八六二年，太平天國農民起義已持續了十二年之久，清政府出於種種考慮，求救於外國軍隊介入中國內戰之中。裝備精良的外國軍隊前所未見，使曾國藩、李鴻章等人大開眼界。外國有軍艦、輪船，中國卻只有帆篷舟楫；外國有來福槍，中國卻只有弓矢、工槍，相差實在太懸殊了。

李鴻章在給曾國藩的信中寫道：「鴻章經常到英法提督的兵船上去，看見其大砲之精純，彈藥之細巧，器械之鮮明，隊伍之雄整，實在不是中國所能比的。」正是因為這種懸殊差距，他們才想把外國人所擁有的拿過來據為已有。曾國藩曾說過：「目前借助於夷國軍隊，得以解一時之憂；而將來師夷智以造炮製船，才可期永遠之利。」李鴻章也曾強調說：「國家百用可省，只有練兵設備萬不可省。」他們二人都認為：如果中國軍器也能像西方的那樣精銳，那麼不但平定國內之亂有餘，而且抵禦外侮亦無不足。

西元一八六二年，曾國藩在安慶建立了軍械所。雖然規模較小，但是它卻是在中國試造新式武器的開始，它也是中國近代工業的始祖。之後不久，他又與李鴻章共同在上海創辦了洋務運動期間最大的軍事工業——江南機器製造局。曾到國外採辦機器的容閎後來追述：「自余由美國採購機器歸國以來，中國國家已籌備了千百萬現金，準備建廠，並希望能成為好望角以東之第一良好機器廠。故此廠實乃為一永久之碑，可以紀念曾文正之高識遠見。世無文正，則中國今日，正不知能有一西式之機器廠否耶？」曾國藩、李鴻章引進機器生產軍備，以求自強，這在當時是最為先進之舉。

曾、李二人的自強思想與行為得到了奕訢的認同。西元一八六四年六月，奕訢在奏摺中說道：「查治國之道，在乎自強；而審時度勢，則自強以練兵為要，練兵又以製器為先。自從洋人挑釁以來，至今已數十年矣。到咸豐年間，內患外侮，一時並至，難道都是因為武臣不善治兵哉？即使有制勝之兵，而無制勝之器，所以才不能所向無敵耳。」

太平天國結束之後，中央與地方協調起來，洋務派官員們將更多的精力投入到軍事工業的建設上來，在中

國的大江南北掀起了建立軍工企業的熱潮。

西元一八六五年，李鴻章在南京建立金陵機器局；一八六六年，左宗棠在福州設立福州船政局；一八六七年，崇厚建天津機器局。之後，張之洞在漢陽創辦了大型的湖北槍炮廠。此外，陝、甘、粵、魯、吉等省也先後辦起了規模較小的軍火工廠。

隨著軍事工業的建立，如何使用這些從外國引進的機器，便成了首要問題。起初，他們僱用外國技師，但正如李鴻章所言：「聘用洋員只是權宜應急之謀，實在不是經久可恃之道。」換言之，中國的工業必須使用中國自己的人才。然而，當時中國的「人才」只會製作八股文，只知沉浸於章句小楷之中，根本不懂技藝。面對這種局面，李鴻章提出變通文場科舉之制、專設一科取士的主張，即在原來科舉所學基礎上，再加一科，學習西方近代的軍事裝備和機器生產，以造就掌握近代工程技術的人才。

他這樣說道：「今日儒者，只是殫心勞神於八股文字，等到實際用時，則閉門造車，根本不能為現實所用。應於文場科舉之制，略為變通。擬分為八科，以求為現實所用。一曰忠信篤敬，以見其品行；二曰直言時事，以見其見識；三曰考證經史百家，以見其學識；四曰填詞作賦，以見其才華；五曰詢問其對刑名錢谷的認識，以見其是否長於吏治；六曰問山川形勢，軍法進退，以見其是否能指揮作戰；七曰考算數格致，以見其是否精通自然科學，問機器製作，以盡其能；八曰試以外國情勢利弊，言語文字，以見其是否能不致辱命。政府重視實際才能，並特設一館，廣招奇技異能之士，那麼人才將輩出而不竭，海外華人中有抱負絕技的，必將返回中國以求取爵祿功名。」

為了讓清政府接受李鴻章改革科舉制度的建議，奕訢將這種主張做了改造，他在原來同文館內增設了算學館，派科舉正途官員到算學館學習天文、算學等等。這樣既不用改變科舉考試內容，又可以使傳統科舉生員學習西方技術。但是，這種折中方案仍在朝廷內引起了軒然大波。

在封建意識根深蒂固的年代，具有先進思想的開明人士僅僅是鳳毛麟角。他們不但面臨著自身如何學習西學的問題，而且更為艱巨的是如何與強大的頑固勢力進行抗爭！洋務運動剛剛起步，那些京城裡的守舊大臣們便緊握起「祖宗之法不可變」的利劍，窺視著、犬伏著。最初成立總理衙門、同文館時，他們無話可說，那是時事需要，否則就無法與強硬的外國人打交道。洋務派買進外國的船隻槍炮，同時又自己建廠，自己生產武器，這是鎮壓太平天國的需要，是維護清朝統治的需要，頑固派仍無話可說。但是，太平天國被鎮壓下去了，洋務派仍大張旗鼓地引進機器、建立工廠，在頑固派看來，這是另有所圖，欲變祖宗之制。如今又讓科舉生員學習西學，這還了得，頑固的封建大員們終於怒不可遏了。西元一八六七年，以算學館成立為導火線，終於引發了一場新與舊、中學與西學、洋務與守舊的大辯論。

首先發難的是山東道監察御史張盛藻。張上疏說道：「科舉取士自古為國家求賢之正途，我大清王朝也賴此讀聖賢之書的科舉士子才得以如此長盛不衰。而如今恭親王卻要讓這些國家俊秀去學習夷學，從而以夷變夏，其用心何在？臣請太后、陛下取消算學館，以正學士純潔之風。」張盛藻的意見，立刻得到了大學士倭仁的贊同。

倭仁上了一篇奏摺，惡毒攻擊洋務派關於學習洋人技藝的主張。他說：「今求一技之末，而又奉夷人為師，而夷人十分詭譎，未必傳其精巧。即使是他們誠心教授，所成就的也不過是掌握術數之士。自古以來還沒有聽說依恃術數就能起衰振弱的呢。天下之大，何患無才。如果認為天文算學必須講習的話，可以廣泛蒐集精通此術者，何必非得用夷人、以夷人為師呢？使讀書之士，講明義理，就可以維持人心。立國之道，尚禮而不尚權謀，根本之圖，在人心而不在技藝。而如今卻將這些聰明俊秀、國家培養出來準備重用之人，使之變而從夷，定會使正氣不伸，邪氣將因而彌熾。數年之後，中國之眾不都驅於夷人統治之下了嗎？如今天下已受洋人之害久矣，難道還要推波助瀾不成？聽說夷人傳教，常因為讀書人不肯習教為恨，今令科舉正途跟夷人學習，唯恐所學未必能精，而讀書人已為其所迷惑，這正中了他們的騙術耳。」

倭仁的這番言論實在是太有煽動性了，他既從宣傳封建禮教出發，又考慮到民族利益，以此來反對學習夷

人技藝、以夷人為師。十九世紀六〇年代，外國侵略者在中國確實恣意橫行，為所欲為，在這種情況下，倭仁的言論顯得很有「民族氣節」！倭仁是當時久負理學盛名的大學士，在士大夫中享有很高的威望，他的立場和觀點影響著一大批人，阻止了許多人投考同文館。

奕訢後來說過：「當御史張盛藻上奏此事時，臣衙門投考之人還不乏其人。而自從倭仁倡議以來，京師以及各省士大夫，聚黨私議，而且約法阻攔，甚至以無稽謠言，蠱惑人心，臣衙門裡於是再也很少有投考的人了。」由此可以看到，頑固派具有堅強的社會基礎，擺在洋務派面前的阻力實在太大。

然而，在時代的召喚下，洋務派並沒有屈服，面對強大的困難，他們勇敢地迎接著挑戰，重申自己中學為本、西學為末的觀點，為自己的行為進行辯解。朝廷之上，奕訢上疏說：「臣等查閱倭仁所奏，陳義甚高，持論甚正。臣等在未曾經理洋務之前，也是這種想法。但是，在辦理洋務的過程中，臣等發現，洋人所掌握的自然科學技術確實是先進的，而這也正是他們能肆意逞強的原因。中國要抵禦外侮，只有先自強，把他們的先進技術學到手，然後才能與之抗爭。臣等一切所為，無一不是為了國家，如學習外國語言文字，製造機器，訓練洋槍隊，派人周遊各國訪其風土人情，於京畿一帶設立六軍用以保衛朝廷，凡此種種苦心經營，無非是欲圖自強。而御史、大學士卻不理解臣等良苦用心，甚至許多人都不理解。當沒有戰事的時候，他們把外國的利器嗤為奇技淫巧，以為不必學；待有戰爭時，他們又驚訝於外國人的利器何以變得如此銳利神奇，又以為這樣神奇之器自己學不來。殊不知，如果不把外國人的利器學來，那麼我們就只有等待挨打受侮了。所謂的以忠信為甲冑，以禮義為干櫓就可以制敵之命，臣等實在是不敢相信啊！」奕訢情真意切，情理交融，感動了在場的許多文武百官。

垂簾聽政的慈禧聽了奕訢之言之後說道：「恭親王一心為國，大家都已知道了。大學士也是為國分憂，愛卿不必多慮。」聽到前一句，奕訢感到由衷的寬慰；聽到後一句，奕訢感到很不舒服。此時的同文館都沒有生員了。太后不是不知道，現在竟也說倭仁是對的了，真是不可思議。正當奕訢在這裡暗自不滿的時候，只聽太后又說話了：「恭親王繼續主持同文館事宜，招收天文算學館學生。同時，大學士到國內各地訪求天文算學人才，事成之後，可以另外設館。」此諭一下，奕訢的臉上終於露出了笑容，畢竟西太后還是支持自己的，只不過是給倭仁一個台階而已。他這樣想著，心情也開朗了許多。

這場由中、西學之爭而引起的洋務派與頑固派首次激烈的爭論，由慈禧太后以折中的方法給結束了。慈禧非等閒之人，她運用權術和智謀取得了大清王朝的實權，同治皇帝只是她的一個傀儡。她非常看重得之不易的權力，為了鞏固她的政權，她可以不惜一切代價。外國人打了進來，她以屈辱換來了暫時的和平，以一個個不平等條約換取政權的穩固。

農民起義爆發後，她利用一切可以利用的力量去鎮壓他們，這其中包括漢族地主武裝以及外國的軍隊，她沒有考慮到用外國軍隊向中國人民開炮，只能使外國在華利益更為擴大，她只考慮她的政權。如今以奕訢為首，從中央到地方的洋務運動聲勢浩大，這不能不引起她的思考。洋務派打著自強禦敵的旗號，以中學為本、西學為末為宗旨來辦洋務，他們的最終目的是維護封建政權統治，這對清王朝當然是十分有利的。但是，洋務派的所為又不能不使慈禧心存疑慮，因為他們的權力有些過大了。

地方上湘淮兩軍因鎮壓太平天國立下汗馬功勞，朝廷不得不給他們更大的權力、更高的地位。據英國史學家包耳格記述，曾國藩是當時中國最有勢力的人，到他去世之時，所有的總督都曾經做過他的部下，並且是由他提名的人。

李鴻章後來更是權力巨大，煊赫一時，按清朝舊規，朝廷命官不得在故鄉為官，而安徽人的李鴻章卻在西元一八六五年升任兩江總督，管轄江蘇、安徽、江西三省，第一次打破了「不許服官本籍」的舊制。與此同時，地方督撫們利用手中的權力，以治理地方為名，截留上交國庫的收入，並將大部分資金用於操辦洋務。所有這一切，都使慈禧太后心懷戒意，她在適當支持洋務大員的同時，也充分利用頑固派來牽制洋務派，從而限制洋務派的勢力和影響。這就是為什麼慈禧在肯定奕訢的同時，也對倭仁予以首肯。

頑固派祖宗之法不可變的守舊思想根深蒂固，現在又有最高統治者的暗中支持，他們有恃無恐，時時處處向洋務派發難。

奕訢、李鴻章等人面對數千年未有之變局，想適當地變通成法，通過學習和引進西方近代武器設備、工業生產技術，達到求強求富之目的。他們以為只要中國有了和西方列強同樣的武器設備、生產技術，就可以超越洋人，免受欺侮。李鴻章的看法是：「中國文武制度，事事遠出西人之上，獨火器萬不能及。」將不如人的火器學來，中國就盡善盡美了，大清帝國的封建統治就會永固了。正如奕訢表白的：「凡此種種苦心經營，無非是為了自強。」

然而，他們根本沒有意識到，練兵、製械、購船這些活動，稍變成法、造就人才、開通風氣這些主張和措施，將會對中國封建社會制度產生強烈的衝擊。近代工業企業在中國出現，使中國固有的封建經濟結構發生了變化，對人們的思想觀念、價值觀念，以至整個社會文化都產生了一系列影響，而這種影響是洋務派所始料未及的。但是作為封建衛道者的頑固派，卻最早意識到了洋務勢必要使中國聖教和封建傳統文化受到衝擊和威脅，甚至出現用夷變夏的可能。他們認為辦洋務學西方，會弄壞世道人心，會導致中國封建文化的崩壞，伴隨洋務而產生的近代事物和近代意識，會危及中國的封建制度，因此他們站在維護封建制度的立場上極力反對辦洋務。

洋務運動在艱難困苦中跋涉著。李鴻章等人一方面要與強大的外國侵略勢力周旋，在國力衰微的境況下讓步求和，甚至乞求外國人的支持和幫助；一方面又要同頑固派進行抗爭。一次，李鴻章對友人大發牢騷說：「朝中大臣胸無大志，卻只是一味地對我們議論誹謗，挑剔責難，無事生非。之所以會這樣，就是因為朝廷怕我們的權力太大，總想收權控制我們。這真是讓人不可思議。人家日本君臣上下一心，軍事工業才發展得很快。相反中國卻君臣不能一心，朝中政令朝發夕改，這樣大臣怎麼能施展才能。唉，真讓人十分苦惱啊。」友人聽了，跟著一同抱怨：「唉，有什麼辦法呢！」

事實上，朝廷並沒有忽視李鴻章對維護清朝統治的作用。西元一八七〇年，李鴻章被提升為直隸總督兼北洋通商大臣，由他總攬一切洋務大權，從此，李鴻章成為洋務運動的總代理，操縱著清政府對外事務的權力。在這種有利的條件下，李鴻章將洋務運動更深入地向前推進了一步。

隨著軍事工業的不斷發展，洋務派遇到了他們起初所沒有預料到的嚴重問題，那就是原料的匱乏，以及資金上的困難。當時軍工所需原料，不但煤、鐵要外運，甚至連木材都要從香港運來，這對於工業發展十分不利。隨著中國經濟的日益衰竭，國家收入減少，用於辦洋務的資金微不足道，洋務派深感資金不足。為了籌措資金，擺脫興辦洋務的困境，洋務派尋找出了如下出路：利用民間商人資本、以官商合辦的形式建立民用工廠來創造財富。

與此同時，資本主義列強在打開中國大門之後，逐漸把他們的侵略鋒芒從軍事轉向政治和經濟，以擴大他們的在華勢力，西元一八六八年掀起的修約風波就是這一問題的具體體現。他們要求在中國建鐵路、設立電報局、賣食鹽、開煤礦，並在內地設行棧及在內河行駛輪船等等，貧弱的中國無法不答應這種種無理要求。侵略者的強盜行徑，也促使洋務派警醒。他們認為，中國應辦各類企業，與洋人爭利。從十九世紀七〇年代開始，洋務運動進入了第二階段，即民用企業紛紛建立。

西元一八七二年中國近代史上第一家民用企業輪船招商局成立了，它屬於官督商辦性質，目的在於振興中國商務。西元一八七八年，中國成立了第一個開採煤礦的企業開平礦務局，這是洋務運動時期比較有成效的企業。開平煤礦是中國最早使用機器開採大型礦，到西元一八八二年，已經全部用機器開採，當年出煤達三萬八千噸，西元一八九八年產煤七十三萬噸，不但可以供國家需要以及中外輪船之用，而且還可供內地民間日常生活之用。

李鴻章對此也十分滿意，他曾興致勃勃地說道：「從此以後中國的兵商輪船及各機器製造局所用的煤，都不致於從外洋遠購了。一旦發生戰爭，我們就不會再為敵人所把持；與此同時也可免於資源的外流。真可謂是

富強之基，就在於此呀！」有了開平礦務局的成績，洋務派又在全國各地開辦了許多礦業，除了煤礦外，還包括了鐵、鉛、銅、金等礦。

此外，洋務派還成立了天津電報總局、蘭州機器織呢局、上海機器織布局等，使中國近代工業企業深入民間各行各業。然而，隨之而來的鐵路建設又觸動了頑固派的神經，他們以此為導火索，又掀起了反對的高潮。

中國近代的鐵路風波著實發人深思。十九世紀六〇年代，外國人想深入中國內地，便極力主張在中國修築鐵路，結果都被拒絕。西元一八六五年，在北京的英商杜蘭德未經批准擅自在宣武門外設了一條一里多長的鐵路。英國人試車時隆隆的火車聲驚動了慈禧老佛爺，她怒不可遏，問明是英國人未經她的同意就修築鐵路後，氣憤至極，當即命令步軍統領派人立刻拆毀。在中國大地上誕生的第一條一里多長的鐵路因此消失了。

十年之後的一八七六年，英國人又不顧清政府的反對，完成了從上海到寶山江灣鎮的鐵路修築，並開始營業。清政府採取的辦法是花二十八萬五千兩白銀將鐵路買下，然後拆毀。面對清政府如此愚昧之舉，李鴻章感慨地說道：「朝廷以重價購買鐵路，而其意在收回後拆毀，真不知其用心何在？萬萬沒有想到朝中諸多大臣對洋務如此恐懼！如果達官貴人都以此為戒，那麼我們的國家必定無振興之期了，日後連生存都將很難，這可真令人寒心哪。鴻章我勵精圖治，欲圖富強，然而煤鐵礦務不容易找到可採之地，招商輪船也受排擠，唉，辦事之難，真是非局中人不知其甘苦也。」

難歸難，但有所作為的人卻並不因此而退卻，李鴻章就是這樣的強者。西元一八八〇年十二月三十一日，李鴻章知難而進，上了〈妥議鐵路事宜摺〉，指出了修築鐵路的九大利處。歸其為一就是速度快，凡是用兵、貨運、頒文、郵政、行旅等等都可借助於鐵路的快速。

他不否認外國人也會借助鐵路而深入中國腹地獲利，就這個問題，李鴻章建議在鐵路沿途，清政府可以徵收洋稅釐金，從而利國。鐵路是發展中國近代工業必不可少的先決條件，雖然洋人也會充分利用它牟利，但權衡比較，於中國利大，所以，李鴻章堅決主張修建鐵路。他的這個主張遭到頑固派的強烈反對，他們的理由就

是修建鐵路對洋人有利。

李鴻章的奏摺呈上之後，光緒皇帝讓朝中大臣發表意見，張家驤第一個站出來指明修路的三大害處。他情緒激昂地說道：「臣啟陛下，直隸總督所奏修鐵路事宜，臣覺得不可。首先，鐵路的速度確實是快，如有戰事，朝廷派兵確實可以朝發夕至，但是洋人用鐵路，也同樣神速快捷，這樣外國人的勢力就會更快地深入中國內地。其次，開造鐵路，必然侵占田地房舍、墳墓橋樑，影響人民的正常生活，擾民太重。第三，修鐵路，必然與輪船爭利，這樣朝廷對輪船招商局投以百萬銀款，都將白費了。基於以上原因，鐵路修不得。」

這一番話一出，許多人都紛紛表示贊同。這個說，修鐵路破壞了祖墳風水，必然會有災難的；那個說，鐵路一通，洋人馬上就會打到北京來了……光緒皇帝受控於慈禧，自己並沒有決定權，雖然此時已經親政，但還是要徵求慈禧的意見，由慈禧最後定奪。慈禧當然不同意修築鐵路，於是李鴻章第一次築鐵路之請被否決了。

李鴻章沒有就此罷休，他繼續不懈地努力著，多次上疏講明鐵路對於國計民生之重要，並極言修鐵路是有益於維護清朝統治的。到了西元一八八一年，清政府終於允許修築一條由唐山到胥各莊、全長十一公里多的鐵路，中國最早的一條鐵路總算誕生了。

然而，李鴻章並沒有以此滿足，他還要把中國的鐵路線修得更長。西元一八八五年中法戰爭結束後，列強對清政府施加壓力，也想在中國修築更多的鐵路。清政府為形勢所迫，不得不接受李鴻章之請，於是原來從唐山至胥各莊的鐵路在西元一八八六年被延長到蘆台。西元一八八七年，李鴻章又奏請向東延長到山海關，向西延長到天津和北京，清政府表示同意。李鴻章為了建築這條鐵路，特別組建了天津鐵路公司。西元一八八八年八月，鐵路已經由唐山修到了天津，這就是當時的北洋鐵路。當李鴻章等人按原計劃繼續向北京修建時，卻遭到了頑固派不顧一切的阻撓。

頑固派對於築路一事始終很難接受，迫於內外壓力不得不讓步。當鐵路馬上就要修到清朝的心臟時，他們著實忍無可忍了。朝中大臣余聯沅、屠仁守、洪良品、奎潤等人聯名上疏，極力反對將鐵路修到北京。他們這

次又找出三條理由：「第一，鐵路一開，從天津到北京，外國人長驅直入，毫無阻礙，這對我大清帝國造成了嚴重威脅。第二，鐵路已使沿途人民鏟墓平屋，廢田埋井，種種擾民不斷，民何以堪。第三，從天津到北京，共有車三千輛、船幾萬艘，人們賴以開旅店、設市場，生意興隆，而一旦鐵路修通，將使上百萬民眾再無生意可做，此乃是奪民生計。以此擾民奪民，必將危及大清的社稷江山，請皇上三思，萬不可取。」聽了頑固派這番危言聳聽之語，慈禧太后授意光緒帝予以酌情考慮再做決定。

李鴻章見朝廷沒有表態，知道又是頑固派從中作梗，便連忙上疏，申明自己的主張。他說：「鐵路是自強根本，這是萬國通行的真理。我們修津通鐵路，從而加強海上運輸，陸路調動，臣等創辦鐵路的本意就是要有利於用兵，以鐵路的快速來調動全局。所以津通鐵路必須要修，這是我國自強最基本的一點。更何況，陛下已經允准，如果又令停工，朝令夕改，也會被外國人笑話。」

李鴻章說的固然在理，但頑固派的言論也使清政府感到恐懼。頑固派與洋務派各抒己見，互不相讓，朝廷無法決斷，最後將兩派意見下發給各省督撫，讓他們討論後復奏。洋務派官員兩廣總督張之洞看鐵路之爭相持不下，怕影響了整個洋務運動的進程，於是就提出了一個折中意見，即緩辦津通路，在不能引敵的內地河南、湖北修路。其本意是避開摩擦，待以後慢慢解決。清政府終於得到了一位洋務官員的支持，於是便立即命令停止修築津通路。

在修築鐵路事宜上，李鴻章再次受阻，為此他十分苦惱。李鴻章氣憤地說道：「如今實在是遇到了數千年來從未有過的強敵，外患如此嚴重，而那些守舊之人還在說以成法制之，這不是痴人說夢嗎！」他大聲呼籲：「成法萬不可拘泥，風氣萬不可不開！」

事實上，李鴻章等人的洋務運動已經給近代中國開了一代新風。他們把中國近代第一批開明人士的啟蒙思想付諸實施，使人們在現實生活中真真切切地感受到，在閉關了幾千年的中國大地上，新世紀的曙光已經來臨，中國向著先進世界邁出了第一步！受中國幾千年封建思想影響的頑固勢力固然強大，但它卻無法扼殺新生

事物的強大生命，洋務運動仍以其不可阻擋之勢向前發展著。

西元一八八五年的中法戰爭，又使中國人遭受了一次劫難，也使李鴻章受到了極大的觸動，自己苦心經營二十幾年的自強之路，並沒有使大清帝國富強起來，中國還是落後、貧弱。中法戰爭使李鴻章進一步意識到海軍的重要，沒有自己的海軍，沒有自己的艦隊，就無法抵禦洋人來自海上的侵略。十五年前，李鴻章就已經有了這種認知，現在他更加明確了這種認知。如果永遠沒有購買鐵甲之日，中國也就永遠沒有自強之時。這是李鴻章對於自強的新認識，由此，他開始著手建立中國水師。

西元一八八八年，北洋海軍正式成立，並從英、德購買了定遠、鎮遠、經遠、來遠、致遠、靖遠、濟遠、超勇、揚威等九艘艦船。至此，洋務運動已由最初的創立軍事工業、經辦民用工業而進入到操練海軍這個更高層次。

西元一八九四年，明治維新之後強盛起來的日本發動了一場侵華戰爭，戰爭的結局以中國慘敗而宣告結束。甲午戰爭的失敗，表明以自強富國為目的的洋務運動並沒有達到它的目的，中國並沒有因為洋務運動而變得富強起來，相反，卻繼續向半封建半殖民地的深淵滑去，中國辦洋務的士大夫們企圖去挽救，但這一切都沒能如願，洋務運動以失敗而宣告結束了。

甲午戰爭戰敗，中國半殖民地的形成，不能歸罪於洋務運動，如果沒有洋務運動，清王朝同樣會失敗，而且會敗得更慘。

洋務運動本身固然有許多弊病存在，但最主要的是李鴻章等人作為封建地主階級官僚，在他們內心深處，將封建制度視為他們固守的根本，而這一制度已走到了它最後的滅亡階段，在這一歷史潮流之下，如果仍抱著這個制度不放，那麼最後也只能以失敗為結局。

轟轟烈烈的洋務運動失敗了，但它對中國近代史乃至整個中國歷史的影響是巨大的。它把當時世界上資本主義一些先進的東西帶入了中國，它把一個閉關鎖國的封建大帝國領到了世界的大舞台上，它使中國看到世界，它使無數的中國人接受了西學，從而極大地縮短了中國走向世界的進程。

事實也教育了中國人民，在封建制度江河日下、民族劫難頻仍不休的嚴峻形勢下，以西學來補救中學，以中學為本、西學為末的洋務運動來達到自強、富國的目的，只是士大夫們的美好幻想。洋務運動失敗的事實告知人們：若想挽救危難中的人民，唯一的出路就是要對中國封建制度給予根本的變革。

戊戌喋血

國恥使愛國的志士奮起，於是改革封建政體的維新運動應運而生。但是，變法何其艱難，戊戌英雄的血流成了河……。

西元一八九四年，是中國人永遠也不能忘懷的一年。就在這一年，中國東方的島上小國、不久前還遭受著列強侵凌的日本，竟悍然發動了侵華戰爭，並取得勝利，加入到瓜分中國的強國之列！

這場戰爭之後，西方列強開始改變在華的侵略形式，改商品輸入為資本輸入，爭先恐後地開設工廠，建築鐵路，開鑿礦山，逐漸地控制中國財政命脈。在列強的瓜分統治下，中國人民過著半封建半殖民地的生活。

面對如此悲慘的局面，無數的人在痛苦中思考著。中國為什麼會如此慘敗？日本為什麼會成功？明治維新使日本走上了富強之路，那麼三十多年的洋務運動為什麼就沒有使中國富裕自強呢！事實證明，用西方的技術來為中國封建政體服務，這條道路是行不通的！若要使中國走上自強之路，首先要學習西方的政體、學習日本的維新，康有為說得非常明白：「能變則存，不變則亡，全變則強，小變仍亡。」

甲午戰爭的慘敗，洋務運動的破產，是對「中學為本，西學為末」宗旨的最殘酷的判決。經此劇變，沒有被硝煙和波濤吞沒的三軍將士們長了一智；那些鑽研經籍、流連詩文的知識分子，也在救亡圖存的呼喚之下前進了一大步；而探索著救國救民真理的仁人志士們，則將西學理論提高到一個新的高度，將西方資本主義國家的君主立憲制政體引入中國，從而使中國的救亡運動發展到了一個嶄新階段。

十九世紀末葉，伴隨列強政治、經濟、軍事的侵略，各種思潮也一齊湧來。早在西學剛剛傳播之時，早期改良主義思想便在中國大地上悄然而生。王韜、薛福成、馬建忠等，他們都是中國知識分子的先覺者，而且最初都曾經是洋務派的支持者和追隨者。但到後來，他們對洋務運動產生了懷疑，甚至批判洋務派死抱封建政治制度不放的守舊立場，並將西方政治、經濟、文化教育等諸多方面廣泛地介紹到中國。

在他們之後，鄭觀應、陳熾、何啟、胡禮垣等人對洋務運動的抨擊更加猛烈，他們在經濟上要求獨立發展民族資本主義，和外國資本競爭，在政治上介紹西方資產階級議會制度，要求在中國實行君民共主的君主立憲制。他們在比較了西方各類國家之後，對君民共主的國家特別欣賞和讚美，王韜曾這樣說過：「君民共同治理國家，則上下相通，民情可以很快傳達到君主那裡，君主施給百姓的恩惠也可以迅速地傳布下去。」

總之，早期改良派對中國如何走向富裕的道路，作了種種探索。他們學習西方，追求真理，對西方的認識，由船堅炮利到振興商務，再到君民共主，這是中國近代西學思想的發展歷程。他們是向西方尋求真理的先驅，同時又為資產階級改良派向西方學習架起了橋樑。洋務運動的徹底失敗，使救國救亡的中國志士們深深地意識到，只有掀起一場轟轟烈烈的維新變法運動，才是當務之急。在這一波歷史大潮中，康有為扛起了拯救民族危亡的改革大旗。

康有為，西元一八五八年出生於廣東南海官僚地主家庭，又名康長素，自幼就感受到了資本主義侵略所帶來的災難，同時也較早接受了西方資本主義文化。在民族危機日益嚴重的時代，身受封建正統教育的康有為困惑、迷茫了。

西元一八八二年，二十四歲的康有為到北京參加順天鄉試，沒有考中。回鄉途中，康有為到了外國人設有租界地的上海，他看到租界地內井然有序，心想，外國人治理租界地都這麼有辦法，本國的政治一定更加進步。他把江南製造局和教會所翻譯的書都買了下來，裝幾大箱帶回家去，細細研讀。西方的政治、經濟就好比一個磁鐵，強烈地吸引著他。康有為的革新思維也就在這個時期產生了。他認為資本主義國家之所以能成為強國，其整套治國辦法是進步的。而中國卻閉塞落後，不思徹底改革，所以才被列強所侵略，處境一天比一天壞。從此，他便把學外國、做改革作為自己的行動指南。

中法戰爭以後，列強侵略勢力深入中國西南邊陲，清朝政府的腐敗與無能暴露無遺。康有為認為如果這個時候趕快變法維新還來得及，如果再拖延下去，內憂外患一天比一天緊迫，那就無法挽救了。於是他寫信給當時比較開通而又為光緒帝所信任的大臣翁同龢、潘祖蔭，大談變法維新。西元一八八八年，他再一次參加順天鄉試時，寫了洋洋五千字的〈上皇帝書〉。這是康有為的第一次上書，他向皇帝建議要變成法，通下情，慎左右。如此內修政事，十年之內，富強可致，二十年便可雪恥復仇。

上書首先到了翁同龢手中，他覺得康有為的言論過於激進，因此沒有給轉達。之後又到了頑固派徐桐和祁世長的手中，他們對這個狂妄書生不屑一顧，徐桐對左右說道：「此人真是痴人說夢，簡直是不知天高地厚。」

上書被退回之後，康有為並沒有心灰意冷，他在救國救民的道路上繼續探求著改革之路。當時他作詩吟道：「治安一策知難上，只是江湖心未灰。」即表明了他的高遠之志。

第一次上書的失敗，使康有為感受到了頑固勢力的強大與變法運動的艱難。為了使變法成功，他以自己獨有的智慧，以及銳意改革的決心，在封建正統思想的儒家學說中來尋找變法理論，以此減少變法阻力，並力求為大多數儒家思想武裝起來的封建士大夫們所接受。於是，他撰寫了《新學偽經考》和《孔子改制考》。

康有為在《新學偽經考》中提出了一個一反常理的觀點，那就是六經皆偽。他說：「東漢以來流傳下來的古文經，都是劉歆為了王莽新朝服務而篡改的，因此才叫新學。新學是王莽一朝之學，它與孔子無關，並把孔子本意全部淹沒了。以後賈逵、馬融、許慎、鄭玄等以及宋代注釋的經書都是偽學，並不是孔子本來之意。」既然六經都是偽的，那麼當務之急就是要恢復孔子的本來面目。然而，孔子究竟是什麼樣子的呢？這在他的第二本著作《孔子改制考》中可以找到答案。《孔子改制考》說明了所謂孔子政治思想被淹沒二千多年的真正涵義，即孔子的託古改制思想。

孔子生活在春秋亂世，他嚮往堯舜太平盛世，孔子的思想就是託古改制。康有為還把資產階級的民權、議院、選舉、民主、平等都附會到孔子身上，說是孔子所創。那麼為什麼孔子要用託古改制的形式提出他的改革主張呢？康有為是這樣解釋的：「人們都有一種榮古賤今、貴遠賤近、厚古薄今的心理，而且孔子是個布衣，他若提出改制，勢必使人們驚駭，無以為信，所以只好托先王之名，才能既可避禍，又可取信於民。」

既然孔子是主張變法的，那麼我們這些孔子的追隨者為何不走同樣的變法之路，並按照孔子所指出的大同理想去努力呢？既然被世世代代推崇的六經都是偽的，那麼作為禁錮人們思想意識的封建制度為何不可以改變呢？

康有為的理論一經問世，立即遭到了頑固派的猛烈攻擊。本來，歷年來被封建統治階級奉若神明的六經，你卻說是假的；被封建衛道士頂禮膜拜的儒家先聖孔子，卻被你改頭換面，轉眼成了託古改制的維新鬥士，宛若今日的康君一般。這還了得了，這明明不是在動搖封建統治的根基嗎？康有為實在是要反天了，這些封建大員們怎會坐視不管呢！於是變法前的維新與守舊的第一次論戰開始了。

首先提出毀禁《新學偽經考》的是安維峻。西元一八九四年他上疏彈劾此書，他說：「康長素以詭辯之才，肆意狂言，說六經都是新莽時劉歆偽撰的，並以此為旗號，煽惑人心，招收門徒，勢力已十分浩大。臣常常想孔子乃千古之聖人，六經如日月經天，江河行地，自從漢代儒子經表章、宋儒注釋，使經學更加昌盛。我朝也聖聖相承，重道尊經，將六經列為官學，一時間名臣巨儒輩出，使經學大大發展。然而康有為卻口出狂言，力翻成案，詆毀前人，真是荒謬絕倫。如此之人，豈可容於當代聖明之世。若不及早加以遏制，恐怕其說一旦流行開來，將危害至深。」此疏一上，反對康有為的人一下子多了起來。葉德輝也站出來為保衛「聖教」而奮起抗爭，他上疏反駁道：「《新學偽經考》的作者康長素在光天化日之下，將聖經聖法予以篡改，真可謂無父無君。他與周禮、孔子為仇敵，豈不是與禽獸無異，他何以竟狂悖到如此程度！」在頑固派不遺餘力的指責之下，《新學偽經考》三次印出，三次被禁毀。

《孔子改制考》也遭此同樣厄運。此書剛一問世，葉德輝立刻發表自己的「高見」：「《孔子改制考》宣傳民權、平等，民權、平等是什麼？就是觸犯聖人之綱常、天威之嚴肅。人人平等，權權平等，那就是沒有了尊卑親疏，無尊卑，即是沒有君主，無親疏，即是無父。康長素實際上是托孔子之名而行其術，名為尊孔，實則是有悖於孔子之道，是在蠱惑人心。」賓鳳陽言道：「試問權力下移了，國家究竟由誰來治理，國君又幹什麼呢？這實際上是在製造天下大亂。康有為實在是心存不軌、辯言亂政之人。」梁節庵也大肆聲稱：「康有為對上則企圖分散君權，對下則欲散布邪教，他這是離經叛道，惑世亂民。」在頑固派如此叫囂聲中，《孔子改制考》也終遭毀版之命運。

但是，頑固派的氣焰並沒有使維新志士退卻下去。康有為以講學、辦報等形式大張旗鼓地宣傳維新變法思想，對頑固派予以駁斥。西元一八九一年他在廣東長興裡萬木草堂收徒講學，西元一八九四年到桂林講學，以後又創辦《萬國公報》、《中外紀聞》，組織北京強學會、上海強學會、兩粵廣仁善堂聖學會等等。康有為以及他的門生們以各種途徑宣傳自己的主張。

康有為說：「舊有的有朝一日必將被破壞，所以就不能泥守舊法、恪守祖訓，而應當推陳出新。從古代聖典，也可見一斑。《史佚》鑑成王，讓他接近於民；《康誥》誡康叔，要他警舊就新；《大學》裡講的也是日日新的道理；伊尹曾說：用其新，去其陳。後世因忘記了先賢的告誡，以至於疏遠其民，墨守成法，所以導致敗亡。」

他還用歷史進化論的觀點，論證了歷史是越演越進步，一代勝過一代的，因此不能墨守成法，要日新又新，與日俱進。他說：「守舊則塞滯，維新則疏通；守舊則腐敗，維新則鮮明；守舊則頹敗，維新則整飭；守舊則散漫，維新則團結；守舊則窳敗，維新則發揚；守舊則只存形式，人心不樂；維新則精神振作，士氣高昂。中國之俗，向來超遠而棄近，趨舊而棄新，正因為此，才致成痼疾，實在是不能不鑑啊！」

他認為事物在變化中發展是普遍規律，他說：「假使天有晝而無夜，有夏而無冬，萬物則何以為生？所以

天只有變通，萬物才得以繁生。夫天能長久存在，就是因為它能適時變化。人從小到大，顏貌萬變，從不學到學，心靈和智慧都在萬變。歷史千年一大變，百年一中變，十年一小變。所以說，天、人、歷史都在變，政治也在變。如果積習太深，而又時局大變，這樣不盡棄舊習，創建嶄新政治，就不能滌除舊弊，維新氣象。如果僅僅像辦洋務那樣貼貼黏黏，縫縫補補，那麼千瘡百孔，顧此失彼，必將勞而無功。所以只有變革，才是當今之急務。」

當務之急只有變法圖強，這才是中國的出路，而變革的模式就是先進英國的君主立憲制。康有為說：「天下萬物中人是最尊貴的，人人獨立，人人平等，人人自主，人人不相侵犯，人人相親相愛，這是人類的公理，是人類進化的標誌。」人人平等，但不能廢除君主，他認為中國最理想的政體是西歐三權分立的君主立憲制。他說：「聞東西各強國之所以能強，就是因為立憲法開國會的緣故。國會者，就是君與民共議一國之政的法律。依據三權鼎立之說，以國會立法，以法官司法，以政府行政，最後君主總裁，立定憲法，這樣國家就可治了。中國若行此政體，則人君與千百萬之國民合成一體，國家怎能不強盛呢？」

康有為以他強有力的理論體系論證了中國的改革勢在必行，同時又指明改革的方向和道路，從理論上證明了中國若自強振興，必須學習西方，走君主立憲的改革之路。並以此反駁了頑固派的叫囂與攻擊，為變法維新做了充分的思想準備。

西元一八九四年的中日甲午戰爭，中國戰敗了。湘軍、淮軍這些在鎮壓國內起義威赫一時的舊式軍旅，在維新後的日本新軍面前，全部崩潰了。旅順口、威海衛等經營了十多年的軍港要塞，被日軍全部占領了。花了數千萬兩銀子，費了數十年心血建設起來的第一支海軍——北洋水師全軍覆沒了。清朝政府再一次屈辱求和，李鴻章赴日，在強權威脅之下，簽訂了喪權辱國的《馬關條約》，不但把台灣和遼東半島等大片國土割讓給日本，還要賠償日本軍費二億兩白銀！

屈辱簽訂不平等條約的消息從日本傳來，舉國震驚！

這一年正是朝廷會試之年，全國十八個行省舉子聚集於北京。李鴻章在日本簽訂《馬關條約》的消息傳到北京之後，這些血氣方剛、憂國憂民的士人按捺不住滿腔的憤怒，在宣武門外松筠庵諫草堂內集會商討對策，最後決定一齊上書皇帝，要皇帝拒簽和約，遷都陝西，以圖東山再起，同時練兵，以禦強敵。此乃權宜應敵之謀，之後再變法以成天下之治。這就是歷史上著名的「公車上書」，領袖就是康有為。

上書寫好後，舉子們來到都察院投遞。都察院門前，一時間，車馬盈巷，人群紛集，反對簽約形成浩大聲勢。

舉子們的行為令朝廷極為不安，軍機大臣孫毓汶派人到各舉人的寓所進行威脅的同時，也勸他們不要損害自己的前途。都察院的官員們則說皇帝已在條約上蓋了印，事情已無可挽回，上書不能向皇帝呈送。

「公車上書」雖然失敗了，但是康有為的聲名卻從此大震，京城的大街小巷都知道有個舉人叫康長素，他敢於向皇帝上書。第二天，會試發榜，康有為中了進士，被任命為工部主事。沒過多久，康有為再一次寫成一萬三千字的上皇帝書，內容與「公車上書」大致相同，只是刪去了拒和、遷都之建議，把要求變法的內容加強了，並從各方面說明必須趕快變法的道理。這一次上書是康有為的第三次上書，由於當時康有為的名望，以及輿論的壓力，都察院被迫將它呈遞給了光緒帝，光緒帝第一次看到了康有為的上書。

經歷了千波萬折，康有為的上書終於交給了光緒皇帝，對於康有為來說，這是他實現理想的第一步。而對於深居皇宮、受制於人的光緒來說，上書好似一束陽光照射到他那充滿陰霾的心靈深處，他感到從沒有過的暢快，心情立刻豁然開朗起來。

一個又一個的沉重打擊，給光緒皇帝的心靈帶來極大的震盪。有著幾千年歷史、四億人口的滿清帝國，竟然被一個島國打敗，以致屈膝求和，受盡凌辱。甲午戰爭的失敗，使光緒皇帝心痛如割，第一次深切地感受到了國家的危機，感受到了自己寶座下基石的動搖，也感受到了自己處境的艱危。所有這些痛苦的事實，都使他越來越清醒地意識到，世界已經變了，如果再按過去那種老規矩、老辦法辦事，已經行不通了。他非常想學日

本明治天皇，奮起維新。

他知道，如果再不改弦更張，變法圖強，這個江山就有被西方列強分割的危險，祖宗的基業，就有被覆滅的可能！然而，自己又如何變革啊？又哪來的權力允許他變革呢？一想到他身處的境地，不覺更加煩悶起來。從自己四歲即位起，一直是慈禧太后垂簾聽政。十六歲成人之後，西太后不好意思再垂簾了，就宣布歸政於帝，由她訓政。

西元一八八九年光緒十九歲時，西太后覺得再訓政下去實在說不過去，不得不宣告皇帝親政。可是二品以上大員的黜陟還要請她的懿旨，一切政令還要受她干涉，所不同的是皇帝先看奏摺，然後再請太后懿旨。但實質是一樣，光緒受制於皇太后，毫無實權。

近期發生的幾件事，更使他鬱鬱寡歡。甲午戰爭失敗後，有個膽大的御史叫安維峻，他上奏章攻擊李鴻章抗戰不力，並有指責和議出自皇太后之意。太后動怒，把安維峻革職充軍。光緒的兩個妃子，珍妃和瑾妃因為得罪太后，也被革去妃號，降為貴人，珍妃的太監高萬枝被活活打死。後來，又有杖打珍瑾二妃、殺太監寇良才等等事情發生。

所有這一切，都使這個熱血未冷、壯志未泯的年輕皇帝感到心情十分壓抑。他試圖尋找出路，然而出路在哪裡？就在他苦悶、徬徨、困惑的時候，他看到了康有為的上書。康有為的變法圖強思想正是此時的他所需要的。他命令將此書抄成四份，一份呈西太后，一份交軍機處，轉發各省總督、巡撫、將軍審議，一份存乾清宮皇帝文件櫃，一份存勤政殿，以備隨時展閱。康有為的上書在朝廷內外轟動了，許多愛國志士從此看到了希望，看到了曙光。光緒帝急不可耐，他想儘早召見康有為，以便進一步探討改革具體事宜。

然而，西太后看過康有為的上書之後，將摺子一摔，怒氣衝衝地說道：「這個康長素，簡直是妖言惑眾，以後再不許皇上聽其蠱惑。」奴才們將太后的口諭轉達給都察院，示意都察院不准再向皇上傳遞康有為的奏摺。

康有為在第三次上書成功之後，馬上又寫了一個奏疏，論證了設立議院的必要性，並建議皇上廣招賢

才，製造輿論。上書寫好後送到了都察院。都察院官員說康有為是工部主事，應由工部代遞。而工部侍郎李文田堅決抵制，拒絕代遞。康有為又去找兵部尚書榮祿，榮祿是西太后的心腹，更不肯代遞了。第四次上書就這樣被阻擱了。

康有為的又一次受挫，使他暫時放棄了給皇帝上書這條途徑，他開始在社會上廣泛地擴大自己的影響，以取得多數人的支持，從而積蓄力量，以迎接新世紀中國的到來。

西元一八九五年的八月，康有為在北京創辦了《萬國公報》，同年十二月改名為《中外紀聞》，由梁啟超、麥孟華編寫文稿，除刊載清朝政府的章奏和轉載在華外國人報刊上的文章外，每期都有議論一篇，以此做維新變法的宣傳園地。最初每期印一千份，後來每期印三千份，免費送給北京的官員們看。它的影響很大，有更多的人由此開始瞭解變法，並理解它，支持它。

在創辦刊物的同時，康有為又著手組織學會。同年八月，由帝黨文廷式出面，邀請陳熾為會長組成了強學會，梁啟超為書記員。康有為在《強學會序》中，陳述了在列強侵略下的危迫形勢，以及成立學會挽救時局的目的。學會一開始，聲勢便很浩大。學會每隔幾天便集會一次，有人進行講演宣傳，還向上海購得譯書幾十種，計劃設立圖書館，帝黨翁同龢、孫家鼐出面支持，大官僚張之洞、劉坤一等也都捐了款。

強學會在北京活動的影響一天比一天擴大，康有為又到上海成立了上海強學會，並發刊《強學報》。強學會由北京發展到上海，變法的呼聲越來越高，使頑固派感到這是對他們的嚴重威脅，他們不能再容忍了。他們公開叫嚷「寧可亡國，不可變法」，並到處散布不利於強學會的流言蜚語。頑固派的言行果然奏效，以至於《中外紀聞》送出去後，官僚們對送報的人怒目而視，到最後就是出高價也沒人肯代送了。西元一八九六年一月，御史楊崇伊上了一個奏章，他說：「啟奏皇上，工部主事康長素等人以強學會之名結黨營私，並以《中外紀聞》為陣地販賣西學，這些人實在是無法無天，請皇上予以嚴辦。」皇帝聽了倒不覺得怎樣，但西太后卻借此機會勒令光緒帝封閉強學會，查禁《中外紀聞》。

維新志士們雖然又遭受到了打擊，但是，此時的維新浪潮已風起雲湧，勢不可當。上海強學會被查禁後，梁啟超的《時務報》接踵誕生；康有為回到廣州，在澳門創辦《知新報》，在桂林組織聖學會；與此同時，湖南的譚嗣同成立南學，並創辦《湘報》；在天津，嚴復、夏曾佑創辦《國聞報》……總之，在全國成立的學會、學堂、報館等如雨後春筍般呈現出了勃勃生機。

就在變法之聲震撼著古老的華夏大地之時，中國時局進一步開始惡化。西元一八九七年十一月，德國強占膠州灣，接著沙俄強占旅順、大連，法國強占廣州灣，英國強占威海衛和九龍，中國即將被帝國主義強行瓜分。面對如此緊迫的時局，康有為毅然從廣州趕赴北京，再一次向皇帝上書。

這一次是康有為的第五次上書，他慷慨激昂地說道：「當今的中國面臨的是怎樣的局勢啊？日本議院天天在開會，各國的報紙都議論紛紛，他們是在討論瓜分中國的事！此時的形勢就好比地雷四伏，只要將藥線接通，稍一點火便會烈焰四起。然而自從割讓了台灣以後，全國人民都知道朝廷不可靠，到處都埋伏著人民反抗的危機，即使沒有外國列強的逼迫，也已經是夠值得憂慮的了。現在已經到了內外交困、山窮水盡的時候，如果還不動手變法，盡快拯救內外危機，那麼到時想求一個半壁河山的偏安局面，也是不可能的了，即使是皇上和大臣們想當個長安的老百姓，也是不可能的了。」

康有為說這番話，就是想以此來喚醒那些還沉睡的封建大員們，喚起他們的良知，刺激他們麻木的神經。康有為的上書確實刺激了頑固派的自尊與虛偽的靈魂，當康有為把上書送到工部時，尚書淞溎看後大為惱火，他指著康有為的鼻子問道：「你為何敢如此大逆不道，口出狂言？難道你不怕死嗎？」康有為大義凜然地說：「是的，我不怕死。」康有為確實是不怕死的，他為了中國的變法事業甘願獻出自己的一切，以至於獻出自己寶貴的生命。

這次大膽的上皇帝書，雖然沒有送到皇帝手裡，但卻被許多官員互相傳抄，天津、上海的報紙也把它刊載出來，其內容流傳甚廣，為一些士大夫所欣賞。都察院的給事中高燮看到後，大為感動，他當即上奏推薦康有

為，並請皇上立刻召見他，委以重任。翁同龢也趁勢誇獎康有為，促使光緒帝下決心召見康有為。

皇上欲召見康有為，立刻遭到守舊大臣的反對。恭親王奕訢對光緒說：「依據本朝成例，不是四品以上的官吏皇上不得召見。康長素職位太低，皇上若有所詢問，讓大臣傳話就是了。」皇上沒有辦法，只好依據奕訢意見，改令大臣傳康有為問話。於是康有為與大臣的直接對話開始了。

西元一八九八年一月二十四日的下午三點，康有為被請到總理衙門西花廳。出席問話的大臣有李鴻章、翁同龢、榮祿和刑部尚書廖壽恆、戶部侍郎張蔭桓等五人。這次問話實際上是變法與反變法的小小辯論會。首先開口的是榮祿，他問道：「你極力主張變法維新，但是祖宗之法是不能變的，這一點你做何解釋？」康有為回答：「祖宗之法是用來治理祖宗的領土的，今天連祖宗的領土也保管不住了，還談什麼祖宗之法呢？就比如這個總理衙門吧，它就是個外交署，也並不是祖宗之法中所固有的。這是因時制宜，實在是不得已而為之。」榮祿看康有為把自己駁倒了，再也無話可說，坐在一旁不作聲了。接著廖壽恆問道：「如果說要變法，那麼從什麼地方下手呢？」康有為直截了當地回答：「應從改革法律、官制入手。」

李鴻章聽到這，有些按捺不住了，便用質問的口吻問道：「按你這個說法，難道說六部都要取消，規章制度都可以不要了嗎？」康有為毫無懼色，不慌不忙地回答道：「法律實行得久了，必然會生弊，更何況當今是列強並立的時代，不再是從前關起門來閉關自守的時代。現行的法律和官制，都是過去的舊法，造成中國危亡的，正是這些舊法，所以必須要廢除這些舊法。即使是一時不全改，也應斟酌情形逐漸加以改變。只有這樣，新政才能推行。」

翁同龢這時岔開了他們的辯駁，轉問變法需要的款項怎麼籌措，康有為回答：「日本設立銀行發行紙幣，法國實行印花稅，印度徵收田稅，成效都很可觀。中國地廣人多，如果能改變制度，稅收將比現在增加十倍。」接著，他又詳細地談了他所設想的具體方案，以及如何取法近鄰日本等等。

這一次會談，直到天黑才結束。康有為第一次與一些頑固大臣面對面地辯駁、交鋒，他的維新鬥志以及大

無畏的精神淋漓盡致地表現了出來。守舊大臣們看到了維新志士的勇敢和士氣，感到無比地恐慌，從而更加深了他們的仇恨與敵視，加緊了阻撓的步伐。

第二天早朝，翁同龢把問話的情形告訴了光緒皇帝。皇帝一聽，立刻要召見康有為。然而，奕訢再一次出面阻擋，他說：「皇上如果實在想瞭解康長素的主張，可以先讓他上書條陳意見，如有可採之處，再召見也不遲。」光緒只好傳令讓康有為寫出書面建議，並要康有為將他所編寫的《日本明治變政考》、《俄羅斯大彼得變政考》等書都一同送上。同時他又命令以後如有康有為的奏章、條陳，應隨到隨送，不得任意阻撓和積壓。

得到皇帝的詔令之後，一月二十九日，康有為上了〈應詔統籌全局摺〉，也是第六次上書。他在這篇奏摺中說：「臣聞方今守舊之國，沒有不被分割而危亡的，波蘭、埃及、土耳其、緬甸等國無不如此。如今世界各國的趨勢就是能變則全，不變則亡；全變則強，小變仍亡。中國之所以面臨著如此危亡的局面，就是由於保守舊法不知變革所致。現在只有毅然推行新政，走日本明治維新道路，此外沒有別的路可走。依據日本的明治維新，請皇上盡快做好以下三件事：第一，召集群臣，宣布變法。大臣們都要表示決心，革除舊習，努力維新，否則自請免官。第二，設上書所，讓士民自由上書，破格重用才能之輩。第三，設制度局，下設法律、度支、學校以及農、工、商、鐵路、郵政、礦務、游會、海軍等局，訂立各種新章。如此則雖不敢說自強，但自保卻不成問題。臣愚夙夜憂國，對統籌大局做了詳細的思考。如此時阽國危。臣謹竭愚誠，伏乞皇上聖鑑。謹呈。」

康有為的這個統籌全局奏摺，可以說是資產階級改良派革新政治的全部要求，也是戊戌變法的施政綱領。康有為把變法說得輕而易舉，可以立見成效，使年輕的皇帝大受鼓舞。光緒當即把此折發給總理衙門的親王、大臣，讓他們商討，還把康有為的書放在案頭，天天翻看。看來光緒皇帝要決心一試了。

過了幾天，康有為第七次給皇帝上書，著重講述了俄國彼得大帝放下架子到外國遊歷學習的事，意使光緒帝拿出彼得大帝的勇氣。

變法的氣氛越來越濃了，許多報刊、學會應運而生，粵學會、蜀學會、閩學會、吳學會紛紛成立。正趕上

又要會試了，各省舉人雲集北京。康有為覺得這是一個難得的機會，他要集合全國的舉子士人成立一個大會，以伸國憤，讓愛國的熱忱，為天下人所共有。剛好御史李盛鐸也有會合在京應試舉人開會的主張，於是由康、李為主要發起人，組織了保國會。康有為在保國會成立大會上，慷慨陳詞，他歷述帝國主義侵略日急，瓜分危機日重，他大聲地疾呼：「今日之局勢，人人都有亡天下之責任，人人都有救天下之權利。如果能聯合中國四萬萬人民，使人人熱情激憤，則無不可為，不患不能救也。今成立保國會，就是為了救亡、保國！」同時他又起草了三十條章程，目的就是喚醒士人，講求變法，以保國家土地不喪失，保民族自立，保象徵民族精神的聖教不受侵犯。

保國會一經成立，聲勢便十分浩大。不久保滇會、保浙會、保川會等紛紛成立，他們演講、宣傳，使維新變法的波浪在士大夫中間較大程度地激盪起來，其影響越來越大。

從強學會、南學會發展到保國會，已由地區性的學會，進而成為全國性的具有政黨規模的統一組織，這使頑固派十分仇視。從西元一八八八年以來，頑固派就禁止傳播西學，他們焚毀新書，查禁報紙，封閉強學會，驅逐維新士人，千方百計對維新力量進行抑制和打擊。保國會成立後，更加劇了頑固派們的不安，於是，更為強大的壓力又降下來了。

一天，吏部主事洪嘉興唆使正在北京找門路的文人孫灝攻擊康有為，他對孫灝說：「朝裡的大官們都討厭康長素，你若能出面攻擊他，我就替你活動一下，保薦你為經濟特科。」孫灝聽了很高興，他就按洪嘉興之意做了一篇長文〈駁保國會〉，對康有為的保國會章程逐一加以駁斥，進行攻擊、謾罵，並說康有為目無君上，想做民主教皇。文章寫好後印成了小冊子，送到每一個京師貴人的手中。

守舊大臣和皇親貴戚，得到這本小冊子後，輾轉傳布開來，於是乎，攻擊的言論大起。

御史潘慶瀾上疏彈劾康有為，他說：「臣啟奏陛下，今康長素之輩成立什麼保國會，聚眾不軌，臣請皇上聖明，查禁強學會，並請封其萬木草堂。」剛毅立刻站出來表示贊同，並說：「臣願前往查封保國會。」光緒

正色問道：「保國會能保國，豈不大善，何必要查禁呢？」此事因皇帝反對被擱置下來。

沒過多久，御史黃桂鋆參彈保滇會、保浙會、保川會，牽連到保國會。他說：「保滇會等都是保國會的黨徒，他們是為了包藏禍心，乘機煽惑，糾合各地舉子而成立的，目的在於宣傳他們簧鼓之言，巧立名目，聳人聽聞，以博得皇上的諭旨，總攬大權。俗話說，天下古今，權掌握在皇上手中則國家治，如權力下移，則天下亂。而今民主民權之說，日益猖獗，如果皇上準許各省紛紛成立自保會的話，唯恐會匪聞風而動，其患不可勝言。如各省從此都自保，那從此國家必將分裂。還請皇上嚴禁。」

榮祿也怒氣衝衝地說道：「康有為成立保國會，現在許多大臣還沒有死，就是亡國也不勞他來保。他如此狂妄，非殺不可。」發起人之一的李盛鐸，看風頭不對，便上疏誣衊保國會，以求自免。保國會的刑部官員喬樹枏，竟寫信給梁啟超，否認自己加入過保國會，他在信中說：「保國的職責只有在位的親貴大臣才能擔當得起，如出於低賤的下級官吏，那是極大的不安分。」保國會在如此強大的壓力下，只開了三次大會便不敢繼續活動，自行停頓了。

然而，光緒這個一心想擺脫受制於人狀態的皇帝，他的決心並沒有變，在京城越來越濃郁的變法氣氛中，奮發圖強的願望越來越強烈。西元一八九八年六月十一日，皇帝終於下了一道「明定國是」詔書，宣布變法。

那是一個晴朗的早晨，光緒帝端坐在九龍華蓋和日月龍鳳扇下，神情肅穆。黑壓壓地跪著一地聽詔的京官，向皇帝山呼萬歲之後便鴉雀無聲。只見一宣詔官登上高台，先向皇上行三跪九叩之禮後，西向肅立，雙手捧詔，大聲朗讀起來：「數年以來，中外臣工，講求時務，多主變法自強……。」詔書的主要內容就是表明皇帝變法的決心，以聖賢義理之學為根本，又博採西學中務實的精髓；成立京師大學堂，廣招人才等等。

皇帝變法誓詞傳出來後，苦苦奔波、等待的維新志士們受到了極大鼓舞，南海館內的康有為等人個個喜形於色，他們彼此祝賀著，互勉著，在他們的心中已達成一種默契，那就是，在皇帝的支持下，要更加無所畏懼地為自己的理想而鬥爭。

皇帝已經宣誓變法了，現在，他最迫切的就是面見康有為，以便商討新政的具體措施。

六月十六日，康有為夢寐以求的願望終於實現了。當康有為被內侍臣引進殿門，第一次跪在皇帝面前時，他激動得有點緊張，面見皇帝，與皇帝談自己的理想、主張，這是他經過了多少努力、幾經周折才實現的啊！光緒帝從康有為走到殿門時起，就一直在打量這個頎身長髯、目光炯炯的南海奇人，正是這個人使他走上了變法維新的道路，成為他日後推行新政的得力助手。君臣二人各自懷著感念與期盼，一種親近感、依賴感在兩人的心中同時產生。康有為行完大禮之後，光緒開始問話。他說：「先生關心國是，忠忱可嘉，屢次上書，朕都知道了。朕已決意維新，先生有何見教，請盡情奏來，朕很願意聆聽！」

康有為覺得眼前這位皇帝就是他理想中的立憲君主，他慶幸自己遇到了明君聖主，預感自己的理想能成為現實。於是他挺直了身子，侃侃回奏道：「皇上決意維新，實乃國家民族之大幸。自從禁菸以後，中英交戰以來，列強交侵，國無寧日，時至今朝，瓜分之危機已經迫在眉睫。我國五千年的神州大地，已成了列強的砧上魚肉，任人宰割，如再不變法圖強，國運民脈實將不堪設想！」

光緒點頭嘆道：「朕知道，現在是非變法不可了，可是國事如麻，紛繁多端，如欲維新，從何入手才好？」

康有為道：「臣以為治國先求治本，首先在於革新制度。近年來，我朝也曾有所變革，興辦洋務，發展工業等等，但是我們為什麼就不能像西洋國家那樣，行了新政就富強了呢？臣以為，主要就是我國制度不好。從朝廷、督撫、司道、州縣守令、以至黎民百姓，猶如十重門堂，重重隔絕，所以辦事無法核實，下情無法上達，以至於上下矇蔽，奸蠹叢生。要改變現今的制度，首先應從廢八股、興學校、開民智做起。現在的大患在於民智不開，民智不開是由於八股取士的緣故，他們只懂得填詞對賦，訓詁考證，毫無現實意義。」

光緒點頭稱是，他說道：「朕就依先生之意，廢掉八股，廣招人才。只是今日國家一貧如洗，年年賠款，國庫已空，如欲變法，將如何籌款呢？」

康有為說道：「我國並非貧國，在我國土之內，有許多礦產等自然資源。只是因吏治不善，管理無方，才

窮困的。所以只要刷新吏治，清除貪官汙吏，選拔清廉之士、幹練之才，理好稅收一項，國家的財源就充足了。何況還有交通、郵政、礦務等收入，源流廣闊，又何愁沒有款項呢？」

光緒面露笑容，點頭說道：「聽了先生高論，朕茅塞頓開，心中豁亮。」之後他們又交談了兩個多時辰才結束。皇帝接見臣子這麼長時間，這在朝廷是很少有的。康有為當天就被皇帝任命為總理衙門章京上行走。這個官職雖然較低，但可專抓奏事。同時起用的還有梁啟超、黃遵憲、譚嗣同等英才。

從這天起，康有為等人的奏章、建議，流水般傳到紫禁城，然後經過光緒帝，把奏章、條陳變為詔書、諭令，又一件一件從紫禁城下發各地。從六月十一日「明定國是」詔書算起，到九月二十一日，一共一百零三天裡，共有一百一十多道詔書、諭令。戊戌新政全面展開了，這就是通常所說的百日維新。

新政囊括了政治、經濟、文化等多方面。政治上，整頓吏治，裁汰冗員，改革舊的機構，裁撤閒散衙門等。廣開言路，允許官民上書言事。經濟上，設路礦總局、農工商總局和各省商務局，以推動工商業的發展，提倡商辦實業，組織商會。思維文化上，廢除八股，改試策論，取消各地書院，改設新式學校，廣泛學習西學，在北京設立京師大學堂，准許自由創立報館和學會等等。

康有為還上疏建議設議院，建立君主立憲制。他想在民智大開之後，漸漸地實行這一改革方案。但是康有為還沒有等到這一天，頑固勢力便反撲過來，使新政僅倖存了百天便夭折了。

事實上，維新運動每前進一步，無不遇到頑固勢力的阻撓，當變法進入到高潮的時候，這股強大的反對勢力也達到了頂峰。

「明定國是」詔書剛剛頒布完畢，便從太廟傳來一陣哭聲。原來這哭聲是大學士、軍機大臣剛毅發出來的。剛毅是個十分守舊的老臣，他看到局勢已發展到這一地步，卻無力阻擋，只好一個人跑到太廟中去，在列祖列宗之前痛哭著：「從此綱常掃地也，綱常掃地也。」

剛毅傾心忠誠祖宗制度，榮祿則熱衷於自己的權勢和地位。正當剛毅以痛哭來發洩內心的悲愁之時，榮祿卻去找他的主子去了。

皇上回宮，群臣散去，榮祿徑直赴頤和園而來。太監通報，榮祿入內，只見老佛爺正在閒坐，榮祿連忙跪地叩頭，煞有介事地奏道：「啟稟老佛爺，剛才皇上宣詔，發誓維新變法，不知老佛爺可否知道？」

慈禧抬抬眼皮說道：「知道了，現在變法維新，已成潮流，就讓他們去鬧罷。」

榮祿抬起頭，仰望著慈禧，急切地奏道：「老佛爺無比聖明，豈不知大權不可旁落，國之利器不可以示人！」

慈禧最關心的就是權力，榮祿的話震動著她的心，使她失去了心頭的平靜，不禁略略俯下身子，問道：「你有什麼好辦法，就照直講吧。」

榮祿連忙獻策道：「奴才有三條妙計：第一條，逐走毓慶宮行走翁同龢，砍掉皇上推行新政的支柱，這樣皇上就孤立無援了。第二條，今後二品以上大員的調任，都要到頤和園向老佛爺謝恩。這樣老佛爺就控制了國家的中樞，牢牢把握住了朝中大權。第三條，奴才請求出任直隸總督，軍權在握，就不怕這些亂黨了。」

慈禧聽了，內心十分滿意。於是奇怪的現象出現了，光緒皇帝在下了變法詔書後的第四天，又以皇帝的名義，一連下了三道預告新政危機的命令：一是撤除翁同龢協辦大學士、戶部尚書的職務，送回江蘇原籍；二是新授二品以上文武大臣要謁見西太后，向她謝恩；三是調直隸總督王文韶回京供職，派大學士榮祿署理直隸總督。很顯然，這是太后的旨意，這一切都清清楚楚地表明，光緒帝受制於西太后。

與此同時，在京城內外，謠言四起。有的說，康有為是漢奸，受了洋人賄賂，替洋人遊說，要把大清天下賣給英國和日本；有的說，康有為驕傲狂妄、想當聖人，自立為教主，要盡廢六部九卿衙門，使天下人都信奉康教；還有的說，康有為兄弟會妖術，每夜進宮穢亂宮闈，迷惑皇上，使皇上迷了心竅，才整天嚷著要維新、變法；有些謠言甚至造到皇帝頭上，說皇帝要剪辮子，在宮中穿西服，信洋教；還說皇帝患了淋症、遺精症等等。這些謠言大都是從紫禁城內、內務府、太醫院和太監們口中傳出來的，繪聲繪色，煞有介事，所以弄得人

心浮動，惶惑不安，滿城風雨。

此外，還有那些因廢八股制而失去晉身之階的守舊文人，因推行新政而擔心自己祿位難保的頑固大臣，因裁減綠營而感到衣食無著的綠營丁勇，以及因傳聞廢寺廟、興學校而擔心自己失去寄生之所的僧道之人，他們都蛆蠅營聚、蠢蠢騷動，搬弄是非。所有的守舊勢力都聚集起來了，他們咬牙切齒，怒抗新政。他們不敢公開指責皇帝，便把滿腔的憤怒，一起發洩到康有為這個維新派首領身上。他們視康、梁為仇敵，有的甚至公開聲稱，要找康有為拚命。京城之內，一日數驚，風聲鶴唳，新舊之爭，劍拔弩張。

光緒皇帝為了變法維新，決定在政府機構中充實維新力量。九月五日，封譚嗣同、楊銳、劉光第、林旭四人為四品卿銜，在軍機章京上行走，也就是入了軍機處，參與新政事宜，時稱四輔，與此同時，為了清除變法阻力，在封四卿的同時，下令撤了禮部尚書懷塔布、許應騤等六人之職。幾天以後，光緒帝又將阻撓新政的李鴻章、敬信從總理衙門撵了出去。十四日，又下發了旗人自謀生計的詔書。

管理皇室事務的內務府大臣立山，率領滿族官員浩浩蕩蕩地到頤和園去告狀，說皇帝不要滿人了，請太后臨朝訓政。懷塔布、李鴻章等人先後趕到天津，準備在皇帝和太后一同到天津閱兵時廢掉光緒。

各種壞消息傳到光緒耳中，使光緒皇帝覺察到問題之嚴重，但又不知如何是好！他連忙下密詔，要康有為等人「妥速密籌，設法相救」。

康有為、譚嗣同等人讀了密詔不禁痛哭起來，這些君子們密籌的結果，就是將希望寄託於新建陸軍的袁世凱身上！要他占天津、誅榮祿、入京勤王。

然而，這個具有維新熱忱、曾經是強學會一員的袁世凱，卻在變法事業最關鍵的時刻，站在了頑固勢力的一邊，向榮祿告發了康有為等人的計劃。

當榮祿將此消息轉告給慈禧時，這位最高權力的擁有者震驚、暴怒了！

慈禧是晚清歷史中十分重要的人物，她善於施展權術，在咸豐、同治、光緒三朝始終保持著至高無上的權勢。十九世紀末的中國面臨著被瓜分的危險，她也感到恐懼，但她更害怕年輕的皇帝輕舉妄動，造成動亂，以致動搖她腳下的根基。在這種矛盾的心理支配下，她最後決定不妨讓光緒去試一試。如果國家真的能像日本那樣成功了，自己仍然可以保住當前這種地位；萬一失敗了，就廢掉光緒，另立一個皇帝，自己的地位反倒更加鞏固。就這樣，她允許了光緒帝維新變法，允許了新政的推出。當許多大臣跑到她那裡哭泣時，她沒予理會；當懷塔布和他的家人都到頤和園去長跪哀告時，她仍不動聲色，因為這都沒有對她的最高權勢造成威脅。如今，皇帝要發動兵變，這還了得，慈禧氣急敗壞，於九月二十一日凌晨，帶領禁衛親兵，全副鑾駕，往紫禁城而來。

慈禧怒氣衝衝，回到紫禁城中，在乾清宮前下了鳳輦，登上御座。那邊早有人稟告皇帝說太后駕到，請皇帝快去接駕。光緒一聽，如五雷轟頂，嚇得渾身顫抖，他知道事態嚴重了。光緒帝剛一踏入殿門，慈禧就破口大罵道：「你這個沒良心的東西，本來你是旁枝側出，是我把大統給你，你才能登上這個寶座。自從你四歲入宮以來，我撫養你、教誨你二十年，花了我多少心血？試問我有何事負你？為何你竟欲將我囚到頤和園中？你如此忘恩負義，真乃禽獸不如！」

慈禧大罵之後，餘怒未消，將光緒帝囚禁於中南海的瀛台，在那裡，光緒度過了他的餘生。接著，她用皇帝的名義，下詔廢除新政，捉拿康有為等人，並籲請太后訓政，西太后又一次臨朝聽政。

十九世紀末葉的中國，一場轟轟烈烈的變法維新運動就這樣失敗了。康有為逃往香港，梁啟超奔赴日本，無數的維新人士和帝黨被捕入獄，譚嗣同、康廣仁、楊深秀、楊鋭、林旭、劉先弟這戊戌六君子的血染紅了北京城的殺場，染紅了無數嚮往光明、嚮往新事物的人們的心，染紅了充滿滄桑、任人蹂躪的中國大地！

然而，維新志士的血沒有白流。譚嗣同的「我自橫刀向天笑，去留肝膽兩崑崙」的豪情壯志激勵著後來的人們！「變法沒有不流血的，中國還沒有因變法而流血的，這就是國家不昌的原因。如果有，請自嗣同始。」

這豪邁的聲音，自發出的那一刻起，就一直在華夏古國的上空迴蕩著，在中華兒女的心中迴蕩著！它呼喚著人們繼續去奮鬥、去抗爭！它告知人們，封建制度已千瘡百孔，趕快來推翻它吧，創造一個新世紀的中國，迎接新世紀的曙光！

韓趙魏三家分晉

春秋戰國之交，攫取軍權的新興勢力成為軍閥的雛形；他們相互廝殺與搏鬥，打開了歷史上軍閥混戰的先河。

春秋時期，各諸侯國展開了激烈的兼併戰爭，使各國的軍事勢力得到相應的發展。到了戰國初年，隨著公室的衰弱，一些新興地主階級的代表人物——卿大夫逐漸攫取了軍權，並建立起由他們自己控制的私家軍隊，進而展開新一輪的廝殺與搏鬥。其中最為典型的，就是戰國初年發生在晉國的韓、趙、魏、智晉陽大戰。

戰國初年，曾為五霸之一的晉國日益衰微，政權落在趙、韓、魏、智、范、中行六家卿大夫手中。西元前四五八年，趙氏聯合韓、魏、智氏滅掉范氏、中行氏，並瓜分了他們的土地，當時的晉出公對四卿私自瓜分土地這件事非常憤怒，派遣使臣到齊國、魯國借兵討伐四卿，四卿聞知後，立即出兵反攻晉出公，晉君因當時已失去政權和兵權，無力抵抗四卿，只得逃往齊國，走到半路上就病死了。這四卿究竟姓什名誰？原來為首的是智襄子智瑤，人稱智伯；其次是趙襄子趙無恤、韓康子韓虎、魏桓子魏駒。

四卿中，智伯是首席執政，地位最高，勢力最大。由於晉出公死後是由他出面擁立晉哀公為國君的，在政治上更加占有優勢地位，因此得以扮演挾國君以令群臣的角色。智伯身材高大，儀表堂堂，膂力過人，精於騎射，文辭精巧，處事果斷。

但他為人貪婪兇狠，驕傲專橫，剛愎自用，胸襟狹窄，刻薄寡恩。從前他的父親智宣子將欲立他為繼承人

時，族人智果曾勸說道：「立智瑤，不如立他的弟弟智宵。」智宣子說：「智宵相貌醜陋，不如他的兄長智瑤相貌堂堂，一表人才。」智果說：「智宵面貌醜一些，心地卻很善良。智瑤雖然貌美，且頗具才能，但他為人兇狠不仁，繼承卿位必然敗家誤國。」智宣子不以為然，最後竟立智瑤為繼承人。智伯繼承父位後，果然像智果所預料的那樣，獨斷專行，恃強凌弱。他在扶立晉哀公後，隨著權勢的增大，更加不可一世，常想取而代之，自立為晉君，只是懼怕其他三卿聯合起來反對，才未敢遽然行動。

有一天，智伯召集家臣密謀其事。謀士絺疵進言道：「四卿勢均力敵，一家先發，三家拒之。今欲謀取晉室，必先削弱三家的勢力，方能獲得成功。」智伯問道：「用什麼辦法去削弱他們呢？」絺疵說：「現今越國強盛，晉國已失去霸主地位，主公可藉口擴大軍隊，與越國爭雄，假說晉侯有令，讓韓、趙、魏三家各獻地百里，所得賦稅以為軍資。三家若老老實實把地交出來，我坐增三百里之封，這樣智氏會更加強大，三家就會被削弱了。如果三家有不從者，主公可假托晉侯之命，率大軍先除滅之。此『食果去皮』之法也。」智伯連稱：「妙計！妙計！請問三家之中先拿哪家開刀？」絺疵回道：「智氏睦於韓魏，而與趙有隙，宜先韓次魏，韓魏既從，趙則不敢不從。」

智伯遂首先派其弟智開向韓康子索取土地。智開來到韓康子府中，對韓康子說道：「我主奉晉侯之命，整治軍隊，準備伐越，令三卿各割地百里，入於公室，取其賦以充公用。我兄命我前來致意，願乞地界回覆。」韓康子對曰：「你暫且回去，明日我將親自向你家主公報命。」智開走後，韓康子召集家臣計議此事他氣憤地說：「智伯打著晉侯的旗號，以割地為名來削弱三家。我欲興兵討伐此賊，卿等以為如何？」謀士段規忙說：「不可！不可！智伯貪得無厭，打著晉侯的旗號來削我土地，若用兵，是抗君也，他將藉機加害於我家。與其這樣，還不如先把土地割給他，他得吾地，必又去向趙魏索要，趙魏不從，必相攻擊，我可收『坐山觀虎鬥』之利。」韓康子聽從了段規的意見，第二天親自攜帶地圖，獻於智伯，智伯見圖大喜，立刻設宴款待。

飲酒中間，智伯得意忘形，命人取出一幅「卞莊刺虎」的畫卷，讓韓康子觀看，只見畫上題著一行小字：

「三虎啖羊，勢在必爭，其鬥可俟，其倦可乘，一舉兼收，卞莊之能。」韓康子一看，身上頓時冒出冷汗。心中暗想：「莫非智伯已識破我的計謀？」

正在此時，智伯指著畫上三虎逗著韓康子道：「我時常翻閱史冊，列國中齊有高虎，鄭有罕虎，加之足下韓虎之名，三虎全矣。」這時站在一旁的段規趨前而言道：「按照周禮的規定，卿大夫間不直呼其名。今日君對我主所開之玩笑，未免太過分了吧。」段規身材矮小，站在智伯面前不及其胸，智伯以手拍著他的頭頂說：「小兒何知，亦來饒舌！三虎所吃之餘，莫非就是你嗎？」說罷拍掌大笑。段規怒而不言，韓康子佯醉，閉目而言道：「智伯之言是也。」即時回府。智國聽說這件事後勸諫道：「主公戲其君而侮其臣，韓氏恨之必深，若不備之，禍將至矣。」智伯哈哈大笑道：「我不嫁禍於人就算不錯了，誰敢嫁禍於我？」智國急道：「蚋蛾蜂蠆，猶能害人，況且君相乎？主公不備，異日悔之何及！」智伯說：「我將傚法卞莊子，一舉刺三虎，蚋蛾蜂蠆，我何懼哉！」

過了一天，智伯再派智開向魏桓子索要土地。魏桓子起初也打算拒絕，他的謀臣任章說：「智伯向韓氏索取土地，韓康子已把百里之地割給他了，現在又向我們索要，還不如早點給他算了。」魏桓子氣憤地說：「毫無理由就想奪取我的土地，我就是不想給他。」任章規勸道：「正因為毫無理由就強迫人家割地，大家一定懼怕並怨恨他。我們讓出一塊土地，智伯就會更加驕傲起來。一方因為得地而傲慢、放肆並喪失警惕，另一方因失地而惱怒、憤恨並精誠團結。這樣以團結一致的軍隊來對付驕縱輕敵的人，可以預料，智伯的生命不會長久了。《逸周書》說：『想要打敗敵人，一定先助桀為虐；想要奪取敵人的東西，一定先送給他們一些甜頭。』主公不如滿足智伯的要求，以此來驕縱他。然後我們再選擇盟友，聯合起來對付他。如果現在我們一口拒絕，就必然會激怒他，那麼我們就要成為他的首要打擊對象了。」魏桓子領悟了這些道理，也送給智伯一座萬戶居民的大城。

智伯見韓魏兩家相繼屈服，心中洋洋得意，於是想趁熱打鐵，去奪取趙氏的土地。當智伯的使者指名要趙

的蔡地和皋狼地時，趙襄子卻不假思索地斷然拒絕。為什麼趙襄子敢於抵制智伯的無理要求呢？一、是趙的力量比韓魏強，因此不像韓魏那樣懼怕智伯；二、趙襄子趙無恤曾多次遭受智伯的侮辱，積怨很深，不肯屈服於他；三、趙襄子自以為才能謀略均超過智伯，因為他在趙封地內治理有方，深得百姓擁護，故此才敢於同智伯相抗衡。

除了此之外，還有一個原因：趙襄子是他父親趙簡子在攻打翟族時俘虜來的女奴所生，智伯曾因此羞辱趙襄子。趙簡子有兩個兒子，長子名伯魯，幼子就是趙襄子無恤。為了測驗兩個兒子的才智，有一次，趙簡子對他們說：「我藏了寶符在常山之上，先取得者有重賞。」伯魯與無恤二人便騎馬跑到常山尋找。伯魯一無所得，很快回到家中。而無恤回來時卻向簡子稟告說：「我已得到寶符了。」簡子問：「寶符在何處？」無恤說：「從常山居高臨下遠眺，可以望見代地（今河北蔚縣、山西大同一帶），越過常山，代地是可以取得的。這就是常山上藏的寶符。」

聽了無恤的話，簡子感到他的才智比他哥哥還要高，便有廢長立幼的想法。後來，趙簡子把一段訓誡的話分別寫在兩片竹簡上，交給伯魯和無恤，讓他們謹慎收藏，切記在心裡。三年過後問他們時，伯魯沒記住幾句，追問竹簡在哪裡，也不知何時丟失了。再問無恤，他卻能全部背誦出來，而且對答如流。問其竹簡在何處，他立即從袖中掏出呈上。這樣經過反覆比較，趙簡子感到無恤的才智品德確實遠遠超過他的兄長，這才確定立無恤為他的繼承人。

為了讓趙無恤在實踐中增長才幹，晉出公十一年（西元前四六四年）在智伯率晉軍圍攻鄭國時，趙簡子派無恤帶兵前往。作戰中無恤雖盡心盡力，但智伯卻根本不把他放在眼裡。有一次智伯喝醉酒後傲慢無禮，強行向無恤灌酒。無恤不喝，他就用酒壺對無恤進行毒打，並辱罵無恤是奴婢生的賤種。趙氏群臣要為無恤報仇雪恥，請求把智伯殺死。無恤雖心中憤恨，卻勸說他們不得魯莽行事。他說：「主君所以立我為繼承人，並命我率兵伐鄭，是因為我能夠忍辱負重，顧全大局。如果在此時此地相互殘殺，豈不貽誤了國家大事。」晉軍回晉

國後，智伯不僅毫無悔改之意，反而勸趙簡子廢黜無恤。過了六年，趙簡子死去，無恤即位為晉卿，就是趙襄子。這也是趙襄子不肯割地的一個重要原因。

智伯在趙氏那裡碰了釘子後勃然大怒。當即下令調集智氏全部兵馬，同時派人邀請韓魏二家共攻趙氏，並約定「滅趙之日，三分其地。」韓康子、魏桓子一來懼怕智伯之威，二來貪圖趙氏之地，便各引一軍，隨智伯伐趙。

智伯自率中軍，韓軍在左，魏軍在右，氣勢洶洶地向趙府殺來。趙襄子見情況緊急，忙召喚趙氏謀臣張孟談，對他說：「智伯為人非常陰險毒辣，表面親近，其實疏遠。最近三次派人邀請韓魏二家密談，不讓我參加，一定是商議出兵攻打我。如今為避其鋒芒，我們退守何地為好。」張孟談說：「董安於乃是先主簡子手下有才智的謀臣，鎮守晉陽多年。後來尹鐸繼承他守晉陽，採取減輕賦稅，充實戰備等措施，把那裡治理的井井有條。如今晉陽城池堅固，民心向趙，依我之見，最好是退守晉陽。」趙襄子猛然想起父親臨終時叮囑他的話：「晉國一旦發生變亂，你要記住，不要認為尹鐸年輕，也不要以為晉陽距離遙遠，一定要把那裡當成退路！」於是同意張孟談的意見，命部下延陵生率騎兵先到晉陽，然後率趙氏群臣前往。趙襄子到晉陽後，立即視察城廓、府庫、糧倉，對張孟談說：「晉陽城池堅固，府庫充盈，糧食豐足，只是缺少箭矢，如何是好？」張孟談說：「臣聽說董安於治理晉陽時，宮室垣牆外圍都是用蘆葦、楛木紮成，高至丈餘，主君可以用作箭矢。」

於是趙襄子命人察看，果然如張孟談所說。這些蘆葦和楛木非常堅硬，是做箭矢的好材料。趙襄子親自檢驗後說；「這些材料夠做箭矢用了，缺少兵器怎麼辦？」張孟談說：「臣聽說董安於治理晉陽時，宮室的柱子都是用煉過的精銅製成的，可以用來打製箭頭和鑄造武器之用。」趙襄子按照張孟談的建議，預先準備好一切防禦工具，人心日益安定。他深有感觸地說：「治國之需賢臣，這太重要了。得董安於而器用備，得尹鐸而民心歸。上天如此垂顧趙氏，趙氏怎麼會滅亡呢！」

智伯假借晉君的名義，脅迫韓魏兩家，共同出兵進攻趙襄子，很快攻到晉陽城下，時在周貞定王十四年（西元前四五五年）。趙襄子見三家聯軍把晉陽圍得鐵桶一般，便與張孟談商量抗敵之策。張孟談進言道：「現在敵眾我寡，主動出戰未必獲勝，不如深溝高壘，堅閉不出，以待其變。因為韓魏過去與趙無仇，此次前來參戰，完全是智伯所逼迫的。另外，兩家被強行割地，心中已對智伯產生仇恨情緒。所以三家同兵而不同心，不出數月，內部定會生變，待他們自相猜疑之際，再予智伯以狠狠打擊，智氏還能不失敗嗎？」趙襄子認為張孟談的意見是對的，便親自撫卹百姓，表明同心協力固守城池之意。晉陽的百姓互相勸勉、同仇敵愾，連婦女兒童也都欣然願效死力。每當敵軍攻至城前，輒以強弓短弩射之；敵至城下，則以滾木礌石擊之。如此相持一年有餘，晉陽城巋然不動。

智伯見晉陽久攻不下，心中十分煩悶，某天駕小車在城外巡遊，行至一處叫龍山的地方，發現泉流奔湧，水勢甚急，問當地居民，得知此乃晉水源頭，距晉陽不足十里，智伯沉思一會兒，突然哈哈大笑道：「我得破城之計矣！」忙驅車回營，召韓康子、魏桓子商議破城辦法，智伯說：「晉水發源於龍山，轉而東流。如在山北開渠，將晉水西引，然後築一高壩，待春汛到來之時，破壞堤防，放水倒灌晉陽，趙氏將頃刻而亡。」當即命韓部守東路，魏部守南路，智伯將大營移至龍山，兼守西、北二路，以防止趙氏突圍逃跑。然後以主力人馬掘渠築壩。不到三個月，諸事完成，晉陽城西北的高地上，好端端地多出了一個人工湖泊。適逢春雨連降，山水驟漲，蓄水已與堤平。智伯派人破壞堤防放水，只見那滔滔洪水，直瀉而下，向晉陽城灌來。

此時晉陽城外一片汪洋，洪水離城牆頂端不到三尺。城裡居民的鍋灶大多泡塌，遍地可見魚蛙。但趙襄子率領軍民日夜巡守城上，沒有一絲投降的意思。某日，智伯乘車在城周圍察看水情，魏桓子為他駕車，韓康子一旁陪同。智伯見到在大水浸泡中的晉陽城，如同一葉孤舟，很快就要陷落了，得意忘形地說：「我今天才知道河水也能滅亡一個國家。」

聽了智伯的話，魏桓子用胳膊肘碰了一下韓康子，韓康子也用腳踩了一下魏桓子的腳背，二人互相遞了個

眼色，臉上露出一絲愁雲。因為他們從智伯的話裡，已經清楚地意識到，晉水既然能灌倒晉陽城，也可能灌倒安邑城（今山西夏縣西北，魏氏的根據地），而絳河水也可能灌倒平陽（今山西臨汾西南，韓氏的根據地）。智伯回營後，謀士絺疵提醒他說：「韓、魏有可能反叛。」智伯問道：「你根據什麼這樣說呢？」絺疵回答道：「我是根據人情判斷的。現在韓、魏軍兵跟隨我們圍攻趙氏，趙氏滅亡了，他們該意識到下一步也將大禍臨頭了！雖然事先已經約定滅趙後由我們三家瓜分趙地，如今城頭只差三尺就要被大水淹沒了，城裡面糧食奇缺，已開始分食戰馬，晉陽城陷指日可待，趙氏投降亦成定論。在這種局勢下，他們兩個毫無喜色，卻是一臉愁雲。據此臣推測韓魏二家很快就會反叛的。」智伯不以為然，毫無警惕之意。

第二天，韓康子、魏桓子到智伯營中參加宴飲。席間，智伯停杯問道：「昨天絺疵對我說二君將要謀反，果然有此事嗎？」韓康子、魏桓子齊聲答曰：「元帥信嗎？」智伯說：「我若相信，怎能當面問於兩位將軍？」韓康子說：「聽說趙氏拿出許多金銀，收買奸細，欲離間我們三人。此必讒人受趙氏之私，使元帥疑我二家，因而懈於圍攻，以便乘機突圍。」魏桓子接著說：「韓將軍此言甚當。如今即將攻破晉陽城，三分趙地，我們雖然愚蠢，也不能放棄目前必得之利，而去做那些不可能成功的事情。」智伯笑道：「我亦知二位必無此心，此乃絺疵之多慮也。」韓康子說：「元帥今日不信，恐早晚還有說我們壞話的，使我二人忠心難以自明，這不就中了讒臣的奸計嗎？」智伯將杯中之酒倒到地上，發誓說：「今後彼此相猜，有如此酒！」韓魏二人拱手稱謝。三人推杯換盞，盡歡而散。

韓康子、魏桓子剛走，絺疵就從帳外進來，對智伯說：「主君為什麼把我的話告訴韓魏二人呢？」智伯說：「你怎麼知道我把你說的話告訴他們了？」絺疵回答道：「我從他們的眼神上看出來了。剛才在帳外碰見韓魏二人時，他們狠狠地瞪了我一眼，就急急忙忙地離去了。故此我知道主君洩露了我的話。」智伯笑著說：「我與他們兩個酹酒為誓，各不相猜，你勿妄言，自傷和氣。」絺疵退而嘆曰：「智氏之命不會太久了。」於是詐稱得了暴疾，求醫治療，逃奔秦國而去。

半個月之後，晉水漸漸淹沒城牆，開始灌進城內。城裡軍民支架木棚居住，懸起鍋子來煮飯，且糧食將盡，病餓交加，形勢十分危急。趙襄子對張孟談說：「糧食將盡，財力將盡，將士又病又餓，快要支持不下去了。據我看來，晉陽的百姓已為趙氏安危盡了全力，再堅持下去，讓百姓受苦，於心不忍。不如早點投降算了，以免百姓遭受塗炭。你以為如何？」張孟談說：「當此存亡之秋，我們應當盡一切力量來挽救危局，請主君務必打消投降的念頭。依臣之愚見，韓魏二家與智氏明和暗不和，趙氏見危，他們必有脣亡齒寒之感。臣請出城見韓魏兩家主君，與其共商對策，說服他們反戈一擊，或可轉危為安。」趙襄子點頭稱是。當夜即派張孟談假扮智氏軍士，潛出城外，往見韓康子。

進入韓氏大營，張孟談對韓康子說：「我乃趙氏之臣張孟談也。我主被圍日久，危在旦夕，恐一旦身死家滅，無由布其腹心，特遣臣假作軍士，深夜至此，有言相告於將軍。將軍容臣進言，臣敢開口，如不然，臣請死於將軍面前。」韓康子說：「你有話但說無妨，講得有道理，我就聽你的。」孟談說：「昔日六卿和睦，同執晉政，自范氏、中行氏不得人心，自取滅亡，今存者，惟魏、韓、智、趙四家。前者智氏欲奪趙氏蔡、皋狼之地，我主念土地乃先世所遺，不忍割讓，而得罪於智氏。智伯自恃其強，脅迫韓魏，欲攻滅趙氏，趙氏亡，必禍及韓魏矣。」韓康子沉吟不語。

孟談又說：「今日韓魏之所以從智伯而攻趙者，實指望城下之日，得分趙氏之地也。你們韓魏二家不是已經割萬戶之邑給智伯了嗎？如果貪圖趙氏之地，當初何必捨棄祖宗所傳之家業呢？再說趙氏滅則智氏益強，韓魏能以今日之勞，與智氏爭高低嗎？假如智伯不踐前言，又當如何呢？退一步說，你們二家分得趙地，誰敢保智伯日後不再向你們索要呢？古人有『脣亡齒寒』之語，請將軍細思之。」韓康子湊到張孟談跟前，低聲說：「你的意見如何是好？」孟談對曰：「依臣愚見，韓魏二家莫如與我主私和，反攻智伯，成功之日，均分智氏土地，而智氏之地多倍於趙，何樂而不為呢？況且除掉智氏這個禍患，日後三君同心，世為脣齒，豈不美哉？」韓康子說：「剛才你講得這些都很有道理，我需要同魏桓子商議一下，你暫且回去，三日後來聽答覆。」

孟談說：「臣冒死求見，此來並非易事。軍中耳目眾多，難保不洩露機密。故臣請留麾下三日，以待尊命。」韓康子派人密召段規，告以孟談所言。

段規因受過智伯之辱，遂深贊孟談之謀。第二天，奉韓康子之命，段規親往魏桓子大營，密告孟談來韓軍中聯絡之事。並對魏桓子說：「我主不敢擅自做主，請將軍裁決。」魏桓子說：「智伯狂悖，我亦恨之。就怕縛虎不成，反為虎傷。」段規說：「智伯狼子野心，想吃掉趙魏韓三家，然後篡奪晉侯之位，這是昭然若揭的事，與其受侮於日後，不如制之於當前。再說，趙氏與我們以往並無過隙，現在他們在危難之中，我們去扶困濟危，他們一定會記住這一恩德的，日後也能夠和睦相處，這不勝於同智伯那樣的凶人共事嗎？」魏桓子說：「此事重大，千萬不可造次，當與你家主人、趙氏使臣共商後，再作定奪。」

當天夜裡，魏桓子祕密來見韓康子，計議之後，遂與張孟談歃血定約，共擊智氏。三方還約定，明日由韓魏派人進晉陽城商定具體日期和行動方案，之後依照計畫行事。

張孟談完成使命連夜返回城中向趙襄子匯報。趙襄子聽後喜出望外，連連向張孟談致謝，並下達命令，暗中做好反擊準備。但是，張孟談並未完全放心，為打探智伯虛實，他又以晉國大夫的身分（張既是趙氏謀士，又是晉國大夫），前往智伯營中朝見智伯。智伯擺出一副盛氣凌人的架勢，大聲問道：「趙氏賤種為何不來投降？派你來又有何干？」張孟談坦然答道：「我來朝見主君，非為趙氏，而是為晉陽百姓。」智伯說：「此話怎講？」孟談回道：「晉陽城裡水深二尺，百姓已斷糧多日。現在人心惶惶，上上下下都在議論投降的事。我來這裡是替晉國的利益著想，希望主君在城破之日，不要屠戮晉城百姓。」智伯說：「既然如此，你傳話給趙襄子，讓他三日內速來投降，尚可保全性命。否則城破之日，我將食其肉，寢其皮，誅其九族。」

朝見後，張孟談走出轅門，迎面碰上智伯的族人智果，孟談微微點頭，就大搖大擺地走了。智果進帳對智伯說：「韓魏兩家主君的態度可能有變化。」智伯說：「何以見得？」智果說：「臣剛才在轅門處遇見張孟談，他趾高氣揚，與平常大不相同。臣以為一定是韓魏兩家別有意圖，才使他自鳴得意。」智伯說：「你的揣

想未必準確，我早已同韓魏兩家有約，滅趙後三分其地，這是我親口許諾的，他們是不會懷疑的。現在趙氏滅亡在即，他們不會對我懷有異圖的，你放心吧，不必多說了。」

智果出去拜見韓康子、魏桓子，然後又進帳對智伯說：「臣剛剛拜見了韓魏二位主君，他們神飛色動，舉止失當，與往日迥然有別，必定是內藏奸詐，蓄謀背叛主君，不如先下手為強，早點把他們殺掉。」智伯說：「我們智氏同韓魏兩家共同興兵圍攻晉陽已經近三年，眼看就要勝利了，他們怎麼能背叛我呢？不要再多說了。」智果又說：「如果不殺他們，就要同他們進一步搞好關係，使智、韓、魏三家更加親密起來。」智伯問道：「如何才能使三家更親密呢？」智果答道：「韓氏有一個謀臣叫段規，魏氏有一個謀臣叫任章，他們與主君的關係非常親密，一貫是言聽計從，能左右其主君的行為。如果主君答應在破趙之後，各分給他們一萬戶縣邑，透過他們的作用，能使韓魏二家的態度不發生變化，主君就可以免除後患了。」智伯說；「滅掉趙氏後，三分其地，又加封任章、段規以萬家的縣邑，我所分得的土地就會減少，這樣做絕對不可以。」智果見智伯剛愎自用、不聽忠告，國恐會因此滅亡，於是改姓更名，出走他國了。

張孟談聽說智果已去，立即見趙襄子說：「臣在智伯的轅門處遇見過智果，發覺他對臣有疑心。他進去見智伯後即改變姓氏，逃往他國，這說明智伯並未聽取他的意見。但是，等智伯明白了智果出走的原因，對韓魏產生懷疑，並訴諸行動時，後果就不堪設想了。所以主君應當抓緊時間，約定韓魏於今晚提前開始反擊智伯的行動，否則失去時機，悔之晚矣。」於是趙襄子不等韓魏二家的使臣到來，便派張孟談通知他們兩家說：「今夜我們派人殺掉智伯守河堤的官兵，破壞堤防，放水倒灌智伯軍營，請你們及時採取行動。」韓康子、魏桓子沒有異議，當即與孟談對作戰方案作了具體研究。之後張孟談返回城中待命。

當天晚上，風雨雷電交加，山洪暴漲，守衛智水源頭的智軍兵士全都躲在營帳中睡覺。突然間趙軍衝入智軍營帳，刀砍斧剁，那些可憐的智軍還不清楚是怎麼一回事，都成了刀下之鬼。然後趙軍開閘掘壩，滾滾晉水向西而去，直灌智軍大營。智軍大亂，一片哭喊之聲。智伯從睡夢中驚醒過來，水已及於臥榻，衣被俱濕。開

始他還認為守堤官兵疏忽，偶然決堤，便急喚左右速去堵水塞堤。須臾之間，水勢加大，智國、豫讓只能率領水軍，駕筏相迎，扶入舟中。

回視大營，波翻浪滾，軍糧器械，漂蕩一空，營中軍士，盡在水中浮沉掙扎。忽聞鼓聲大震，韓魏兩家之兵，各乘小舟，趁著水勢殺來，砍殺智軍，並大喊：「擒智伯者重賞！」智伯見此情此景，仰天長嘆：「悔不聽絺疵、智果之言，以有今日。」豫讓說：「事已急矣，主公可從山後逃匿，奔入秦國請兵，臣當以死拒敵。」智伯從其言，遂與智國駕小舟向山後逃去，豫讓率數筏水兵護衛。趙襄子也料到智伯要逃奔秦國，自引一軍埋伏於龍山背後。智伯一到，伏兵四起，豫讓鼓動殘兵，奮勇迎戰，無奈寡不敵眾，紛紛戰死，豫讓身負重傷，藏匿亂石之中。

智國見大勢已去，投水而死。智伯為趙襄子所擒，數其罪而斬之，並將其首級傳示三軍。隨後趙韓魏三家軍隊合於一處，將智伯所築各壩閘全部拆毀，水復東行，歸於晉川。一直到了天亮，晉陽城中的水才完全退去。趙襄子、韓康子、魏桓子三人攜手入城，設宴慶功。酒席上，趙襄子向韓康子、魏桓子再三致謝說：「趙某賴二公之力，得以保全性命，晉陽百姓也免遭塗炭，大恩大德，永生難忘。現在智伯雖死，但其族尚在，只怕斬草留根，來春再發，成為我們的後患。」韓魏二家同聲應道：「當盡滅其族，以解我等心頭之恨。」於是趙韓魏三家回師絳州，將智家包圍起來，無論男女老幼，全部屠戮，智氏宗族盡絕，就連智伯的頭骨也被趙襄子漆黑了作為便器。智氏族中惟有智果因已改姓輔氏，才倖免於難。

智伯滅亡後，韓、趙、魏三家瓜分了智氏的領地，形成了三家分晉的局面。所以在當時就把韓、趙、魏稱為「三晉」。他們雖無諸侯之名，而有諸侯之實，對內稱孤道寡，對外與列國平等往來，已成為實際上的諸侯國；反之晉君雖有諸侯之名，而無諸侯之實，三家分晉後，只保留絳、曲沃兩縣，成為三家的附庸。周威烈王二十三年（西元前四〇三年），周天子正式冊命韓、趙、魏為諸侯，晉國已名存實亡。

三家分晉的實質是新興的封建制取代了腐朽的奴隸制，這是春秋戰國之際歷史發展的必然趨勢。在這場新與封建勢力間的較量中，智伯敗在恃才傲物、貪得無厭，利令智昏、狂妄自大上，最後落得個家敗人亡、頭骨成為便器的悲慘下場；趙氏善於依靠民眾之力，輕徭薄賦，寬以待民，在民眾的支持下獲得晉陽之戰的全勝。所以緊密依靠群眾，是新興勢力戰勝腐朽勢力的力量源泉。

三家分晉，既是中國步入封建社會的重要開端，也是中國封建軍閥割據戰爭的肇始。

平群雄劉秀稱帝

王莽改制，天下大亂，地方豪傑並起；劉秀起兵，東征西討，建立東漢王朝。

經過春秋以來的長期的兼併戰爭，到了戰國時代，便出現了齊、楚、燕、趙、韓、魏、秦七雄爭霸的局面。秦統一六國後，中國開始由諸侯割據的封建國家過渡到統一的多民族的中央集權制國家。秦末農民大起義推翻了秦王朝，混進農民起義隊伍中的項羽和劉邦為搶奪勝利果實，進行了五年「楚漢戰爭」，結果劉邦獲勝，建立起西漢王朝。時至西漢末年，土地兼併嚴重，封建統治的黑暗重現，階級矛盾尖銳，人民的反抗鬥爭日趨激烈。外戚王莽乘機篡漢，建立新朝，並實行復古改制，本意在試圖改變「富者田連阡陌，貧者無立錐之地」的局面，實際上更加激化了矛盾，導致西漢末年的綠林、赤眉農民大起義。一些地主豪強紛紛割據地方，稱帝稱王，由此而引發了長達十幾年的軍閥割據戰爭。

西元一七年，荊州一帶發生嚴重飢荒，新市人王匡、王鳳兄弟揭竿而起，並以綠林山（今湖北大洪山）為根據地，故史稱綠林起義。西元二二年因疫病流行，起義軍兵分兩路，一路西去南郡，號稱「下江兵」；一路北去南陽，稱「新市兵」；另有平林人陳牧、廖湛聚眾響應，稱「平林兵」。當時，本是西漢宗室子弟的南陽大地主兼商人劉秀與其兄劉縯，抱著「復高祖之業」的目的，糾集族人、賓客七、八千人參加起事，稱「舂陵兵」。同年十一月，劉秀兄弟派同族劉嘉說服新市兵和平林兵，聯合攻打長聚，攻陷唐子鄉，殺死了湖陽縣尉。隨後攻下了棘陽（今河南新野境內），並向宛城（今河南南陽）挺進。走到一個叫小長安聚的地方，劉秀

兄弟被前來鎮壓的王莽軍甄阜、梁丘賜部攻擊，結果劉秀大敗，單人匹馬逃跑。路上遇到妹妹劉伯姬，與她同乘一馬而奔。向前走了不遠，又遇到姐姐劉元，劉秀讓她趕快上馬，劉元揮手說：「快走，你們無法救我，何必都死在一起！」正巧追兵來到，劉元和她的三個女兒都被殺死了。劉秀的二哥劉仲及族人等幾十人均在這次失敗中喪命。此敗是劉秀兄弟起兵後的第一次失敗。

不久，劉縯、劉秀兄弟又集結兵眾，占據棘陽。甄阜、梁丘賜趁著勝利，把輜重留在藍鄉，帶領十萬精兵輕裝前進。在黃淳河和沘水之間安營紮寨。這時新市兵、平林兵看到劉秀兄弟接連失敗，甄阜、梁丘賜的軍隊威勢逼人，遂想分散行動。劉秀正在擔心，恰有下江兵五千人來到，劉秀與劉縯立即到他們營中拜訪，說：「我們願見下江兵的首領，共議大事。」下江兵的首領王常出來相見。劉縯用聯合起來對敵鬥爭有利的道理來說服王常。王常醒悟道：「王莽暴虐，百姓思漢，現在劉氏復興，就是真正的天下之主。我們應竭盡全力，輔佐成就大業。」劉縯說：「如果事情成功，我豈敢獨自享受！」劉秀兄弟遂與王常結為深交。王常回到軍營中，將同劉秀兄弟談話的內容告訴了他的部下成丹等，成丹說：「大丈夫既然起事，應自己當首領，為什麼要受別人的制約？」王常耐心地說：「王莽苛刻殘暴，使民心喪盡，百姓思念漢朝已不是一天的事了，因而我們才能趁機而起。人民怨恨的，正是上天要除掉的；人民思念的，正是上天要賜給的。要想奪取政權，一定要下順民心，上合天意，才能大功告成。如果僅僅依賴自己的勇猛善戰，感情用事，為所欲為，即使得到天下，也一定要失去它。憑秦王朝、西楚霸王項羽的威勢，尚且遭到滅亡，何況我們這些聚集在山野中的平民百姓呢？現在南陽劉氏全宗族起兵，觀察他們派來與我們聯絡的人，都有深謀遠慮，具有王公的才幹，與他們聯合，一定能成就大功，這是上天來保佑我們的力量。」

由於下江兵平日裡敬重王常，便道歉說：「如果沒有王將軍，我們幾乎陷入不義的泥坑。」於是王常率軍與春陵兵、新市兵、平林兵聯合起來，一舉攻克王莽軍的後勤基地藍鄉，奪得敵人的全部軍用物資。西元二十三年正月，劉秀兄弟與下江兵一起攻打甄阜、梁丘賜軍，殺死了甄阜、梁丘賜及士卒兩萬多人。王莽的納

言將軍嚴尤、秩宗將軍陳茂率兵前來相救，也被起義軍所破，只好退守潁川一帶。隨後起義軍兵分兩路，一路由劉縯率領，圍攻宛城，一路由王鳳、王常、劉秀率領，去攻打昆陽（今河南葉縣）。是年三月，王鳳、劉秀等連克昆陽、定陵、郾城等地。

王莽聽說嚴尤、陳茂戰敗，立即派司徒王邑、司空王尋等趕赴洛陽，徵發各州郡精兵成立討伐軍，以救宛城。同時王莽還徵召六十三位懂兵法的人充任軍吏，任命身材高大的巨無霸為壘尉，驅趕虎、豹、犀牛、大象等猛獸來助軍威。夏初，各州郡到達洛陽之精兵已達四十三萬之多，號稱百萬。五月，王邑、王尋率軍南下，抵達潁川後與退守在那裡的嚴尤、陳茂相會合，隨後浩浩蕩蕩地向宛城前進，旌旗輜重千里不絕。約經兩日行程，其先頭部隊已抵昆陽城下。此時，起義軍將領見王尋、王邑的軍隊聲勢浩大，便撤退進入昆陽，一些人掛念妻子兒女，甚至想分散活動。劉秀說：「我們現在兵力、糧食很少，而外有強敵威脅，如果大家全力抵抗，尚有成功的希望；如果分散活動，勢必無法保全。況且劉縯還未攻下宛城，不能來救助我們。若是昆陽被攻破，只要一天時間，各部軍隊就會統統被消滅。大敵當前，大家不同心協力共同成就大業，反而想守著妻子兒女嗎？」眾將領聽了都很憤怒，紛紛責備劉秀。正巧偵察兵回報：「敵軍即將到達城北，軍隊的陣營長達幾百里，看不見它的後頭。」眾將聞聽，十分驚恐。王常說：「還是請劉將軍拿主意吧！」劉秀遂讓王鳳、王常留守昆陽，自己與李軼等人連夜突出城去，到定陵、郾城搬取救兵。

王尋、王邑抵達昆陽後，嚴尤獻策道：「昆陽城小而堅，今叛軍主力在宛，應集大軍進攻宛城。宛城被克，昆陽自服。」王邑自恃兵多將廣，根本沒把劉秀等人放在眼裡，狂妄地說：「今將百萬之眾，遇賊而不能下，非所以示威也。當先屠此城，喋血而進，前歌後舞，豈不快邪？」便不用尤策，而將數十萬大軍，列營百里，擁塞於昆陽小城之下，圍城數十重。鉦鼓之聲，聞於百里。隨即向昆陽發起猛烈進攻。並挖地道或以戰車撞城，調集弓弩手，萬箭齊發，矢如雨下。守軍請求投降，王邑拒絕接受。王尋、王邑自以為頃刻就會成功，不再憂慮軍事上的事情。嚴尤說：「兵法記載，『包圍城市要留一個缺口』，應使城中守軍能夠逃出，讓宛城的

敵軍害怕。」王邑還是不聽。由此可見，王尋、王邑二人驕妄自大，毫不知兵，其敗端已顯露出來。

劉秀到了定陵、郾城後，立即調集各營軍從。有些將領貪圖財物，想分出一部分士兵在那裡守衛。劉秀說：「現在如果打敗敵人，將會有一萬倍的珍寶，而且可以建立大業。如被敵人打敗，腦袋搬家了，還有什麼財物！」於是所有官兵向昆陽進發。六月初一，劉秀自率一千名步、騎兵為前鋒，抵達昆陽近郊，在離王邑大軍四、五里的地方列陣。同時假造數份「宛城已下，前來救援的大軍就在後面」的文書，一面用弓箭射入城中，以堅定守城官兵的信心；一面使王尋、王邑軍喪失戰意，以造成敵人的慌亂。王尋、王邑不知真假，忙派幾千名士兵出來對陣。劉秀一馬當先，衝入敵陣，接連斬殺了幾十人。將領們高興地說：「劉將軍平時看見一小股敵人都膽怯，而今遇強敵卻如此勇敢，讓我們衝上去，幫助劉將軍。」於是劉秀所率之部將軍心大振，每個人爭先恐後不斷向前，以一當十，以十當百，左衝右突，奮勇殺敵。王尋、王邑見劉秀之軍兇猛，忙帶兵後撤。

劉秀乘機率敢死隊三千人，繞過城西水上，居高臨下，向敵軍大本營發起更猛烈的衝擊。此時王尋、王邑仍輕敵如故，僅率萬餘人列陣迎戰，並傳令各營不得輕動。王尋、王邑之陣很快被劉秀的三千敢死之士衝破，即刻潰亂，而各營兵又不敢擅自赴援。於是劉秀之軍披堅執銳，勇無可當，突入敵陣，斬殺王尋。這時，昆陽城中的守軍，也擊鼓助威，吶喊著衝殺出來，於是內外夾擊，殺聲震天動地，王莽軍大敗，逃跑的士兵互相踐踏，百里之內，屍橫遍地。正當王莽軍潰退之際，突然巨雷轟響，狂風大作，暴雨如注，屋頂上的瓦片在風雨中亂飛，昆陽之北的山川洪水氾濫，虎豹都嚇得恐懼發抖。

王莽軍的士卒被水淹死的數以萬計，河水因被屍體堵塞而不能流動。王邑、嚴尤、陳茂騎馬踏著河中的屍體渡過滍水逃命，一口氣跑到洛陽，清點一下，身邊只有幾千人。劉秀的隊伍全部繳獲了王邑軍的軍用物資和糧草，多得無法計算，一連幾個月還沒打掃完戰場，剩下的只好燒毀。關中聽到王邑昆陽大敗的消息後，十分震驚。於是全國各地的豪傑均起事響應，殺死當地的牧守，自稱將軍，使用漢朝年號。一個月之內幾乎全國都背叛了王莽的新朝。昆陽之戰的結果敲響了王莽的喪鐘，也為劉秀後來開創東漢王朝奠定了堅實的基礎。

昆陽之戰後，劉秀率軍乘勝攻取了潁川、父城（今河南寶豐縣東）。一天，突然從宛城傳來消息：「劉縯被更始皇帝劉玄所殺。」原來，正當劉縯率部與新市兵、平林兵聯合攻打宛城的時候，多數將領欲立漢宗室子弟劉玄為帝。而劉縯等少數人卻反對這樣做。結果按多數人的意見，劉玄即皇帝位，號更始皇帝。直到宛城被攻克、昆陽之戰大勝時，劉秀兄弟的聲威一天比一天大，新市兵、平林兵的將領申徒建、李軼、朱鮪，便暗中勸更始皇帝除掉他們。劉縯的部將劉稷，是全軍最勇敢的將領，聽說劉玄當了皇帝，非常氣憤地說：「最初起兵圖謀大事的，是劉伯升兄弟，現在為什麼劉玄當皇帝？」更始皇帝任命他為抗威將軍，他也不肯接受。於是劉玄就與眾將率幾千人列陣，將劉稷逮捕，並準備殺死他。劉縯出面勸阻，也被逮捕，並於當日同劉稷一起遇害。劉秀聽到其兄遇害的消息後，忍住內心的悲痛，隻身趕到宛城，當面向劉玄請罪，絲毫不提自己在昆陽之戰中的功勞。劉玄內心慚愧，便任命劉秀為破虜大將軍，封武信侯。

昆陽大戰之後，王莽已成驚弓之鳥，為了苟延殘喘延續下去，連忙抽調進攻山東農民起義軍的太師王匡、國將哀章率軍回守洛陽；以都尉朱萌、大夫宋綱駐守武關；又發北軍精兵數萬，防守華陰、回溪間之峭谷，以固關中。與此同時，更始皇帝劉玄派定國上公王匡攻洛陽，派大將軍申徒建和丞相司直李松攻武關，直趨長安，九月攻下洛陽後，斬殺王莽之太師王匡、國將哀章。而申徒建所部也攻下長安，王邑戰死，王莽被殺，新朝滅亡。十月，漢更始帝劉玄從宛城移居洛陽，並派遣使者循撫天下郡國，宣告：「先降者，復爵位。」同時以劉秀行大將軍事，持節北渡黃河，鎮撫州郡。

更始元年（西元二三年）十月，劉秀奉劉玄之命，鎮撫河北州郡。他在經過各郡縣時，考察官吏的政績，提升賢能者，懲處奸邪者，平反冤案，釋放無罪囚徒，廢除王莽的苛政，恢復漢朝的官名。官民都很高興，爭先恐後地拿著牛肉和美酒來迎接慰勞劉秀，劉秀一律不接受。這時南陽人鄧禹執鞭驅馬追趕劉秀，到鄴縣才追上。劉秀問：「皇帝授權於我，可以專斷封官爵，您遠道而來，難道想當官嗎？」鄧禹說：「我不想當官。」劉秀問：「既然如此，你想做什麼？」鄧禹說：「只希望您的威望和恩德遍及全國，我能在您的屬下效

一點力，使我的功名能記載在史書上。」劉秀笑了起來，並留他住下，與之私下交談。鄧禹建議道：「現在山東不安定，赤眉、青犢隊伍有數以萬計的人在活動。更始皇帝是個庸才，遇事自己不能決斷，將領們都是平庸之輩，靠著時運而占據高位，其目的是追求財物，爭著利用權勢，圖一時的快樂罷了，沒有一個是忠於朝廷、聰明賢能、深謀遠慮、想尊奉皇帝和安定百姓的人。遍觀古代聖明君王的興起，不過有兩個條件罷了，即天時和人事。從今天的天時來看，劉玄當皇帝後，天象變異不斷出現；從人事來看，帝王大業絕不是平凡人物所能勝任的，朝廷分崩離析的形勢已很明顯。您雖然建立了諸侯之功，還恐怕不能成就大業。況且您平素有盛德大功，天下人歸向順服，您無論帶兵還是理政都很嚴正，賞罰分明而講究誠信。當今之計，不如招攬英雄豪傑，使百姓心悅誠服，建立漢高祖那樣的大業，拯救萬民的性命。依閣下的深謀遠慮，天下不難平定。」劉秀聽了鄧禹此一宏圖大計，心中特別高興，便叫鄧禹住在軍營，隨時與之計議。從此，劉秀隱然有天下自為之志。

劉秀自從哥哥劉縯死後，每當自己獨居時，便不動酒肉，枕頭上常有哭泣的痕跡。主簿馮異偷偷安慰他，劉秀說：「你可不要對外胡說。」馮異趁機勸道：「更始政治混亂，百姓因此沒有依附擁戴的人，一個人長期飢渴容易使他吃飽，所以您現在可以在自己任職的地方，不必請示獨自行事，應當分別派遣官屬巡行各郡縣，宣布您的善政恩德。」劉秀採納了他的意見。劉秀至邯鄲時，騎都尉、宋子（今河北趙縣）人耿純前來拜見，並與劉秀結為深交。劉秀遂派他留守邯鄲。然後前往北方的真定（今河北正定縣）。是年十二月，邯鄲一個算卦的人叫王郎，詐稱自己是漢成帝的兒子劉子輿，聚眾起事，自立為皇帝，向各州郡發布文告，趙國以北，遼東以西，都望風響應。劉秀見王郎勢盛，為了避其鋒芒，便到薊（今北京），欲聯絡上谷郡，與王郎相抗衡。

更始二年（西元二四年）正月，上谷太守耿況，派他的兒子耿弇去長安向朝廷呈送奏章。此時耿弇年方二十一歲。走到宋子縣時，正趕上王郎起兵稱帝。耿弇的隨從官員說：「劉子輿是漢成帝的正統，捨棄這裡不歸服，跑到長安幹什麼？」耿弇按劍說：「劉子輿是個敗賊，早晚要被人俘虜的，我到長安，與諸侯國調遣漁陽郡、上谷郡的兵馬，出動突騎來碾軋那些烏合之眾，像摧枯拉朽那樣容易。看你們這些人，連如此簡單的道

理都不懂，不久就會被滅族的啊！」其隨從不聽，就都跑到王郎那裡去了。

耿弇聽說劉秀正在盧奴縣（今河北定縣），就騎馬飛馳北上拜見，劉秀任命他為長史，與他一起到薊城。當時王郎到處張貼文告，懸賞十萬戶，購求劉秀的人頭。劉秀派人到街上招募新兵，卻受到百姓嘲笑，便打算南歸。耿弇說：「現在敵兵從南方來，不能向南走。漁陽太守彭寵，是您的老鄉；上谷太守是我的父親。發動這兩個郡的兵力，可是有一萬騎兵，邯鄲那裡不值得憂慮。」正在劉秀猶豫不決之時，西漢原廣陽王劉嘉的兒子劉接在薊縣起兵響應王郎，城內一片混亂。劉秀見形勢不利，便倉皇出逃，遂與耿弇相失，其起兵的計畫也成了空談。劉秀逃出薊城後，經蕪蔞亭、饒陽，渡滹沱河至南宮。

沿途飢寒交迫，急急如喪家之犬，忙忙似漏網之魚。因擔心不能繼續南行，乃復折向東北而行，走到下博城西，自感窮途末路，竟惶惶然不知所去。幸得路旁有一老者指使道：「努力，信都郡（今河北冀縣）為長安城守，去此八十里。」於是劉秀率從官急奔信都而去。這時，河北的郡縣封國都已投降王郎，只有信都郡太守任光、和戎太守邳彤不肯服從王郎。任光正擔心自己孤軍死守一城，無法保全，因此聽到劉秀來到而特別高興，官民為此都喊萬歲，邳彤也從和戎趕來相會。劉秀遂召集諸將會議，商量今後的進退之策。參加會議的多數將領說可以由信都兵護送劉秀等人返回長安。

邳彤說：「官民歌頌、思念漢朝很久了，故劉玄稱帝而全國響應，三輔地區打掃宮殿、清潔道路來迎接他。現在一個卜卦的王郎，假借名號乘勢糾集烏合之眾，取得了燕趙之地，但沒有牢固的基礎。如果您能發動信都、和戎二郡的兵力討伐王郎，還擔心不能取勝嗎？現在若放棄這轉瞬即逝的機會而返回長安，豈不是白白失去了河北，還必定驚動三輔，損害朝廷威信，不是成功的計謀。如果您沒有征討王郎的意思，那麼就是信都的兵也難以召集。什麼原因呢？您一旦西行返回長安，那麼邯鄲王郎的局勢就安定了，百姓不肯拋棄父母妻子，背叛現成的主人（王郎）千里送您，他們必定要逃散。」邳彤以當地人論當時事，極為確當。劉秀在進退維谷的形勢下，認為邳彤的分析很有道理，遂決定不再回長安了。但是他仍認為二郡兵力太弱，恐不足以成大

事，想投奔城頭子路和刁子都（農民起義軍）軍中，欲借其眾以有所作為。任光認為不可。於是在鄰縣徵集精兵四千人，封任光為左大將軍、都尉李忠為右大將軍、邳彤為後大將軍，率軍討伐王郎。任光四處散發討伐文告說：「大司馬劉秀率城頭子路、刁子都大軍百萬人，從東方出發，前來討伐叛賊王郎。」官民得到文告，輾轉相告，劉秀軍心大振，很快攻下數縣。昌城人劉植聚集幾千士兵，投奔劉秀；耿純率宗族賓客兩千多人，在育縣迎接劉秀。各路人馬會合起來，達到幾萬人。劉秀帶兵攻取盧奴，所經之地，均徵發奔命兵，到沿邊各郡傳遞文書，命各地共同進攻邯鄲，各郡縣紛紛響應。當時真定王劉楊起兵歸附王郎，有兵眾十多萬人。劉秀派人勸降了劉楊，並與劉楊的外甥女郭氏結為夫婦，利用姻親關係來鞏固自己的勢力。這樣劉秀的軍勢益壯，連克元氏、防子、柏人、廣阿諸縣。

卻說耿弇在薊中混亂時與劉秀失散後，便跑回昌平，在其父耿況處安身。他在聽說劉秀東山再起後，就乘機勸其父投奔劉秀攻打邯鄲。這時王郎派遣將領攻占了漁陽、上谷，並徵調那裡的士兵，北方各郡縣都動盪不安。上谷功曹寇恂在徵得耿況同意後，親自去漁陽說服彭寵，聯合出兵，助劉秀討伐王郎。於是漁陽、上谷軍在景丹、寇恂、耿弇、蓋延、吳漢、王梁等率領下，起兵反對王郎，殺死王郎的大將、九卿、校尉以下官員三萬多人，成功平定了涿郡、中山、河間諸郡，等二十二個縣。他們聽說劉秀住在廣阿城中，十分高興，帶兵來到城下。城中最初傳言，北方二郡的兵馬是為報效邯鄲而來，大家都很驚恐。

劉秀登上城樓詢問來意。耿弇在城下看見劉秀，伏身下拜，向劉秀說明二郡發兵的經過。劉秀忙請諸位將領進城。笑著對大家說：「邯鄲王郎的將帥多次說要發動漁陽、上谷的兵馬來對付我，我對他們說『我也徵發漁陽上谷的兵』。沒想到二郡真的為我而來。正想與各位將軍共建功業呢。」不久後更始皇帝劉玄派謝躬率軍討伐王郎，劉秀與之合兵一處圍攻鉅鹿，月餘未下，耿純因此對劉秀說：「長久地圍困鉅鹿，官兵都很疲勞，不如調精銳部隊進攻邯鄲，如果能誅殺王郎，鉅鹿就會不攻自破了。」劉秀接受了耿純的建議，揮兵南下直指邯鄲，連戰皆捷。是年五月，邯鄲城破，王郎連夜逃跑，王霸迫殺王郎，劉秀命搜查王郎的文書，得到幾千封漢

軍官吏和百姓寫的效忠王郎而毀謗劉秀的信。劉秀看都不看，就當眾將信銷毀，並說：「讓那些睡不好覺的人安心吧！」

劉秀破邯鄲、滅王郎，聲名威震河北，更始皇帝因此開始憂慮劉秀勢大難制，便派使者封其為蕭王，並命令全部停戰，讓其和各位有功的將領到長安去做官，又派自己的心腹到河北各地任職。這樣就把劉秀置於進退維谷之境地，使他不得不另謀良策。有一天劉秀正在午睡，耿弇走到他的床前，請求單獨交談，乘機對劉秀說：「官兵傷亡很多，請讓我回上谷補充兵力。」劉秀說：「王郎已被消滅，黃河以北已平定，還用兵做什麼？」耿弇說：「王郎雖已敗亡，但是天下的爭戰才剛剛開始。現在長安派使者來，讓我們停戰，不能聽他的啊。銅馬、赤眉之類的軍隊有幾十隊，每隊有幾十萬甚至上百萬人，他們所到之處沒有誰能阻擋，劉玄無法對付他們，不久就會潰敗。」

劉秀坐起來說：「你失言了，我要殺了你！」耿弇說：「您厚愛我如同父子，所以我敢披露誠心。」劉秀說：「我是和你開玩笑罷了，你根據什麼說這些？」耿弇說：「百姓厭恨王莽，思念漢朝劉氏皇家，聽說漢兵起事沒有不高興的，就好像逃離虎口回到母親懷抱一樣。現在劉玄當皇帝，而諸將在山東擅自發號施令，皇親國戚在京城內橫行霸道，任意掠奪，百姓痛苦已極，甚至想念王莽王朝，因此可知劉玄必敗。您已建立了功名，天下聞名，以正義討伐不義，只要發出討賊檄文，天下便可安定。國家政權是最重要的，您應自己去掌握，毋令他姓得之。」聽了耿弇的話，劉秀的主意已定，乃拒更始之命而獨立。劉秀拒更始之命，表明他已與農民起義軍徹底決裂，其封建地主階級的本質則完全顯現出來。所以，在他下定背叛更始政權的決心後，首先把進攻矛頭對準活動在山東、河北各地的農民起義軍。

當時，劉秀確定了以下作戰方針：一、首先肅清更始政權在河北之勢力；二、逐步消滅活動於山東、河北境內的農民起義軍；三、南定河內，以邯鄲、河內為根據地，趁機進取兩京——洛陽、長安，以成帝業。為了貫徹這種作戰方略，劉秀採取以下行動。一是北定幽州，以討銅馬、青犢、五幡等農民軍為名，派耿弇、吳漢

北赴幽州，徵發幽州十郡突騎，乘機斬殺劉玄任命之地方官員，委派大將軍朱浮為幽州牧；二是擊敗銅馬等農民軍，收其降將降卒幾十萬人，以壯大自己的實力；三是在進擊青犢、尤來、五幡農民軍的同時，乘機襲擊更始政權在邯鄲的大將謝躬，爾後揮兵南下，占據河內，威脅洛陽。在上述作戰目標逐一實現後，劉秀遂於西元二五年夏稱帝，改年號為建武元年。

這一年的秋七月，光武帝劉秀派吳漢率大軍圍攻洛陽。洛陽守將朱鮪拚死堅守，一連攻了幾個月也未攻下來。劉秀想到廷尉岑彭曾是朱鮪的校尉，便派他去勸說朱鮪，岑彭在城下向朱鮪分析成敗利害，朱鮪在城上回答道：「大司徒劉縯被害，我曾參與謀劃，又勸更始皇帝不要派蕭王北伐，我自知罪孽深重，不敢投降。」岑彭回來把一切都告訴了劉秀，劉秀說：「創大業的人不忌恨小的怨仇，朱鮪現在如果能投降，官職爵位皆可保住，怎麼會談到誅殺懲罰呢？黃河在此作證，我絕不食言！」岑彭把劉秀的話告訴朱鮪，朱鮪從城上放下一條繩索，說：「如果你說的是真話，那麼就請攀繩索上來。」岑彭抓住繩索想上去，朱鮪見他確有誠意，立即答應投降。第二天，朱鮪自縛兩手，同岑彭一起到河陽面見劉秀。劉秀親自解下朱鮪身上的繩子，安慰一番後，又讓岑彭送他回洛陽城中，次日朱鮪率全軍出城投降，劉秀任命他為平狄將軍，封為扶溝侯。冬十月癸丑日，劉秀車駕入洛陽，住進南宮，於是定都洛陽。

光武帝劉秀定都洛陽後，全國仍面臨著群雄割據的局面。較大的割據勢力有：一、扶持劉盆子為帝，占據長安地區的赤眉農民軍；二、聯絡董憲、李憲、張步，割據安徽、江蘇、山東東部地區自立為帝的宗室子弟劉永；三、背叛劉秀，自稱燕王，割據幽州和遼西地區的彭寵；四、割據湖北襄陽、江陵地區的秦豐；五、割據湖北夷陵地區的田戎；六、與匈奴合勢，稱帝於九原，割據三水地區的盧芳；七、割據天水隴西地區的隗囂；八、割據巴蜀、漢中地區，自立為帝的公孫述；九、占據河西地區（今甘肅蘭州、武威、敦煌）的竇融。

面對這種形勢，劉秀認為：西方之隗囂、盧芳、公孫述、竇融等，均與中原地區相距較遠，且有關中為阻，所以對中原並無直接威脅。但如果不予以和緩及穩定，則有危及關中，搖撼中原之慮，因此應採取先和後

戰之策；南方之荊襄地區，乃劉秀之發祥地，也是更始政權殘餘勢力之所在，實為心腹之患，故應迅速平定，以安中原官兵之心；東方之劉永割據集團，在睢陽稱帝，與洛陽近在咫尺，且與山東之割據勢力遙相呼應，構成對東漢政權的直接威脅，故必須逐次剷平；東北方之彭寵反叛勢力，素以其突騎兵勇敢善戰而名聞天下，故對河北威脅較大，若河北不守，則危及洛陽，所以要以迅雷不及掩耳之勢打擊他們。基於以上分析，光武帝劉秀遂定下南征北討、東攻西和之戰略決策。先是派岑彭、王常率軍南下荊襄，擊破長江以南之各割據勢力，並乘勢平定南郡、交趾等廣大地區。隨後派吳漢、耿弇率軍平定彭寵之叛亂勢力，而光武帝劉秀親率漢軍主力，征剿劉永、張步、董憲等割據勢力，於建武五年（西元二九年）平定齊魯、江淮大片地區。劉秀在逐次消滅東方各割據勢力後，遂改變戰略，以主要精力經略西方，進攻隗囂和公孫述，以統一全國。

劉秀早在平定河北時，就對關西地區予以極大的關注。更始二年，山東農民軍三十萬人，在樊崇率領下，東出潁川，西攻長安，一舉擊敗更始政權，殺死劉玄，別立劉盆子為帝。當時劉秀從戰略的高度，估計到赤眉軍一定會占據關中，遂派大將鄧禹率兩萬精兵，西出潼關，窺視關中地區。及至赤眉軍為隗囂所敗，退出長安，東歸山東時，劉秀率軍以逸待勞，將赤眉二十萬人收降於河南境內。至此，西北、西南方向能與劉秀相抗衡的只有公孫述、隗囂、竇融、盧芳四大割據勢力。

隗囂，成紀（今甘肅省靜寧縣西南）人，喜愛讀儒家經典。西元二三年起兵響應更始政權，自號上將軍，率十萬大軍進攻王莽軍，占據隴西、武都、金城、武威等地，成為西北的重要割據勢力。更始帝劉玄定都長安後隗囂曾親往長安朝拜，被封為右將軍、御史大夫。赤眉軍破長安，劉玄敗亡，隗囂逃回天水，重新集結兵眾，自稱「西州上將軍」。適逢赤眉軍在長安周圍劫掠，躲避戰亂的士大夫大多歸附隗囂，囂熱情接待，成布衣之交，遂名震西州。鄧禹經略陜州，其部將馮愔發動叛亂，帶兵進攻天水，被隗囂擊敗。鄧禹因此代表光武帝任命隗囂為西州大將軍，掌管涼州、朔方軍政大事。

建武三年（西元二七年）十一月，光武帝劉秀對太中大夫來歙說：「現在西州還沒有歸附，公孫述自稱皇

帝，道路險阻遙遠，將領們正致力於關東，對攻取西州有什麼良策嗎？」來歙說：「我曾與隗囂在長安相遇，這個人一開始起兵時以復興漢朝為名，我願奉陛下之命，用您始終不渝的誠意來開導他，隗囂一定束手歸附。這樣公孫述自然處於敗亡境地，是不難圖謀的。」光武帝聽後大喜，當即命來歙出使到隗囂處。隗囂既然對東漢朝廷有功，又接受東漢宰相鄧禹的任命，其心腹謀臣都勸他同東漢朝廷聯繫。於是隗囂拿著奏書到朝廷去。光武帝用特殊的禮儀來回報他，說話時稱他的字，表示親近，用等同於朝廷國賓的地位接待，以此來表示對隗囂的安撫。

建武四年（西元二八年）冬十月，隗囂派馬援去成都瞭解公孫述的情況。馬援與公孫述都是茂陵（今陝西興平縣東北）人，平素是很要好的朋友。馬援自認為一到蜀都，公孫述就會像平時一樣，與他握手言歡，暢敘別情。哪知公孫述高坐在金鑾殿上，兩邊禁衛軍林立，很久才請馬援進去，並按宮廷禮儀，要馬援行完交拜禮後，才送到賓館休息。第二天公孫述在宗廟正式接見馬援，故意把百官都召集過去，並擺出一副皇帝老兒的架勢，前呼後擁，一路戒嚴，一片肅靜，進入宗廟後，迎接賓客的場面也極為隆重盛大。

公孫述想封馬援為侯，任大將軍。跟隨馬援的人都願意留下，馬援對他們說：「天下勝負未定，公孫述不能像周公那樣思賢若渴，一飯三吐哺，與有才幹的人共商國是，反而注重小節，如同一個玩偶一般，這樣的人怎麼能留住天下的賢能呢！」於是告辭回去，對隗囂說：「公孫述不過是井底之蛙罷了，而且妄自尊大，我們不如專心事奉洛陽的劉秀。」不久，隗囂又讓馬援到洛陽試看劉秀的態度。馬援很快就被引進宮中，只見劉秀在宣德殿的屋簷下，穿著常服，紮著頭巾，笑臉相迎道：「你奔走於兩個皇帝之間，今天見到你，使人慚愧。」馬援叩頭拜謝，乘機說：「當今之世，不只是國君挑選臣子，做臣子的也選擇國君啊！我與公孫述是同鄉，少年時友好。我前時到蜀，他在金鑾殿上嚴密戒備後才敢見我。我今天來見陛下，你卻毫無戒備，怎麼知我不是刺客呢？」光武帝笑道：「你不是刺客，只是說客而已。」馬援說：「天下局勢反覆不定，盜取帝王稱號的不計其數。今見陛下寬宏大量，與漢高祖劉邦相同，才知道這些帝王中自有真命天子。」馬援寫信向隗囂匯報情

況後，隗囂才表示歸附東漢政權，但內心中仍是一種游移的態度。

這一年的十二月，公孫述派大將李育、程烏率數萬人東出陳倉，襲擊三輔地區。劉秀派馮異率軍迎戰，將公孫述軍打得大敗而逃。隗囂也曾派兵助戰。事後隗囂以派兵助戰有功，向光武帝劉秀上奏軍情。劉秀親自寫信說：「我欽慕德義，一直想與你結交……將軍在南方抵擋公孫述的軍隊，在北方抵禦羌人、胡人的擾亂，因此馮異西征，率數千人能在三輔立足。如果沒有你的援助，那麼咸陽就會被別人占領了！如果公孫述到漢中來挑戰，三輔地區憑將軍的兵馬與其對峙，勢均力敵。那將是計功封爵的時候了。管仲曾說過：『生我的是父母，使我成功的是鮑叔』。自今而後，我們要互相通信，不要聽別人離間。」此後，公孫述多次派軍襲擊漢軍，隗囂與馮異合力，共同挫敗他。公孫述派使者授隗囂大司空、扶安王的印信，隗囂斬殺了來使，並出兵攻擊公孫述，因此公孫述的兵馬不敢再向北出擊。

建武五年（西元二九年）正月，光武帝派來歙持節送馬援回隴右。隗囂向馬援詢問東漢朝廷的情況。馬援說：「前時我到洛陽後，皇帝接見我幾十次，每次接見都很隨便，從晚上到天明，無所不談。劉秀才智聰明，勇敢而有謀略，普通人不是他的對手，而且心懷坦誠，沒有什麼隱藏的，寬宏大量，注重大節，大致與劉邦相同。而且他博覽經學，對政事的管理、對文章的評說，前世君主沒有比得上的。」隗囂說：「你說劉秀相比劉邦怎麼樣？」馬援說：「劉秀趕不上劉邦，劉邦對政事模棱兩可沒有主見，而劉秀喜歡處理政事，辦事有規劃，有分寸，不喜歡飲酒。」隗囂不高興地說：「看你說的，變化無常的人反倒是最優秀的了！」夏四月的一天，隗囂又詢問班彪說：「從前周朝滅亡，戰國時群雄並起，爭奪天下，經過幾代而天下統一。你看合縱連橫的事會不會在今天重演？」班彪說：「周朝的興亡與漢朝不同。從前周朝實行五等爵位，諸侯王各自為政，從而造成本根微弱，枝葉強盛的局面。故此末期出現了縱橫的事，這是時勢所造成的。漢朝承襲秦朝的制度，改設郡縣，君王有獨斷專制的權威，臣子沒有永久的權力。漢成帝後外戚專政，王莽才乘機篡奪皇位。所以這種危險來自上層，沒有傷害百姓。正因為如此，王莽篡位後，天下沒有不伸長脖子嘆息的。十多年來，宮廷內外

騷亂，遠近發生暴亂，假借皇帝名號起事的不斷出現，都聲稱是劉氏的後代，不謀而合。現在占據州郡的英雄豪傑，都沒有六國那樣世代相傳的事業根基，而百姓歌頌思念漢朝，漢朝必定復興，這是可以看清楚的。」隗囂詰問道：「你談的周朝、漢朝的形勢是對的，但說百姓思念漢朝，決定漢朝必定復興，這是不周密的。當初秦朝失政，劉邦角逐爭奪而得天下，難道當時人們知道有漢朝嗎？」班彪見隗囂心存異志，便作了一篇《王命論》的文章來諷勸他。隗囂不聽，班彪投奔竇融，替竇融出謀劃策，勸竇融專心事奉東漢朝廷。

割據河西地區的竇融當初聽說劉秀有威望、有美德，因此有意歸附，但因為河西離洛陽太遠，中間隔著隗囂占據的地盤，不能直接聯繫，就隨同隗囂接受了東漢建武年號。後來隗囂心懷異志，派人勸說竇融與他合作。使者說：「更始帝的事業已經成功，但不久又敗亡了，這是劉姓不能再興起的證明。現在如果承認了某人為皇帝，便隸屬於他。一旦受到控制，自然失去了權力，以後若這個人再失敗，即使後悔也來不及了。當今英雄豪傑互相競爭，勝負未定，應當各自保全疆土，與天水、蜀郡聯合，如果成功，最高可以成為諸侯之一，最低也不會失去尉佗那樣的王爵。」竇融與部下商議，多數人認為：「當今雖有數人稱帝，但光武帝占據的土地最廣，軍隊最精幹，號令最嚴明，其他姓氏人恐怕不能當皇帝。」竇融於是決定歸附東漢劉秀，並派人拿著奏書到洛陽。

劉秀知道後非常高興，當即下詔書說：「現在益州有公孫述，天水有隗將軍。當蜀與漢相互攻擊時，勝敗掌握在你的手中。你移動一下左右腳就會影響蜀漢的輕重。由此說來你如果決定幫助哪一方，力量之大是無法計算的。如果你要想實現齊桓公、晉文公那樣的霸業，幫助我這個微弱的朝廷，應當努力完成這一事業；如果你想實現三國鼎立，想合縱連橫，也應及時決定。天下還沒統一，我與你相距甚遠，不是互相吞併的對象。現在的諫議者中一定有人獻出隗囂、尉佗控制七郡的計策。王爵有分封的土地，沒有分割的百姓。自己好好管理自己的事情就行了。」於是任命竇融為涼州牧。詔書傳到河西，官員們看了十分驚訝，認為光武皇帝明察萬里之外。

隗囂認為自己才能傑出，常常自比西伯（周文王）。十二月，隗囂與將領們商量要稱王的事，鄭興勸阻道：「你的恩德雖很明顯，但沒有周朝世代相傳的皇位；你的威嚴謀略雖有影響，但沒有漢高祖的功績。這樣想做不可能做到的事情，明顯會招來禍患，恐怕不行啊。」因為遭到大家的反對，隗囂只好暫停稱王的行動。這時劉秀的將領們紛紛上書，主張攻打蜀郡，劉秀把這些奏書交給隗囂看，並讓他率兵攻擊蜀郡，以考驗他的誠意，但隗囂上書強調三輔兵力單薄，盧芳在北邊，不應考慮討伐蜀郡。劉秀認為隗囂有二心，動搖不定，不願意天下統一，就對他逐漸降低禮節，以君臣的禮儀對待他。

為了在政治上爭取隗囂，劉秀提出讓他到洛陽做官的要求，隗囂卻以「自己沒有功德，等天下平定後，就引退回家」的話婉拒。劉秀又命令隗囂把兒子送到洛陽當人質，隗囂怕自己稱王的企圖暴露，便順從了劉秀的要求。隗囂的將領王元認為天下的成敗未可預料，應該鋌而走險，去幹一番事業，於是勸隗囂說：「現在天水富饒，兵強馬壯，我請求用一泥丸替您封閉函谷關的道路，這是創萬世大業的良機。如果達不到稱王的目的，也可據險自守，當一方霸主。您要盡快下決心啊！」王元的計畫正好呼應了隗囂的內心，雖然兒子在洛陽當人質，但他仍想叛離東漢、專制一方。

建武六年（西元三〇年）正月，劉秀苦於連年征戰，仍想從政治上爭取公孫述歸附東漢，便多次寫信給他，陳說禍福利害關係，公孫述非但不聽，反而加緊採取軍事行動，於是年三月派田戎率軍進攻荊州，主動挑起戰端。劉秀下詔，命隗囂從天水出發，討伐公孫述。隗囂卻上書說：「白水關（今陝西白水縣）山高路險，沿途棧道多毀壞斷裂，公孫述性情嚴酷，上下厭恨，等他的罪惡明顯表露出來再攻擊他，這是大呼一聲必有眾人響應的形勢。」劉秀知道隗囂叛意已決，遂開始部署軍隊，準備討伐隗囂。五月，隗囂舉兵叛變，派王元據守隴山要隘，阻塞陝隴通道。東漢軍隊初戰失利。

十二月，劉秀命耿弇駐軍漆縣、馮異駐軍栒邑、祭遵駐軍汧縣、吳漢屯駐長安，對隗囂採取守勢。當初，馬援聽說隗囂反叛，上書劉秀說：「我與隗囂本是知友至交，開始他派我來東方時，對我說：『本想效忠東漢

王朝，請你去觀察一下，如果你認為可以，我就專心一意了。』我回去把陛下的一片誠意告訴他，想引導他走正路，不敢欺詐使他走向不義。但隗囂自懷奸心，憎恨正直的人，於是把一切怨恨都歸到我身上了。我如果不說明，那麼陛下就不會瞭解，希望陛下允許我到您的住地，說明消滅隗囂的策略。」劉秀立即召見馬援，馬援向劉秀陳述了如何擊敗隗囂的方略，劉秀派馬援率五千突騎在隗囂的將領及羌部落首領中，往來遊說、以離間隗囂部屬之間的關係。建武七年（西元三一年）夏四月，光武帝劉秀親自率軍征討隗囂。臨行前召見馬援問計。馬援說：「隗囂的將帥們已有土崩瓦解之勢，如大舉進攻，一定會擊敗敵人。」同時他還用米堆積成山川形勢圖形，向劉秀展示行軍路線、關隘險要，清楚明白地分析形勢。劉秀高興地說：「這回隗囂就在我的眼中了。」

同時，河西竇融也率五郡太守及羌、小月氏部落軍隊幾萬人，前來與劉秀會師，共同討伐隗囂，於是漢軍全線出擊，分幾路攻上隴山，隗囂的十三員大將、十六個屬縣、十多萬軍隊都投降了東漢朝廷。隗囂帶著妻子兒女逃到西城，劉秀下詔書對隗囂說：「如果你能放下武器前來歸附，父子可以相見，保證沒有其他事故。如果一定要負隅頑抗，也請你隨便。」隗囂始終不降，於是劉秀殺死他的兒子隗恂，並派吳漢、岑彭圍攻西城，耿弇、蓋延圍攻上邽，隗囂在困境中向公孫述稱臣，請求出兵援助，公孫述封他為朔寧王，並派兵前來救援。建武九年（西元三三年）正月，隗囂身患重病，又遭飢荒，只能靠吃乾糧充飢，在病餓中憤怒而死，王元、周宗等擁立其子隗純為王，據守冀縣（今甘肅甘谷縣南），公孫述再次派趙匡、田弇率軍來援，為馮異擊敗。建武十年（西元三四年）冬十月，來歙率軍攻下冀縣，隗純投降，王元逃到蜀郡後隴西歸東漢所有。

劉秀平定隴西後，立即兵分兩路進攻割據巴蜀的公孫述政權。一路由來歙率軍，從隴西、天水出發，自北向南進攻；一路由岑彭、吳漢率領，從湖北江陵出發，溯江而上，自東向西進攻。從而形成了對成都的鉗形攻勢。

公孫述見隗囂已敗，自感勢孤，但仍作困獸之鬥，一面派翼江王田戎、大司徒任滿、南郡太守程泛等率數

萬軍隊東出江關（今四川奉節縣），擊敗東漢將領馮駿等軍，攻陷了巫縣、夷道（今湖北宜都縣）、夷陵（今湖北宜昌市），占據荊門山、虎牙山，橫江架橋，修建關樓，在江中立木斷絕水道，於山上結營寨堵塞陸路，企圖阻止東漢軍隊的進攻。一面任命王元為將軍，派他與領軍環安一起，據守河池（今甘肅徽縣）、下辨（今甘肅成縣）一帶，阻止東漢北路軍南下。

建武十一年（西元三五年）三月，東漢將領岑彭率軍多次攻打田戎，但都沒有取勝，劉秀便派吳漢等徵調荊州兵六萬餘人、騎兵五千人，與岑彭在荊門會師。閏三月，岑彭在軍中招募攻打浮橋的勇士，並說先登橋者予以重賞，偏將軍魯奇奉命率軍攻打浮橋，這時東風大作，東漢軍逆流而上，直衝浮橋，但是漢軍的船隻被蜀軍扔出的反杷鉤鉤住，而無法行動，因此魯奇等將士只好進行殊死戰鬥，點燃火把後，扔上浮橋，火勢因為風的關係，浮橋和兩邊的橋樓很快被燒崩塌，岑彭率全軍乘勢前進，所向無敵。公孫述的軍隊因此大亂，落在水裡淹死的有幾千人，漢軍斬殺了公孫述的大將任滿，活捉了程泛，田戎逃回江州固守，之後漢軍遂盡克夷陵諸要隘。

岑彭攻克夷陵後，乃一面上報以誅虜將軍劉隆為南郡太守，一面趁蜀軍敗退，人心浮動之際，自率輔威將軍臧宮、驍騎將軍劉歆等約三萬人馬，長驅江關（今奉節縣東之江關），所至軍令嚴肅，百姓迎勞，郡縣降附。此時劉秀為使岑彭在軍中便宜行事，乃下詔曰：「彭為益州牧，所下郡即行太守事；彭若出界，即以太守號，付後將軍；選官屬為州中長史。」於是岑彭在戰區內握有軍政之全權，劉秀此項措施，對岑彭隨後之迅速進軍極為重要。岑彭率軍進至江州，見其城固糧多，難以快速攻克，遂留馮駿之軍圍困監視之，而自率主力及降卒五萬，直指墊江、攻破平曲（今四川省武勝縣西），收其米數十萬擔以充軍糧，並準備向成都進行攻擊。

是年六月，北路軍之來歙、蓋延、馬成等，看到岑彭長驅入蜀，遂向河池、下辨展開猛烈攻擊，大破蜀王元、環安軍，攻克河池、下辨二城，並乘勝南進。這時蜀將環安派刺客暗殺了來歙，劉秀以揚威將軍馬成代為統帥，馬成率劉尚等攻克武都，為配合岑彭對成都地區的攻勢作戰，馬成派劉尚迅速南進，與岑彭會師。秋七

月，劉秀親自率軍征討公孫述，把大本營設在長安，公孫述派他的將領延岑、呂鮪、王元、公孫恢在廣漢、資中一線防守；另派侯丹率兩萬人據守黃石（今四川涪陵縣），東漢將領岑彭將自軍分兵兩處，一路由臧宮率領歸降的五萬士兵，從涪水到平曲，阻截延岑；自己率部分士兵順江而下，返回江州，逆水從都江而上，襲擊侯丹，大破侯丹之軍，乘勝日夜兼程兩千里，直取武陽（今四川彭山縣），並派精騎兵奔襲廣都，那裡離成都只有幾十里，漢軍所到之處，如狂風暴雨般，公孫述的官兵因此畏懼，無不潰散奔逃。最初，公孫述聽說東漢軍隊在平曲，因此派主力去迎擊，等到岑彭到了武陽，繞到蜀軍延岑部的背後，震動蜀郡上下。公孫述大驚，用手杖敲擊地面說：「這是什麼神兵呀！」

東漢將領臧宮率部與蜀將延岑對峙。當時漢軍兵多糧少，轉運的物資未到，軍心有些動搖，臧宮想率軍返回，又怕中途士兵嘩變，正在進退兩難之際，劉秀派人給岑彭送來七百匹戰馬，臧宮將戰馬全部留下，擴充自己的騎兵，隨即日夜進兵，多樹旗幟，擊鼓吶喊，右邊有步兵，左邊有騎兵，他在中間指揮戰船，齊頭並進，聲震山谷。延岑沒想到漢軍會突然來到，登高遠眺，漢軍漫山遍野，大為震驚，臧宮發起總攻，大破延岑軍，斬殺和淹死蜀軍一萬餘人，河水都變得混濁了。延岑隻身逃回成都，其部眾全部投降漢軍。臧宮率軍繼續向北掩殺，一直追到陽鄉（今四川綿竹縣東），王元率軍投降。

冬十月，公孫述派人刺殺了東漢大將岑彭，劉秀命吳漢統率岑彭的軍隊。十二月，吳漢率三萬人從夷陵出發，在漁涪津擊敗了蜀軍魏黨、公孫永部，包圍了武陽。公孫述派他的女婿史興前去救援，被吳漢擊敗，劉秀下詔命吳漢直接奪取廣都，占據公孫述的心臟地區，吳漢於是進軍廣都，大獲全勝，並派輕騎兵燒毀了成都的市橋。公孫述軍驚恐萬分，日夜都有人逃亡，劉秀寫信給公孫述說：「不要因為來歙、岑彭被害而懷疑，現在你及時來投降，就可保全你的宗族。詔書和親筆信件，不可多得。」公孫述看完詔書後，仍無投降之意。

建武十一年（西元三五年）秋七月，東漢將領馮駿攻克江州，俘獲田戎，同時吳漢仍在圍攻成都，久未攻克。劉秀乃下詔指示吳漢作戰方針，說：「成都十餘萬眾，不可輕也。但堅據廣都，待其來攻，勿與爭鋒；

若不敢來，公轉營迫之，須其力疲，乃可擊也。」但吳漢並未遵從劉秀的作戰方針，而是乘勝自率步騎兵兩萬餘，進攻成都，距成都十餘里，阻江北為營，又造浮橋，讓副將武威將軍劉尚率一萬餘人駐紮在江南，南北大營相距二十多里。

劉秀聽說後大驚，派使責備吳漢說：「比敕公千條萬端，何事臨事勃亂？既輕敵深入，又與尚別營，事有緩急，不復相及。賊若出兵綴公，以大眾攻尚，尚破公即敗矣。幸無他者，急引兵還廣都。」詔書還沒送到，九月公孫述果然派大司徒謝豐、執金吾袁吉率軍十萬之眾，分為二十幾營，攻擊吳漢；又派別將率軍一萬餘人攻擊劉尚。吳漢與謝豐等大戰一日，兵敗入營堅守，蜀兵乘機包圍了吳漢的軍營，同時江南之劉尚大營也為蜀軍所包圍，兩軍不能互相援助。

吳漢在此危急之時，乃召集諸將商議破敵之策，激勵大家說：「吾共諸君，踰越險阻，轉戰千里，所在斬獲，遂深入敵地，至其城下。而今與尚二處受圍，勢已不接，其禍難量。欲潛師就尚於江南，並兵御之。若能用心一力，人自為戰，大功可立。如其不然，敗必無餘，成敗之機，在此一舉。」諸將從其言，士氣大增。於是吳漢乃犒勞將士，餵好戰馬，閉營不戰，休兵三日，第三日晚，在營中多樹旌旗，充滿營火炊煙，除了留少數人守營外，自率主力潛行南渡，與劉尚會合。蜀將謝豐等人，全然不知，天明後，發現已經中計，才兵作兩處，自己率主力攻打江南，吳漢帶領全軍迎戰，大戰至午後六時，方大破謝豐軍，殺死謝豐、袁吉，獲甲首五千餘級，至此吳漢乃令劉尚留原地以拒蜀軍，而自引兵還廣都。是役吳漢初則部署錯誤，導致失敗，繼則變更決心確當，才得轉危為安，變敗為勝，實乃機智之舉。光武帝劉秀預見於千里之外，適時給予指導，也有可稱之處。

吳漢帶兵回到廣都，留下劉尚抵擋公孫述，然後把一切情況上報劉秀。劉秀回信說：「你回到廣都，很恰當。公孫述一定不敢越過劉尚而襲擊你，如果他先攻擊劉尚，你從廣都帶領所有的步騎兵趕五十里路去援救他，正好是敵人疲勞的時候，一定可以擊敗敵人。」從此吳漢與公孫述在廣都、成都之間交戰，吳漢八戰八

勝，終於進入成都的外城中。這時東漢將領臧宮率軍攻下綿竹，攻破涪城，殺死公孫恢，又攻取了繁縣、郫縣，與吳漢在成都外圍會師，兩軍將公孫述團團圍住。

公孫述被困已久，情況緊急，便問計於延岑。延岑說：「男人應當在死中求生，怎麼能坐以待斃呢！財物容易積聚，不應吝惜。」於是公孫述就拿出所有的金銀財寶，招募五千餘敢死的士兵，交給延岑統率。延岑在成都市橋廣樹旗幟，遍布疑陣，派奇兵祕密繞到吳漢軍隊背後，突然發起攻擊，漢軍無防，陣腳大亂，吳漢在亂中落入水中，幸而抓住馬尾，才得以上岸，當時吳漢軍中只有七日糧食，就暗中備船，準備撤退，蜀郡太守南陽人張堪聽說，飛馳去見吳漢，說公孫述一定會敗亡，不應採取撤退的策略。吳漢聽從他的計策，故意示弱以誘敵。冬十一月，公孫述率幾萬人攻擊吳漢，命延岑攻擊臧宮，混戰中，延岑三戰三勝，但從早晨到中午，蜀軍得不到飲食，又累又餓，吳漢趁機派護軍高午、唐邯率幾萬精銳士卒攻擊延岑，公孫述的士兵因此非常混亂。高午衝進敵陣，直刺公孫述，刺穿了他的胸口並且讓他墜馬，公孫述被左右親信帶入城中搶救，於當夜死去。次日，延岑打開城門投降，公孫述割據了十二年的巴蜀政權終告滅亡，劉秀統一之大業終於完成。

縱觀劉秀近二十年的征戰生涯，可以看出，他由南陽的地主豪強，乘農民起義之勢而崛起，因軍閥割據之勢而逐漸發展成諸軍閥中最強大之軍閥，並逐次削平其他各割據勢力，終於完成統一全國的大業，奠定東漢王朝統治的基礎。其成功的原因所在，除當時人們厭倦割據戰爭，要求統一的客觀條件外，主觀上與劉秀戰略思想的遠大，戰役指揮的正確，戰術運用的靈活，是分不開的。此外，劉秀在個人品格上的胸懷寬闊、虛心納諫等，也是其成功的重要因素。

官渡之戰，袁曹爭霸

東漢末年，桓靈失政，豪強勢力重崛起；袁曹爭霸，混戰官渡，勝者為王，敗者為寇。

東漢後期，由於外戚、宦官的干政，政治變得十分混亂，社會矛盾和階級矛盾非常嚴重，廣大人民陷於水深火熱之中，終於導致了西元一八四年的黃巾起義。在鎮壓黃巾起義過程中，一些豪強勢力乘機而起，大則盤踞一州一郡；小則控制一鄉一縣，其中較為強大的勢力有：最初割據關中地區，後率兵入京，大肆殺戮，擅行廢立的董卓集團；起兵反對董卓失敗後退據河北的袁紹集團；據有兗豫地區的曹操集團；占據兩淮自立為帝的袁術集團；割據江東的孫堅、孫策父子；割據荊州地區的劉表集團；割據幽州的公孫瓚集團；割據遼東的公孫度集團；割據涼州、并州的馬騰、韓遂集團。此外還有游移不定的劉備、呂布、張繡及占據巴蜀的劉璋、張魯等。這些大大小小的軍閥，為爭奪地盤，擴張勢力，相互之間像野獸爭搶食物一般，展開了一輪又一輪的血腥廝殺。數十年的軍閥混戰，使中華大地百孔千瘡，哀鴻遍野，呈現出「出門無所見，白骨蔽平原」的悲慘景象，社會生產受到極大破壞。

東漢建安四年（西元一九九年），袁紹攻滅了幽州的公孫瓚，軍事力量迅速壯大，成為北方的最大軍閥，野心也因此急劇膨脹起來，遂想與曹操爭霸中原。曹操是三國時期著名的政治家、軍事家，他曾經參與鎮壓黃巾起義，也參加過關東牧郡守討伐董卓的戰爭。西元一九二年，他在鎮壓青州黃巾軍收編其三十萬精銳之後，又收編了許褚、任峻、李通、李典、呂虔等地主豪強武裝，同時還實行屯田等重要經濟措施，其軍事力量和經

濟力量也有很大的增長。加之他迎獻帝於許昌，「挾天子以令諸侯」，占有政治上的優勢，所以成為各軍閥中唯一敢於與袁紹相抗衡的力量。

起初，袁紹見曹操迎帝於許，被封為大司空兼車騎將軍，控制朝政，感到非常不滿，便寫了一封信給曹操，內容言詞用語傲慢，態度驕橫，使曹操有起兵攻打之意。曹操便問謀士荀彧、郭嘉說：「我現在想討伐袁紹，但是力量比他弱，怎麼辦？」荀、郭二人回答道：「古今成敗，但視智愚，不在強弱。劉、項存亡的道理，主公您是知道的。當時項羽的力量比劉邦強大，但智慧敵不過劉邦，最終劉邦戰勝項羽。如今袁紹有十條必敗的理由，主公有十勝的根據，有何值得憂慮的呢？」曹操聽罷，精神一振，以手捋鬚說：「何謂十勝，何謂十敗，請二卿細細道來。」

二人接著分析道：「袁紹繁禮多儀，主公純任自然，便是道勝；袁紹以逆動，公以順取，便是義勝；袁紹失之過寬，主公能濟之以猛，便是治勝；袁紹用人多疑，專任私人，主公立賢無方，不問遠近，便是度勝；袁紹多謀少決，坐失機宜，主公能斷大事，應變無窮，便是謀勝；袁紹高談揖讓，徒務虛名，主公誠摯待人，實事求是，便是德勝；袁紹見人飢寒，非不知恤，但往往顧近略遠，主公與袁紹相反，近事或有所忽，遠慮卻無不周，便是仁勝；袁紹大臣爭權，讒言惑亂，主公御下以道，浸潤不行，便是明勝；袁紹不識是非，賞罰失當，主公洞察賢否，黜陟咸宜，便是文勝；袁紹自大好誇，未知兵要，主公以少克眾，用兵如神，便是武勝。據此看來，勝負已分，怕他什麼？」曹操哈哈大笑：「如卿所言，孤必勝，紹必敗，但是如果袁紹西擾關中，南誘蜀漢，東連呂布，使我獨以兗豫之地，抗天下六分之五也，為之奈何？」郭嘉說：「現在袁紹軍北上攻公孫瓚，可利用其遠征的時機，東攻呂布，西擾關中，厚結孫策，痛擊袁術，中立劉表，平定張繡。這樣一旦袁紹南下，我們就無後顧之憂了。」曹操按計而行，先後消滅了呂布，擊敗了陶謙、劉備和袁術，收降了張繡，漸次削平了長江以北、黃河以南的割據勢力，為後來在官渡之戰中一舉擊敗袁紹奠定了基礎。

建安五年（西元二〇〇年）正月，袁紹準備進攻曹操。謀士田豐諫道：「曹操善於用兵，變化無常，軍隊雖然不多，但絕不能輕視。今將軍據有四州，依山帶河，誠能外結英雄，內修農戰，然後簡選精銳，作為騎兵，乘虛迭出，分擾河內，彼救左，我擊右；彼救右，我擊左。使其軍疲於奔命，使其民不得安居。我尚未勞，彼已大困，不出三年，操可坐滅了！現在放棄了以智取勝的策略，把成敗取決於一次決戰上，如達不到預期的目的，則後果是不堪設想的。」袁紹聞言大怒道：「大膽匹夫，竟敢長敵之志氣，滅我之威風，拖下去重責四十軍棍，押入大牢，待我凱旋，再行處置。」隨即命記室陳琳草擬檄文，列舉數條曹操的罪狀，頒行四方，以告天下。然後調齊四州後馬，共十餘萬，浩浩蕩蕩，殺奔許都而來。

曹操聽說袁紹率軍南下，當即調兵遣將，北上迎敵，派夏侯惇率步兵五千人守敖倉、孟津；于禁率步兵四千人守原武、獲嘉、延津；以東郡太守劉延率本部一千人守白馬；以程昱率步兵七百人守鄄城；自率步騎兵萬餘人屯駐官渡，擺出一副與袁紹在官渡決戰的架勢。

二月，袁紹進軍黎陽津（今河南浚縣東南）。袁紹的謀士沮授臨行前，會見他的親族，把家資財物分給他們，並說：「有了權勢憑藉威力什麼事都能辦到，失去權勢就連自身也保不住，真是悲哀！」他的兄弟沮宗說：「曹操的兵力敵不過袁公，你有什麼可害怕的？」沮授說：「曹操明智，又挾天子以令諸侯。我們雖然消滅了公孫瓚，但士卒都很疲勞，而且主君驕傲自大，將領們奢侈無度，三軍的破敗就在這次決戰了。揚雄曾說過：『六國昏聵，為嬴秦削弱姬周。』今日情勢與當時十分相似，我此行恐不復返了。」其時袁紹將大本營設在黎陽，擬分兵一萬兩千人，由顏良統率，攻打白馬城，以掃清前進障礙。沮授諫道：「顏良性急，而且氣量狹小，雖然驍勇，但難以獨自擔當大任。」袁紹不以為然，仍派顏良前往。夏四月，白馬城告急，曹操欲解白馬之圍。謀士荀攸說：「我軍兵少，不能與袁軍對敵，必須用計分散他的兵力，然後各個擊破。主公當假裝從延津渡河襲擊袁軍背後的樣子，使袁紹分兵向西迎戰，然後輕裝向東，打擊圍攻白馬之敵。這樣乘其不備，就可擒獲顏良了。」曹操按計而行，遂引兵向延津開進。

袁紹見曹操欲從延津北上，立即派大將文醜率軍迎擊，自率主力向朝歌推進，企圖予以曹軍痛擊。哪知當文醜趕到延津時，曹操卻調頭東去，晝夜兼程，向顏良背後襲來。此時顏良正傾全力圍攻白馬城，對曹操援軍的突然殺到，大驚失色，只得倉猝應戰。曹操乃派先鋒關羽（劉備部將，兵敗被俘在曹營中效力）、張遼率數百騎衝擊顏良軍營。關羽望見顏良麾蓋，策馬突入萬軍之中，手起刀落將顏良劈下馬來，割下首級後返回曹營。袁軍見主將顏良已死，立即四散逃命，解除了白馬之圍。

曹操解白馬之圍後，將當地居民全部遷徙，循黃河南岸向西撤退。民眾隨軍移家，扶老攜幼，車馬行囊，絡繹不絕，成為戰場上的明顯目標。於是，袁紹下令大軍渡河追擊。沮授叩馬進諫說：「勝負變化，不可不詳。今宜使文醜軍屯延津，分一軍由東道覷官渡。更由西道以向上游取河南。若各有克獲，還報以迎大軍，大軍再行渡河前進亦不為晚。若以忿而渡河追擊，求敵決戰，決戰而勝，固所願也。設其有難，眾弗可還也。」沮授所諫，鞭辟入裡，講出了以優勢兵力，分進合擊，不要洩一時之憤，輕率地派兵攻擊敵軍的道理。

但是袁紹對於沮授的正確建議根本不予置理，急令文醜率部強渡延津，包圍截擊曹軍。沮授在袁紹大軍渡河時，嘆道：「在上的人想要滿足自己的意願，在下的人想要立功，長流不息的黃河，我為什麼要渡河南去呢？」便向袁紹請病假不肯前去。袁紹大怒，下令裁減他的部眾，削去他的兵權。袁紹大軍南渡後，屯紮在延津以南。命大將文醜率所部向南急追曹操。曹操退至南陂一帶勒兵不動，同時派人登高瞭望袁軍。開始報告說：「只有騎兵五、六百人」。不久又報告說：「騎兵人數稍多一些，但步兵人數不可勝數。」曹操說：「不要再報告了。」遂下令騎兵解下馬鞍，放馬休息。

這時從白馬運來的輜重已經上道。眾將以為袁軍騎兵多，應該退保大營，然而荀攸說：「這是故意用來引誘敵人的，怎麼可以退走。」曹操望著荀攸，微笑不言，及至文醜率五、六千騎趕到，眾將請求上馬，曹操說：「還未到上馬的時候。」過一會兒文醜騎兵進一步增多，並爭搶曹軍的輜重，曹操才下令說可以上馬出擊了。當時曹軍騎兵不滿六百人，其餘大多是步兵，但他們乘袁軍隊形混亂之際發動猛烈攻擊，遂大破袁軍。大

將關羽衝入敵軍之中，揮刀將文醜斬首，震撼袁軍，使他們四散而逃，曹軍乘勝追擊三十里，斬首數千級，得馬數千匹，盡收所失之輜重，大勝而歸。此後，曹操除派樂進率騎兵千人前往獲嘉，助于禁以擊袁軍之西路外，自率大軍回守官渡。而大將關羽得知劉備在袁紹軍中，便掛印封金，保護劉備的兩個夫人，趁曹操南撤時脫離曹營，與劉備會合一處。

且說袁軍在初戰中連連失利，名將顏良、文醜先後戰歿，士氣受到了沉重的打擊，這時沮授又勸告袁紹說：「北兵雖多，但戰鬥力不如南軍；南軍糧穀少，在物資儲備上不如北軍。所以南軍企圖速戰速決，而緩兵則對北軍有利。應當慢慢地打一場持久戰，儘量拖延時日。」袁紹不聽。八月，袁紹進軍至原武、官渡一帶，依沙丘結營，東西數十里。曹軍一面分營駐屯，與袁軍相持；一面急調正在西線與袁軍交戰的于禁率軍回守官渡，雙方擺出在官渡決戰的態勢。

九月初一，曹操出兵與袁紹交戰，沒有打勝，返回原地，憑藉著堅固的防禦設施，堅守陣地。隨後袁紹採取築高台、起土山的辦法，不斷向曹操營中放箭，使曹軍營中將士只得持盾牌行走。於是曹操乃作霹靂車，發石猛擊高台，高台皆被擊破。袁紹又挖掘地道進攻曹軍，曹操則於營內掘一長長的塹壕以拒之。兩軍相持百餘日而不分勝負。袁紹大將張郃建議道：「公雖連勝，然勿與曹戰也。密遣輕騎抄絕其南，則其兵自敗也。」袁紹不聽。這時曹操軍糧不足，士卒疲乏，百姓困於徵賦，多有叛歸袁紹者，形勢危如累卵。當此危難之際，曹操十分憂慮，寫信給荀彧，想要把軍隊撤回許都，引袁紹軍隊前來。許都留守荀彧回信說：「紹悉眾聚官渡，欲與公決勝敗，公以十分居一之眾，畫地而守之，扼其喉而不進已半年矣。今兵雖少，未若楚漢在滎陽、成皋間也。是時劉、項莫肯先退，先退者勢屈也。公以至弱當至強，若不能制，必為所乘，此天下之大機也。且紹能聚人而不能用，情見勢急，必將有變，此用奇之時，不可失也。」曹操見信後，復與軍師荀攸、參軍賈詡商議。賈詡說：「公明勝紹，勇勝紹，用人勝紹，決機勝紹，有此四勝而半年不定者，但顧萬全故也。必決其機，則須臾可定也。」於是曹操決計向袁軍反攻，一邊堅守堡壘工事與袁軍對峙，一邊於暗夜引莨蕩澤之水，

倒灌袁紹大營，使袁軍後退三十里。就在此時，曹軍擒獲了袁軍的「倉儲吏」，經審問得知袁軍的運糧車隊很快就會到達，其運糧官韓猛是一個勇敢而輕敵之將，荀攸建議派人襲擊袁軍運糧車隊。曹操問：「誰可擔任攻糧車的任務？」荀攸說：「徐晃、史渙可任。」於是曹操派遣偏將軍徐晃和史渙前往故市（今河南封丘西北三十五里）截擊袁軍運糧車隊。結果，韓猛大敗而逃，所押運之糧草輜重被全部燒毀，袁軍因此也缺少糧食。此時，曹操軍糧將盡，運糧的士兵疲於奔命，曹操親自安撫他們說：「不出十五天為你們攻破袁紹，就不再煩勞你們了。」

冬季十月，袁紹又派車輛運送糧穀，命其部將淳于瓊等率兵萬餘人押送，在離袁紹大營四十里處屯集。沮授勸說袁紹：「可以派蔣奇另率一支軍隊在外掩護，防備曹操前來劫糧。」袁紹不以為然。站在一旁的參謀許攸建議：「曹操兵少，他率領全部兵馬在官渡抵禦我軍，許都的防守必然空虛，如果派遣輕騎兵晝夜兼程前去奔襲，許都就可攻下。攻下許都後，再奉迎天子討伐曹操，那樣就可擒獲曹操了。若是曹操還沒有崩潰，我軍可前後夾擊，使其首尾不能相顧，疲於奔命，一定能把他消滅掉。」袁紹還是不聽，許攸見袁紹不採納自己的計策，又聽說其家屬在鄴城犯法，被留守審配逮捕並關進監獄，一怒之下，投奔了曹營。

曹操聽說許攸到來，來不及穿上鞋，便光著腳出去迎接他，鼓掌大笑道：「子卿（許攸，字子卿）遠道前來，我的大事成功了。」許攸入座後，問曹操道：「袁紹兵馬強盛，你怎麼對待？現在還有多少糧草？」曹操說：「還可以支持一年。」許攸說：「不能支持這麼久，你再說一說。」曹操說可以支持半年。許攸不高興地說：「你不想攻破袁軍嗎？為什麼不說實話？」曹操說：「前面所說的都是戲言，其實只能支持一個月，怎麼辦？」許攸說：「明公孤軍獨守，沒有外援，糧食也快要吃完，這是非常危急的時候。袁軍運輜重的車有一萬多輛，都在故市、烏巢（今河南封丘縣西北），駐守那裡的軍隊沒有嚴密的防備，如果使用輕裝的騎兵和步兵前往，出其不意襲擊並且燒掉袁軍的糧草和其他軍用物資，不過三天，袁軍一定全軍崩潰。」

曹操聽了非常高興，立即命曹洪、荀攸留守大營，自己親自率領步騎兵五千人，全都打著袁軍的旗號，用

馬口銜勒住馬嘴，每人抱一捆乾柴，乘著暗夜從小道出發，向烏巢襲去。沿途有人盤問，便回答說：「袁公恐怕曹軍侵擾後方軍隊，特派我們前來加強防備。」問話的人信以為真，神色安然，毫不驚異。曹操急行軍到達烏巢後，命令部隊迅速包圍袁軍屯糧大營，並一齊放火焚燒。營中袁軍見糧草起火，十分驚慌，急忙報知守將淳于瓊。此時淳于瓊尚在酒醉之中，以為是守軍不慎而引發火災，根本沒想到是曹軍前來襲營，及至天色漸明，才發現是少數曹軍來襲，便打開營門列隊迎戰。

曹操下令向袁軍衝擊，淳于瓊抵擋不住，只好退守大營。曹軍又對袁軍大營發起猛烈進攻。當時袁紹屯軍陽武，校尉張郃望見四十里外烏巢方向火光衝天，便向袁紹進言說：「東北方火起，必定是曹操親率精兵往襲烏巢。曹操親往，是志在必得。不急往救，淳于瓊等被攻破，大事去矣。請即出兵救烏巢。」袁紹召集眾人商議。監軍郭圖說：「張郃的建議不妥。沒聽說戰國時孫臏圍魏救趙的故事嗎？所以，救烏巢，不如進攻曹操在官渡的大本營。」張郃說：「曹操既然敢於親自外出遠襲，其營中必做嚴密安排。倘若我軍急切中攻不下來，而淳于瓊等在烏巢被擒，我們就都要成為俘虜了。」袁紹說：「你們不要爭論了，他曹操去攻烏巢，我就拔掉官渡大營，使他無所歸依。」於是命張郃、高覽率主力進攻曹操大營，另派趙睿率一部分輕騎兵援救烏巢。正當曹操率軍猛攻淳于瓊的時候，左右報告說，袁紹的救兵來了，並請求分兵抵禦，曹操怒道：「敵軍來到我軍背後再告訴我吧！」於是曹軍士卒全都殊死作戰，遂斬袁軍步兵校尉眭元進、屯騎校尉韓莒及莒的兒子韓威璜，殺士卒千餘人，並割掉他們的鼻子及牛馬的脣舌，生俘淳于瓊，燒掉所有的補給。此時恰好趙睿率袁軍趕到，曹操揮兵掩殺，將趙睿斬首，然後回軍官渡。

被袁紹派去攻打曹軍官渡大營的張郃、高覽率軍急行，天將破曉時方才到達曹營，立即展開進攻，曹軍早有準備，憑藉深壑高壘，拚死抵抗，袁軍發起幾次衝鋒，均被曹軍亂箭射回。時至中午，曹操自烏巢還師，與曹洪、荀攸合兵一處後，向袁軍發起反攻，張郃、高覽所部不支，敗退回去，曹營之圍遂解，此時督軍郭圖因自己計謀的失誤而感到羞愧，為了推託責任，便跑到袁紹面前說張郃的壞話：「張、高二人攻曹營不賣力氣，

對我軍的失敗非常高興。」袁紹聞言大怒，立即命營弁去逮捕他們從重治罪，張郃、高覽知道後又氣又怕，便燒掉攻營器具，率所部萬餘人投奔曹營，曹洪疑其有詐，不肯受降，荀攸對他說：「張郃必定與許攸相同，向袁紹進言而不為採用，被迫來攻我營，現兵敗而被懷疑，在窮途末路的情況下投降我軍，你就不要再疑心了。」遂引張郃、高覽入大營面見曹操，曹操拉著張郃的手說：「昔日伍子胥不及早醒悟，使自身出現危險，怎如微子逃離殷國、韓信歸漢呢！」當即拜張郃、高覽為偏將軍，留在帳前聽用。

這時袁紹營中獲知烏巢軍糧全被曹操燒毀，淳于瓊等戰死，而張郃、高覽已率部降曹，人人驚慌失色，個個奔走相告，軍中士氣喪失殆盡，正在混亂之中，曹操又將在烏巢所割之人鼻及牛馬脣舌拿到陣前，昭示袁軍，袁軍將士更加驚惶急遽，曹軍乘勢猛攻袁紹大營，袁軍不戰自亂，紛紛潰散。袁紹在慌亂中率其長子袁譚，戴著絲織的幅巾，棄軍北走，只有騎兵八百人跟隨他渡過黃河。袁軍無主，潰散逃命；曹操督軍，悉力追殺，一日夜追至延津，袁軍爭相渡河逃命，自相踐踏和淹死者無計其數，來不及渡河的八、九萬人，全部投降了曹軍，大量的珍寶財物、圖書、輜重，也盡入曹操之手。

再說袁紹父子自延津渡河逃至黎陽北岸，入其後軍將軍蔣義渠營中，收集散兵，不足萬人，稍作喘息後向鄴城退去。此時曹軍實力已竭，無力北追，便於延津黃河南岸休息。曹操在所獲之袁紹遺棄文書中，發現了許多官員、軍人與袁紹私通的信件，左右欲治這些人的通敵之罪，曹操嘆息著說：「正當袁紹強大的時候，就連我自己都無法自保，何況眾人乎？可將這些書信全部燒毀，以滅其跡，而安眾心。」當時袁軍謀士沮授來不及和袁紹一同渡河，也被曹軍俘獲。曹操同他是舊交，欲將其收為己用，便親自接見他，沮授大叫道：「我沮授不是投降的，是被擒拿的。」曹操說：「政治上的分野，使老朋友音信斷絕，想不到今天乃得以見面。」沮授說：「袁紹失策，自取敗亡，我沮授的才智都已用盡，應當被擒。」曹操說：「袁本初（袁紹，字本初）沒有謀略，不用你的計策。現今天下喪亂，國家未定，正是應當與你共創基業的時候。」沮授說：「我的叔父和母弟，性命都在袁紹手中，如果承蒙明公的惠顧，我能夠得到早死就算是有福了。」曹操嘆息說：「我如早與你

相得，要平定天下是不用愁的。」

於是曹操不僅赦免了沮授，而且給予他以優厚待遇，不久沮授在曹營中盜得馬匹，企圖逃歸袁紹，被曹將發現，並且報告了曹操，曹操不得不忍痛殺之，當時已投降曹操的袁軍士卒，家鄉均在北方，聽說袁紹逃歸鄴城，皆各有歸心。及見曹軍疲憊不堪，飢餓乏食，遂想結夥叛逃，曹操懷疑袁軍士卒是偽降，等到看見有個別叛逃現象發生，便下令盡坑袁軍降卒，前後被殺者八萬餘人。由此可見曹操本性之兇殘。

當初，官渡之戰尚未開始，曹操聽說袁紹將田豐關進監獄，非常高興地對身邊人說：「田豐不在軍中，袁紹必敗矣。」及袁紹兵敗逃走，曹操復對左右說：「假如袁紹用田豐的計策，勝敗尚未可知也。」袁紹退守黎陽的消息傳到鄴城時，有人對被關在獄中的田豐說：「袁紹兵敗的結果與你當初預料的一樣，這回你一定會得到重用。」田豐說：「袁公為人外表寬厚，內心忌刻，體諒不到我對他的忠誠，我卻因數次直言相諫而冒犯了他。若是他得勝高興，還能赦免我；如今戰敗而怨，會更增加他內心的忌恨。所以，我不指望能活下去了。」當時潰逃在黎陽的袁軍士兵們都拍胸哭泣著道：「如果田豐在這裡，我們一定不會失敗。」袁紹私下對逢紀說：「冀州人士聽說我兵敗，都應當同情我。只有田別駕（田豐）從前諫止過我，與眾人不同，我內心裡感到很慚愧。」逢紀卻乘機進讒言道：「田豐聽說將軍敗退，在獄中拍手大笑，很高興他的話說中了。」袁紹聽罷大怒，回到鄴城就把田豐殺掉了。

建安六年（西元二〇一年）四月，袁紹重整旗鼓，再次率軍南下黎陽，企圖報一箭之仇。曹操自宮渡進軍，以輕騎將袁軍誘至倉亭津（今山東陽谷縣內），復大破之。建安七年正月，曹操再次進兵官渡，袁紹憂憤致病，嘔血不止，於夏五月死於鄴城。袁紹死後，他的三個兒子袁譚、袁熙、袁尚，展開了爭奪繼承權的殊死搏鬥，當初袁紹想立小兒子袁尚為繼承人，但沒有公開宣布過，而把長子袁譚派往青州當刺史，沮授進諫說：「俗話說得好，『一萬人追兔子，一人抓到了，其他人就不追了』。這是因為兔子已屬於捉到的那個人，名分已經確定的緣故。袁譚是長子，應當作繼承人，現在卻把他貶斥在外州，禍根從此開始了。」袁紹說：「我之所

以這樣做的目的，是想使子弟們各據一州，以觀察他們才能的高下。」於是又派袁尚為幽州刺史，外甥高幹為并州刺史。袁紹死去，其謀士審配、逢紀便假造袁紹臨終遺囑，擁戴袁尚即位，袁譚回到鄴城後，因自己未能即位而憤憤不已，遂自稱車騎將軍，駐屯黎陽。秋九月，曹操渡過黃河進攻袁譚。袁譚被曹操擊破，從黎陽後退，袁尚自鄴城出兵相救，連戰皆敗，只得退守鄴城，曹操一直追至鄴城下，眾將領想要乘機進攻鄴城，郭嘉勸阻道：「袁紹生前愛袁譚、袁尚兩個兒子，拿不定主意立誰為嫡子。現在他們權力相等，各有黨羽，急之則相保，緩之則爭心生。不如南向荊州，以待其變，變而後擊之，可一舉定也。」曹操說：「此計甚妙。」於是留賈詡守黎陽，自率大軍，回到許都，時在建安八年五月。

袁譚見曹操退兵，便對袁尚說：「我所統率的軍隊兵器和鎧甲不好，所以以前總被曹操打敗。現在曹軍後退，兵士們都歸心似箭，等他們未渡過黃河時，出兵掩襲，可使曹軍全軍崩潰。這個計策很好，千萬不要錯過機會。」袁尚心中疑慮，既不增兵，又不為袁譚部隊更換兵甲，謀士郭圖乘機對袁譚說：「使先君把大位過繼給袁尚的，都是審配的計謀。」袁譚聞說大怒，遂領兵進攻袁尚，雙方戰於鄴城門外。結果袁譚兵敗，退往南皮（今河北南皮縣北）。青州別駕王修率部援救袁譚，二軍合為一處，袁譚想回軍進攻袁尚，王修勸道：「兄弟如同人的左右手。比如有人將同別人爭鬥，自己割斷右手，還說：『我必勝。』這樣做可以嗎？捨棄兄弟不親，還能同誰相親？那些進讒言的人，透過離間別人骨肉至親，來謀求自己的私利，願將軍塞耳不聽。若是斬掉進讒言的奸佞之人，兄弟重新親密和睦起來，共同抵禦來自外部的敵人，就可橫行天下了。」袁譚不聽。

秋季八月，袁尚親自率軍進攻袁譚。袁譚大敗，逃奔平原（今山東平原縣南）固守。袁尚攻城甚急，袁譚遣辛毗前往西平向曹操請降。曹操部下都認為劉表強盛，應先平定荊州，袁氏兄弟不值得憂慮，荀攸說：「現在天下多事，劉表坐保荊州，沒有平定四方的大志。袁氏割據四州，兵卒數十萬人，袁紹為人寬厚，很得北人之心。假如他的幾個兒子能夠和睦相處，共守現成的家業，天下的戰亂是不容易平息的。如今他們兄弟不和，勢不兩立，若是讓其自行兼併，就會出現河北統一、力量集中的局面。這樣，便很難對付他們了。應趁袁譚、

袁尚相爭之機，予以各個擊破，天下就能獲得安定，這個機會不可失掉。」曹操聽從了荀攸的意見。過了幾天，曹操又想先平定荊州，而讓袁譚、袁尚兄弟自相殘殺。辛毗從曹操的臉色變化上知道他改變了主意，便讓郭嘉說服曹操，曹操召見辛毗說：「袁譚的話是不可信的，袁尚真的能擊敗他嗎？」

辛毗回答道：「明公不要問可信不可信，應當從形勢上來觀察。袁氏兄弟認為他們兄弟之間的相互攻伐，並不是別人離間的結果，而是他們都認為自己能夠平定天下。現在袁譚向明公求救，可以看出他的勢力已走向窮途末路。袁尚明知袁譚已經陷入困境，但不能盡力攻取，可見他的力量也已枯竭。袁氏對外屢屢兵敗，對內誅殺謀臣，兄弟爭奪，國分為二，連年征戰，鎧甲和頭盔都生了蟣蝨，再加上旱災、蝗災，飢荒十分嚴重。上有天災，下有人禍，人民不分愚和智，都知道袁氏政權快要崩潰，這是上天要滅亡袁尚。如果現在去攻鄴城，袁尚不回師援救，鄴城將指日而下；如果回救，袁譚就要率兵跟在他的身後。明公有這樣的威力，去應付已經在困境中的敵人，迎擊經過多次戰爭後已疲憊不堪的賊寇，就會像秋風掃落葉一般。上天把袁尚賜給明公，明公卻要放棄他，而要去攻伐政治安定、內部沒有矛盾的荊州。古代賢人仲虺曾說過：『對於國內大亂的，要攻取它；對於國勢危亡的，要欺侮它。』當今二袁兄弟沒有遠大志向，內部互相爭奪，可以說是亂了；居民沒有飯吃，行人沒有糧食，可以說是亡了。現在人們朝不保夕，身家性命難以為繼，不去安撫他們，更待何時？如果明年豐收，二袁兄弟又自知即將滅亡，因而改過行善，那就失去了用兵的時機了。眼下利用袁譚的求救去安撫他們，是十分有利的。而且四方的禍害沒有比河北大的，河北平定後，軍隊士氣會更加旺盛起來，天下就會震動了。」曹操說：「你的意見很好。」遂允許同袁譚恢復和好。

建安九年（西元二〇四年）正月，曹操渡過黃河，截斷淇水，使之灌入新開之白渠，用以保證軍糧運輸的暢通無阻。二月，袁尚出兵進攻袁譚於平原，留謀士審配、將軍蘇由鎮守鄴城。曹操從黎陽進軍，北上攻打鄴城。五月，曹操下令開鑿地坑，引水圍城，開始挖得淺，人從上面都可跳過去。審配望見大笑，也不出城干擾，曹操又令夜間猛挖地坑，深廣各二丈，將漳河水引入地坑，使鄴城內外交通斷絕，城中軍民飢餓而死的超

過半數。秋七月，鄴城告急，袁尚率一萬人回救。在離鄴城十七里的陽平亭地方，被曹操擊敗，袁尚率少數人奔逃幽州袁熙處，於是鄴城陷落，曹操據鄴，並自為冀州牧。

正當曹操圍攻鄴城時，袁譚乘機奪取冀州的甘陵、安平、勃海、河間等地，然後據守青州，及至鄴城陷落，曹操召其北上，他卻斷然拒絕，曹操大怒，立即出兵討伐袁譚。建安十年（西元二〇五年）正月，曹操攻破袁譚於南皮，殺死袁譚，隨後曹操煽動幽州將領焦觸、張南等人叛袁降曹，幽州刺史袁熙及袁尚逃奔遼西，於是青州全部、幽州大部皆為曹操所得。翌年三月，曹操又破并州刺史高幹於壺口關（今山西省壺關），高幹失并州，去匈奴求救不得，想投奔荊州劉表，途中被上洛縣尉王琰所殺。至此曹操盡有袁紹四州之地。

當時，曹操因為袁尚、袁熙逃亡遼西烏桓處，擔心其勾結烏桓侵擾邊疆，為了徹底安定北塞，永靖後方，乃開鑿平虜、泉州二渠，以便利運送糧草，為遠征烏桓作準備，曹操將要出擊烏桓，將領們都說：「袁尚不過是個逃亡的人，夷狄性貪婪不講交情，怎能受袁尚利用？現在深入邊塞去討伐他們，劉備（官渡之戰期間脫離袁紹，並依附劉表）必定勸說劉表乘虛襲擊許都，萬一發生變亂，後悔也來不及了。」獨有郭嘉贊成曹操的意見。他說：「主公的威望雖然使天下畏懼，但是烏桓仗恃離我們遙遠，一定沒有防備。利用其沒有防備，發動突然襲擊，就可將其滅掉。而且袁紹對烏桓有過恩情，袁尚兄弟也還活著。現在青、冀、幽、并四州人民，只是因為畏懼我們的威力才肯歸附，目前還來不及對他們施加恩德。如果捨棄北方不顧而南征劉表，袁尚兄弟利用烏桓的軍事力量，再招徠一些過去忠於袁氏的臣僚，加之四州和塞外夷人的響應，就會乘機向南襲擾。如果他們奪取四州的圖謀成功，青、冀等州就可能不歸我們所有了。劉表不過是一個紙上談兵的人，他自知憑自己的才能駕馭不了劉備，重用他則害怕控制不住，不重用的話，則劉備不為他所用。所以雖然虛國遠征，明公也不必擔憂了。」於是曹操用郭嘉之謀，決定討伐烏桓。

建安十二年（西元二〇七年）秋七月，曹操兵至薊北，為水所阻不得進。遂採用當地人田疇之謀，捨沿海近路於不顧，從盧龍塞（今河北遷西縣喜峰口附近）出，經平岡（今遼寧凌源縣西南），直達柳城（今遼寧朝

陽市西南），一舉擊敗烏桓，斬烏桓王蹋頓，投降者二十餘萬人。袁氏兄弟逃亡遼東，為遼東公孫康所殺。於是袁氏滅，北部各州郡均統一於曹操。

官渡之戰，是奠定中原大局的一次重要戰役。曹操順應歷史潮流，用人謀之力，採取機動靈活的戰略戰術，以兩萬軍隊擊敗數倍於己的袁紹勢力，最終完成北方統一大業。值得指出的是，曹操在統一北方過程中，先血洗徐州居民，後坑殺袁紹八萬降卒，其兇殘虐殺的軍閥面目暴露無遺，這是他難以洗清的歷史汙點。袁紹雄據河北四州，地廣兵多糧足，但由於他恃才傲物，剛愎自用，多謀少斷，不聽諫言，戰術呆板，加上內部紛爭，兄弟相殘，文官因謀相輕，武將臨戰而怠，終於落得個全軍覆沒、山河盡失的可悲下場。

赤壁鏖兵，天下三分

滾滾長江，是軍事上的天然屏障，曹操虎視眈眈，想一口吞下江南，孫權聯合劉備，以弱勝強，數十萬曹軍葬身魚腹。

建安十二年（西元二〇七年）曹操平定冀州，繼續北征烏桓。翌年一月，曹操還鄴，修玄武池，訓練水軍，準備南征，欲一舉平定天下。當時與曹操對峙的割據勢力，主要有江東孫權，荊州劉表，巴蜀劉璋、張魯，及隴西馬超、韓遂等，曹操制定了捨巴蜀、隴西於不顧，首先把進攻矛頭指向具有戰略意義的軍事要地——荊州，然後順江東下，進兵吳越，消滅盤踞江東的孫氏政權的戰略決策。

當時，東吳政權，歷經孫堅、孫策、孫權父子的勵精圖治，加上有長江天塹為隔，遂兼有會稽、吳郡、丹陽、廬江、豫章、廬陵六郡，地廣人眾，兵精糧足，民心安定，士卒聽命，成為江東的一支重要割據勢力，並且伺機向西發展，與劉表爭奪勢力範圍。建安十三年（西元二〇八年），巴郡人甘寧脫離劉表，投靠東吳，並向孫權建議說：「現在漢朝越來越衰微，曹操最終將成為篡位的漢賊。荊州地區，論山川形勝，確是東吳西邊的屏障。我看劉表既沒有遠慮，而他的兒子又軟弱無能，是不能繼承基業的。主君應當及早圖謀據有其地，不可落在曹操之後。要謀取荊州，首先就要消滅黃祖（江夏太守）。如今黃祖年老，昏耄不堪，錢糧缺乏，左右欺弄。其本人務於貨利，侵求吏士，吏士心怨，致使舟船戰具廢頓不修，怠於耕農，軍無法紀，將軍今往，必操勝券。一破祖軍，乘勝西進，占據楚關（指長江三峽），勢力更加強大，就可逐漸規取巴蜀了。」孫權採納了他的計策，出兵西征黃祖，一舉攻下江夏城，並準備西進奪取荊州。

曹操久欲進取荊州，只因北方未靖，無暇南征。及見孫權奪取江夏，深怕他奪取荊州後，勢力會變強就難以剿滅。於是一面急派軍出合肥，牽制孫權，使其不能全力西進；一面集中軍隊，準備南攻荊州，謀士荀彧建議說：「今華夏已平，南土知困矣。可顯出宛（今河南南陽）、葉（今河南葉縣），而間行輕進，以掩其不意，荊州可一戰而定矣。」是年七月，曹操率大軍屯駐南陽。八月，劉表病故，幼子劉琮即位。

當初，魯肅聽說劉表亡故，對孫權說：「荊州與吳國接界，江山險固，土壤肥腴，沃野千里，士民富足。如果占領這一地區，就有了建立帝王之業的實力。現在劉表剛剛死去，他的兩個兒子不和睦，軍中諸將也各懷異志。劉備是當今天下最勇健的英雄，因為與曹操有過節，便率關羽、張飛、趙雲等猛將，寄居劉表帳下。劉表因其才能出眾，而生畏懼之心，一直不肯重用。如今劉表已故，如果劉備同劉表的兩個兒子劉琦、劉琮同心協力，上下團結一致，荊州尚可保住，這樣就應當安撫他們，同他們結為盟友。若是他們之間離心離德，就要另想辦法，使我們的大業獲得成功。我請求奉您的旨意，前往荊州弔唁，並慰勞荊州軍隊，勸說劉備安撫劉表部眾，同心戮力，共同抵禦曹操，劉備一定會聽從我們的意見。若是我們的計謀能夠成功，就可以安定天下了。現在如不趕快前往荊州，恐怕要被曹操搶先。」孫權立即派魯肅前去荊州。魯肅到了夏口（今武漢市），聽說曹操大軍已向荊州進發，便晝夜兼程而行。走到南郡，又聞聽荊州劉琮在蔡瑁、張允的慫恿下舉城降曹，劉備由襄陽向南逃走，於是他直接從南郡北上去迎接劉備，同劉備相會於當陽東北之長阪。魯肅代表孫權，向劉備慇勤致意，並論說天下形勢，然後問道：「豫州（劉備曾任豫州牧，故稱）今後想到什麼地方去？」劉備佯答道：「我同蒼梧（今廣西梧州市）太守吳巨是朋友，想去投靠他。」魯肅說：「孫將軍聰明過人，對人仁愛恩惠，又能禮賢下士，所以江東的英雄豪傑都歸附於他。他現據有六郡，兵精糧足，能夠建立功業，為你著想，莫如派心腹同江東結好，共同幹一番事業。你想投奔吳巨，他是平庸之輩，其所據有的蒼梧郡，地處偏遠，不久就會被別人吞併掉，怎可投靠他呢？」聽了魯肅的一席話，劉備心中暗喜，自思道：「我劉備乃漢室

後裔，自從涿郡起兵以來，雖然有關張趙相輔佐，然而南征北討十幾年，光復漢室的大業一直未獲成功。建安六年為曹操所敗，投靠劉表，本想幹一番事業，無奈劉表既無遠慮，又無近謀，且忌我之才，不予重用，數年間碌碌無為。所幸前時三顧茅廬，得諸葛亮『北拒曹操，東聯東吳，西圖巴蜀』的隆中對策，茅塞頓開。如今曹操大軍南下，荊州已降，我部尚有兩萬兵馬，如與孫權聯合，依靠長江天險，共同抵禦曹操，定會取得轉機。然後待機而動，以圖後進，未為晚也。」想到這裡，劉備便高興地採納了魯肅的建議，率所部東行進駐鄂縣（今湖北鄂城）所屬的樊口。

這時諸葛亮探聽到曹操將要率軍沿長江順流而下的消息，便對劉備說：「事情急迫，我請求奉您的命令向孫將軍求救。」劉備同意後，諸葛亮就同魯肅一起去見孫權。諸葛亮在柴桑（今江西九江市西）見到了孫權。他對孫權說：「天下大亂，將軍起兵江東，劉豫州亦收漢水以南，與曹操並爭天下。現今曹操在中原大混戰中漸次剷除各割據勢力，北方大致已平定了，又乘勝南下攻破荊州，威名遠震於四海之內。由於英雄無用武之地，所以劉豫州逃奔到這裡，但願將軍處理好彼此的關係。若是能以吳、越地區的人力物力同北方的曹操相對抗，不如趁早與他們絕交；若是不想同他們對抗，何不按兵不動，讓士卒把鎧甲捲起來，向其稱臣呢？現在將軍外表假托服從朝廷的名義，但內心卻懷著猶豫不決的想法，事情緊急而不當機立斷，大禍不久就要到來了。」

孫權說：「如果像你所說的那樣，劉豫州為何不肯投降曹操呢？」諸葛亮回答道：「田橫不過是齊國的一名壯士，齊亡後尚且守義不辱，何況劉豫州乃是皇室的後裔，蓋世的英雄，士大夫們都欽慕景仰他，如同江河之歸大海。若是他的事業得不到成功，只能歸諸於天命了，怎能臣事於曹操呢！」孫權勃然變色說：「我不能拿全東吳的土地、十萬之眾，來受他人的擺布，我的計策已決定了！當今除劉豫州外沒有人敢抵禦曹操，然而他剛剛遭到敗績，又怎能擔當抵抗曹操的大任呢？」

諸葛亮說：「劉豫州的軍隊雖然在長阪坡被曹軍打敗，但收集潰散之卒連同關羽的水軍，尚有精兵萬人，劉表長子劉琦所部江夏郡士兵亦不下萬人。曹操的兵馬雖眾，但是遠道跋涉，將士十分疲勞，聽說曹操追趕劉豫州，輕騎一日一夜行三百餘里，此所謂強弩之末，就連魯地出產的縞布也穿不透啊。所以兵法避忌這種情況，稱為『必蹶上將軍』，就是說：必定大敗，損失大將。且北方人不習水戰，加上歸附曹操的荊州百姓，是被兵勢逼迫的，並非心悅誠服。如今將軍果真派猛將統率數萬軍隊，與劉豫州協同作戰，必定能打敗曹軍。而曹操失敗後必然撤回北方。這樣，荊州、吳地的力量就會增強，鼎足三分的局面就形成了。成敗的關鍵，就在今天了。」孫權聽了諸葛亮的一番話後非常高興，忙在殿堂中與幕僚們商量對策。

就在孫權與臣屬們論事的時候，突然收到曹操從江陵送來的一封信，上面寫著：「最近奉旨討伐有罪之臣，大軍南下，劉琮束手迎降。現在集中水陸大軍八十萬人，準備會同將軍在吳地打獵。」孫權閱後，怒火中燒，便把信交給臣僚們傳看。他們不看則已，看後都大驚失色。長史張昭等人說：「曹公如同兇猛的豺狼虎豹，然而他託名漢相，挾天子以征四方，動輒假借朝廷之命，抗拒他則名不正、言不順。況且將軍是以長江作為屏障來抗拒曹操的，如今曹操得荊州水軍，蒙衝戰艦，數以千計，把它們布置於長江上，水陸齊下，他已與我們共有長江天險了。而敵我雙方兵力對比，眾寡懸殊，就更不用說了，我們認為迎降曹公是上計。」群僚中惟有魯肅不發表意見。

孫權起身更衣，魯肅追到屋內。孫權明白魯肅的心思，便握著他的手說：「你有什麼要說的？」魯肅回道：「我認為剛才這些人所說的話，就是想要耽誤將軍，因此不能與他們圖謀大事。今天我魯肅可以迎降曹操，而像將軍您這樣的人卻不可以迎降。為什麼這樣說呢？假如我迎降曹操，曹操必定按照察舉制度，將我交付鄉黨，品其名位，最低限度也不失功曹、從事之類的官職，行可乘坐牛車，坐可役使吏卒，能夠同士大夫結交遊玩，甚至有希望升遷為刺史、太守之類的職位。如果將軍迎降曹操，則曹操能給您一些什麼東西呢？願將軍速召周瑜返回，早定大計，勿用眾人之議也。」孫權嘆息說：「眾人的意見，使我非常失望，現在你把應當作出的決策說得很清楚，正與我的意見相符合。」

當時周瑜正在鄱陽湖操練水軍，孫權命令他迅速趕回吳郡，周瑜到了之後，孫權把眾人的議論告知於他，

周瑜說：「曹操名義上是漢相，其實是漢賊。將軍以神武雄才，仗父兄之烈，割據江東，地方數千里，兵精用足，英雄樂業，正當橫行天下，為漢家除殘去穢。何況曹操自來送死，怎能迎降於他呢？我願替將軍籌劃對策：目前曹操東向，實犯數忌：北方尚未完全平定，馬超、韓遂還在關西（即涼州），為操之後患，而操乃一意東略，此為一忌；南人善水戰，北人善陸戰，操竟捨鞍馬，仗舟楫，棄長用短，與吳越爭衡，此為二忌；時值隆冬，天氣盛寒，馬無藁草，此為三忌；驅中原士眾，遠涉江湖，不習水土，必生疾病，此為四忌。操犯此四忌，多兵何益？將軍擒操，正在今日，瑜願率精兵數萬人，出屯夏口，保證為將軍擊破曹軍，將軍勿憂。」

孫權聽了周瑜之言，投袂而起道：「曹操老賊，早就懷有廢漢帝而自立的野心，只是懼怕袁紹、袁術、呂布、劉表和我等數人。如今數雄已經滅亡，唯孤尚存。孤與老賊勢不兩立，卿言當擊，正合吾意，這是上天把卿授孤！」周瑜接口問道：「將軍可決意否？」孫權起身拔出佩劍，奮力砍下奏案一角，高聲說：「部下武將文官，再有敢主張迎降曹操的，有如這奏案一樣。」於是宣布休會。

魯肅會見周瑜，告知諸葛亮前來求援之事。周瑜立即與亮相見。二人寒暄已畢，談及軍事，諸葛亮笑道：「公瑾（周瑜，字公瑾）出語驚人，眾咻皆止。恐孫將軍尚有疑慮，應該替他剖白，使知曹軍虛實，瞭然無疑，方可成事。」周瑜連連稱善。當天晚上，周瑜再次入見孫權，說道：「諸人勸將軍迎降曹操，無非是因曹操虛張聲勢，說有八十萬眾，而感到恐懼，不去具體分析曹操信中的話是虛是實，便提出降曹的主張，未免太冒昧了。就實際情況而言，曹操部下北方士兵不過十五、六萬人，而且是經過長途跋涉的疲憊不堪之眾；曹操從平定荊州所得劉表的降卒最多不過七、八萬人，這些人對曹操尚懷有二心。曹操用疲勞生病的北方士兵，控制尚懷疑懼的荊州士兵，人數雖多於我，但不值得畏懼。我只要有五萬精兵，就足以制服曹軍。」

孫權站起來拍著周瑜的背說：「公瑾所言，足釋我疑。張昭等各顧妻孥，毫無遠見，大失孤望，獨卿與子敬（魯肅，字子敬），與孤同心。孤已選得精兵三萬人，舟船、糧草和軍械均已備好，你與子敬、程普儘先出發，我當陸續調集人馬，多運軍資糧草，作你的後援。你同曹操決戰能取得勝利，那是最好不過了，如果遇見不如意的事，未達到預期的目的，便退回和我會師，我當同曹操決一死戰。」於是孫權以周瑜、程普為左右都督統率三軍，同劉備合力迎戰曹軍，以魯肅為贊軍校尉，協助周瑜規劃作戰方略。至此，孫權才決定聯合劉備，與曹操決一死戰。

話說劉備自從讓諸葛亮前去東吳同孫權商量如何聯合拒曹事宜後，便每天派人在江邊等候吳軍。這一日，巡邏官員望見東吳水軍浩浩蕩蕩開來，急忙報告劉備。劉備萬分高興，立即派糜竺犒軍致意。周瑜對糜竺說：「我本欲見劉豫州，共議良策，只因身統大軍，不便輕離。若劉豫州肯屈駕前來一談，就滿足了我的願望。」於是劉備乘小船去見周瑜。二人寒暄畢，劉備問道：「現在出兵抗擊曹公，計謀是很正確的。但不知周將軍帶來多少兵馬？」周瑜回道：「三萬人。」劉備說：「少了一些。」周瑜微笑著說：「兵不在多，恃在將才，三萬精兵已足夠了，請劉豫州看我是如何攻破曹軍的。」劉備想招呼魯肅等人相會，周瑜說：「他們奉命不得離開職守，若是想見子敬，可以另找時間去會見他。」劉備見周瑜軍紀嚴明，甚感欣慰，讚了數語，當即告辭，自去安排將士，助瑜攻曹。

周瑜率軍再進，舟抵赤壁（今湖北武昌縣西赤磯山；一說在今湖北嘉魚縣西或蒲圻縣西北），與曹軍前驅相遇。兩下交鋒，曹軍敗退，瑜收軍結營，屯駐南岸；曹操亦駐軍北岸，兩軍相持。但因曹軍大多是北方人，不服南方水土，動輒嘔吐，筋疲力盡，無法戰勝敵人，只能逗留不戰；周瑜也未得破敵良策，靜待敵變，以尋找殲敵機會，故雙方均未有大的軍事行動。轉眼之間，已經快要過了一年。曹操見江中波浪，時作時止，水軍一經顛簸，便患暈眩，苦苦思索後想出一法，用鐵鏈將各艦連環鎖住，免得動搖，並在各船之間，鋪以竹筏，官兵行走，如履平地。曹操自以為得計，卻不曾想到為後來吳軍火攻造成可乘之機，不久吳將黃蓋，探知曹軍動靜，便向周瑜獻計說：「現在敵軍很多，我軍很少，眾寡懸殊，不能持久。但曹軍船艦以鐵索相連，船首和船尾相接，可以用火攻燒其戰船的辦法來打敗他們。」周瑜微笑道：「我亦早有此意，只是曹軍沿江巡弋，我艦怎得靠前，又如何縱火？」黃蓋說：「何不用詐降計！」周瑜擊掌道：「妙！妙！此計非公復（黃蓋的字）

不行，可先派人送信給曹操，操若中計，便可成功。」黃蓋當時修書一封，交與周瑜過目，待至夜靜，派人送與曹操。

當天晚上，寒月當空，水天一色。曹操對月感懷，與各將領痛飲數杯。隨後乘著三分酒興，出寨登艦，觀賞夜景，忽見一群烏鵲，向南飛去，不由自主地取過一槊，邊舞邊歌道：「對酒當歌，人生幾何？譬如朝露，去日苦多。慨當以慷，憂思難忘；何以解憂？惟有杜康。青青子衿，悠悠我心；呦呦鹿鳴，食野之苹。我有嘉賓，鼓瑟吹笙；皎皎明月，何時可輟？憂從中來，不可斷絕；越陌度阡，枉用相存。契闊談宴，心念舊恩；月明星稀，烏鵲南飛。繞樹三匝，何枝可依？山不厭高，水不厭深。周公吐哺，天下歸心。」

曹操歌罷，忽有軍吏來報，說東吳有人獻書，曹操即命吳使來見，吳使呈上書信，曹操在燈下翻閱，只見信中寫道：「蓋受孫氏厚恩，常為將帥，見遇不薄；然顧天下事，當知大勢，用江東六郡山越之人，以當中國百萬之眾。眾寡不敵，海內所共見也。東方將吏，無有愚智，皆知其不可，唯周瑜魯肅偏懷淺戇，意未解耳。今日歸命，志在擇主，乞保吳民。瑜所督領，自易摧破。交鋒之日，蓋為前部，因事變化，效命在近。書不盡言，黃蓋叩拜。」

曹操把這封信看了數遍，沉思了半晌後，便問吳使道：「汝由黃蓋派來，莫非詐降不成？」吳使極言黃蓋誠意，稱：「黃蓋曾力主迎降曹軍，被周瑜小兒當眾辱罵。黃蓋不服，抗爭幾句，周瑜便按軍法從事，將其打得皮開肉綻，故此黃老將軍差小人前來送信……」云云。曹操心想，黃蓋欲降，即使是詐降，也不會有什麼問題，姑且就先聽聽，於是對來人說：「黃蓋如果願降，當授高爵，我處不必答覆，煩汝口述罷了。」

吳使歸報，黃蓋大喜，當即轉告周瑜。周瑜命預先準備，一等到命令就出發。黃蓋隨即選得輕舸十艘，載滿乾燥的狄草和枯柴，並在柴草上灌滿火油，外面包裹一層帷布，船頭插一青龍旗，船尾繫一小船，一切準備妥當，就等周瑜發布號令。而周瑜卻遲遲不下命令，因為時值隆冬，常有西北風，獨少東南風，曹軍在北，非東南風如何縱火？故此拖延不決。某天，周瑜煩悶，特請諸葛亮密商。諸葛亮說：「進擊曹公，須用火攻，

萬事俱備，只欠東風。」周瑜大驚，忙說：「在下正為此事著急。」諸葛亮道：「都督莫急，亮不才，頗能祈風，當為君借助一帆，可好？」周瑜半信半疑，便請諸葛亮擇地設壇，作法祈風。哪知諸葛亮素知天文，通曉地理，已料定冬至節邊，必有東南風起。所謂設壇作法，不過掩人耳目而已。

冬至後的第二天（十一月十三日），晨起霧散、晴空風暖，第六根律管的飛灰向上，天地間陰極陽生。午後酷熱，風平浪靜，傍晚時分，東南風起。一開始風勢較小，之後風聲變大，旌旗在風中飄動，濃雲翻湧浮沉。周瑜不勝詫異，忙去拜見諸葛亮，哪知諸葛亮已乘輕舟自往樊口，回見劉備去了。於是周瑜下令全軍，半夜出發，同時讓黃蓋再致書曹操，說是：「當夜來降，但看船上有青龍旗便是降船。」曹操得書，信以為真，黃昏過後，便率領將佐出營，在艦上等候黃蓋來降。午夜時分，風勢猛烈，黑雲壓頂，波浪滔天，黃蓋率軍，舉帆乘風，漸次向前。至曹軍水寨前二里左右，舉火為號，各船艦上戰士齊呼：「我等來降矣！」此時，曹操與各將佐等，正引頸南望，忽見對岸有許多軍艦，順風前來，藉著火光，隱約可見青龍旗飄動，船一靠近，又聽到一片降聲。曹操開顏道：「黃蓋果然來降了！」站在一旁的程昱、賈詡齊聲對曹操說：「來船甚眾，不可不防，且東南風颳得甚急，倘若其因風縱火，如何抵敵？」曹操這才有所省悟，傳令各船將弁，小心戒備，且派巡船出探虛實。號令剛出，吳軍艦船已經駛近，相距不過百丈左右，各船同時著火，火大風猛，船行如箭，狂風捲動烈焰，迅速燒及曹軍各艦。

曹軍士卒連忙救援，卻已經來不及了。只見得火趁風威，風助火勢燒及各船，船與船鐵索相連無從逃避。再加上吳軍水兵乘風突入，四處放火，不但水寨變成一片火海，就連岸上各營，亦皆燃燒。可憐曹軍人人焦頭爛額，各個哭爹喚娘。跑得慢的，被烈火當場吞噬；逃得快的，撲通一聲地跳進江裡，曹操正愁無處逃命，幸虧張遼駕一小舟，前來相救，將曹操扶入舟中，飛速遁去，黃蓋在火光中發現曹操所乘小船，駕舟猛追，冷不防地一箭飛來正中其肩窩，曹操大叫一聲後跌入水中，正巧吳將韓當及時趕到，將其救起送回大營醫治。此時，東吳艦船魚貫而來，都督周瑜站在船頭，親自擂鼓助威。吳軍士兵奮勇爭先，喊殺聲驚天動地。曹操大

軍，十死七八，所餘者也多半受傷。赤壁山化為火焰國，揚子江作死人堆。曹操在江中逃了數十里，才敢登岸，忙亂中尋到一匹快馬，扳鞍上坐後向北疾馳。東吳陸軍精銳，上岸緊追不捨，虧得曹軍諸將陸續趕來，保護曹操，邊戰邊逃。誰知劉備也派關羽、張飛、趙雲率猛將精兵沿途偷襲、包圍，曹軍殺開一道重圍，又是一道重圍，等到重圍殺透，東方已明，檢點殘兵，不過數千騎罷了。

曹操擬逃往南郡，率殘兵西行四天四夜，來到華容道附近，因擔心大路有伏兵，便抄小路行進。此時疾風未息，暴雨又來，一陣大雨，害得曹軍拖泥帶水，狼狽不堪，路上泥淤馬足，壅滯難行。曹操令羸兵弱卒，負草填塹，及至塹坑填滿，這些羸弱之兵，都已累得筋疲力盡，僵臥道旁，動彈不得。曹操惟恐追兵又到，下令躍馬前進，結果被踐踏而死的羸兵無計其數。曹操過華容道松林後，突然哈哈大笑，眾將莫名其妙，曹操指身後松林道：「劉備同我都是英雄，但計謀比我慢一些。假使他早放火燒這片松林，我等都沒命了。」話音未落，果然身後火起，曹操不敢停留，經郝穴逃回江陵，再看身邊之兵，已寥寥無幾，不禁仰天長嘆道：「今日若郭奉孝（郭嘉字）在，當不使孤至此！」說著說著，復大哭道：「哀哉奉孝！痛哉奉孝！惜哉奉孝！」諸將領也都慚愧流淚。第二天，曹操升帳，命征南將軍曹仁、橫野將軍徐晃守江陵；折衝將軍樂進守襄陽。自率殘部退回許都。

周瑜在擊破烏林曹操大營後，即以大軍西上追擊曹軍，於巴丘截獲並燒毀了曹軍運糧船隻，旋即進軍江陵城下。恰巧劉備這時亦尾追曹操至江陵，在探知曹操留曹仁據守，自己退走北方後，便對周瑜說：「曹仁守江陵，城中糧多，應當引以為患。現在讓張飛率千人跟隨卿，正面進攻江陵；卿可派兩千人跟隨我，從夏水（自今湖北沙市南分長江之水，經監利，折至沔陽東北，入漢水）進入曹仁後方。曹仁聽說我截擊其後，必然退走。」周瑜從其計，並另派甘寧隨劉備繞江陵而西，入據夷陵（今湖北宜昌市東），劉備志在略取荊州之地，隨後自夷陵渡江南，謀取荊州所屬江南諸郡，同時上奏朝廷，請以劉琦為荊州刺史，意在略取荊州江北諸郡，不久武陵、長沙、桂陽、零陵四郡皆歸於劉備。劉備以諸葛亮為軍師中郎將，督諸郡賦稅，充實軍資，並為後

來進軍巴蜀作準備。

這時駐守江陵的曹仁，聞說夷陵已失，見自己的後方受到威脅，便分出一部分兵力圍攻夷陵。甘寧遣使求救，周瑜命凌統堅守大營，自率主力往救甘寧。雙方激戰於夷陵城下，曹仁大敗，逃回江陵固守。周瑜遂渡過江去，將曹軍團團圍住，相持數日後，曹仁不支便棄城北走。於是孫權任命周瑜為南郡太守，屯兵江陵；以程普為江夏太守，駐屯沙羨（今漢口西南）。周瑜又將南郡之江南部分分予劉備，劉備屯兵於油江口（今湖北公安）。劉表舊部雷緒率兩萬人往依劉備，遂使劉備軍勢大振，時在建安十四年。荊州刺史劉琦病故，孫權上奏朝廷，以劉備為荊州牧，並以其妹嫁劉備為妻，用固兩家姻好。劉備也上表朝廷，推薦孫權為漢車騎將軍、領徐州牧。至此，魯肅、諸葛亮的「孫劉聯合，北拒曹操」的戰略決策得以實現。

當時，一些劉表的故吏和士卒，多歸依劉備。劉備以周瑜所給地少，不能容眾，乃親自去見孫權，求都督荊州軍事。周瑜聞知，飛使上書道：「劉備以梟雄之姿，有關、張、趙虎熊之將，更得孔明（諸葛亮字）為謀，必非久屈為人用者。愚意宜留備於吳，為其廣築宮室，多置美女玩好，以娛其耳目，而分關、張等數人，各置一方，使順從於我，得挾與攻戰，大事可定也。今猥割土地以資業之，聚此數人，俱在疆場，恐蛟龍得雷雨，終非池中物也。」孫權得書，出示呂範、魯肅諸人。呂範也勸說孫權留住劉備，不使其回荊州。但魯肅以為不可，說：「將軍雖神武命世，然曹操威力實重。我軍初臨荊州，恩信未洽，宜借備以土地，使安撫之，以多操之敵，而自為樹黨，計之上也。」孫權聽從魯肅的計謀，遂調周瑜鎮守巴丘（今湖南嶽陽），以南郡借予劉備，共同遏止曹操南進。劉備於是任命關羽為襄陽太守、蕩寇將軍，駐屯江北；任命張飛為宜都太守、征虜將軍，駐屯南郡；趙雲為偏將軍、領桂陽太守。劉備遂以荊州為基地，積極謀劃「隆中策」之實施。

建安十五年（西元二一〇年）十二月，周瑜到京口（今江蘇鎮江市）詢問孫權借荊州給劉備之事，孫權告訴他是防備曹操的需要。周瑜見覆水難收，再次諫言道：「曹操新敗，憂在腹心，未能遽與將軍構釁；劉備方結姻好，一時當不致失和。但備不窺吳，必將圖蜀，最好是先發制人。所以我請求同奮威校尉孫瑜一起進兵巴

蜀，併吞割據漢中的張魯，然後留下孫瑜堅守蜀地和漢中，同涼州的馬超互相支援。我再同將軍一起攻占襄陽，向北進攻曹操，操若得破，則劉備不足慮了。」孫權應聲稱善，即派周瑜整頓兵馬，準備進攻蜀。

結果周瑜在回江陵途中忽然病危，便寫信給孫權說：「人生有死，修短命也，誠不足惜。但恨微志未展，不得再復奉效命耳。方今曹操在北，疆埸未靖；劉備寄寓，有似養虎；天下事尚未知始終，此朝士旰食之秋，至尊垂慮之日也。魯肅忠烈，臨事不苟，可以代瑜。人之將死，其言也善，倘或可採，瑜雖死不朽矣。」不久周瑜病死於巴丘。孫權聽到這個消息後，流淚嘆息道：「公瑾有輔佐帝王的才能，如今他突然捨我而去，讓我依靠誰呢？」遂親自到蕪湖迎接他的靈柩。周瑜死後，孫權任命魯肅為奮武都尉，主管東吳軍事，進軍巴蜀之事遂告作罷。

赤壁之戰，是三國鼎立局面形成過程中的一次決定性戰役，從此曹操不敢大舉南下，孫權江東的統治得到鞏固，而劉備則乘機占有湖北、湖南的大部分地方，後來又向西發展，占領了巴蜀之地。建安二十五年（西元二二〇年），曹操病故，他的兒子曹丕廢掉漢獻帝，自立為皇帝，國號魏，建都洛陽。第二年，劉備也在成都稱帝，國號漢，歷史上稱為蜀或蜀漢。八年之後，孫權在建業（今江蘇南京）稱帝，國號吳。魏、蜀、吳天下三分的局面最終形成。後人有詩嘆道：

> 一火延燒百里軍，神州從此定三分；
> 老天有意存劉裔，權把東風借使君。

赤壁之戰是中國古代軍事史上的一次以少勝多的典型戰例，也是三國鼎足局面形成的一次決定性戰役。曹操在此役中的表現，同官渡之戰時相比判若兩人，他的失敗主要敗在驕傲自大、麻痺輕敵上。可見像曹操那樣的著名軍事家，也一樣會被勝利沖昏頭腦，更何況一般的軍事指揮員呢？所以「驕兵必敗」是人們必須牢記的至理名言。孫權在曹操大兵壓境的緊急情況下力主抗戰，並用魯肅、周瑜之謀，聯劉拒曹，一舉獲勝江東鞏固，較之荊州劉琮不戰而降，益加顯示出其政治家的機敏與決斷能力，故曹操曾發出「生子當如孫仲謀（孫權，字仲謀）」之慨。劉備在赤壁之戰中獲益最大，戰前他透過諸葛亮的分析，對天下大勢已有了基本認識；及劉表病歿，曹操南下，劉琮降曹，形勢危急，依然能處變不驚，積極聯孫，堅決抗曹，戰而勝之；戰後迅速略取荊州以作基本，並適時進軍巴蜀，造成魏、蜀、吳鼎足三分的局面。劉備由弱小之軍，縱橫捭闔數十年，終成一方霸主，足以證明他也是一位具有雄才大略的政治家和軍事家。赤壁之戰，並未結束軍閥混戰的局面，只不過是由眾多軍閥演變為三個主要軍閥而已。此後數十年，他們相互之間的征戰有增無已，對社會發展的影響仍有極為嚴重的阻滯作用。

侯景亂梁，武帝斃命

侯景興兵作亂，老百姓慘遭荼毒苦；建康城內喋血，梁武帝被囚成餓殍。

兩晉之後的南北朝，是歷史上又一個分裂時期。在南方，自西元四二〇年劉宋取代東晉政權起，先後經歷了宋、齊、梁、陳四個朝代的更替，史稱南朝。在北方，北魏統一後，曾一度結束了長期混戰的局面，但後來又分裂為東魏和西魏，接著是北齊取代東魏，北周取代西魏；西元五七七年，北周滅北齊，北方重新統一，史稱北朝。這個時期，各軍閥割據勢力間曾進行過無數次兼併戰爭，其中最為典型的，是侯景興兵亂梁之戰。

侯景，字萬景，懷朔鎮（北魏六鎮之一，今內蒙古固陽縣西南）人。年少時才華出眾，詭計多端。初事邊將爾朱榮，甚見器重。曾學兵法於慕榮紹宗，因此精通兵法，後以軍功為定州刺史。魏相高歡誅爾朱榮，侯景率眾投降，被任為吏部尚書。一次他對高歡說：「希望得到三萬兵馬，橫行天下，必要時渡過長江，把蕭衍老兒捆綁來，讓他做太平寺的寺主。」高歡壯其言，任命他為東魏司徒、河南大將軍、大行台，讓其率兵十萬，專門控制黃河以南地區，對他的依靠和重用，如同自己的半個身體一樣。

侯景的右腿比左腿短，是個跛子，不擅長騎馬射箭，但他足智多謀。高昂、彭樂是東魏勇冠三軍的猛將，侯景蔑視他們說：「這些人如同受驚的豬一樣橫衝直撞，能成什麼大事呢！」他對高歡的兒子高澄也十分輕視，曾揚言道「高王（高歡）在世時，我不敢有其他想法；高王死後，我不能與這個鮮卑小兒一起共事。」從前侯景與高歡相約說：「現在我在遠方握有兵權，別人容易造假欺騙，你給我的書信中請加上小黑點為記號。」

高歡同意了他的要求。

東魏武定四年（西元五四六年），高歡病危。高澄以高歡的名義寫信，召侯景到晉陽商議大事，侯景看出其中破綻，便推辭不去，並調動兵馬，準備叛亂。高澄見侯景不來，心中十分憂慮，高歡知道便說：「你是擔心我百年之後侯景叛亂吧？」高澄回答說：「是的。」高歡說：「侯景專門控制黃河以南地區已十四年了，常有飛揚跋扈的志向。我能像豢養牲畜一樣畜養他，但你卻不能駕馭他。……能打敗侯景的人，只有慕容紹宗。以前我故意不重用他，這個人情留給你做吧！」

梁太清元年（西元五四七年）正月，東魏勃海王高歡病故，世子高澄即位。侯景占據黃河以南地區，公開發動叛亂。二月，侯景上表梁武帝說：「我與高澄有矛盾，請允許我把函谷關以東，瑕丘（今山東兗州東北）以西，豫州、廣州、潁州、荊州、襄州、兗州、南兗州、濟州、東豫州、洛州、陽州、北荊州、北揚州等十三州的土地獻給朝廷。剩下的青州、徐州等幾州，僅寫封信即可歸降。況且黃河以南地區都在我的職權之內，得到它易如反掌。如果齊地（青州）、宋地（徐州）平定，就可以慢慢奪取燕、趙之地。」

梁武帝蕭衍召集群臣商議此事，尚書僕射謝舉說：「近年以來，與東魏通使和好，邊境沒有戰爭，現在收納他們的叛臣，我私下認為不應該。」梁武帝說：「理是這個理，可是得到侯景，塞北就可以掃清，天下就可以平定，機會實在難得，怎能拘泥於常理而不知變通呢！」大將軍朱異在一旁隨聲附和道：「皇上聖明，君臨天下，南北都歸心仰望，因為沒有機會，才未能實現他們的心願。現在侯景把魏國土地的一半獻給我們，如果不是上天開導他的心意，人世贊成他的謀劃，事情怎能發展到這種程度呢？若是拒而不納，恐怕會使以後歸降的人絕望。道理很明白，希望陛下不要疑慮。」於是梁武帝決定接納侯景，並任命他為大將軍、河南王、都督河南河北諸軍事、大行台，可以援引東漢鄧禹的例子，根據皇帝的意旨，自行處理大事。同時於三月甲辰日，派司州刺史羊鴉仁等率三萬人馬，運送糧食，接應侯景。

五月，高澄派武衛將軍元柱率數萬軍隊，晝夜兼行，進襲侯景，結果為侯景所敗。侯景因羊鴉仁的援軍未

到，不敢貿然北進，仍退保潁川，不久高澄派司徒韓軌等，將侯景圍困於潁川。侯景恐懼，於是割讓東荊州、北兗州、魯陽、長社四城為條件，向西魏求救。西魏尚書左僕射於謹說：「侯景年輕時就熟悉軍事，奸詐難測，不如封他高貴的爵位，觀察他的變化，不可以派兵援助。」荊州刺史王思政認為：「如果不趁此機會取得四城，將來後悔也來不及了。」於是率步騎兵一萬人，從魯陽關向陽翟（今河南禹縣）前進。西魏丞相宇文泰聽到此事，便加授侯景為大將軍兼尚書令，派太尉李弼、開府儀同三司趙貴率兵一萬人前赴潁川，解除了侯景的潁川之圍。

這時侯景擔心梁武帝對他的出爾反爾的做法進行責難，便再次上奏說：「朝廷的軍隊沒有到達，在生死存亡的緊急時刻，只得向關中（指西魏）求援，自己解救燃眉之急。我在高澄那裡已經不安全，怎能被宇文泰所容納呢？這就像被蛇咬手時割下自己的手腕，出於不得已罷了。我本意是為了國家，希望不要怪罪我！我已經得到他們的援軍，不能立即拋棄他們，現在用四州的土地作為引誘敵人上鉤的資本，已讓宇文泰派人守衛。從豫州以東，到齊海以西，仍由我控制，現全部歸於朝廷，懸瓠、項城、徐州、南兗州，還須接收。希望陛下趕緊命令設置在邊境的軍隊，與我相配合。不要發生誤會，以免錯過時機。」梁武帝回信說：「大夫出境，尚有所專，況始創奇謀，將建大業？理應適事而行，隨方以應。卿誠心有本，何假詞費！」

六月，侯景又向西魏請求增援，宇文泰滿足了他的要求，再次派兵援助。這時大行台左丞王悅對宇文泰說：「侯景對於高歡，開始有同鄉的深情，後來確定君臣的關係，位居高級將領，職務高於朝廷大臣。現在高歡剛死，他就立即叛變，這是因為他所圖謀的目標特別大，最終不肯在別人之下的緣故。況且他既能背叛高氏的恩德，難道還能為我們盡節效忠嗎？現在我們派軍隊援助他，使他由不利轉為有利，恐怕給後人留下笑柄。」宇文泰這才警覺起來，才識破侯景的陰謀詭計，撤回了全部援軍。至此，侯景才最後下決心投靠梁武帝。

是年八月，梁武帝蕭衍頒下詔書，大舉討伐東魏。九月，梁武帝命蕭淵明率軍圍攻彭城（今江蘇徐州）。十一月，東魏大將軍高澄任命慕容紹宗為東南道行台，與高岳、潘樂一起率十萬大軍增援彭城。起初侯景根本

沒把東魏將領放在眼裡，聽說韓軌前來，便輕蔑地說：「這個吃豬腸子的小子能幹什麼？」聽說高岳前來，也不屑一顧說：「軍隊精銳，人物平庸。」後來聽說東魏軍隊統帥是慕容紹宗，便立刻露出恐懼的表情說：「是誰教給鮮卑小兒懂得派慕容紹宗統率軍隊的？如果真是這樣，高王一定還沒有死吧？」慕容紹宗率軍占據槖駝峴，與梁軍對峙。雙方交戰梁軍大敗，主帥蕭淵明被俘。梁武帝蕭衍聽到前方戰敗的消息後十分驚恐，差一點從龍床上掉下來，口中不住地喃喃道：「我們豈不是又成了晉朝嗎？」

這時，東魏發出一篇聲討梁朝的檄文，說：「皇家一統天下，光輝與日月相配。只有你們吳、越地區，單獨阻止聲威教化傳播。皇帝（指元善見）懷有停戰的心意，丞相（指高歡）討厭發布征戰的命令，於是我們就釋放在押的俘虜，表明友好睦鄰的誠意。雖然美好的謀劃、長遠的打算，從我方開始，但是停止戰爭，使人民得到休息，也能使你們獲得了實利。侯景這小子，自己產生猜忌二心，遠靠關中、隴右，憑藉奸偽（指西魏）勢力，叛逆首領與其確定君臣名分，偽丞相（宇文泰）與他結為兄弟，難道說他們對他沒有恩情嗎？但最終難於豢養，不久另有圖謀，親自挑起干戈，侯景惡貫滿盈，回頭沒有靠山，因為金陵是逃犯的藏身之所，江南是遊子的寄身之地，所以他就用甜蜜的語言，卑下的禮節，企圖在那裡容身。其詭詐的言辭，虛浮的說法，用意是可想而知的。」

「但是你們梁朝的大小官員，幸災樂禍，忘卻大義。君主在上面荒淫無道，臣子在下面隱瞞真相。勾結奸邪小人，斷絕鄰國之交，徵發軍隊，陳兵邊境，放縱盜賊，侵略我國。物無定方，事無定勢，有的國君利用有利形勢反而受害，有的國君因貪圖小利則更受損失。所以才有吳國侵略齊國，結果使越王勾踐率軍乘虛而入；趙國接受韓國的土地，最終有長平之戰。」

「況且你們驅使疲憊之民，侵略我土徐州，修築堤堰，堵塞河流，捨棄舟船，去僥倖取利，能不遭到慘敗的下場嗎？因而，我國擂鼓揮旗的將領，勇猛果敢的士卒，心懷憤怒，神情嚴肅，在戰場上如同去殺私家仇敵一樣奮勇作戰。……等到兩軍剛剛交鋒，雙方煙塵將要連起，你們的官兵已丟棄武器，土崩瓦解，像晉國軍隊一

樣，被砍掉的手指頭可以用手去捧，像齊國的將領一樣不解鎧甲，反綁雙手，坐在戰鼓之下，成為俘虜，姓氏相同與不相同的人，在牢獄中可以彼此默默相對。」

「是非應該分明，強弱不能等同。為了得到像侯景那樣的人而失去一個國家，看見黃雀只顧去抓，卻忘記腳下的陷阱，這是聰明人所不幹的，是仁義的人所不嚮往的。誠然，已往的事情難於追悔，但將來的事情還可以補救。侯景憑著一個粗俗匹夫的身分，遇到風雲變幻的機會，位列三公，封邑萬家，度量身分，早應知足，但他自始至終反覆無常，越發不加收束，難道他是無所用心嗎？其用意是顯而易見的。你們授給他兵權，引誘他去做盜賊，使其勢力擴張到可以行使奸計的程度，給他創造可以利用的時機。現在侯景這老賊看到南方衰弱不振，有上天滅亡南朝的徵兆，恐怕又要實施他的陰謀了。然而要推倒堅強之物難以成功，而摧垮腐朽之物則容易顯示威力。他雖然不是孫子、吳起那樣的軍事家，率領的也不是燕國、趙國那樣的精兵，但他還是久經戰陣、熟悉軍事的人，既非脆弱之師，又非無力之眾。他欲抵抗我們則顯得力氣不足，而對付你們則綽綽有餘。他最終恐怕會尾大於身，腳跟粗過大腿，強硬而不便搖動，兇狠而難以馴服。」

「如果徵召他，他叛亂就快，造成的禍患小；不徵召他，他叛亂就慢，造成的禍患就大。他會像東晉蘇峻那樣，站在山頭望朝廷，不肯入朝稱臣；像黥布那樣，占據淮南，想自己稱帝。只恐怕會有『楚國亡猿，禍延林木；城門失火，殃及池魚』那樣的災禍發生，使江淮士子、荊揚人物，橫死於亂箭飛石之下，喪身於迷霧濕露之中。」

「你們梁朝皇帝蕭衍，沒有美好的品德，一向輕浮陰險……年事已高，頭腦糊塗，朝政混亂，人民流亡，禮崩樂壞。加之任人無方，立儲不當，掩飾真情以感動世俗，偽裝聰明以驚服愚人。蛇蠍之毒滿懷，卻假奉佛祖；爭權之心盈胸，卻詐稱清靜。……這樣禍患必將在骨肉至親中產生，矛盾在心腹之人中間展開，強弩射向都城，長戈指向京師。到那時，像趙武靈王那樣去捉雛鳥來吃也是白搭，無法補救府庫的空虛；就是像楚成王請求吃了熊掌再死也是無濟於事，怎能延緩立刻被殺的生命……。」其後侯景之亂，梁朝破敗，果如檄文所言。

再說慕容紹宗在擊敗梁朝軍隊後，立即轉頭進擊侯景。侯景率輜重車四千輛，馬數千匹，士卒四萬，退保渦陽（今安徽蒙城縣），紹宗以十萬之軍，順風布陣，連連挑戰，侯景高壁深壘，拒不出兵，風停之後，侯景命步兵全都穿上短甲、執短刀，突入紹宗陣內，專砍人腿馬足，東魏軍大敗，退屯譙城（今安徽亳縣），侯景步步緊逼，兩軍隔渦水相持近兩個月，侯景軍隊糧食吃光，其部將司馬世雲投降慕容紹宗。

太清二年（西元五四八年）正月初七日，慕容紹宗以四千鐵騎夾擊侯景。侯景哄騙自己的部下說：「你們的家屬已被高澄殺死！」慕容紹宗則高聲喊道：「你們的家屬全都平安無事，如果回來，你們的官職勳階照舊不變。」話音剛落，紹宗又披頭散髮，向上天發誓。侯景所部多是北人，本不願南渡長江，聽了慕容紹宗的一番話，立即全部潰散，爭渡渦水，向魏軍投降，致使渦水為之不流。侯景僅與心腹數人南逃，從硤石（今安徽壽縣）那裡渡過淮河，收攏散卒，得步騎兵八百人。這時慕容紹宗從後面追來，侯景派人對他說：「侯景若是束手就擒，你慕容紹宗對高澄來說，還有什麼用處了呢？」於是慕容紹宗不再追趕。

侯景兵敗渡淮後，不知往哪裡去。在馬頭（今安徽懷遠東南）戍主劉神茂的慫恿下，殺死壽陽監州事韋黯，襲取壽陽城。隨後派人向朝廷報告失敗的消息，並請求供給軍用物資。蕭衍不僅沒有追究侯景的責任，反而任命他為南豫州牧，原有官職不變。光祿大夫蕭介上表章勸諫道：「臣私下認為，侯景一定不是暮年能盡忠的大臣。他拋棄家鄉故國如同扔掉破舊的鞋子，背叛國君親友就像丟掉草芥一樣。難道他能在遠處仰慕陛下聖德，在江淮間成為梁朝的忠臣嗎！事情這樣明顯，不可以被迷惑。」梁武帝不聽蕭介的勸告。

東魏擊敗侯景後，完全恢復了舊有的邊境。大將軍高澄數次派使節，要求與梁朝和好，梁武帝均未答應，高澄又對被俘梁將蕭淵明說：「先王與梁主和好，十有餘年，想不到一旦失去信任，而招此紛擾，我知道這不是梁朝皇帝的本意，不過是侯景的煽動罷了，應該派遣使者前去商討。若梁主不忘舊好，我也不敢違背先王的意志。我會把你們各位都放回去，侯景的家屬也當一同送去。」蕭淵明就派夏侯僧辯帶奏章去見梁武帝。蕭衍邊讀奏章邊流眼淚，便與朝中大臣商量這件事，左衛大將軍朱異、御史中丞張綰等都主張靜寇息民，以和為

便。只有司農卿傅岐說：「高澄目的何在，須要弄清楚。他一定是設離間計，所以才讓貞陽侯蕭淵明派使者前來，欲使侯景自己產生疑心。侯景心中不安，必然圖謀叛亂。現在如果答應和好，正中了他的計謀。」朱異等固執己見，堅持議和。此時武帝也厭倦用兵，就聽從朱異的意見，與東魏復和通好，並讓夏侯僧辯還告高澄。

夏侯僧辯北返路過壽陽，侯景暗中察訪偵知了這件事，心中十分憤怒，上書梁武帝說：「陛下在北魏強大的時候還可以打敗他們，在他們衰弱的時期反而想要同其和好。捨棄已成就的事業，放縱將要滅亡的胡虜，使強盜得以延續壽命，卻把禍患留給子孫後代，不僅使我感到氣憤，也使志士仁人痛心……高澄請求結盟講和，實際上是想除掉我。如果我死對梁朝有益，我萬死不辭。只怕千年以後使梁朝好端端的歷史留有這麼汙穢不堪的一頁。」

不久，侯景再次上書梁武帝說：「我與高家，摩擦已深，仰仗朝廷的威力，期望洗雪恥辱。現在陛下與高家和好，讓我自己處在什麼地位！請求重新開戰，宣揚皇朝的威力！」梁武帝回書道：「我與你的君臣關係已經確立，哪有成功就收納你，失敗就拋棄你的道理呢？現在高澄派使者來求和，我也想停止戰爭，應進應退，國家有一定制度，你只管清靜地居住，無須勞神！」對於梁武帝的答覆，侯景仍感不安，遂又寫信說：「現在陛下將我丟在邊遠地區，南北兩朝和好，恐怕我的性命，最終難免死於高澄手中。」武帝也再次安慰他說：「我是擁有萬輛兵車大國的皇帝，怎能失信於一個人！想來你能深知我的心情，不必再為此事勞心上奏章了。」

為了探知梁武帝的真實態度，侯景假造一封高澄的書信，要求用貞陽侯交換侯景，祕密派人送給他。武帝將要答應這項要求，傅岐說：「侯景因為窮途末路才來歸附我們，拋棄他不吉祥。況且侯景身經百戰，怎能束手就擒呢！」朱異說：「侯景是敗逃的將領，要逮捕他，只須一個使者的力量罷了。」武帝聽從朱異的意見，回信告訴高澄說：「貞陽侯早晨到達，侯景晚上就可以押解回去。」侯景得到此信，仇恨地說：「我早就知道蕭衍老兒這薄情寡義的心腸。」其親信王偉勸侯景說：「現在坐著聽從命運的安排是個死，起兵造反也是個死，請大王仔細考慮這個問題。」侯景於是決定發動叛亂。

是年八月，侯景聽說梁臨賀王蕭正德對朝廷懷有二心，遂派人送給他一封密信，信中寫道：「今天子年老，奸臣亂國，以我的觀察，不久就會出現禍敗。大王本系太子，中途被廢，四海之內，歸心大王。侯景不才，常思自效。願您滿足百姓的要求，主持國家大政，我的一片誠心唯天可鑑。」蕭正德本是臨川王蕭宏的兒子，被蕭衍收為養子，為人貪婪殘暴，不守法紀，屢次受到梁武帝的責怪，他非但不思悔改，且因未被立為太子而更加懷恨在心，於是便暗中畜養敢死之士，儲存糧食，積聚財物，希望國家出現變亂，好在亂中奪取政權。所以看到侯景的密信十分高興，馬上給侯景回信說：「朝廷之事，如公所言。僕之有心，為日久矣。今僕為其內，公為其外，何有不濟？機事在速，今其時矣。」有了蕭正德這個內奸，使侯景更加堅定了反叛朝廷的決心。

八月初十，侯景以誅中領軍朱異、少府卿徐驎、太子右衛率陸驗、制局監周石珍為名，發動叛亂。朱異等人皆奸佞驕貪，矇蔽皇帝，濫用權力，為時人所痛恨，故侯景以誅此四人作為叛亂的藉口，來興兵造反，以取得政治上的優勢。梁武帝聽到侯景公開叛亂的消息，不以為然地說：「這算什麼能耐，我折斷馬鞭的木柄就能制服他。」於是敕令懸賞，斬侯景者，封三千戶，任徐州刺史。十六日，梁武帝下詔：鄱陽王蕭范為南道都督；封山侯蕭正表為北道都督；司州刺史柳仲禮為西道都督；散騎常侍裴之高為東道都督；邵陵王蕭綸為持節，統率各軍共同討伐侯景。九月，侯景聽說梁軍前來討伐，便問計於王偉。王偉說：「邵陵（蕭綸）若至，彼眾我寡，必為所困，不如棄淮南，決志東向，率輕騎直掩建康，臨賀（蕭正德）反其內，大王攻其外，天下不足定也。兵貴神速，宜即進路。」侯景遂於同月二十五日以遊獵為名，潛出壽陽，直攻歷陽。十月二十日，歷陽太守莊鐵投降，並勸侯景說：「國家承平日久，人不習戰，聞大王舉兵內向，無不震駭，宜乘此際，速趨建康，可兵不血刃，而成大功。若使朝廷徐得為備，內外小安，遣羸卒千人，直據采石，大王雖有精甲百萬不得濟矣。」侯景於是以莊鐵為嚮導，向長江逼近。

梁武帝得知侯景向建康殺來，忙與群臣商議討景之策。尚書羊侃建議：「速派兩千人據守采石，令邵陵王

襲取壽陽，使侯景進不得前，退失巢穴，烏合之眾，自然瓦解。」朱異說：「侯景一定沒有南渡長江的志向。」於是把羊侃的正確意見壓制下去，武帝只派寧遠將軍王質率三千人在長江巡察，並未在采石駐守重兵。二十一日，任命臨賀王蕭正德為平北將軍，都督京師諸軍事，屯駐丹陽郡（今江蘇江寧境）。蕭正德派遣數十艘大船，假稱運載蘆荻，祕密接侯景渡江。這時侯景派出的間諜報告說，王質已經撤退，采石無人防守。侯景欣喜若狂，說：「我的大事成功了！」二十二日，侯景率士卒八千人、馬數百匹，從橫江（今安徽和縣東南）渡過長江，占據采石。當天晚上，梁朝開始下令戒嚴。

這時，太子蕭綱見情況緊急，穿上軍裝進入皇宮見梁武帝蕭衍，請示軍事部署事宜。武帝說：「這自然是你的事，還問什麼！朝廷內外軍事，全部交給你。」太子蕭綱遂留在中書省，指揮部署軍隊。當時人心惶惶，沒有誰肯應召前來，朝廷這會兒還不知道蕭正德已是內奸，仍命令他防守朱雀門（即建康正門，今江蘇南京市內），寧國公蕭大臨防守新亭（今江蘇南京市南），太府卿韋黯防守六門，修繕皇宮城牆，做好敵人進攻的準備。己酉日，侯景到達慈湖（今安徽當涂北），撼動建康，御街上的人互相搶掠，不能通行。朝廷赦免東冶、西冶、尚方錢署和建康城內的罪犯，讓他們充軍。任命宣城王蕭大器為都督，管理城內諸軍事，以羊侃為軍師將軍輔助他，南浦侯蕭推守東府（今江蘇南京市東），西豐公蕭大春守石頭城（今南京清涼山後），輕車將軍府長史謝禧、始興郡太守元貞守衛白下（今南京市金川門外）。同時徵收各部門倉庫的公藏錢，聚集在德陽殿，用以充實軍需。

是月二十三日，侯景到達板橋（今江蘇南京西南之板橋鎮）。派徐思玉進城晉見梁武帝，送去侯景的奏章，奏章說：「朱異等人專權，請讓我率兵入朝，以清君側。」梁武帝派中書舍人賀季、主書郭寶亮隨徐思玉到板橋慰問侯景，賀季責問侯景：「你現在的舉動是什麼目的？」侯景說：「想當皇帝！」王偉忙遞一個眼色給侯景，插言道：「朱異等人把朝政搞亂，要除掉奸臣罷了。」侯景已經說出了自己的罪惡目的，於是就扣留了賀季，讓郭寶亮單獨返回皇宮。

百姓聽說侯景到來，都爭著進城。軍人們也擁進兵器庫，搶奪武器。局面混亂不堪。羊侃下令斬首幾個人，混亂局面才告停止。這時梁朝建國已四十七年，邊境以內沒有戰爭，在位的公卿和民間的士大夫很少看見武器鎧甲，賊寇突然迫近，官民驚駭恐懼。老將已經沒有了，年輕的將領都率兵在外，京城軍隊的指揮，一切都取決於羊侃。二十四日，侯景到達朱雀橋（一名朱雀桁，在今江蘇南京市南秦淮河上）。太子蕭綱命臨賀王蕭正德守衛宣陽門，東宮學士庾信守衛朱雀門。庾信率宮中文武官員三千人在朱雀橋北紮營。蕭綱命令庾信拆斷浮橋，蕭正德說：「百姓看見把浮橋拆斷，一定大為驚駭，不拆浮橋可以暫時安定人心。」蕭綱聽從了他的意見。不久後侯景的軍隊來到，庾信忙命拆橋，才拆除一條船，梁軍士兵見侯景軍隊都帶鐵面罩，向浮橋衝來，就慌忙退回朱雀門內，庾信也棄軍逃跑。蕭正德派其黨羽重新接通浮橋，讓侯景軍隊通過。隨後蕭正德在張侯橋迎接侯景，並與侯景合兵一處，進入宣陽門，直達皇城下。此時，守衛石頭城的蕭大春逃奔京口，守衛白下城的謝禧、元貞放也棄城逃跑，各路敵軍將皇城團團圍住。

二十六日，侯景下令攻城。鼓角聲、喊殺聲震動大地，大司馬門、東華門、西華門同時起火。羊侃派人在城門樓上鑿洞，從上往下澆水滅火。直閣將軍朱思率數名敢死之士，突出城外，灑水救火，很快將大火撲滅。隨後，賊寇又用長柄板斧去砍東掖門，將要砍開，羊侃命人在門上鑿孔，用槊刺死兩名敵兵，砍門人才因此退去。這時侯景占據皇城外公車府，蕭正德占據左衛將軍的官署，宋子仙占據太子宮，范桃棒占據同泰寺，太子宮接近皇城。白天，侯景的軍隊登上太子宮的大牆，向皇城內射箭；夜晚，侯景在太子宮擺酒奏樂，並把宮內幾百名歌妓分給部下，任其蹂躪遭蹋。蕭綱派人焚燒太子宮，殿台和收藏的圖書全部燒光。侯景作為報復，便放火焚燒乘黃廄、士林館、太府寺。

二十七日，侯景製作木驢數百頭，攻打皇城，城上梁軍用石塊將其砸碎。侯景重新製造尖頂木驢，石不能破，羊侃作雉尾炬，灌以膏油，集束擲下，將尖頂木驢全部燒光。侯景又製造登城用的高樓戰車，高十餘丈，想從戰車上向城內放箭。羊侃說：「運樓的車高，下面溝塹空虛，一向前進，車就會翻倒，可以躺下觀看。」

等到車行動起來，果然翻倒。侯景見皇城一時難以攻下，士卒死傷很多，就修築長圍，隔絕內外，準備進行長期圍困。

十一月初一日，臨賀王蕭正德在儀賢堂即皇帝位，下詔稱：「普通年間以來，奸臣擾亂朝政，皇帝長期有病，國家將要危亡。河南王侯景放棄爵位來處理朝政，擁戴我繼承帝位。可實行大赦，改年號為正平。」蕭正德立他的兒子蕭見理為皇太子，任命侯景為丞相，把他的女兒嫁給侯景為妻，並且把家中的珍寶財物全部拿出來補助軍費。

侯景派兩千人攻打東府，梁守將蕭推率部奮力抵抗。雙方激戰三晝夜，飛箭和石塊如同雨點般落下。十一月初四日，在內奸許伯眾的引導下，侯景軍隊攻入東府，蕭推和兩千名守軍全部殉難。侯景把他們的屍體堆到皇城根下，對皇城裡人說：「不及早投降，就是這樣的下場！」

侯景初到建康的時候，以為很快就能獲勝。故號令嚴整，士卒不敢侵暴。及至皇城屢攻不克時，侯景擔心援兵四集，士卒潰散，加之石頭城糧倉告罄，軍中乏糧，於是放縱士卒大肆搶掠民間糧米、財物、子女。此後一升米的價格達到七、八萬錢，到了人吃人的程度，建康城內，餓死的有十之五、六。

十一月初八日，侯景在城東、城西築土山，驅趕逼迫數萬官民服役，不論身分貴賤，亂加毆打，疲勞瘦弱的人被殺死填到土山中，號哭聲驚天動地。皇城內也築土山相對應。侯景知道城內守軍多為奴隸，便招募已經投降的奴隸，免除他們的奴隸身分。朱異的家奴投降後，被任命為儀同三司，把朱異的家產全部賞給他。同時讓他乘良馬、衣錦袍，於城下詬罵朱異說：「汝五十年仕宦，方得中領軍，我始事侯王，已為儀同矣！」於是三日之中，奴隸降景者數以千計。侯景皆厚加安撫，把他們分配到軍中去，人人感恩，個個效死。這樣侯景之兵，合沿途裹脅及降者，共十餘萬人。是時，侯景為瓦解守城軍民，親自寫了一封告城內士民的信，用箭射入城中。

信中說：「梁朝從近年以來，掌權的人專斷朝政，殘酷剝削百姓，以滿足他們的私慾。如若不信，請看事

實：今日國家池苑，王公府第，僧尼寺塔，及在位庶僚，姬妾百室，僕從數千，不耕不織，錦衣玉食，不奪百姓，從何得之？我所以進攻京城，指名要殺權奸，不是要推翻國家。今城中指望四方來援，我觀王侯將相，志在保全自身，誰能竭力致死，與吾等爭勝負呢？長江天險，二曹（曹操、曹丕）所嘆，天晴氣爽，我用小船就渡過來。不是天意人心和諧，怎麼能這樣呢！希望各位三思，自己尋求大吉大利！」

十一月初九日，梁荊州刺史蕭繹傳檄各地，發兵入援建康。邵陵王蕭綸率先響應，率步騎三萬自京口西上。二十八日進至玄武湖，次日為侯景所敗，蕭綸僅率千餘人逃奔朱方（今江蘇丹徒縣東南）。是時，衡州刺史韋粲、江州刺史蕭大心、司州刺史柳仲禮、西豫州刺史裴之高、前司州刺史羊鴉仁等各路援軍相會於新林王游苑（今江寧縣西南），眾十餘萬，共推柳仲禮為大都督，以統諸軍。仲禮命各軍沿秦淮河南岸紮營，侯景亦於北岸樹柵，兩軍隔岸相持。此後援軍雖與侯景數度交戰，均未擊破侯景軍隊，遂相互觀望，莫敢先進。十二月羊侃病死，侯景見梁援軍遲滯不進，便又集中主力進攻皇城，未能攻下。

梁太清三年（西元五四九年）二月，皇城在久困之下，薪芻魚鹽皆盡。起初，皇城關閉的時候，公卿都擔心缺糧，因此無論男女老幼，富貴貧賤，都出城揹米，得到四十萬斛糧食，收取各府藏錢幣布帛五十萬億，都聚集到德陽堂，卻沒有準備薪柴、馬草和食鹽。至此，只好拆毀尚書省房舍當薪柴，將草墊子鍘碎餵馬，士兵沒吃的，就以鎧甲、老鼠、苔蘚為食，甚至殺掉馬匹，摻雜人肉，吃的人無不得病。侯景的軍隊也飢餓，到處搶掠，什麼也搶不到。東府城有米，可以支用一年，但被援軍切斷了道路，又聽說荊州的援軍業已東來，這使侯景非常擔心。

王偉說：「今台城不可猝拔，援兵日至，吾軍乏食，若偽求和以緩其勢，東城之米，足支一年，因求和之際，運米入石頭城，援軍必不得動。然後休士息馬，繕修器械，伺其懈怠而擊之，一舉可取也。」侯景從其計，派部將任約、於子悅到城下，上表求和。太子蕭綱以城中窮困，請求武帝允許。武帝怒曰：「和不如死！」太子固請曰：「侯景圍逼已久，援軍相仗不戰，宜且許其和，更為後圖。」武帝遲疑了很久，才說：

「你自己考慮吧，不要讓後世取笑。」於是回覆侯景，允許講和。侯景乞割江右四州之地，然後渡江西上。武帝答應了他的條件，任命他為都督江西諸軍事、豫州牧，河南王如故。

此後，侯景一面賴著不走，一面暗中將東府城之米運進石頭城。諸事完畢，侯景背盟，上書列武帝十大罪狀，逼令開城，當初城中有男男女女十幾萬人，被圍既久，人多身腫氣急，死者十之八、九，橫屍滿路，不可瘞埋，爛汁滿溝，臭氣熏天。能登城禦敵者不足四千人，然而眾心指望外援，仍苦苦堅守。援軍統帥柳仲禮等，只知聚集歌舞妓女，飲酒作樂，毫無戰意。而侯景則集中兵力晝夜攻城。三月十二日，皇城失陷。梁武帝躺在床上嘆息道：「這個國家的統治權由我這兒得到，又從我這兒失去，還有什麼可遺憾的呢！」

侯景既入城，乃全部撤除兩宮侍衛，盡掠宮人寶玩，將朝士王族送永福省監禁。然後矯詔大赦，自加大都督中外諸軍錄尚書事。以武帝的名義下令外援各軍撤回。柳仲禮召諸將議論。蕭綸說：「今日之命，委之將軍。」王僧辯說：「將軍擁百萬眾，致宮闕淪沒，正當悉力決戰，何所多言？」柳仲禮無言以對，各將遂紛紛離去。五月十二日，梁武帝蕭衍在幽囚中餓死，終年八十六歲。侯景擁太子綱即位，是為梁簡文帝。

當初，臨賀王蕭正德曾與侯景商定，皇城攻克後，由他正式繼皇帝位，不得保全梁武帝蕭衍和太子蕭綱。等到城門打開時，蕭正德剛要率軍隊揮刀進城，卻被侯景事先派去的黨羽擋住，所以未能進入皇城。後來梁武帝死去，蕭綱繼承皇位，蕭正德被任命為侍中、大司馬。蕭正德見侯景食言，自己偷雞不成蝕把米，於是祕密寫信給鄱陽王蕭范，叫他帶兵前來討伐侯景。侯景將此信截住，一怒之下，把蕭正德勒死。這就是一個內奸的可恥下場。

侯景立蕭綱為帝後，掌握朝廷的生殺予奪大權。他一面誅殺朝中蕭氏各王，排除異己；一面安插親信，鞏固自己的統治勢力。同時打著皇帝的旗號，四處討伐，翦除外藩，拚命擴大統治地盤。梁大寶二年（西元五五一年）閏三月，侯景留尚書左僕射王偉守建康，自率大軍沿江西上，征討湘東王蕭繹，兩軍戰於巴陵（今湖南嶽陽）。結果，景軍大敗，主將任約被擒，侯景逃回建康。蕭繹派王僧辯率軍乘勝東進，聲討侯景。六月十八日，王僧辯軍至漢口，連克郢州、羅城，景軍大將宋子仙、丁和被擒殺。八月，侯景廢梁簡文帝為晉王（不久將其殺害），另立豫章王蕭棟為帝，改元天正。十一月十九日，侯景篡梁，自稱漢帝。

翌年正月，湘東王蕭繹命王僧辯繼續東伐。二月二日，僧辯率軍自潯陽（今江西九江市西南）出發，艦船百里，聲勢甚壯。陳霸先也率軍五萬，舟艦兩千，與僧辯會師於白茅灣（今江西九江市東北）。隨即順流東下，直撲建康而來。三月初九日，王僧辯於姑孰（今安徽當涂縣）大敗景軍，敵溺水而死者數千人，主帥侯子鑑僅以身免。王僧辯督諸軍前出至張公洲（在今江蘇江寧縣西南），十三日進入秦淮河。這時侯景十分恐懼，連忙命人用船和巨石堵塞秦淮河口，又憑藉秦淮河構築工事，以拒西軍。

十四日，陳霸先軍率先於石頭城西落星山橫隴築柵，僧辯所部相次築之，共結為八座大營。十九日侯景率萬餘人攻擊西軍，陳霸先說：「我眾敵寡，應分其兵勢，以強制弱。」於是命諸將分處置兵。侯景見西軍移動，遂發起衝擊。陳霸先派兩千名弓弩手壓住陣腳，隨即向景軍發起反衝擊，將其擊退。王僧辯復以大軍繼進，一舉攻下石頭城。這時侯景像輸紅了眼的賭徒似的，率百餘騎兵，扔下長矛、手執短刀，想與陳霸先決一死戰。景軍左右衝突，西軍的陣地巋然不動，景軍全部潰散。

侯景隻身逃到皇城門前，召王偉前來，手按劍柄，怒氣衝衝地責備道：「你令我為帝，今日誤我！」嚇得王偉跑到城門後面躲藏。侯景要逃跑，王偉抓住他的馬蹬勸道：「自古以來哪有什麼叛逆天子！宮中衛士很多，還能進行一次決戰，放棄這裡，你到哪裡去安身？」侯景說：「我過去打敗賀拔勝，擊破葛榮，揚威河朔之間，渡長江南下又平定台城，降服柳仲禮大軍易如反掌。如今是天要滅亡我啊！」於是仰頭看著石闕，嘆息不已。然後侯景用皮袋子將他在建康生的兩個兒子裝好，掛在馬鞍後頭，帶著房世貴等一百餘騎兵，向吳地逃去。王偉逃奔朱方，後被擒送建康。

三月二十四日，侯景逃至晉陵（今江蘇武進縣），得田遷餘兵數千人。於是縱兵劫掠，爾後逃奔吳郡。四月十二日，王僧辯部將侯瑱於松江（今江蘇吳縣南四十里）擊敗侯景。侯景與心腹數十人乘一條小船向大海

逃去。人多船小，侯景就把他的兩個兒子推到水中淹死了。四月十八日，侯景的妻弟羊鵾及景平素所親近的人王元禮、謝葳蕤進行密謀，企圖處死侯景。白天侯景正在睡覺，羊鵾命水手將船駛向京口，至胡豆洲（今江蘇丹徒縣），侯景發現方向不對，大吃一驚，忙問駛向何處，羊鵾拔刀在手，對侯景說：「我們為大王出過不少力，現在到了這個地步，一事無成，想借你的頭來換點榮華富貴。」侯景還未來得及回答，幾把鋼刀一齊向他砍來。侯景想跳海逃命，羊鵾就用刀把他攔住。侯景竄到船艙，以佩刀撬船底板，羊鵾用長矛將他刺死。羊鵾等人將侯景的屍體送到建康，王僧辯將其首級送往江陵，而將其屍身扔在市集上，人們爭著挖他的肉，連骨頭都搶光了。至此侯景之亂告終。

侯景自西元五四六年擁兵叛魏、西元五四八年起兵亂梁，至西元五五二年敗亡，禍亂中國長達七年之久，給江南人民帶來深重的災難，也為蕭梁王朝的最終滅亡敲響了喪鐘。侯景的得勢，來自於他的聰明和才智，但這種聰明才智一旦和個人野心結合起來，就要成為依靠軍事實力，謀取最高權力的陰謀家、野心家，結果是「機關算盡太聰明，反莫了卿卿性命」。蕭梁的失敗，主要是梁武帝後期，皇帝昏聵腐朽，任用奸臣，朝廷上下，崇尚浮華，將不知軍，兵不知戰，守軍一觸即潰，援軍作壁上觀，致使侯景僅以八千軍隊，獲得突襲建康，攻陷皇城，篡奪帝位的成功。此外，蕭梁的迅速瓦解，同內奸蕭正德的破壞作用，也有直接關係。

安史之亂，玄宗幸蜀

安史作亂，玄宗奔逃，貴妃命喪黃泉下；中原大地，滿目瘡痍，羸民魂飛九重天。

西元五八九年，隋文帝楊堅統一全國，結束了南北朝長期紛爭的局面。西元六一八年，李淵父子乘隋末農民起義之機，推翻隋朝，建立唐朝，經過「貞觀之治」，中國封建社會發展到鼎盛時期。唐天寶年間，由於玄宗晚年昏庸，耽於淫樂，不理朝政，致使小人當權，好以施展自己的奸計；藩鎮擁兵，末大不掉。中央漸漸失去了對地方的控制能力，成為「安史之亂」發生的條件。

所謂安史之亂，乃是唐玄宗天寶十四年（西元七五五年）至唐代宗寶應二年（西元七六三年）期間，以安祿山、史思明為首的地方軍閥勢力，策動奪取唐中央政權的叛亂戰爭。

安祿山，營州（今遼寧朝陽南）混血胡人，初名阿犖山，胡語為「戰鬥」之意。其母阿史德，是一位女巫，夫死再嫁突厥小頭目安延偃，犖山隨至其家，故冒姓安，改名祿山。不久之後，他們的部落敗散，安祿山與安氏子安思順一起逃到幽州，充任互市牙郎（翻譯）。後投於范陽節度使張守珮帳下。祿山性狡黠，善於揣測別人的心理，討其歡心，故張守珮很喜歡他。他與同里人史思明，皆勇敢善戰；每次隨軍出征，都會俘虜一些敵人回來，因屢建戰功而被任命為捉生將，不久又升為討擊使。唐開元二十四年（西元七三六年）春三月，張守珮派安祿山討伐奚族、契丹族的叛軍，安祿山自恃勇猛，輕視敵人，帶兵進擊，結果為敵所敗。夏四月，張守珮上奏請求誅殺安祿山。安祿山在臨被處決前，大聲呼道：「大夫不是想消滅奚和契丹嗎？為什麼殺死我

呢！」張守珪也愛惜他的勇猛善戰，想讓他活下去，便把他押送到京師，請朝廷處理。宰相張九齡裁決道：「從前司馬穰苴依軍法誅殺莊賈，孫武按軍令斬殺吳王后宮的嬪妃，張守珪要想執行軍令，就不應免除安祿山死刑。」唐玄宗愛惜安祿山的才能，下令免除官職，成為白衣將領。張九齡堅持說：「安祿山行軍失利，損失了軍隊，依照軍法不能不處死。況且我觀察他的面貌有叛逆之相，如不誅殺，一定成為後患。」玄宗說：「你不要像晉朝王夷甫看見石勒就說他將成為天下的大患，那樣看安祿山冤枉忠良。」於是便赦免了安祿山的罪。安祿山回到幽州，感張守珪不死之恩，追隨左右，格外效力，守珪因此認他為養子，提拔他為副將，旋又薦為平盧兵馬使。

開元二十九年（西元七四一年），由於安祿山為人狡詐，善於迎合人心，皇帝身邊的人到平盧去，他都送厚禮賄賂，所以很多人說他的好話，唐玄宗也認為他賢能。御史中丞張利貞任河北採訪使，到了平盧，安祿山低三下四地侍奉他，甚至向他左右的人行賄。張利貞回到朝廷，極力稱讚安祿山的才德，朝廷便任命他為營州都督兼任平盧軍使，以及奚國、契丹國、勃海、黑水四府的經略使。第二年，分出平盧另立節度鎮，安祿山被任命為節度使。

天寶二年（西元七四三年）正月，安祿山入朝，玄宗特別厚待他，准他隨時進殿拜見，安祿山上奏說：「去年秋季營州蝗蟲吃穀苗，我焚香向上天祈禱說：『如果是我用心不正，事奉皇帝不忠誠，願讓蝗蟲吞食我的心；如果我沒有辜負神靈，希望蝗蟲散去』。立即有一群鳥從北面飛來，把蝗蟲都吃光了。請陛下把這件事告訴史官記錄。」玄宗皇帝認為他憨厚正直，採納了他的意見。天寶三年（西元七四四年）春三月，安祿山還鎮，河北黜陟使席建信稱其公直，宰相李林甫、戶部尚書裴寬也稱譽其美，玄宗因此任命安祿山兼范陽節度使。

安祿山權力日盛，且知朝中大臣可以阿諛收買，天子可以欺騙矇蔽。為邀功固寵，便出襲已投降唐朝的同羅、奚、契丹各部落，多事殺戮，爾後向朝廷報捷。天寶四年（西元七四五年）秋九月，安祿山再次入朝，玄宗召見。當面上奏道：「臣生長番戎，仰蒙恩典，得極寵榮，自愧愚蠢，不足勝任，只有以身許國，聊報皇恩！」玄宗大喜。當時正趕上太子入侍，玄宗令祿山拜太子，祿山不肯下拜，乃佯問左右內監說：「太子何官？」玄宗笑著說：「太子是皇位繼承人，待我百年之後，就由他來當皇帝。」祿山謝罪說：「臣愚，只知有陛下，不知有皇太子，罪該萬死！」說完，立即向太子叩拜。玄宗以其樸厚，大加讚賞，即留宮中賜宴。席間，安祿山進獻白鸚鵡二隻，並慌奏曰：「臣討契丹，過北平郡（今河北盧龍），夢先朝名將李靖、李勣向臣求食，臣因建廟設祭，祭祀日，廟梁長出靈芝，此鳥自空中飛來不走，臣以為祥，養以上獻。」玄宗見這鳥潔白如玉，鳴叫悅耳，便賜給楊貴妃賞玩。

天寶六年（西元七四七年）正月，朝廷任命范陽、平盧節度使安祿山兼任御史大夫。安祿山身體肥胖，肚子大得垂下膝蓋，曾自己聲稱，腹重有三百斤。他外表好像老實憨厚，內心卻是奸詐陰險。他讓其部將劉駱谷常駐京師，以刺探朝廷動向，朝中大事小情都要向他報告，如果有事需向皇帝上奏，就由劉駱谷代寫表章，直接呈送皇帝。每年向朝廷獻俘虜、雜畜、奇禽、異獸、珍寶、玩物的人絡繹不絕，地方郡縣也因為轉運物資而疲勞。安祿山在皇帝面前應答問對很敏捷，還夾些詼諧語言。

有一次玄宗曾指著他的肚子笑問道：「這胡人的肚子中有什麼，這麼大？」安祿山回答說：「這裡邊沒有別的東西，只有忠於陛下的一顆赤心。」玄宗聽後非常高興。還有一次玄宗為了博得楊貴妃一笑，召安祿山入宮，命拜見貴妃，祿山見玄宗與貴妃並坐，乃先拜貴妃，玄宗問是何禮，祿山故意慌忙轉身叩拜玄宗說：「胡俗不知禮數，一向是先母後父，臣依習慣，遂忘天朝禮儀。」玄宗點點頭，對貴妃說：「由此可見祿山的誠懇和樸實啊！」玄宗曾在勤政樓設宴，百官列樓下，獨使祿山位於御座東間，設金雞帳榻上，以表示對他的寵幸。安祿山為達到經常出入皇宮的目的，便趁機請求做楊貴妃的乾兒子，玄宗和貴妃高興地答應了他的要求。

天寶七年六月，玄宗賞賜安祿山鐵券，讓他世世代代享受朝廷給予的特權。天寶九年五月，玄宗封安祿山為東平郡王，打破了唐朝不在將帥中封王的慣例。八月又任命他兼任河北道採訪處置使。這時，安祿山請求入朝，玄宗便命有司在昭應（今陝西臨潼縣）為安祿山建造宅第。安祿山到達戲水，楊國忠及兄弟姐妹都前去迎

接，乘坐車輛的傘蓋遮蔽了曠野，玄宗還親自到望春宮去等他。冬十月，安祿山獻俘八千人，玄宗命尚書考核官員成績時給他記上「上上考」，並允許他在上谷鑄錢。

天寶十年（西元七五一年）正月，玄宗再次命有司在親仁坊為安祿山修建宅第，並下令：只要修得富麗堂皇，不要節省費用。建成後帳幕和器具充斥宅中，其中有白檀木床二張，都是長一丈，寬六尺。就連廚房的用具都是金銀雕刻裝飾的，有金飯罌二個，銀淘盆二個，都能裝五斗米，織銀絲筐及笊籬各一個，其他東西也與此相稱。玄宗還命令中使監工說：「胡人眼光高，不要讓他們笑話我。」安祿山搬入新宅那天，大擺酒宴，慶祝生日。玄宗敕令宰相代表自己到場致賀。後三日，楊貴妃私召安祿山入宮，以預先準備好的大襁褓裹其身，讓宮女抬著見玄宗，謂之「洗三」。玄宗很高興，當即賞貴妃洗兒金銀錢物，並厚賞安祿山。從此安祿山可以隨便出入皇宮，有時與楊貴妃一起吃飯，有時通宵不出宮，有許多醜聞傳出宮外，玄宗也不懷疑。不久又任命安祿山兼河東節度使。至此安祿山統領邊疆國防線三大鎮之重兵，其兵力總數幾乎達到全國邊兵的百分之四十。安祿山數次入朝，摸清了朝廷政治腐敗，武備鬆弛的底限，感到不僅高官厚祿可買，就是天下也能輕易取得。遂由輕視之心，而生叛逆之意。並在暗地裡做好準備，等待時機，以求一逞。

戶部郎中吉溫見安祿山受到皇帝寵幸，就去依附他，並結拜為兄弟。吉溫勸安祿山說：「右丞相李林甫雖然現在親近你，但一定不會讓你當宰相，我雖然受他驅使，但終究也不會讓我升官。你如果向皇帝推薦我，我就上奏你可以擔當大任。我們共同排斥李林甫，你就一定能當宰相了。」安祿山聽了很高興，就多次在玄宗面前稱讚吉溫有才能，使玄宗改變了過去對吉溫的不好印象，不久任命他為河東節度副使、知留後事，任命張通儒為留後判官，這樣就把河東的大權全交給他們了。這時安祿山對李林甫根本不放在眼裡，對他態度特別傲慢。李林甫表面上不露聲色，但在內心裡卻有整治安祿山的念頭。

有一次，李林甫召見御史大夫王鉷，王鉷很恭敬地向李林甫叩拜。安祿山見與其官職相同的王鉷是如此尊重李林甫，這才感到自己過去的失禮，隨之態度變得恭敬了。李林甫與安祿山談話，常常揣到他的內心想法，

由自己先說出，安祿山聽了很驚訝，遂對李林甫產生了畏懼心理，生怕李識破自己的陰謀詭計，故每次見到李，即使在嚴冬，也都汗流浹背。李林甫讓他到中堂坐下，用好話安慰他，把身上的披袍解下來給他披上，這使他非常感動，精神也放鬆了許多，並稱李林甫為「十郎」。安祿山回到范陽，有人從長安回來，他總是要問：「十郎有什麼話？」如果聽到贊成的話就高興，如果聽說：「告訴安大夫，要多檢點」，就會反過手，靠著床說：「啊呀，我要死了！」

安祿山為了發動叛亂，私下裡收養了同羅、奚、契丹投降的士卒八千餘人，稱為「曳落河」。曳落河是胡人語言「壯士」的意思。還有他的家奴一百多人，都勇猛善戰，一人有百人力。又養戰馬幾萬匹，聚集了大量的兵器，他另派遣胡人到各道去做買賣，每年向他繳納價值幾百萬的珍寶。他還私自做了緋紫袍、魚袋，花費以百萬來計算。他把高尚、嚴莊、張通僚及將軍孫孝哲作為心腹，把史思明、安守忠、李歸仁、蔡希德、牛廷玠、向潤容、李庭望、崔乾祐、尹子奇、何千年、武令珣、能元皓、田承嗣、田乾真、阿史那承慶作為黨羽。高尚是雍奴（地屬今天津）人，很有才學，在河朔流浪，貧窮不得志，常感嘆說：「高不危應為幹大事業而獻身，豈能吃草根而求活命呢？」安祿山把他召入幕府，為其出謀劃策。天寶十一年（西元七五二年）十二月，朝廷任命平盧兵馬使史思明兼北平郡太守，任盧龍軍使。安祿山準備作亂已經十年了，但遲遲未敢發動，一是因為李林甫比自己狡猾，所以懼怕他；二是因為玄宗對他寵幸，想等其死後再起事。故此忍而不發。

等到楊國忠任丞相，安祿山見他人物平庸，就不把他放在眼裡。而楊國忠為了爭寵，也多次在玄宗那裡說安祿山的壞話，二人開始產生隔閡。天寶十三年（西元七五四年）正月，安祿山入朝，楊國忠對玄宗說：「安祿山一定反叛，陛下如不相信，可以下令召他，他一定不肯前來。」於是玄宗派人叫安祿山，他聽到命令立即前來。過了幾天，安祿山在華清宮朝見玄宗，哭著說：「我本是胡人，陛下這樣提拔和寵幸我，但被楊國忠嫉恨，我不久就會死了。」玄宗很可憐他，當場賞他萬萬錢。從此更加相信親近安祿山，對楊國忠的話也聽不進去了。

太子也知道安祿山一定會造反，報告皇帝，玄宗不聽。玄宗想加封安祿山為同平章事（宰相），並命令張

洎起草制書，楊國忠進諫說：「安祿山雖然有軍功，但他不識字，怎能任宰相！制書如頒下，恐怕四方各族輕視朝廷。」玄宗這才作罷。隨即封安祿山為左僕射，安祿山請求兼管閒廄、群牧，玄宗同意，於是他祕密派親信選擇強壯善戰的馬幾千匹，單獨飼養，以備急用。二月，安祿山上奏，要破格厚賞有軍功的部下，因此請寫好任官文憑，回去交給他們。於是被任命為將軍的有五百多人，被任命為中郎將的有兩千多人。後來這些人都成為安祿山造反的骨幹力量。三月，安祿山要回范陽，向玄宗告辭，玄宗脫下自己的衣服送給他，安祿山驚喜得流出了眼淚。他擔心楊國忠說通玄宗扣留他，連夜出發，逃出潼關。然後乘船沿黃河東下，日夜兼行數百里，經過郡縣都不下船。

天寶十四年（西元七五五年）二月，安祿山派副將何千年入朝上奏，請求用三十二名蕃將代替漢將。韋見素和楊國忠向玄宗進諫，想阻止這件事，玄宗很不高興，竟下詔答應了安祿山的要求。某日，韋見素對玄宗說：「我有計策，可以阻止安祿山的陰謀。如果任命他為平章事，召他入朝，任命賈循為范陽節度使、呂知誨為平盧節度使、楊光翙為河東節度使，那麼安祿山的勢力就會自然分散了。」玄宗同意採取這種做法。制書已經擬好，但玄宗卻壓下不發，並派中使以給祿山送珍果為名，暗中觀察安祿山的變化。結果中使得到安祿山的賄賂，上奏說：「安祿山對皇帝竭盡忠誠，沒有二心。」玄宗高興地對楊國忠說：「我說安祿山不會背叛我嘛！我這樣推心置腹地待他，他怎會對我有二心呢？東北的奚、契丹二虜，還得靠他彈壓。我擔保他，你們今後不要再議論這件事了。」

安祿山回到范陽，態度發生很大的變化。朝廷每次派使者去，他都稱病不出來迎接。楊國忠為了找到安祿山謀反的證據，派京兆尹包圍了他在京城的住宅，逮捕了他的門客李超等人，送到御史監獄審訊，並暗中殺死他們。安祿山的兒子安慶宗祕密向其父報告了這一消息，安祿山更加懼怕，因此加快了叛亂的步伐。六月，玄宗為安慶宗完婚，詔祿山前來觀禮，祿山以有病為辭不來。七月，安祿山上表說要獻三千匹馬，每匹馬用二名馬伕，另派二十二個番將護送。河南尹達奚珣懷疑事情有變，便請玄宗下令：「進獻車馬應等到冬季，朝廷自

派馬伕，不用麻煩你軍。」這時玄宗才稍有醒悟，開始懷疑安祿山。於是玄宗派中使馮神威帶著他的親筆詔書去見安祿山，並轉告他：「我給你修建一座溫泉池，十月時我在華清宮等你。」馮神威向安祿山宣讀聖旨時，他坐在床上不動，只微微欠欠身子，也不起身跪拜，說：「皇上安穩。」又說：「馬不獻也行，十月一定到京城去。」說完馬上讓左右帶馮神威到賓館，沒有再會見他。過了幾天，安祿山讓他回京，也不寫奏章。馮神威回到朝廷，向玄宗哭著說：「我差點兒見不到陛下了。」

是年八月，安祿山感到朝廷似乎已發現其反叛陰謀，因此決定盡快行動。他整天與心腹嚴莊、高尚、阿史那承慶密謀，多次犒勞士兵，餵飽戰馬，磨利兵器。正巧有奏事官從京城回來，安祿山就偽造詔書，說朝廷密令他率兵入朝，討伐楊國忠。眾將聞聽後，驚得目瞪口呆。十一月初九，安祿山發動他的部下及同羅、奚、契丹、室韋共十五萬兵眾，號稱二十萬大軍，在范陽公開叛變。翌日晨，安祿山在薊城南門外，檢閱軍隊，進行誓師，並宣告：「有反對意見和煽動士兵者，誅滅三族。」隨後，安祿山率軍向南開進。安祿山乘坐鐵車，步兵騎兵裝備精良，戰車駛過煙塵千里，戰鼓咚咚喊聲震天。當時全國已太平多年，幾代人都未打過仗，突然聽到范陽起兵，百姓驚慌失措。河北道又是安祿山監察地區，不敢有所抗拒，故各地望風而靡，叛軍勢如破竹，十日間即攻至博陵（今河北蠡縣）。這時安祿山派安忠志率精兵屯守土門（今河北井陘縣西），以防太原方面之唐軍，自己率主力繼續南下。

安祿山范陽起兵作亂的消息直到六天後才傳到長安，唐玄宗急忙召集諸宰相開會商議對策。楊國忠洋洋自得，怪聲怪氣地說：「我早就說過安祿山必反，今果如所言。不過，反叛者只有安祿山而已，將士們都不願意，不過十天，一定有人把安祿山的人頭傳送到長安來。」玄宗以為楊國忠說得對，然而其他大臣都面面相覷，相顧失色。玄宗也知內地無兵，空虛堪慮，乃派特進（唐官職名）畢思琛到東京（即洛陽），讓金吾將軍程千里到河東道，招募數萬人，簡單組織起來，抵抗叛軍。十六日，適逢安西節度使封常清入朝，玄宗問他討賊方略，封常清吹噓說：「現在天下太平已久，因此人們看到叛軍的氣勢就害怕。然而事有逆順，勢有奇變。

臣請走馬東京，開府庫，募驍勇，挑選精兵，驅趕渡河，不久就會把逆賊的頭獻給朝廷。」玄宗聽了之後非常高興，任命封常清為范陽節度使兼平盧節度使，即時起程，赴東京募兵。封常清到東京後，十天之內招兵六萬人，乃斷河陽橋，做好抗敵準備。十一月二十一日，玄宗自華清宮返長安，對抵抗叛軍重新作了部署：一是任命朔方右兵馬使、九原太守郭子儀為朔方節度使，率部東進勤王；二是任命右羽林大將軍王承業為太原尹，鎮守太原，防止叛軍經太原西入京師；三是置河南道，轄陳留（今河南開封）、睢陽、靈昌、淮陽、汝陰、譙、濟陰、淄川、琅玡、彭城、臨淮、東海等十三郡，以衛尉卿張介然為節度使，守陳留，以屏蔽江淮；四是以程千里為上黨（治所，即行政中心，位於今山西長治）長史，防守上黨地區，以固山西；五是以榮王李琬為元帥，以右金吾大將軍高仙芝為副元帥，統諸軍東征。命他們以內府錢幣在京師募兵，十天內得十一萬人，號天武軍，但這些人大都是不堪戰鬥的市井子弟。至此，唐朝廷防禦安祿山叛軍的部署，在倉猝之間，草草完成。

十二月初一日，東征副元帥高仙芝率飛騎、騎、新募兵及邊兵之在京者，共計五萬人，從長安出發。玄宗派宦官、監軍將軍邊令誠監其軍，屯於陝州（今河南陝縣）。是時，安祿山叛軍在靈昌北，欲渡黃河南下。天氣十分寒冷，叛軍用長繩繫著破船和草木，橫河南北，一夜之間，凍成一座浮橋，遂渡過黃河，襲取了靈昌郡，隨之浩浩蕩蕩殺奔陳留而來。河南節度使張介然到陳留才數日，安祿山已兵臨城下。初六日，陳留不守，太守郭納舉城投降。這時安祿山聽說其子安慶宗被殺，大哭道：「我有什麼罪過而殺了我的兒子！」為了洩私憤，便殺死陳留投降的將士近萬人，又在軍門前將張介然殺掉。任命其將領李庭望為節度使，駐守陳留。自率大軍西向滎陽（今河南滎陽縣）。

玄宗聞知陳留失陷，叛軍西向進攻滎陽，矛頭直指東京洛陽，知道不親征無以激勵將士，為了求戰勝逆賊，乃於十二月初七日下詔親征。同時征朔方、河西、隴右各道節度使在二十天之內，率兵聚集在長安。初八日，滎陽陷落。滎陽既下，安祿山立即命令其部將田承嗣、安忠志、張忠孝等為前鋒，向虎牢關進攻。當時唐河南節度使封常清所募之兵，未經過訓練，便匆忙開赴虎牢前線，戰陣剛剛列成，就被叛軍鐵騎所沖而潰散逃

走。封常清收拾餘眾，拒敵於洛陽城東之葵園，再次失敗。復收兵拒於洛陽上東門內覆敗。是月十二日，東京陷於叛軍之手。安祿山縱兵鼓噪，蜂擁入城，大肆殺掠。封常清在洛陽城內與叛軍展開巷戰，漸漸不支，便退守宣仁門，又敗。於是從苑西牆壞處西走。河南尹達奚珣降於賊，東京留守李憕、御史中丞盧奕、採訪判官蔣清皆不屈而死。

安祿山攻陷東都的同一天，其大同軍使高秀岩在北方也展開攻勢，進擊朔方之振武軍（今內蒙和林格爾）。朔方節度使郭子儀率軍將其擊敗，乘勝攻克叛軍占據的靜邊軍（今山西右玉縣）。安祿山之大同兵馬使薛忠義反攻靜邊軍，郭子儀派左兵馬使李光弼、右兵馬使高浚、左武鋒使僕固懷恩、右武鋒使渾釋之率軍迎擊，大破賊軍，坑其騎七千，遂進圍雲中（今山西大同）。隨後郭子儀又派別將公孫瓊岩率兩千騎兵攻克馬邑（今山西朔縣），始開東陘關（今山西雁門關東口），取得與太原王承業的聯繫。原來在高秀岩據大同軍時，太原方面的唐軍即關閉東、西陘關（西陘關在今山西雁門關之西口）以拒之。所以郭子儀此一攻勢非常重要，不僅打通朔方軍與太原軍的聯繫，使安祿山下太原、趨永濟，以夾攻關中的計畫成為泡影，而且為其後子儀東出井陘，入常山，將安祿山叛軍攔腰截斷，給以嚴重打擊，創造了良好的開端。

再說封常清率敗兵逃至陝城，陝郡太守竇廷芝早已逃之夭夭。於是對副元帥高仙芝說：「常清連日血戰，賊鋒不可當，且潼關無兵，若賊豕突入關，則長安危矣。陝不可守，不如引兵先據潼關以拒之。」仙芝按他的計策行事，引兵西走，賊兵追至，仙芝軍狼狽奔逃，無復隊伍，士馬相踐，死者甚眾，至潼關，剛修防禦工事，叛軍又至，唐軍據險抵抗，敵不得入，遂退走。於是安祿山派其將崔乾祐屯兵於陝，相機進攻西京。

高仙芝東征時，監軍邊令誠多次干涉軍事行動，而高不聽他的，故心懷不滿。及高仙芝退守潼關，邊令誠入朝奏事，藉機談仙芝、常清作戰失敗的情況。並打小報告說：「常清以賊多動搖軍心，而仙芝拋棄了陝城幾百里土地，且偷盜、剋扣朝廷的軍糧和賞賜。」玄宗大怒，當即派邊令誠持敕到軍中斬仙芝及常清。當初，常清既敗，曾三次派人送表章陳說叛賊形勢，玄宗不予接見。常清欲自己前去，走到渭南時，正好趕上皇帝的敕

書下來，免掉他的官職，讓他回到仙芝軍中，白衣自效。

常清又上書說：「臣死之後，望陛下不輕此賊，無忘臣言。」這是因為朝中大臣都說安祿山狂悖，不久就會有人把他人頭送來，所以常清才這樣告誡玄宗。邊令誠至潼關，先把封常清叫來，宣布皇帝的敕書，常清將遺表交給他，然後就死。高仙芝從外面回來，發現封常清的遺體躺在蘆葦席上，丈二和尚摸不著頭腦，只見邊令誠率一百名長刀手走上前來，大聲說：「大夫也有詔命。」高仙芝跪伏在地，邊令誠宣讀敕令，高仙芝說：「我遇敵而退，死則宜矣。今上戴天，下履地，謂我盜減糧賜則誣也。」當時在場的士卒都大喊冤枉，聲音震天動地。隨後高仙芝被殺，朝廷以將軍李承光率領其眾。當時隴右名將哥舒翰臥病在家，玄宗欲借其威名，且過去與安祿山不和，便在下敕斬仙芝的同時，任命他為兵馬副元帥。舒翰以病固辭，玄宗不許。是月十七日，哥舒翰率漢兵八萬及河西隴右諸蕃部落共十餘萬出發，至潼關並仙芝舊部，號稱「二十一萬八千人」，屯守潼關。同時玄宗還敕令天下，四面進兵，會攻洛陽。

同月下旬，河北方向發生了對安祿山叛軍極為不利的變化。常山太守顏杲卿、平原太守顏真卿、濟南太守李隨、饒陽太守盧全城，皆起兵討伐安祿山，河北十七郡全都響應，其仍依附叛軍的，僅范陽、盧龍、密雲、漁陽、汲（今河南汲縣）、鄴（今河南安陽）六郡而已。其時，安祿山想自己率兵攻打潼關，至新安（今河南新安縣），聞聽河北各郡起兵，後方受到嚴重威脅，只得回師洛陽，重新調整作戰部署。

天寶十五年（西元七五六年）正月初一日，安祿山在洛陽稱帝，國號大燕，改年號為聖武。以達奚珣為侍中，張通儒為中書令，高尚、嚴莊為中書侍郎。爾後，急調留守范陽的大將史思明、蔡希德率軍進攻常山郡，顏杲卿日夜抵抗，糧盡箭絕，結果城被攻陷。叛賊縱兵殺死一萬餘人，顏杲卿被俘並押解洛陽，於是鄴、廣平、鉅鹿、趙、上谷、博陵、文安、魏、信都等郡重入叛軍之手。史思明為了徹底掃清河北戰場，調頭東向，圍攻饒陽（今河北深縣東北），至二月初旬，凡二十九日未能攻下。

這時，唐朝廷為了挽救常山陷沒後河北戰場之頹勢，及謀再斷安祿山之後路，乃於二月初二日任命河東節

度使李光弼兼魏郡太守、河北道採訪使，讓他率兵出井陘關，以收復常山。史思明遂撤饒陽之圍，西方在常山及其附近地區與李光弼展開激戰。相戰凡四十餘日，光弼最後因寡不敵眾，困守常山，並求救於郭子儀。約於三月末，郭子儀急引兵出井陘，四月初九日馳至常山。當天子儀、光弼展開反攻，史思明大敗，收兵退保博陵（今河北定縣），光弼乘勝進攻包圍。五月，安祿山調兵遣將，從洛陽、范陽兩個方向增援史思明，雙方遂在恆陽（今河北曲陽縣）進行會戰。郭子儀、李光弼大破叛軍，斬殺四萬多人，俘虜一千多人。史思明在慌亂中落馬，赤腳而逃，直到當天晚上，才拄著棍子回到軍營，然後逃往博陵。李光弼尾隨而至，將博陵團團圍住。至此官軍聲威大震，河北十幾個郡皆殺死叛軍守將，而來投降官軍。這樣，從洛陽到范陽的交通又被切斷，叛軍往來都是輕騎偷偷地經過，而且多被官軍捉獲，叛軍軍心動搖。

安祿山大為驚恐，招來高尚、嚴莊，責罵他們說：「你們幾年來教我反叛，認為萬無一失。今官兵守潼關，我們幾個月沒有攻下來，北面的道路已被切斷，官兵從四面會合而來，我所占有的只是汴、鄭等幾個州罷了，萬全之機在哪裡？你們從今以後不要再來見我。」高尚、嚴莊懼怕，幾天不敢見安祿山的面。田乾真從潼關下來，勸安祿山說：「自古以來，帝王建大業，都有成功和失敗的經歷，哪能一蹴而就呢！現在四方官軍營壘固然很多，但都是新招募來的烏合之眾，沒有打過仗，哪能敵得過我們薊北的精銳部隊，不用擔憂！高尚、嚴莊都是輔佐你建立帝業的元勛，陛下一旦與他們斷絕來往，讓將領們聽到了消息，誰不恐慌？如果上下離心，我為陛下感到危險。」安祿山高興地說：「阿浩（田乾真），你能解除我的憂愁。」立即召來高、嚴二人，設酒宴招待他們，自己親自唱歌來勸他們飲酒，待他們和以前一樣。隨後安祿山與他們商量退出洛陽，據守范陽，但沒有做最後決策。

在河南戰場，安祿山稱帝洛陽後，立即分兵兩路，一路東向進攻睢陽（今河南商丘），圖謀江淮；一路向南圍攻南陽，圖取荊襄。企圖扼制唐朝廷的後方補給線。但在這兩個方向，叛軍遇到了唐軍的激烈抵抗，其戰役企圖未能實現。

先是在睢陽方向，西元七五六年正月初二日，唐玄宗任命李隨為河南節度使，同時任命前高要縣尉許遠為睢陽太守兼防禦使，組織唐軍扼制東進之叛軍。這時東源縣令張巡起兵，一舉攻占雍丘（今河南杞縣）。三月初二日，令狐潮（原雍丘縣令後投降安祿山之叛軍）與叛軍將領李懷仙、楊朝宗、謝元同等率四萬餘人，突然來到雍丘城下，城內士兵驚恐，想棄城逃跑。張巡說：「賊兵精銳，有輕視我們的想法。現在如果出其不意地攻擊他們，叛軍一定驚慌逃竄。只有讓叛軍遭受挫折，我們才能守住此城。」於是命一千人登城防守，自己率一千人，分成幾隊，突然從城門衝出。張巡身先士卒，突入叛軍陣地，結果叛軍驚恐退走。第二天賊兵又來攻城，張巡在城上命令部下立木柵防禦敵軍。叛軍像螞蟻似的往城上爬，張巡叫人把蒿草結紮成束，澆上膏油，點燃後向敵入投去，使叛軍無法爬上城來。此後，張巡有時乘叛軍鬆懈，在白天突然襲擊；有時在夜裡把士兵用繩子縋下城去，偷襲敵營，前後六十多天，進行大大小小三百多次戰鬥。守城官兵穿著鎧甲睡覺，負傷者包紮好傷口繼續戰鬥。叛軍終於敗逃，張巡乘勝追擊，俘獲叛軍兩千餘人回城。唐軍聲威大震，叛軍東進的勢頭被扼制。

在南陽方向，唐玄宗任命魯炅為南陽節度使，率嶺南、黔中、襄陽子弟兵五萬，據葉（今河南中縣）北之險，守水湍之南，以拒安祿山南下江漢之兵。四月，安祿山命武令珣、畢思琛率軍攻之，眾人皆欲出戰，魯炅以為不可。結果叛軍從上游偷渡，側擊唐軍陣地，唐軍潰敗，魯炅與中使薛道，集散兵退保南陽。叛軍遂圍困南陽，魯、薛督軍死守，雙方僵持不下。

從上述情況看，安祿山發動叛亂之後，唐朝廷已從倉促應變的被動態勢，逐步取得戰場上的主動權，並開始造成戰略上的絕對優勢。倘若後來進行的潼關之戰，玄宗能採納哥舒翰、郭子儀、李光弼之策，而不為楊國忠所誤，則安史之亂或能早期平定，絕不會出現長安城陷、玄宗幸蜀的困難形勢，也不至於釀成混亂八年之久，甚至遺患百年之後的惡果。

前面提到，安祿山見戰場形勢不利，曾一度產生退保范陽的想法。但潼關之戰卻使當時形勢發生了根本逆轉，進而把安祿山從困境中解脫出來。當時，人們認為是楊國忠專橫跋扈才招致天下大亂，因此都切齒痛恨他。加上安祿山是以討伐楊國忠的名義反叛的，故一些人上疏提出誅殺楊國忠，使他十分害怕。這時正好有人報告說：「崔乾祐在陝城的軍隊不滿四千人，且都是一些疲憊之師。」於是楊國忠乃請玄宗詔命哥舒翰盡快出擊，以收復陝城和洛陽。

哥舒翰上奏說：「安祿山久習用兵，今始為逆，豈有無備。是必羸師以誘我，若往，正墮其計中。且賊遠來，利在速戰；官軍據險以扼之，利在堅守。況賊殘虐失眾，兵勢日蹙，將有內變，因而乘之，可不戰擒也。要在成功，何必務速？今諸道徵兵，尚多未集，請且待之。」郭子儀、李光弼也上書說：「請讓我們帶兵向北攻取范陽，傾覆叛軍的巢穴，將叛賊黨羽的妻子兒女作為人質扣押起來，招降叛賊，他們內部一定崩潰。潼關大軍，惟應固守以避之，不可輕出。」楊國忠懷疑哥舒翰要謀害自己，就向玄宗報告，說叛軍沒有防備，而哥舒翰逗留不進，將失去機會。玄宗認為楊國忠的意見對，就接連不斷地派中使催促哥舒翰出兵。哥舒翰不得已，撫胸慟哭，於六月初四日率軍出關。

六月初七日，唐軍在靈寶縣一處叫西原的地方與崔乾祐叛軍相遇。這時崔乾祐已占據險要地形，南靠高山，北臨黃河，在七十里長的一段狹窄道路上預設伏兵。初八日，哥舒翰與田良丘浮舟黃河中流，觀察敵軍部署。見敵軍少，才督促各軍前進。王思禮率五萬精兵居於前，龐忠等率十萬士卒隨其後。哥舒翰自率三萬兵登臨黃河北岸的土山瞭望，擂鼓助威。開始，崔乾祐出動的士兵不過一萬人，十人一夥，五人一群，有疏有密，有進有退，官軍看了都覺得好笑，沒有想到崔乾祐卻把精兵埋伏在這些散兵後面。兩軍交戰，叛軍偃旗息鼓，好像要逃走的樣子，官軍懈不為備，繼續前進，結果全部進入叛軍的伏擊圈。叛軍的伏兵出擊，從高處拋下滾木礌石，砸死砸傷許多官軍。因道路狹窄，士兵有如被捆縛起來一般，長槍長槊發揮不了作用。哥舒翰用馬拉著氈車去衝擊叛軍，崔乾祐卻用幾十輛草車堵在氈車前面。時過中午，東風暴急，叛軍放火焚燒草車，火仗風勢，將氈車引燃，一時間濃煙瀰漫，烈火熊熊，官軍被嗆得睜不開眼睛，便胡亂地向煙霧中放箭，自相殘殺起

來，直到傍晚，箭用沒了，才知沒有賊兵。崔乾祐派同羅的精銳騎兵，從南山繞到官軍背後進行襲擊，官軍首尾驚亂不知如何禦敵，於是大敗，潰散逃走。或棄甲竄匿山谷，或相擠落入黃河，哭喊之聲，震動山河。叛軍乘勝追擊，官軍爭相奔命。

後軍見前軍潰敗，也都自動潰逃。黃河北岸的部隊看到這種情況，也向後潰退，轉眼之間兩岸都跑空了。哥舒翰獨與麾下百餘騎，從首陽山向西渡河入關。先前為防止叛軍進攻，哥舒翰命部隊在潼關外挖了三道塹壕，都是二丈寬，一丈深。自靈寶敗還者，人馬紛紛落入壕內，須臾而滿，餘眾踐踏而過，士卒得入關者才八千餘人。初九日，崔乾祐攻克潼關。

哥舒翰退至關西驛站，張貼布告收集失散的士兵，打算收復潼關。這時其部將火拔歸仁等帶領一百多名騎兵包圍了驛站，對哥舒翰說：「叛軍到了，請你上馬。」哥舒翰上馬剛出驛站，火拔歸仁逼迫哥舒翰說：「公以二十萬眾，一戰而全軍覆沒，有何面目復見天子？且公不見高仙芝、封常清的下場嗎？請公東行！」哥舒翰不同意，火拔歸仁便用繩索把他的雙腳綁縛在馬肚子上，把其他不服從的將領也都捆起來，押著向東走。正好叛軍將領田乾真來到，火拔歸仁便投降了叛軍，哥舒翰等被押送到洛陽。

潼關既陷，河東（今山西永濟）、華陰、馮翊（今陝西大荔）、上洛（今陝西商縣）等郡防禦使皆棄軍走，所在守兵也都逃散。初九日這天，哥舒翰的部下逃還長安告急，玄宗即遣劍南將軍李福德等率監牧兵三千人赴潼關。到了晚上，沒有看見平安火，玄宗開始害怕。初十日召宰相商量辦法。楊國忠因自己兼劍南節度使，聽到安祿山叛變，馬上命令內使崔圓暗中作準備，想在危急時投奔那裡。到這時，楊國忠首先提出皇帝到蜀地的主意，玄宗同意。

十一日，楊國忠在朝堂召集百官，驚慌流淚，向大家詢問計策。百官皆唯唯不置可否。楊國忠說：「人們告發安祿山謀反已經十年了，但皇帝不相信，今天的事情，不是宰相的過錯。」等到朝罷，士民驚擾，奔走不知所之，偌大的長安城頓時蕭條起來。楊國忠讓韓國夫人、虢國夫人入宮，催促玄宗盡快到蜀地去。十二日，百官上朝的不到十分之一、二。玄宗登上勤政樓，頒下詔令，說要御駕親征，聽的人都不相信。當天晚上即命龍武大將軍陳玄禮整備六軍，賞給將士們許多錢帛，挑選馬廄中九百多匹好馬，外面的人都不知道。

十三日黎明，玄宗即與楊貴妃姊妹、皇子、妃嬪、公主、皇孫、宰相楊國忠、韋見素、魏方進、陳玄禮及親近的宦官、宮人等，出了延秋門，向西而行。拋下了在外邊的妃嬪、公主、皇孫。玄宗經過左藏金庫時，楊國忠請求燒掉它，玄宗憂鬱地說：「叛軍來了得不到財物，一定要搜刮百姓，不如留給他們，不要使百姓更痛苦了。」是日晨，百官臨朝者，至宮門猶聞漏聲，儀仗隊侍立莊嚴。等到打開宮門，裡面的宮人蜂擁而出，宮廷內外，一片混亂，誰也不知皇帝跑到哪兒去了。於是王公士民，四向奔逃，竄入山谷；小民入宮，掠取財寶，乘驢上殿，焚燒大庫。留守崔光遠、將軍邊令誠率人救火，又召募人代理府縣長官，分別守衛，殺死十多人，才稍微安定下來。崔光遠派他的兒子前往東京，與安祿山聯繫投降事宜，邊令誠也把禁宮的鑰匙獻給安祿山。

玄宗已過渭水便橋，派宦官王洛卿前行，告訴郡縣準備飯食。到了咸陽望賢宮，王洛卿與縣令都逃走了，又派中使徵召吏民，卻沒有響應的。時至中午，玄宗一行尚未吃飯，楊國忠自購胡餅獻給玄宗，於是百姓爭獻粗米豆飯，皇孫們爭著用手抓吃，一會兒就吃光了，還沒能吃飽。玄宗付飯錢，並慰勞百姓，眾人都哭了，玄宗也掩面哭泣。這時有一位叫郭從謹的老人對玄宗說：「祿山包藏禍心，固非一日，亦有詣闕告其謀者，陛下往往誅之，使得逞其奸逆，致陛下播越。是以先王務延訪忠良，以廣聰明，蓋為此也。臣猶記宋璟為相，數進直言，天下賴以安平。自頃以來，在廷之臣，以言為諱，惟阿諛取容，是以闕門之外，陛下皆不得而知。草野之臣，必知有今日久矣，但九重嚴邃，區區之心，無路上達。事不至此，臣何由得睹陛下之面而訴之乎？」玄宗說：「此朕之不明，悔無所及。」玄宗繼續西走，隨行的人大多逃走了，就連內侍監袁思藝也溜了。玄宗至金城（今陝西興平縣），縣令及士民皆不知去向。是夜宿於驛中，因為沒有燈火，人們只好橫豎相枕而臥，高貴和低賤的人無法再分辨了。適逢王思禮從潼關來到，才知道哥舒翰被俘。於是玄宗任命王思禮為河西、隴右節度使，令他即刻赴鎮，收拾散卒，以等待機會再度舉兵反攻。

六月十四日，玄宗至馬嵬驛（今陝西興平二十五里之馬嵬鎮）。將士們飢餓疲勞，都很憤怒。陳玄禮認為禍患是由楊國忠引起的，想誅殺他，透過東宮宦官李輔國報告太子李亨，李亨沒有立即表態。恰巧吐蕃使者二十多人攔住了楊國忠的馬，說他們沒有食物吃，楊國忠沒來得及答話，軍士們大叫：「楊國忠與胡虜謀反。」話音剛落，就有人用箭射他。楊國忠見大事不好，便逃到西門內，軍士們追殺了他，切割他的屍體，用槍挑著他的頭掛在驛門外，並殺死他的兒子戶部侍郎楊暄及韓國夫人、秦國夫人。

御史大夫魏方進說：「你們怎敢殺宰相？」眾又殺之。軍士包圍了驛站，玄宗聽到吵鬧聲，詢問外邊有什麼事，左右說楊國忠謀反。玄宗拄著枴杖，穿著便鞋，走出驛站門，慰勞軍士，命他們歸隊。軍士們不聽。玄宗讓高力士問話，陳玄禮回答說：「國忠謀反，貴妃不應再侍奉皇帝，希望陛下割捨恩愛，依法懲處。」玄宗說：「朕當自處之。」玄宗入門，倚杖傾首而立，過了一會兒，京兆司錄韋諤上前說：「今眾怒難犯，安危在頃刻之間，希望陛下趕快決定。」並叩頭流血。玄宗說：「貴妃一直住在深宮，怎能知道楊國忠的反叛陰謀。」高力士說：「楊貴妃實在無罪，但將士們已經殺了楊國忠，而楊貴妃又在陛下身邊，怎敢放心！希望陛下仔細考慮，將士安定，陛下就安定了。」玄宗遂命高力士把楊貴妃領到佛堂，用綢帶勒死了她，然後用車載著她的屍體放在驛站的庭院裡，召陳玄禮等人進去驗看。陳玄禮解下鎧甲，叩頭請罪，玄宗慰勞他們，並命傳告其他軍士。陳玄禮等人高呼萬歲，於是整頓隊伍，準備西行。之後國忠妻裴氏與幼子，及虢國夫人、夫人的兒子裴徽都逃走了，到了陳倉，縣令薛景仙率兵追捕，並殺死了他們。

六月十五日，玄宗將要從馬嵬出發，將士皆曰：「楊國忠謀反，他的親信將吏皆在蜀，不可往。或請走河隴，或請走靈武，或請走太原，或請還長安。」但玄宗意在入蜀，但又怕違反眾人的意見，竟不言所向。韋諤說：「還京當有御賊之備，今兵少未宜東向，不如且至扶風（今陝西鳳翔縣），徐圖去就。」玄宗徵求眾人的意見，大家都贊成，遂決定去扶風。將要出發時，一些父老百姓攔住道路，請玄宗留下，說：「宮廷是陛下的家，陵寢是陛下的祖墳，現在陛下拋棄了它們，想到什麼地方去？」玄宗命太子李亨在後面安撫父老。父老們

說：「皇帝既然不肯留下，我們願意率子弟從殿下東破賊兵，收復長安。如果殿下與皇帝都到蜀地去，誰做中原百姓的君主呢？」

不一會兒，聚集了幾千名百姓。太子欲告訴玄宗，請玄宗做決定。建寧王李倓與李輔國執轡諫曰：「逆胡犯闕，四海分崩。不因人情，何以興復？今殿下從至尊入蜀，若賊兵燒絕棧道，則中原之地，拱手授賊矣。人情既離，不可復合，雖欲復至此，其可得乎？不如收西北守邊之兵，召郭李於河北，與之併力，東討逆賊，克復兩京，削平四海，使社稷危而復安，宗廟毀而更存，掃清宮禁，以迎至尊，豈非孝之大者乎！何必區區溫情，為兒女之戀乎！」廣平王李俶亦勸太子留下。父老共擁太子馬不得行。太子派廣平王馳告玄宗。玄宗乃分後軍兩千人及飛龍廄馬給太子，並對將士說：「太子仁義孝順，可以祀奉宗廟，你們要好好輔佐他。」又傳諭太子說：「你要努力，不要掛念我。西北各族，我平日待他們寬厚，你一定會得到他們的幫助。」這樣，玄宗最終入蜀，而太子則奔向靈武。

當時，安祿山因郭子儀、李光弼在河北大破史思明，進攻河南睢陽、南陽之叛軍毫無進展，陝郡之戰又非預知，故潼關之大勝，實出他的意料之外。此後他雖有進攻西京的設想，但估計仍將有一場惡戰，於是便急令崔乾祐據守潼關，勿得前進。十日後，才得知玄宗向西逃跑的消息，於是派孫孝哲率軍進入長安。由於叛軍將領皆粗猛而無遠略，占領長安後躊躇滿志，日夜縱酒，專以聲色財寶為能事，無有再向西進攻的想法，因此玄宗入蜀、太子北行，皆無追迫之患。

西京失陷，給全國各地進行的平叛鬥爭帶來極大的困難。河北方向，正在博陵圍攻史思明的李光弼得知潼關失守後，即解圍南下，與郭子儀合兵一處，入井陘關，退守晉陽；顏真卿所部義軍也分散各地堅持鬥爭。河南方向，堅守南陽的魯炅、堅守睢陽的張巡承受著更大的軍事壓力，進行著更為悲壯的抗敵鬥爭。

七月初九日，太子李亨即位於靈武，改年號為至德，是為肅宗，尊玄宗為太上皇帝。肅宗開始承擔起領導全國平叛鬥爭的重任。此後在唐軍諸多平叛戰役中，睢陽保衛戰是最為重要、最為慘烈的一次戰役。

唐肅宗至德二年（西元七五七年）正月，叛軍發生內訌。安慶緒殺其父安祿山，自立為帝。隨後，安慶緒為打開江淮通道，以尹子奇為汴州刺史、河南節度使。是月二十五日，尹子奇率十三萬大軍殺奔睢陽。睢陽太守許遠向屯駐於寧陵的張巡告急。巡乃率兵救睢陽。時張巡有兵萬人，睢陽守軍為六千八百人。尹子奇傾其全軍攻打睢陽，張巡督勵將士，晝夜苦戰十六天，擒賊將六十餘人，殺士卒兩萬餘。叛軍攻城不下，乃夜遁去。

三月，尹子奇復引大軍攻睢陽。張巡對將士說：「我蒙受國恩，守衛睢陽，正應效死。只是想到各位為國捐軀，血灑草野，但卻得不到酬勞賞賜，因此痛心啊。」將士們聞其言，非常激動，紛紛請纓，決心奮力擊敵，張巡於是宰牛，犒勞士卒，然後全軍出戰。叛賊見官軍人少，不以為意。張巡手執軍旗，率將士們直衝叛軍陣地，叛軍大亂，斬殺其將領三十多人，士卒三千多人，乘勝追擊幾十里。第二天，叛軍復集於城下，張巡再次出戰，一晝夜交戰幾十次，屢挫其鋒，而叛軍亦圍攻不退。四月，尹子奇增兵圍攻睢陽益急。張巡在夜間擊鼓整隊，假裝要出擊的樣子。

叛軍聞之，通宵達旦，不敢睡覺。等到天明，張巡才停止擊鼓，讓士卒休息。叛軍從飛樓上眺望城中，什麼也看不見，便脫下鎧甲，進帳睡覺。這時張巡與將軍南霽雲、郎將雷萬春等十餘名將領，各率五十騎兵打開城門，突然殺出，直衝尹子奇帳下，斬殺叛軍將領五十餘人，殺死士卒五千餘人。張巡想射殺尹子奇，但不認識他，於是讓人削蒿草為箭，被射中的叛軍很高興，跑去報告尹子奇，說唐軍的箭用盡了。尹子奇剛露頭，張巡命南霽雲射箭，一箭射中尹子奇的左眼，幾乎將其抓獲，叛軍被迫撤走。七月，尹子奇又收羅了幾萬兵眾，再次圍攻睢陽。先前許遠在城中積蓄了六萬石糧食，號王李巨將其一半送給濮陽、濟陰二郡。許遠堅決反對，也未能阻止住。濟陰得到糧食後不久就以城投降叛軍，而睢陽這時糧食已將用盡。將士每天發給一合米，摻雜些茶紙、樹皮來吃，病餓和戰死的將士很多，僅剩一千六百餘人，被叛軍包圍著。叛軍使用雲梯，好像半條彩虹，在上面部署兩百名精兵，推它靠近城牆，想讓士兵跳進城中。張巡在城牆上鑿了三個洞穴，等雲梯將到，從一個洞穴中伸出大木頭，末端置一鐵鉤，將雲梯鉤住，使之不能後退；又從另一洞穴中伸出大木頭，頂住雲

梯，使之不能前進；從第三個洞穴伸出一根木頭，在木的一端放一鐵籠，盛火焚燒雲梯。結果雲梯被燒斷，上面的賊軍全被燒死。叛軍又以鉤車鉤城上的敵樓，鉤之所及，莫不崩陷。

張巡在大木末端置連環鎖，套住鉤頭，以革車拔之入城，截其鉤頭，縱車而去。叛賊又造木驢攻城，張巡熔化鐵汁灌它，鐵汁澆下，木驢就燒掉了。叛軍在城西北角，以土囊積柴，造成磴道，欲登城作戰。張巡不和叛軍爭利，每天晚上祕密派人把松明、乾草投於其中，積十餘日，敵不知覺。乘機出動軍隊大戰，派人順風持火燒台階，賊不能救，經二十餘日，其火方滅。張巡的作為，都是隨機應變，賊服其智，不敢再攻。於是在城外挖三道塹壕，立上木柵，來圍困張巡，張巡也在城內作塹壕以拒之。八月，睢陽士卒死傷之餘，只有六百人。張巡、許遠分兵守城。張巡守東北，許遠守西南，和士卒一起喫茶紙，不再下城。賊兵攻城者，張巡以逆順之理勸說他們，時常有棄暗投明者，為巡死戰，前後兩百餘人。這時許叔冀在譙郡、尚衡在彭城、賀蘭進明在臨淮，都擁兵不來相救，城中一天比一天緊迫。張巡派南霽雲帶三十名騎兵突圍出去，向臨淮告急。南霽雲出城，有幾萬叛軍攔擊。他直接衝入敵陣，左右馳射，無敢當者，遂衝出重圍，僅損失兩名騎兵。南霽雲到了臨淮，見到賀蘭進明，請求支援。

賀蘭進明說：「今日不知睢陽存亡，兵去何益？」南霽雲說：「睢陽若陷，霽雲以死謝大夫，況且睢陽既破，即刻危及臨淮，譬如皮毛相依，安得不救？」賀蘭進明不想援救，但喜歡南霽雲的勇敢，欲留為己用。便準備好酒食歌舞，請他入席。南霽雲哭泣著說：「我來時，睢陽人已有一個多月沒有吃的了，我雖然自己想吃，也嚥不下去。大夫坐擁強兵，眼看睢陽被攻下，卻沒有一點分災救難的意思，這難道是忠臣義士應有的作為嗎？」遂咬下一個手指，交給賀蘭進明，說：「我既然不能完成主將的使命，請留下一指作為憑證。」在座的人都為之流淚。隨後南霽雲返回寧陵，與城使廉坦一起率三千人馬，於閏八月十五日，衝進敵包圍圈，且戰且走，至城下擊毀叛軍營壘，死傷之外只有一千人入城。

尹子奇知其無援，圍之益急。十月，睢陽城中食盡，一些人議論棄城東走。張巡、許遠認為，睢陽是江淮

的屏障，若棄之，叛軍必長驅直入，江淮必危。且以所率城中之眾，已疲憊不堪，很難突圍出去，所以仍決心堅守待救。於是所食紙既盡，乃食馬；馬盡，則羅雀掘鼠；鼠盡，又食城中老弱及婦人。人知必死，莫有叛者，最後只剩下四百餘人。十月初九日，賊登城，將士病不能戰，張巡向西拜了兩拜說：「我的力量都用盡了，但未能保全睢陽城，活著既然不能報答陛下，死後也要變成厲鬼去殺叛軍。」城被攻陷，張巡、許遠都被捉住。尹子奇問張巡說：「聽說你每次作戰目眥瞪裂，牙齒咬碎，為什麼？」張巡說：「我的志向是吞掉叛賊，只是力量達不到啊。」尹子奇用刀撬開他的嘴，滿口只剩下三、四顆牙齒了。後來張巡、許遠、南霽雲、雷萬春等三十餘人先後赴難就義。睢陽戰役，從天寶十五年（西元七五六年）二月，至至德二年（西元七五七年）十月，歷時二十一個月。該役保障了江淮地區的安全，為唐朝其他地區的反叛鬥爭提供了重要物資保障，為最後平息安史之亂，做出了不可磨滅的貢獻。

再說唐肅宗在靈武稱帝後，依靠郭子儀等將領，一面收集西北各軍，一面請求回紇出兵相助，形勢逐漸有了好轉。轉過年來，安慶緒殺安祿山後，唐軍乘機反攻，郭子儀率軍十五萬，在回紇兵配合下，一舉攻克了長安，進而收復了洛陽。安慶緒被迫退守相州（今河南安陽），向鎮守范陽的史思明求救。西元七五八年，唐將郭子儀、李光弼等九節度使率兵二十萬進攻安慶緒，包圍了相州。史思明發兵增援安慶緒，雙方相持於相州城下。西元七五九年，史思明在相州城外大破唐軍，隨後殺安慶緒，合併其眾，北歸范陽，自稱大燕皇帝。不久又南下攻取洛陽，與李光弼相持於河陽（今河南孟縣）。西元七六一年叛軍再次內訌，史朝義殺其父史思明，在洛陽稱帝。唐朝又借回紇兵，再次收復洛陽，史朝義北走莫州（今河北任丘），部眾紛紛降唐。西元七六三年正月，史朝義逃至幽州，窘迫自殺。前後經歷了八年的安史之亂，遂告結束。

安史之亂是唐朝地方割據勢力企圖推翻中央政府的一次叛亂事件，也是唐朝由盛轉衰的轉折點。經過這次戰亂，經濟文化比較發達的黃河流域遭到了嚴重的破壞，廣大人民群眾的生命財產遭受了空前的洗劫，唐中央集權政治也由此一蹶不振。

藩鎮連兵，兵連禍結

唐朝衰弱，藩鎮林立，亂鬨哄，你方唱罷我登場；山河破碎，兵燹頻仍，血淋淋，此禍剛平又生災。

安史之亂平定後，唐朝中央政權被迫承認安史降將在河北的勢力，分別任命李懷仙、李寶臣、田承嗣為盧龍、成德、魏博節度使，是為河北三鎮。其他平定安史之亂的有功將領也被任命為節度使，因此節度使就由過去的邊疆擴大到內地。出現了「自國門以外，皆分裂於藩鎮」的局面。節度使在其管轄範圍內，委任官吏，擴充軍隊，徵收賦稅，集軍政財權於一身，名為唐朝守土大將，實為獨立的割據勢力。他們或父死子繼，或悍將廢立，根本不把朝廷放在眼裡，「喜則連衡而叛上，怒則以力而相併」，致使戰火連年，兵燹頻仍，社會生產受到嚴重破壞，黎民百姓處於水深火熱之中。對於藩鎮割據勢力的飛揚跋扈，唐朝中央政府並不甘心。唐代宗時，魏博節度使田承嗣，公開對抗朝廷，欲吞併相、衛諸州。代宗下令討伐，結果以失敗而告終。唐德宗即位後，決心結束分裂局面，遂與河北三鎮為首的割據勢力進行了長期的艱苦鬥爭。

唐德宗建中二年（西元七八一年）正月，成德節度使李寶臣去世。李寶臣的兒子李惟岳上表朝廷，要求得到節度使的旌節，唐德宗李適沒有允許。當初李寶臣與李正己、田承嗣、梁崇義互相勾結，希望能把藩鎮的土地傳給子孫。所以田承嗣死時，李寶臣極力請求朝廷，把節度使的職位傳給田悅，代宗李豫批准了他的請求。到此時，田悅又多次上書，請求讓李惟岳繼承父位。德宗想革除以往的弊病，始終未予批准。有人勸諫說：

「李惟岳已經據有他父親的基業，不因此而任命他，一定會作亂。」德宗說：「叛賊本來沒有資本來作亂，都是憑藉我唐家土地，假冒我唐家名號，來聚集人馬罷了。從前因他們的請求而予任命的人很多，而作亂更加厲害，這說明授予爵位名號不足以制止作亂，而恰恰助長了作亂。故李惟岳必定作亂，任命不任命都是一樣的。」由於德宗沒有允許他們的請求，於是田悅同李正己各派使者到李惟岳那裡，研究如何聯合起來，共同抗拒朝廷。

前定州刺史谷從政，聽到李惟岳想謀反的消息後，便前去謁見他，並勸說道：「如今四海之內平安無事，從朝廷來的人都說天子聰明、英俊、威武，一心想要使天下太平，不願意讓諸侯子孫專有地盤。而你現在率先違抗詔命，天子一定會派各道出兵討伐你。將士受賞之際，都說為你盡忠死節，如果戰不能勝，各惜其生，誰不離心？有權勢的大將會乘危叛變，想取你之頭作為自己的功勞。況且你父親殺死的大將數以百計，當你遭到潰敗時，他們那些要報仇的子弟難道還用數嗎？再者，你父活著的時候與幽州方面有摩擦，朱滔兄弟常對我們懷恨在心，你若反叛，天子必然任命他為征討的將領。」

「朱滔離我們這麼近，打更的梆子聲都可以聽見，接到朝廷的命令，向我們迅速進軍，如同虎狼追逐獵物一樣，如何去抵擋呢？以前田承嗣隨同安祿山、史思明父子一同反叛，身經百戰，凶悍聞於天下。後來違詔舉兵，自以為無敵，及至盧子期被擒，吳希光歸順朝廷時，他才指天垂泣，身無所措。幸賴你父按兵不動，並為他向朝廷求情，先帝（代宗）寬和仁厚，赦而不誅。不然，田氏還會有後代嗎？何況你生長富貴，齒髮尚少，沒有經歷過艱險呢？你現在聽信左右一些人的話，欲倣傚田承嗣的所作所為嗎？為你考慮，不如辭謝輔佐你的將領，讓你弟李惟誠代領軍府，你親自入朝，請求留在京師宿衛，並借此機會奏明讓李惟誠代理政事。任命之恩出於聖上的決定，皇帝必然對你的忠心感到高興。縱然不能得到很高的職位，也不會失去榮祿，這樣就可保證永無憂慮了。不然，大禍將至，悔之何及。我亦知道你向來疏遠於我，顧念甥舅之情，事急迫，不得不說罷了。」李惟岳非但不聽勸告，反而派人暗中監視他，氣得谷從政服毒而死。

是年五月，田悅、李正己、李惟岳連兵抗拒朝命。田悅派五千人北上援助李惟岳，自率數萬人進攻邢州（今河北邢台市）、磁州（今河北滋縣）。李正己發兵萬人屯曹州（今山東曹縣），後聽說朝廷發動全國各地兵力征討，乃派兵扼徐州甬橋（亦名永濟橋，在今安徽省宿縣北）、渦口（今安徽省懷遠縣東），斷絕朝廷運糧之道。此時山南東道節度使梁崇義為接應李正己，亦扼斷襄陽以南之水陸糧運交通。七月，朝廷命令河東節度使馬燧、昭儀節度使李抱真、神策先鋒都知兵馬使李晟率軍援救邢、磁二州。命淮西節度使李希烈討伐梁崇義。命范陽節度使朱滔討伐李惟岳。

馬燧在出兵前，派使者送一封信給田悅，言辭謙卑，講了許多好話。田悅以為馬燧怕他，沒有認真設防。馬燧與李抱真合兵八萬，東出壺關，軍於邯鄲，先擊破田悅守磁州之支軍，然後北上臨洺（今河北永年縣），一舉擊敗田悅主力，斬首一萬餘人，田悅率殘兵連夜逃跑，邢州之圍遂解。田悅兵敗，李正己驚恐而死，其子李納祕而不宣。適逢田悅求救，李納派大將衛俊領兵萬人前去救援，而李惟岳也派兵三千前來。故田悅又糾集兩萬餘人，與朝廷軍隊相抗。

八月，梁崇義與李希烈相戰於江陵東，聽說田悅兵敗，軍心渙散，也一敗塗地，逃回襄陽，閉門拒守。李希烈尾追而至，守城士卒知不可抗，開門以降，不可禁止。梁崇義遂與其妻投井自殺，李希烈占有襄陽之地。

十一月，宣武節度使劉洽、神策都知兵馬使曲環、滑州刺史李澄、朔方大將唐朝臣在徐州大敗淄青、魏博的叛軍。在此之前，李納派遣部將王溫和魏博軍將領信都崇慶會合，共同進攻徐州。徐州刺史李洧派人向朝廷告急。唐德宗發朔方兵五千人前來救援。當時朔方的物資裝備未到，旗幟服裝不好，宣武軍士兵譏笑他們說：「討飯的人能擊敗賊兵嗎？」唐朝臣用這句話激勵士兵，說：「都統有令，先破賊兵營者，營中的物品全都賞給他。」結果朔方軍士兵在戰鬥中同仇敵愾，奮勇爭先。魏博軍將領信都崇慶進攻彭城，二十餘日未能攻下，請求李納增兵。李納派部將石隱金率萬餘人援助，將劉洽之宣武軍擊退。這時朔方軍馬使楊朝晟對唐朝臣說：「你用步兵背山而列陣，等待敵軍，我用騎兵埋伏在山間拐彎處。賊兵見我孤軍深入，勢力單薄，一定來戰。

屆時，我用伏兵將其攔腰截斷，必定能打敗他。」唐朝臣贊同。信都崇慶等人果然率領兩千騎兵向西追擊官軍，朔方伏兵突然發起衝擊，信都崇慶狼狽敗逃，官軍乘勝追擊。敵軍被斬首八千級，淹死過半。朔方的士兵得到了他們的全部軍資，旗幟和服裝也都鮮豔光華起來。於是對宣武軍說：「討飯人的功勞，與宣武人相比，到底誰多？」宣武人都為他們說過的話感到慚愧，並相互激勵說：「必立功以解徐州圍。」隨後，官軍緊追不捨，一直打到徐州城下，魏博、淄青的叛軍撤退逃跑，江淮的漕運重新開通。

建中三年（西元七八二年）正月，馬燧、李抱真、李晟，在臨洺擊破田悅之後，隨即屯軍於漳水之上及鄴城一帶，以準備會戰。田悅懼怕官軍渡漳河向南進攻，乃遣部將王光進在漳河南岸築月城，以守長橋。馬燧乃用鐵鎖連車數百輛，內裝沙土，於夜間阻塞河的上游，使河水變淺，然後揮軍涉水而渡。南與田悅夾洹水列陣，兩軍對峙於黎陽倉口（今河南內黃縣楚旺鎮以西，衛河入洹河之處）。這時李抱真認為馬燧的舉動有違常規，便問道：「糧少而深入者，是什麼戰法？」馬燧說：「糧少則利速戰。現在三鎮連兵不戰，欲疲勞我軍。田悅以淄青軍屯其東，成德軍屯其西，我若分兵擊其左右，則田悅必然分兵去救，而我軍就會腹背受敵，戰則不利。故進軍逼迫田悅，所謂攻其必救也。彼若出戰，必為諸君所擊破。」於是，馬燧命製作三座浮橋，派軍過河挑戰，而田悅則深溝高壘，堅壁不出。

一天，馬燧讓各軍半夜起來吃飯後祕密撤退，沿洹水北岸，直奔魏州。他下令說：「賊追來，則停止前進，列成陣勢。」同時留一百名騎兵，在營中擊鼓吹角，仍抱薪持火，等諸軍全部出發後，就停止擊鼓吹角，並在一旁躲藏起來。看到田悅的軍隊全部渡河，立即把橋燒毀。一切布置停當，馬燧方率軍撤退。田悅發覺後，立即率領淄青、成德步騎兵四萬餘人過橋，掩襲官軍背後，叛軍火把遍野，鼓噪而進，約十餘里，始追及官軍。這時馬燧按兵不動，先清除前邊百步之內的野草作為戰場，列好陣勢，以待來敵，並將預先選拔出來的五千勇士作為前隊，迎擊敵人。田悅率叛軍來到陣前，喘息未定，陣列未齊，馬燧即縱兵反攻。叛軍立不住腳，乃向後退卻。這時神策軍、昭義軍及河陽軍見賊勢洶湧，不敢硬敵，稍微退卻。但看到河東軍已擊敗敵人，將奏大捷，也回軍反擊，共破叛賊。官軍追殺十里，叛軍奔至洹河橋邊，見三橋已毀，全部潰亂，爭赴水中，溺死者無計其數。官軍自後面追殺，更以騎兵四處截阻，一直殺到天明，共斬首兩萬餘級，俘虜兩千餘人，屍體枕藉三十餘里，田悅僅率殘兵千人，向東北逃奔魏州。

李抱真素來與馬燧不和，此戰意見更是相左，因而形成牽制之局。馬燧為息事寧人，遂留屯黎陽口；李抱真乃屯兵在平邑（今河南南樂縣東北），皆遷延不進。故使田悅得安然北行一日，入夜之後到達魏州城。魏州守將李長春為田悅的失敗而高興，閉門不納，以等待官軍到來。天明後官軍不至，長春始打開城門讓田悅進去。田悅進城後即殺李長春，然後環城據守。城中士卒不滿數千，死者親屬滿街號哭。

田悅憂懼，便持佩刀乘馬立於州府大門之外，把全體軍民召集起來，痛哭流涕說：「田悅不肖，承蒙淄青、成德二丈人（田悅娶李正己、李寶臣的女兒為妻，故稱之為丈人）保薦，得以繼承伯父的基業（田悅為田承嗣之侄）。今天二老去世，他們的兒子不得承襲父位，我不敢忘卻二老的大恩，因此不自量力，抗拒朝廷命令，失敗到如此地步。使士大夫肝腦塗地，都是我田悅的罪過啊！我有老母，不能自殺，願各位用這把刀砍掉我的頭，拿出城投降馬僕射（馬燧），各自尋求富貴，不要和我一起去死。」

說著從馬上跳下來，伏在地上，將士們爭著向前把他抱持住，說：「尚書起兵是為了大義，而不是為了自己，勝負乃兵家常事。我們累世受恩，怎能忍心聽到這些。願支持尚書決一死戰，不勝則以死繼之。」田悅說：「各位不因我的失敗而拋棄我，我就是死了也不敢忘恩於地下。」於是和各位將領各自剪斷頭髮，約為兄弟，誓同生死。並拿出府庫的資財和聚斂富人家的財物，共得錢一百萬，全部賞給士卒。眾人之心才開始安定。同時，田悅召來貝州刺史曹俊，讓他整頓軍隊，修繕防守設施，其軍事勢力又重新振作起來。

李納駐軍於濮陽，因被河南軍逼迫而奔回濮州（今山東鄄城縣北），遣使求援於田悅。田悅因洹水新敗，自顧不暇，不能援人。便派其將符璘、李瑤率塞百騎送李納的使者出魏州城。行前，符璘的父親符令奇對其子說：「我老了，歷觀安、史輩叛亂者，今皆安在？田氏能久乎？汝因此出，當棄逆從順，是揚汝父名於後

世也。」遂與子抱臂而別。符璘、李瑤出城，即降於馬燧。田悅將符家老少全抓起來，符令奇大罵而死。李瑤之父李再春時為博州（今山東聊城）守將，聞聽之後即以博州降；田悅之從兄田昂亦以洺州（今河北永年縣）降；守在長橋之王光進亦以長橋降。於是田悅的勢力更加衰弱。

其時，奉命討伐李惟岳叛軍的范陽節度使朱滔，與新任成德節度使張孝忠連兵攻下束鹿，遂回軍圍攻深州。李惟岳在恆州（今河北正定縣）甚為恐懼，在邵真的勸說下，派使者進京，表示願意歸降朝廷。田悅聞知大怒，即派衙官扈岌去責備李惟岳說：「田尚書舉兵，正為大夫求旌節，非為己也。今大夫聽信讒言，奉表朝廷，將反逆之罪歸於田尚書，以洗清自身。田尚書有什麼對不起你的地方，而至於如此？若看到你殺死邵真，則彼此相交如初，不然，就和你絕交了。」判官畢華對李惟岳說：「田尚書為了你的緣故，才使自己陷入重圍之中，你現在背棄他，未免太不仁義了。況且魏博、淄青兵強糧多，已足以對抗天下，以後的事是不可預料的，何必倉猝之間作出不穩妥的決策呢？」李惟岳生性懦弱，遂改變主意，當著扈岌的面將邵真殺掉，發成德兵一萬人反攻束鹿。結果被朱滔、張孝忠內外夾擊，大敗而逃。朱滔想乘勝進攻恆州，張孝忠卻領兵向北，駐紮在義豐（今河北深澤縣東）。其部將感到奇怪，張孝忠解釋說：「恆州宿將尚多，未可輕視。迫之則併力死戰，緩之則自相圖謀。諸君等著瞧吧，我們駐軍義豐，可坐待李惟岳的滅亡。況且朱滔是個說大話而見識淺的人，可與共始，難與共終也。」於是朱滔也屯軍束鹿而不敢前進。

李惟岳的部將王武俊勇冠三軍，李寶臣生前非常喜歡和信賴他。李寶臣死後，李惟岳聽信讒言，開始懷疑他。但因其勇敢善戰，故不忍心殺他。束鹿之敗後，很多人責怪王武俊作戰不力，李惟岳更加懷疑他。王武俊心中非常害怕，便託人對李惟岳說：「先相公把王武俊當作心腹，讓他輔佐你，你們又是親戚關係，更兼他勇猛無比，當今危難之際，不應再加猜疑，如果沒有他，想用誰來打退敵人呢？」李惟岳認為說得對，於是讓王武俊與步軍使衛常寧一起率軍進攻趙州。王武俊離開恆州後對衛常寧說：「我今天很幸運離開虎口，不想再回去了，應當向北投歸張尚書（張孝忠）。」衛常寧說：「李惟岳愚昧而又懦弱，聽信左右之言，看他的發展趨勢，早晚得被朱滔所消滅。現在天子有詔命，得李惟岳頭者，就把官爵授予他。你平素為眾人所推服，與其出亡，不如倒戈推翻他，轉禍為福，這是易如反掌之事。如果事情不能取得成功，再投奔張尚書，也不為晚。」王武俊深以為然。於是回軍攻殺了李惟岳，將其首級傳送京師。

二月，河北基本平定，僅剩魏州沒有攻下。河南各軍在濮州進攻李納，李納的勢力也日漸衰弱。朝廷認為用不了多久天下就可以平定，遂任命張孝忠為易、定、滄三州節度使；王武俊為恆、冀都團練觀察使；康日知為深、趙都團練觀察使。把德、棣二州交由朱滔管轄，讓其盡快回歸本鎮。朱滔執意要求得到深州，朝廷沒有准許，因而對朝廷產生不滿，並賴在深州不走。適逢朝廷下詔讓王武俊撥給朱滔糧三千石，給馬燧五百匹馬。王武俊認為朝廷不該使用當地舊將為節度使，魏博攻下後，一定會攻取恆冀，所以先分其糧馬以削其勢，便不肯接受詔命。

已經處於絕境中的田悅聽到這個消息後十分高興，馬上派判官王侑、許士則從小道趕到深州，對朱滔說：「你接受詔命討伐李惟岳，僅用十多天時間，攻取束鹿，拿下深州。李惟岳處境窘迫，才使王武俊借你的勝勢，斬李惟岳之首，這些都是你的功勞。再有天子明明下詔書，令司徒所獲李惟岳城邑皆歸本鎮，今乃割深州給康日知，這是朝廷自己背棄了信義。況且現在皇上欲掃清河朔，不使藩鎮承襲，將全部以文臣代替武將，魏亡則燕、趙就成為下一個打擊目標。如果魏存在，則燕、趙就無須顧慮。然而司徒果真存心於魏博之危而救之，不但得存亡繼絕之義，亦子孫萬世之利也。」同時答應，如果朱滔援救魏博，則以貝州（今河北清河縣）相贈。

朱滔早有二心，聽到之後很高興，即派王侑歸報魏州，使將士知有外援，各自堅守城池。同時派王郅到恆州對王武俊說：「你冒著生命危險，誅滅叛亂元兇，拔除禍亂根源，而康日知連趙州都沒出去，怎能與你同日論功呢？但朝廷的獎賞卻都一樣，誰不為你感到憤憤不平呢？今又有詔命，讓支糧馬與鄰道，朝廷之意，蓋以大夫（王武俊）善戰無敵，恐為後患，先欲貧弱軍府，俟平魏之日，使馬僕射北首，朱司徒南向，共相滅耳。

朱司徒亦不敢自保，派我王郅前來進獻愚計，欲與你一起共救田尚書而存之。大夫自留糧馬以供軍，朱司徒不欲以深州給康日知，願將其給與大夫，請早定刺史以守之。三鎮連兵，共耳目手足之相救，則他日永無患矣。」王武俊也高興地許諾下來。當即派判官王臣源使於朱滔，且令其知深州事。相與約定，刻日舉兵南向。朱滔又派人去勸說張孝忠反叛，張孝忠不從。田悅施用了一個小小的把戲，就把朱滔從官軍陣營中分化出來，從而斷送了朝廷平叛鬥爭的大好形勢，這本身說明，封建軍閥為了滿足一己之私利，是什麼背信棄義的事情都能幹出來的。

德宗派中使徵發盧龍、恆冀、易定兵一萬人到魏州討伐田悅。王武俊不接受詔命，並捉住朝廷使者送到朱滔那裡。朱滔對眾人說：「將士們有功者，我都奏請朝廷給予官爵，但未能如願。現在想和各位一起奔赴魏州，擊敗馬燧以求得溫飽，你們看怎麼樣？」大家都不回聲，再三追問，才有人說：「幽州人自從安祿山、史思明反叛，跟隨南下者無一人能夠歸還，現在他們的後人恨之入骨。況且太尉（朱泚）、司徒（朱滔）都受到國家的寵信和榮祿，將士也各蒙官勳，實在只願保住眼前的富貴就行了，不敢再有意外的奢望。」朱滔聽後默然不語，於是誅殺大將數十人，優撫他的士兵。康日知瞭解到他們的陰謀便告訴了馬燧，馬燧立即上報朝廷。唐德宗由於此時魏州沒有攻下，而王武俊則再次反叛，無力制服朱滔，乃賜朱滔通義郡王，希望借此來安撫他。朱滔知道朝廷用意，謀叛的活動日甚一日，不久，朱滔率步騎兩萬五千人從深州出發，救援田悅。而王武俊則率兵圍攻趙州康日知。

朱滔將一封密信封在蠟丸中，派人送給朱泚，約其共同謀反。馬燧將此信截獲，連同送信人一起押送長安。德宗傳召朱泚來鳳翔，將信拿給朱泚看。朱泚慌忙叩頭請罪，聲稱自己並不知道此事。德宗說：「相隔千里，開始並未同謀，不是你的過錯。」於是將朱泚留在長安，讓他住在自家宅院中。後來德宗又賜他名園、良田、各色絹綿、金銀等，他原先擔任的幽州、盧龍節度使、太尉、中書令等職務如故，以此來安定其心。

夏四月，朱滔、王武俊自寧晉南救魏州。當時朔方節度使李懷光率朔方兵及神策兵步騎一萬五千人，東討

田悅，也進至魏州。馬燧以敵軍勢銳，又因朔方軍剛到，故請休兵數日，來觀察敵軍動靜。李懷光見朱滔、王武俊軍屯兵於城北愜山（今河北大名縣境內），魏州城內歡聲動地，田悅派人突圍出城，送給他們牛酒，便對馬燧說：「他們營壘修完，將成為後患，機不可失。」遂於愜山以西攻擊朱滔，殺步卒一千餘人，朱滔軍潰亂。李懷光按轡觀之，面有喜色。士卒爭入滔營，掠取財貨寶物。不料這時王武俊軍突然從側翼殺出，向李懷光軍橫衝直撞，朱滔乘機率軍反攻，李懷光軍招架不住，大敗而逃，被擠入永濟渠中淹死的無計其數。馬燧等各收軍保營，才避免了全軍俱敗。當天晚上，朱滔在永濟渠修壩，引水倒灌官軍，平地水深三尺。馬燧害怕，派使者以卑微的言辭向朱滔謝罪，要求各節度使撤回本鎮。並奏請天子，將河北政事交給朱滔處理。王武俊認為不可，但朱滔卻同意了。官軍遂於七月涉水西行，退保魏縣，抵禦朱滔，魏州之圍遂解。王武俊因此而痛恨朱滔。

田悅對朱滔的援救非常感激，便和王武俊商議，共同擁立朱滔為盟主，稱臣事奉。朱滔說：「愜山大捷都是你和二兄（王武俊）的力量，我怎敢獨居尊位！」於是幽州判官李子千、恆冀判官鄭濡等議論道：「請和鄆州李大夫（李納）為四國，俱稱王，而不改年號，如同過去諸侯侍奉周朝那樣，築壇結盟，有不遵從盟約的人，大家共同討伐。不然，豈得常為叛臣，茫然無主。用兵既無名，有功也無官爵可賞，使將吏何所歸依？」朱滔等人都以為說得對。於是，朱滔自稱冀王，田悅稱魏王，王武俊稱趙王，李納仍稱齊王。是日，築壇軍中，祭告上天而接受稱號。朱滔為盟主，自稱孤，王武俊、田悅、李納自稱寡人。所居堂室稱殿，處置政事稱令，群臣上書稱箋，妻子稱妃，長子稱世子。分別以其所治的州為府，設置留守兼元帥，負責軍政之事。又設置東西曹，相當於朝廷的門下、中書省；左右內史，相當於侍郎、中書令；其餘各官模仿中央朝廷而改換名稱。這樣各封建軍閥就在自己所占領的區域內建起了國中之「國」。

十二月，李希烈自稱天下都元帥、太尉、建興王。當時朱滔等人連續幾個月和官軍對抗，為使官軍面臨兩面作戰，減輕自己的壓力，便勸淮西節度使李希烈稱帝。李希烈未敢擅稱帝號。

建安四年（西元七八三年）正月，朱滔、王武俊、田悅、李納各派使者到李希烈那裡，上表稱臣，再勸其稱帝。他們對李希烈說：「朝廷誅殺功臣，失信於天下，都統英雄威武出自天性，功勞功績蓋世無比。但已被朝廷所猜忌，將會有韓信、白起的禍難。望速加尊號，使四海之內的臣民知道有所依歸。」李希烈將朝廷派來的使者顏真卿召來，指著他們說：「現在四王派遣使者，使我受到擁戴，他們不謀而合，太師看到這種情形，難道是我獨自受到朝廷忌恨而無地自容嗎？」顏真卿說：「這是四凶，怎能稱四王！你不自己保住功勞功績，成為唐朝的忠臣，而與亂臣賊子相互投和，這不是要與他們同歸於盡嗎？」李希烈採取種種威逼利誘手段，顏真卿始終堅貞不屈，後被殺害。

是年九月，唐德宗徵發涇原（今甘肅涇川縣北）等各道軍隊進攻淮西節度使，援救襄陽。十月初二，涇原節度使姚令言領兵五千人到達京城。士兵們冒雨行軍，飢寒交加，但大多數攜帶子弟而來，希望得到豐厚的賞賜，以帶回家中。然而到京城後，朝廷卻沒有任何賞賜的表示。第二天，士兵們離開長安，東行到達滻水，朝廷才令京兆尹王翃前來犒勞軍隊，但只給粗糧素食。引起眾人不滿，將飯菜踢翻，並揚言道：「吾輩將死於敵，而食且不飽，怎能以孱弱之軀去抵擋刀槍劍戟呢？聽說長安瓊林、大盈二庫金銀盈溢，不如相互一起拿去。」於是，眾人披甲張旗，大呼小叫，直趨京城。當時節度使姚令言正入朝向皇帝辭行，尚在宮中，聽說後馳至長樂阪（長安東門十里），遇眾兵，軍士們向姚令言射箭，令言抱馬竄突，入亂兵中，大呼道：「各位想錯了，東征立功，何患不富貴？乃作這種將要被滅族的打算呢？」士兵們不聽，用兵器威脅姚令言向西而行。德宗急忙傳令每人賞賜布帛二匹。眾人更加憤怒，用箭射死中使。德宗再次命令中使宣慰，亂兵已至通化門外，中使出門，為亂兵所殺，遂一擁入城。喧嘩鼓噪，不可復遏。百姓嚇得狼狽逃走，亂兵大呼道：「你們不要害怕，不搶你們的貨物和錢財，不收你們的間架稅錢了。」德宗派普王李誼、翰林學士姜公輔出面宣諭慰問，亂兵已斬關而入皇城。德宗急召禁軍以御賊，禁兵一向是名在籍而人在家，竟無一人應召前來。德宗便與其妃及太子、公主、諸王等自宮苑北門出，逃奔奉天（今陝西乾縣）。

隨後亂兵入宮，登含元殿，大聲呼喊道：「天子已出行，人人應該自求富貴。」於是歡呼吶喊，爭相進入府庫搬運金帛，直到搬不動為止。百姓也跟隨他們進入宮內，盜取府庫財物，出而復入，通宵不止。那些未能入宮的人，就在路上搶劫，各裡巷居民聯合起來進行自衛。這時姚令言同亂兵商量說：「現在眾人沒有主帥，不能持久。朱太尉閒居在家，讓我們共同尊奉他為主帥。」眾人同意，遂派數百騎兵到晉昌裡迎接朱泚。到了半夜，朱泚按轡列炬傳呼入宮。居含元殿，嚴設警戒，自稱權知六軍。翌日出榜安民稱：「涇原將士，久居邊庭，不知朝禮。輒入宮闕，臻驚聖駕，西出巡幸。太尉已權知六軍，應神策等軍士及文武百官，凡有祿食者，均應前往皇帝所在之地，不能去的人，就應該到本府這裡。如超過三日，檢查無其名者皆斬。」於是百官出來見朱泚，有人勸朱泚迎接車駕回宮，朱泚非常不高興，百官漸漸逃去。有一個叫源休的人，因出使回紇返回，賞賜微薄，而怨恨朝廷。入見朱泚，向他陳說了利害關係，並引用符命，勸說朱泚僭越稱帝。朱泚高興，然而還沒有最後下定決心。

一天，朱泚召集李忠臣、源休、姚令言及段秀實等人商議稱帝事宜。先是司農卿段秀實不為朝廷所用，一直閒居在家，朱泚以為他也必定對朝廷不滿，就將其留在城中。段秀實也想尋機誅殺朱泚。正在朱泚為其即將稱帝而得意洋洋的時候，段秀實勃然而起，奪下源休的象笏，上前吐了朱泚一臉唾液，大罵道：「狂妄之賊，我恨不能把你碎屍萬段，怎能隨你謀反呢？」說罷用象笏擊中朱泚前額，血流如注。二人廝打在一起，別人不敢靠前。李忠臣幫助朱泚，才使他得以爬著逃走。這時衛兵上來，段秀實自知不免，便大聲說：「我不同你們一起造反，為什麼不殺死我。」眾人上前將段秀實殺害。德宗在奉天聽到這一消息，悔恨沒有讓段任職，痛哭流淚很長時間。

十月初八，朱泚頭上裹著白布進入宣政殿，自稱大秦皇帝，更改年號為應天。任命姚令言為侍中、關內元帥，李忠臣為司空兼侍中，源休為中書侍郎、同平章事，又立其弟朱滔為皇太弟。隨後朱泚派遣使者給朱滔送信，內稱：「三秦一帶在屈指可數的日子裡就可平定。大河以北，委託你來消滅敵軍。我自當與你在洛陽見

面。」朱滔接到書信，高興得手舞足蹈，急忙向軍府中的人宣布，並向諸道發布文書，藉以自誇自大。

十月十三日，朱泚親自領兵進逼奉天，軍隊的聲勢甚為盛大。德宗命令邠寧留後韓游瑰、慶州刺史論惟明、監軍翟文秀率三千兵馬在便橋迎敵，與朱泚在醴泉發生戰鬥。官軍遂又退回奉天防守。朱泚叛軍尾隨而至，將奉天團團圍住。二十日，叛軍乘夜攻打奉天，渾瑊奮力而戰，多次擊退敵人的進攻。十一月十二日，朱泚叛軍攻打奉天已一個月了，城中的物資和糧食都已耗光。德宗派遣善於行走的人出城察看敵情，該人說天氣寒冷，請求德宗賜給他一件短襖和套褲，德宗派人為他尋找，未能找到，最後還是默默地讓他穿著單衣走了。當時供給德宗的糧食僅有粗米二斗，官員們利用敵人休息時間，夜裡將人繫在繩上放到城外，去採來蔓菁根，獻給皇上進食。德宗將公卿將官召集起來，對他們說：「朕因無德，自陷於危亡之中，固然是應該的，諸位沒有罪過，最好及早投降，以便救出自己的家人。」群臣都伏地叩頭，痛哭流涕，相互約定要竭盡自己最大的力量。所以將士們雖置身於困苦危難之中，但他們的志氣卻毫不衰減。

當此之時，朱泚所占領的地盤，只有長安而已。各路勤王之兵陸續向京師趕來，留守長安的李忠臣等人屢次出兵，均被官軍打敗，於是向朱泚求救。朱泚也為長安的防守感到憂慮，便加緊攻城。他讓僧人法堅製造了一架雲梯，長寬各數丈，外面包著犀牛皮，下面是巨大的輪子，上面可容納五百人，城裡的人看見了都非常害怕。渾瑊說：「這雲梯必然十分沉重，並且容易下陷。我請求在它來路開鑿地道，積蓄乾柴和火種，等待它的到來。」將軍韓澄估量了雲梯的指向，在城東北角拓廣了三十步，在上面儲備了大量的膏油、松脂、蘆葦等。

十五日，朱泚叛軍大舉進攻。朱泚軍推出雲梯，箭石如雨，官軍死傷的人無法計算，有的敵軍甚至登上了城牆。德宗發給渾瑊一千告身文書（委任狀），讓他宣慰士兵死戰。當時官軍士兵又餓又累，又缺乏武器裝備，渾瑊以忠義的道理撫慰戰士，於是士兵們都擂鼓吶喊，奮力而戰。渾瑊中了亂箭，仍然向前奮戰不止。這時恰好雲梯壓在地道上面，一個輪子陷進去，即不能前進，也不能後退，火從地下冒出來，不一會兒，雲梯和雲梯上的人全部化為灰燼。散發的焦臭氣味，數里之外都能聞到，於是敵軍退卻。正當此時，太子親自督戰，

奮勇抗擊進攻奉天東、南、北三門的叛軍，敵軍大敗，死亡數千人之多。入夜時分，叛軍稍事休整，重新對奉天展開進攻，亂箭落到離德宗只有三步遠的地方，德宗被嚇出了一身冷汗。就在奉天即將不保之際，李懷光、李晟率官軍五萬人從魏州趕到醴泉（今陝西永壽縣東北），擊敗駐守在那裡的叛軍。朱泚聞聽後非常恐懼，急忙率軍逃回長安，奉天之圍遂解。當時人們議論，李懷光再有三天不來，奉天城就要失陷了。

李懷光生性粗疏，自山東來赴難，途中曾多次對別人說：「盧杞謀議乖方；趙贊賦斂繁重；白志貞刻薄犒賜。三人都是奸佞之臣。天下大亂都是他們造成的。我見到天子當立即請求誅殺他們。」及至解奉天之圍，懷光自大矜功，心想必定得到皇上的特殊禮遇。盧杞等人害怕李懷光朝見德宗，便想出一個壞主意，在德宗面前假惺惺地說：「懷光勳業，社稷是賴，賊徒破膽，皆無守心。若使之乘勝取長安，則一舉可以滅賊，此破竹之勢也。今聽其入朝，必將賜宴，留連累日，使賊入京城，得從容戒備，恐難圖也。」德宗以為他們的意見對，就下令讓李懷光率軍東行，與李建徽、李晟及神策軍兵馬使楊惠元，刻期共取長安。李懷光以為咫尺之間不得面見天子，悶悶不樂，說：「我已被奸臣所排擠，以後的事情可想而知了。」遂徐徐東行，走到咸陽，不肯再進。

唐德宗興元元年（西元七八四年）正月，朱泚在長安更國號為漢，自稱漢元天皇，改元天皇。淮西節度使李希烈自恃兵強財富，亦自立為帝，國號大楚，改元成武。

先不說京師方面戰事，當時河北方向，朝廷詔命各地討賊軍援救京師，馬燧、李晟、李懷光等軍紛紛西去，駐守在臨洺的李抱真為減輕自己的壓力，採取了一系列分化瓦解敵軍的措施和行動。他瞭解到王武俊與朱滔不和，便派參謀賈林去勸說他。賈林說：「皇帝知道你內心裡對朝廷是忠誠的。你在登壇稱王之日，撫摩胸膛對左右說：『我本徇忠義，天子不察。』你的話皇帝都知道了。他告訴使者說：『朕前事誠誤，悔之無及，朋友失意尚可謝，況朕為四海之主乎？』」王武俊聽到此話很受感動，說道：「僕胡人也，為將當知愛百姓，況天子豈專以殺人為事乎？今山東連兵，暴骨如莽，就使克捷，與誰守之。僕不憚歸國，但已與諸鎮結盟，胡

人性直，不欲使曲在己。天子誠能下詔，赦諸鎮之罪，僕當首倡從化。諸鎮有不從者，請奉辭伐之。如此則上不負天子，下不負同列，不過五旬，河朔定矣。」從此王武俊與李抱真暗中相結，表面上對朱滔十分恭謹，背地裡則約田悅共絕於朱滔。當時正趕上朝廷下達罪己之詔。王武俊約田悅、李納、朱滔、李希烈各去王號，田悅、李納同意，只有朱滔、李希烈不肯。不久，朱滔派人告訴田悅，欲與他共同攻取大梁（今河南開封）。田悅的謀士許士則說：「朱滔昔日事李懷仙為牙將，後與兄朱泚及朱希彩共殺懷仙，而立希彩。希彩非常寵信他們兄弟。滔又與判官李子瑗謀殺希彩而立朱泚。朱泚既為帥，滔乃勸其入朝，而自為留後以奪其實權。平生與他同謀共功者，如李子瑗之徒，負心而殺之者二十餘人。兄弟尚不容，況同盟乎？朱滔為人有恩者誅殺，同謀者傾覆，其心腸歹毒可想而知了。今天不如表面同意與他共同行動，暗中做好防禦他的準備。厚加犒賞慰勞他的部隊，同時托以他故，遣將分兵而隨之。則外不失報德之名，而內無倉猝之憂矣。」

這時王武俊也派人來說道：「武俊向以朝廷處事失宜，恐禍及自身，又趕上你陷入重圍，故與滔合兵救之。今天子對我們感到憂慮，以恩德撫慰我們，我輩怎能不悔過而歸之呢？又怎能捨棄唐朝天子不事，而事朱泚與朱滔呢？你慎勿與他一起南進，但閉門拒守，武俊請伺其隙，連昭義之兵，擊而滅之。與君再清河朔，不也是一件好事嗎？」田悅大喜，詐報朱滔說：「如約。」於是朱滔率范陽兵步騎五萬人，私從者萬餘人，回紇兵三千人，從河間出發，向南開進，輜重首尾四十里。

入趙境，王武俊大事犒勞；入魏境，田悅供給倍豐，使者相迎，不絕於道。朱滔至永濟渠，派人約田悅在館陶相會，然後一起渡河，向大梁進軍。田悅對使者說：「我固然願意和大王南行，昨日將要出兵，將士們都不願起行。說『我兵新破，戰守踰年，物資儲備已經枯竭，現今將士難免凍餓，又怎能全軍遠征？大王每日巡視撫慰尚不自安，如果舍城而去，則朝出暮必有變。』我不敢懷有二心，但卻如何向這些將士解釋？已令孟佑整頓步騎五千，跟隨大王，供你驅使。」朱滔聞報大怒說：「田悅以前受重圍，命如絲髮，使我叛君棄兄，發兵晝夜相救，幸而得存。許我貝州，我推辭不要，尊我為天子，我堅辭不受。今乃負恩，誤我遠來，飾詞不出，是何道理？」於是立即攻打魏州，又縱兵劫掠館陶，然後率兵北上攻打貝州。朝廷聞知後，下詔赦免王武俊、田悅、李納之罪，以王武俊為恆、冀、深、趙四州節度使。後來李抱真官軍與王武俊軍聯合作戰，在貝州大破朱滔軍，斬殺數萬人。朱滔率數千人逃回幽州老巢，不久在羞愧中病死。

德宗興元元年二月，李懷光有了反叛朝廷的念頭。同時他上奏，請求與李晟合兵一處，以便控制李晟統率的神策軍。朝廷答應了他的要求。李晟與李懷光在咸陽西面的陳濤谷會師。營壘還未修完，朱泚的叛軍就開到了。李晟對李懷光說：「賊若固守宮苑，或曠日持久，未易攻取。今去其巢穴，敢出來戰，此天以賊賜明公，不可失也。」李懷光說：「現在我軍剛剛開到這裡，戰馬未餵，軍士未食，豈可馬上進攻敵人？」李晟不得已，堅守營壘，朱泚戰不得利而退去。李晟擔心李懷光叛變，便祕密上奏請求移軍東渭橋。德宗仍希望李懷光洗心革面，沒有准奏。陸贄視察懷光軍營回到奉天，上奏德宗說：「逆賊朱泚為了拖延被誅殺的時間，聚兵退保宮禁。但是他大勢已去，外援斷絕，不過是遷延時日，苟且偷生罷了。李懷光總領正義之軍，乘著勝利的聲勢，如果擂鼓進軍，剿滅叛軍就像秋風掃落葉一般。然而李懷光在敵寇敗逃的時候不肯追擊，坐待士氣低落，難以用兵。各軍主帥每每打算進軍殺敵，李懷光總是阻止他們。據此看來，他的意圖很難解釋。陛下的本意在於保全他，因而對他委曲求全，言聽計從。現在觀察他的所作所為，如果不採取另外的謀略，逐漸控制他，而只是對他無原則地寬容下去，最終還是要發生難以預測的變故。」於是德宗下詔，通知李懷光，讓李晟移作別軍。懷光迫於當時的形勢，不敢違命。李晟遂結陣東行，歸屯東渭橋。

這時德宗見懷光毫無進攻長安的意思，便想親率禁兵到咸陽去督促他。懷光聞知後上表阻其行，言詞頗為不遜。此時德宗仍想攏住李懷光，於是任命他為太尉，增其食祿，賜其鐵券。當使者去宣布這件事的時候，李懷光當面將鐵券摔到地上，說：「聖上懷疑我嗎？人臣反叛者才賜鐵券，今賜我鐵券，是讓我反叛吧！」朔方兵馬使張名振見到這種情況，大聲說：「太尉見著叛軍不出擊，對待使者不恭敬，果真是要反叛嗎？你功高泰山，一旦棄之，自取滅族，富貴他人，有什麼好處呢？今日我以死爭之。」懷光說：「我不反，因叛賊正在強

盛的時候，需養精蓄銳，等待時機啊。」不久懷光殺死張名振，又夜襲鄜坊節度使李建徽、神策行營節度使楊惠元，公開宣布說：「我今與朱泚聯合，車駕宜當遠避。」同時部署軍隊，欲襲擊奉天。德宗聞訊，急忙逃奔梁州（今陝西漢中）。李懷光聽說天子已南走，遂派孟保率軍追擊。

孟保等以沒有追上為辭，半途而返。當時朱泚在長安，因懷光勢力強大，在信中以兄稱之。相互約定，分帝關中，永為鄰國。等到懷光反叛之日，部下大多離他而去，兵勢日弱，朱泚頒發詔書，以臣禮對之，且徵其兵。李懷光又慚愧又憤怒，內憂麾下為變，外恐李晟見襲，遂脅其眾，燒營東走，沿途大肆劫掠，涇陽等十二縣雞犬不留。到達富平（今陝西富平縣），其大將孟涉、段威率數千人投奔李晟。其他將士也於途中相繼散亡。李懷光害怕，遂逃入河中（今山西永濟縣），聚其眾以求自固。

是年五月二十日，李晟命包圍長安的官軍進攻朱泚叛軍。二十八日，官軍攻入宮苑，朱泚狼狽出逃。六月上旬，朱泚逃到彭原縣（今甘肅鎮原縣東）一處叫作西域屯的地方，被其部將梁庭芬等殺死。六月十三日，德宗從梁州回鑾，七月抵達長安。長達八個月之久的朱泚長安之亂終於結束。

德宗貞元二年（西元七八六年）四月，淮西節度使李希烈因連年用兵，士卒疲憊，將帥分心，形勢日漸窘迫，內部分崩離析。恰好李希烈感染疾病，其部將陳仙奇派醫生將其毒殺，並率眾歸降朝廷。陳仙奇被任命為淮西節度使。八月，馬燧率大軍前往河中討伐李懷光，叛軍紛紛倒戈，官軍兵不血刃，李懷光自縊而死。

至此，唐德宗李適領導的長達五年之久的平息藩鎮叛亂戰爭結束，唐王朝又恢復了暫時的統一。但是，唐中央政權的統治仍很脆弱，藩鎮勢力仍然存在。唐憲宗（西元八〇六年至八二〇年在位）期間，雖對藩鎮勢力再次進行鎮壓，並一度獲得勝利，但也沒有徹底拔除藩鎮割據的禍根。憲宗死後，河北諸鎮依然擁兵割據，對抗朝廷，其他各鎮也時服時叛，而唐朝廷只能控制關中一隅及東南各道，這種局面一直延續到終唐。

從安史之亂開始，逐漸形成藩鎮連兵、兵連禍結的局面，唐肅宗之後，朝廷曾幾度下決心削藩，結果藩鎮卻越削越多，最多時達四十多個。為什麼會出現這種現象？究其原因，首先是唐朝後期政治腐敗，文武官不務國事，宦官專權，奸臣當道，致使中央政權削弱，無力控制也無法改變各藩鎮勢力割據地方的局面。其次是封建社會自然經濟的封閉狀態，使割據勢力在自己的控制區域內獲得滋生和發展的物質基礎。他們只要控制一方土地上的政權和財權，就有了擴大軍隊、發動戰爭的可靠保證。第三是唐朝軍制的破壞，軍紀的鬆弛，為鎮守一方的將帥產生野心，包藏禍心，擁兵自重，對抗朝廷，創造了必要的前提條件。唐玄宗時廢府兵制，改募兵制，使一些邊鎮節帥直接掌握軍政大權，把國家的軍隊視為私人的武裝，實現個人的野心驅使軍隊，造成兵連禍結，戰火連天，赤地千里，屍橫遍野的悽慘場景。

藩鎮割據極大地加重了人民的苦難。藩鎮與唐中央、藩鎮與藩鎮之間的連年混戰，嚴重地阻礙了經濟和社會的發展，加重了人民的經濟負擔，危及了百姓的生命安全。僅以人口為例，唐玄宗開元年間，人口總數為六千五百萬人左右；安史之亂後，人口總數為五千兩百九十一點九萬人，銳減一千兩百餘萬；至唐文宗時，人口總數進一步下降到兩千五百萬人。由此可見，割據戰爭對社會生產力的巨大破壞作用。

朱溫削藩，藩削唐亡

義軍蜂起，無賴變為英雄；翻雲覆雨，叛徒竟成功臣；東征西討，軍閥殘酷施虐；圖窮匕見，後梁取代殘唐。

唐朝末年，統治階級內部鬥爭愈演愈烈，階級矛盾日趨尖銳，終於導致了黃巢、王仙芝農民大起義。唐僖宗廣明元年（西元八八〇年）十二月，起義軍攻占長安，不久黃巢在長安稱帝，國號大齊，年號金統。唐僖宗中和二年（西元八八二年）起義軍的重要將領朱溫叛變，投降了唐王朝，使起義軍的力量大為削弱，以致最終失敗。此後，鎮壓起義軍的各藩鎮勢力相互火拼，以朱溫為首的汴軍先後削平秦宗權、孫儒、朱瑄、朱瑾、時溥等割據勢力，奪得他們的地盤，成為最強大的藩鎮之一。隨後又剷除了李茂貞、劉仁恭、李克用等藩鎮勢力，控制了唐王朝，並取而代之，於公元西元九〇七年建立起後梁政權。

朱溫，小字阿三，宋州（今河南商丘縣）碭山午溝里人。父朱誠，是位教書的先生，在本鄉設帳課徒，娶妻王氏，生有三子，長子名全昱，次子名存，三子就是朱溫。朱溫與其二哥朱存從小就喜歡舞槍弄棍，打架鬥毆。朱溫未及弱冠，其父朱誠一命嗚呼，身後家徒四壁，母子四人投往蕭山富人劉崇家，母為傭媼，子為傭工。長子朱全昱十分勤勞、謹慎，而朱溫、朱存卻經常躲起來偷懶。劉崇責備說：「朱阿三，你平時好說大話，無事不能，其實是一無所能。你作傭我家，有哪塊田是你耕作？又有哪塊田是你灌溉？」朱溫接口說道：「市井鄙夫，徒知稼穡，曉得什麼男兒壯志，我豈能長作種田傭工嗎？」劉崇見他出言不遜，操起木棍便打。

朱溫則不慌不忙地奪下棍子，並且折成兩段，揚長而去。

一日朱溫把劉家飯鍋偷了出去，劉崇將其追回，欲嚴加杖責，崇母出來勸解，方才得免。劉崇的母親便勸朱溫說：「你年已長成，不該如此頑皮，你不願耕作，又能幹點什麼呢？」朱溫答道：「平生所喜，只是騎射，不如給我弓箭，到山中獵些野味，供給主人。」崇母同意，讓人取來弓箭，交付於他。從此朱溫、朱存便每日上山打獵，倒也落得個逍遙自在。

一日，朱溫對朱存說：「現今唐室已亂，兵戈四起，人們不是從軍，就是為盜。前聞王仙芝發難於濮州（今山東濰坊市），近聞黃巢起兵於曹州（今山東曹縣西北），似你我這般勇力，不如隨他為盜，搶些玉帛子女，強似在這裡廝混，埋沒了一世英雄。」朱存連連稱妙，兄弟二人隨即秉告母親，離家而去，投奔黃巢起義軍。後來朱存戰死，朱溫則因軍功，被黃巢拜為大將。黃巢在長安做了大齊皇帝後，即命他率軍阻擊邠、岐、鄜、夏各路官軍，所戰皆捷，被視為得力幹將。不久黃巢又命朱溫東略同州（今陝西大荔縣），自求發展。這時，唐半壁江山已歸黃巢，中原大地，滿目瘡痍，朱溫認為是天賜良機，遂有叛巢之志。

中和二年（西元八八二年）九月，朱溫的幕僚謝瞳獻策說：「黃巢起自草莽，乘唐衰亂，伺機入關，得登大寶，並非功德及人，足王天下。所以易興易滅，不足以與成大事。今唐天子在蜀，諸鎮兵聞命勤王，雲集京輔，協謀恢復，可見唐朝雖衰，人心還未去盡。況且將軍在外力戰，庸奴在內牽制，敢問將來能成功否？鄗邯背秦歸楚，不失為智，願將軍三思。」朱溫聽了這番話，正中下懷，不禁點頭稱是，遂將黃巢所派之監軍嚴實誘進帳中，一刀殺死，然後獻城投降了唐將王重榮，被封為同華節度使。隨即掉過頭來，幫助唐軍進攻農民起義軍。中和三年三月，朝廷任命朱溫為宣武節度使。

六月，朱溫率部攻下汴州（今河南開封市）。中和四年正月，朱溫等看到黃巢兵力仍很強大，自己招架不住，便向河東節度使李克用求救。五月十四日，李克用率軍到了汴州，在城外安營紮寨。朱溫堅持請李克用進入城內，在上源驛為他設立館舍，並盛情款待。宴會上有精彩的歌舞音樂，豐盛的珍饈佳餚，態度十分謙恭禮

貌。但李克用乘著酒興大發議論，語言多有衝撞之處，朱溫心中憤憤不平。傍晚時分，酒宴結束，李克用及其隨從被送到館驛之中。夜裡，宣武將領楊彥洪和朱溫祕密地將車馬樹柵連接起來，阻塞住大街小巷，然後發兵圍攻上源驛。當時李克用醉得不省人事，親兵薛志勤、史思敬等十餘人與朱溫軍奮力格鬥，侍衛郭景銖熄滅蠟燭，將李克用藏到床下，用冷水澆頭，才使其清醒。爾後保護他跳牆突圍。李克用好不容易跑到汴州城的南門，順繩子爬下城牆，才逃出虎口。監軍陳景思等三百餘人全被汴軍殺死。

東方破曉，李克用逃回大營，想立即發兵攻打朱溫，其妻劉氏勸說道：「你連著為國討賊，挽救東部諸侯的危難，現在汴人不義，想謀害你，你自然應向朝廷申述。如果擅自舉兵相攻，那麼天下誰也不能辨明這件事的是非曲直了！而且還會為對方提供藉口。」李克用採納了劉氏的意見，率軍撤回本鎮，同時寫信譴責朱溫。朱溫狡辯說：「前夜的變故我不知道，是朝廷的使者和楊彥洪定下的計謀。現楊彥洪已被殺死，望你諒察。」從此李克用與朱溫結下了怨仇。

是月，黃巢圍攻陳州（今河南淮陽縣）之役失敗，退居故陽里，自殺於虎狼谷，唐末農民起義告終。隨後，朱溫等割據勢力之間明目張膽的大廝殺開始了。經過幾年的混戰，朱溫的勢力逐漸強大，先後平定了淮西、河南、青淄等割據勢力，到西元八九七年，已占有鄆、齊、曹、棣、兗、沂、密、徐、許、陳、汝、鄭、滑、濮等州，成為當時最強大的軍閥。這時，能夠與朱溫相抗衡的藩鎮割據勢力，尚有河東節度使李克用、幽州節度使劉仁恭、鳳翔節度使李茂貞。朱溫制定了先攻河東李克用、後擊幽州劉仁恭的基本戰略。

唐昭宗光化元年（西元八九八年）三月，朝廷任命朱溫為宣武、宣義、天平三鎮節度使。為了實現自己的既定作戰目標，朱溫遂採取拉攏引誘等手段，與劉仁恭結成統一戰線。先是李克用圖謀向河北發展，一舉攻克幽州，並上表朝廷，請任命劉仁恭為盧龍節度使，朝廷准其所奏。後來克用向劉仁恭徵兵，欲西定關中，仁恭推辭說契丹入侵，需要派兵防禦，等敵虜退後再按命西行。克用屢次催促，劉仁恭按兵不動。克用寫信斥責他，劉仁恭則當著使者的面將信摔到地上，大肆謾罵，並想斬殺河東守將。李克用聞知大怒，便於八月親自征

討劉仁恭，結果為劉仁恭所敗。

冬十月，劉仁恭上書朝廷，說：「李克用無故發兵征討，本道在木瓜澗大破他的軍隊，請允許我自為統帥討伐李克用。」唐昭宗沒有准許。隨後劉仁恭又給朱溫寫信，讓其向朝廷推薦自己。朱溫遂上奏朝廷，請加劉仁恭為同平章事，朝廷很快批准了，這使劉仁恭感激涕零，便與朱溫親近起來。不久他又派使者去向李克用道歉，說自己離開李克用後很不安心，請求重修舊好。李克用覆信說：「現在你仗著斧鉞符節掌握兵權，理民事、立法度，提拔士卒是想讓他們報德，選拔大將是希望他們謝恩。自己還沒有準則，對別人又有什麼足以信任的？我認為你猜防之心已到了骨肉自家，嫌棄之心可生於身邊左右，手持干將之劍，不敢授給別人，捧著盟盤在想用什麼詞去發重誓！」

西元八九八年春，劉仁恭派軍進攻昌義節度使盧彥威，奪取滄州、景州、德州三州，兵勢日益強盛，自以為得到上天的幫助，便產生了吞併河朔的野心。他向朝廷為其子劉守文請求官職旌節，朝廷沒有准許，就對宦官說：「節度使的旌節我自己就有，只是想得到長安頒發的正宗官職標誌罷了。為什麼我多次上書朝廷都給以拒絕？」劉仁恭已發展到如此驕橫悖慢。朱溫與劉仁恭的和好親善，使他解除進攻李克用的後顧之憂，遂於四月率軍攻擊河東兵，在鉅鹿城下打敗李克用軍，斬殺河東兵萬餘人，一直追到青山口（今河北邢台市西北）。隨後朱溫又派其部將葛從周進攻洺州，攻占該城，並斬殺洺州刺史邢善益。

五月，葛從周進攻邢州，刺史馬師素棄城逃走；旋攻磁州，刺史袁奉自殺。於是朱溫盡得三州之地，委任葛從周為昭義留後，守護三州，自己率兵返回汴州。秋八月，唐昭宗想調節朱溫、李克用兩個藩鎮之間的關係，便任命太子賓客張孚為河東、汴州宣慰使，頒賜李克用、朱溫詔書，並讓宰相給他們寫信；以使他們和解。李克用本想接詔，但卻認為自己先屈服了是一種恥辱，便讓人捎信給朱溫，二人共同接詔，朱溫拒不答應。

十月，李克用派大將李嗣昭、周德威率三萬大軍，兵出青山，企圖一舉收復邢、洺、磁三州。初六日，河

東軍進攻邢州，葛從周率汴軍出戰，大破之。李嗣昭等率敗軍退入青山，葛從周率軍緊追不捨，另派將領率軍扼住河東軍的歸路。李嗣昭所率領的步兵自行潰散，無法制止。正在緊急時刻，橫衝都將李嗣源率軍趕到，他對嗣昭說：「如果你我都離去，河東兵就不可支持了。請讓我試著為你迎擊葛從周的邢州軍隊。」嗣昭說：「太好了，我將緊隨在你的後邊。」於是李嗣源命令部隊解下鞍具讓戰馬休息，磨礪箭頭，整修刀劍，臨高布陣，左右指劃。邢州軍隊揣測不出李嗣源的作戰意圖，進攻稍有鬆懈。李嗣源乘機率軍反攻，李嗣昭所部在後緊緊跟隨，一舉將葛從周的邢州軍隊擊退，使河東軍轉危為安。

是年十二月，昭義節度使薛志勤死了，李罕之擅自領澤州（今山西晉城縣）兵乘夜占據潞州（今山西長治市）。然後把情況報告李克用，他說：「薛鐵山死了，州民無主人，為防不法之徒乘機變亂，所以罕之自專而去安撫鎮守潞州，再討取大王的裁定之旨。」李克用發怒，派人責備他。罕之便派兒子李顥向朱溫請降，李克用隨即發兵討伐李罕之。而朱溫則上奏朝廷，任命李罕之為昭義節度使。

唐昭宗光化二年（西元八九九年）正月，劉仁恭從幽、滄等十二州兵馬十萬人，想兼併河朔。攻占貝州後，將城中萬餘戶人家全部屠殺，屍首投入清河水中。因此各城都堅守不懈。仁恭又進攻魏州，在城北紮營。魏博節度使羅紹威向朱溫求救。

三月，朱溫派大將李思安、張存敬率兵救魏博，在內黃屯駐。初十日，朱溫派中軍在滑州安營。劉仁恭對他的兒子劉守文說：「你的勇猛是李思安的十倍，你應當首先俘獲這些無能鼠輩，然後再擒獲羅紹威。」劉仁恭遂派劉守文和他的妹夫單可及，率精兵五萬人，在內黃攻打李思安。十四日，李思安派遣部將袁象先在清河水右側預設埋伏，自己率軍在繁陽迎戰劉守文。兩軍相遇後，李思安一開始假裝戰敗向後退去，劉守文揮軍追擊，到內黃縣的北部，李思安率領軍隊回頭反擊，埋伏下的軍隊也發起進攻，兩面夾擊。結果劉仁恭軍大敗，單可及和三萬士卒被斬殺，劉守文隻身逃走。單可及是幽州的一員虎將，號稱「單無敵」，他的死使劉仁恭的軍隊大傷元氣。這時，葛從周從邢州率精壯騎兵八百人趕到魏州。適值劉仁恭率軍攻打上水關、館陶門。葛從周與宣義牙將賀德倫出城交戰。葛從周回頭對守門人說：「前有大敵，不可返回，快關上城門。」於是葛從周軍殊死拼戰，劉仁恭軍再度大敗，其大將薛突厥、王會郎被擒。

第二天，汴、魏軍合兵一處，乘勝攻擊，連續攻破八座營寨，劉仁恭父子燒掉大營，狼狽奔逃。汴、魏兵緊追不捨，一直追到臨清，將他們逼進永濟渠，殺死淹死者不計其數。而鎮州軍王熔也出兵在深州、冀州一帶阻截，從魏州到滄州，五百里間殭屍枕藉。劉仁恭軍從此一蹶不振，朱溫更加橫行無忌。

是時，汴軍大將葛從周乘著打敗幽州兵的氣勢，從土門（即井陘口，今河北獲鹿縣西南）攻擊河東軍隊，占領承天軍（治所在今山西平定縣東北娘子關）。汴軍的另一將領氏叔琮從馬嶺（即馬嶺關，今山西太谷縣東南）進入，攻占遼州（今山西昔陽縣西南）樂平縣，進軍榆次（今山西榆次縣）。李克用派大將周德威迎擊他。叔琮屬下有一位名叫陳章的勇將，號稱「陳夜叉」，是汴軍的先鋒。他對氏叔琮說：「河東所依靠的是周德威，請讓我去擒獲他，求拿一個州的土地作為獎賞。」李克用聽到這個消息，轉告周德威讓他有所戒備。周德威說：「陳章不過是說大話罷了。」雙方在洞渦展開激戰，周德威身穿便服到陣前挑戰，並對屬下將領說：「你們看見陳章就躲開。」陳章果然縱馬追擊周德威，周德威揮舞鐵楇將陳章打落馬下，活捉了他，並押送到李克用處。隨後河東軍乘勢發起攻擊，大破敵軍，斬殺三千人，氏叔琮放棄營寨逃跑，周德威率軍緊追不捨，出石會關（今山西太谷縣南昌源河上游東岸），又殺千餘人。葛從周見氏叔琮兵敗，也引兵退去。

唐昭宗光化三年（西元九〇〇年）四月，朱溫派葛從周率兗州、鄆州、滑州、魏州四鎮的十萬軍隊攻打盧龍節度使劉仁恭。五月初四攻克德州，斬殺德州刺史傅公和。十三日將劉守文圍困於滄州。六月，劉仁恭親率五萬幽州兵援救滄州，在乾寧軍（今河北清縣）紮下大營。葛從周留下張存敬、氏叔琮守衛滄州營寨，自己率精銳部隊在老鴉堤迎戰劉仁恭，大敗劉仁恭的軍隊，斬殺首級三萬。劉仁恭率殘兵逃走，退守瓦橋。劉仁恭派使者用卑恭的言辭、豐厚的禮品，請求李克用出兵相救。七月李克用派都指揮使李嗣昭率五萬軍隊攻打邢州、洺州，來救援劉仁恭，在內丘打敗了汴州軍隊，適逢連日陰雨，朱溫便招降汴軍。

十月，朱溫派張存敬再次率軍攻打劉仁恭，連克二十七座城池，將要從瓦橋驛奔赴幽州，但因道路泥濘，軍隊無法前進，遂西向進攻易州、定州。劉仁恭派他的小兒子劉守光率軍援助定州，駐紮在易水之上。張存敬向劉守光發起進攻，殺死幽州兵六萬餘人。從此河北諸鎮全都降服了朱溫。

唐昭宗天復元年（西元九〇一年）正月，朱溫征服河北後立即派軍進攻河中（唐藩鎮之一，治所在蒲州，今山西永濟縣西蒲州鎮），為最後制服河東李克用作準備。十五日，朱溫召集諸將動員說：「王珂是庸才，依靠太原李克用而驕橫奢侈，我今天就攻取河中斬斷長蛇之腰，諸君替我用繩捆住他。」

十六日，汴將張存敬率三萬人馬從汜水渡黃河襲擊河中，朱溫率中軍在後面壓陣。汴州軍很快攻下了絳州、晉州。王珂派密使向李克用告急，路上相繼不斷。李克用認為汴軍已據晉、絳二州，兵馬無法援救。王珂的妻子李氏給李克用寫信說：「女兒早晚將作俘虜，父王為何不救？」李克用回信說：「現在賊兵堵塞晉州、絳州兩地，眾寡不敵，進就會與你兩下俱亡，不如你和王郎舉眾歸順朝廷。」王珂又給鳳翔節度使李茂貞去信說：「天子剛回朝坐穩，詔令讓藩鎮之間不要再繼續攻伐，共同輔佐王室。現在朱公不顧詔命，率先興兵攻伐，其狼子野心，昭然若揭。河中若亡，則同、華、邠、岐各州無法自保。這樣天子就勢必要將政權拱手讓給朱溫了。明公應趕緊率關中諸鎮兵馬，固守潼關，赴救河中。在下自知不勇武，情願在您的西面偏得一個小鎮，這裡請您占有。關中安危，國運長短，全仰賴您了，希望詳慎考慮。」李茂貞向來沒有遠大圖謀，沒有回應。結果在汴軍的進攻下，王珂勢窮，被迫向朱溫投降。

這時，朱溫聽說愛妻張夫人病危，趕緊從河中東歸。而李克用自感勢力不及朱溫強大，便派使者給朱溫送去厚禮，請求重歸於好。朱溫雖派使者回報，卻對於李克用在信中使用傲慢的言語感到不滿，仍決定派兵攻打他。三月二十一日，朱溫派大將氏叔琮率五萬軍隊去攻打李克用，從太行山進入；魏博都將張文恭率部從磁州新口進入；葛從周率兗州、鄆州軍隊從土門進入；洺州刺史張歸厚率部從馬嶺進入；義武節度使王處直率軍沿飛狐道（在今河北蔚縣、淶源縣交界處，為華北平原通往晉北高原的交通要道）進入；代理晉州刺史侯言率慈州（今山西吉縣）、隰州（今山西隰縣）、晉州、絳州軍隊從陰地關（一名汾水關，在今山西靈石縣西南汾河東岸）進入，形成三面夾擊之勢，進攻目標直指晉陽。

氏叔琮從天井關進入後連克沁州、澤州、潞州，河東守將蓋璋、李審建、王周等率所部一萬餘步騎兵投降，各州刺史或降或逃，汴軍很快進至晉陽城下。晉陽軍民非常恐慌，李克用親自登城防守，無暇飲食。當時大雨一連下了十天，城牆多處坍塌毀壞，李克用命令看到壞掉的城牆就要補修。河東將領李嗣昭、李嗣源從城內挖鑿暗門密道，乘夜衝出城去，攻擊襲擾汴軍營壘，每次襲擊都有殺傷和俘獲。同時，李存進也在洞渦驛（今山西清徐縣東）打敗汴州軍隊。其時攻打晉陽的汴軍眾多，糧草供應不足，又長時間下雨，很多兵士得虐疾鬧痢疾，部隊大量減員，於是朱溫下令撤軍。

五月，氏叔琮等率軍從石會關返回，其他各道軍隊也都退師。河東將領周德威、李嗣昭等率五千精騎跟蹤追擊，殺傷俘獲了許多汴州兵士。六月，李克用派李嗣昭、周德威率兵出陰地關，攻打隰州，刺史唐禮投降。又進攻慈州，刺史張瑰投降。

唐昭宗天復二年（西元九〇二年）正月，河東大將李嗣昭、周德威率軍再次攻打隰州、慈州。朱溫聽說後立即率軍增援河中，十萬汴軍紮營於蒲南。氏叔琮攻破了李嗣昭的營壘，殺獲一萬餘人。三月十二日，氏叔琮、朱友寧驅兵進攻李嗣昭、周德威的營寨。當時汴軍橫陣十里，而河東軍隊不過數萬人，且深入敵人境內，眾人心中恐懼，德威出戰失利，密令嗣昭率後軍先撤，他自己不久也引騎兵退走。氏叔琮、朱友寧率軍長驅直追。河東軍驚慌潰散，李克用的兒子李廷鸞被俘，兵器糧草等物幾乎全部拋棄。朱溫命汴軍乘勝進軍河東軍腹地。李克用聽說李嗣昭等失敗，急忙派遣李存信率軍前往迎敵。李存信到達清源縣，遇見汴州軍隊，未經交戰，便逃回晉陽。汴軍遂奪慈、隰、汾三州。

十五日，汴軍包圍晉陽，在晉祠紮下大營，攻擊晉陽城的西門。李嗣昭、周克威收羅殘兵，沿西山返回晉陽。此時城中兵力尚未集結，氏叔琮攻城甚緊，而李克用每次巡城時，都寬袍大帶，以示悠閒自得。李克用晝

夜守在城上，得不到吃飯和睡覺。一天他召集諸將商議對策，提出退保雲中。李嗣昭、李嗣源、周德威說：「我等在這裡，一定能固守住晉陽。您不要做退守雲州的打算，以免動搖軍心民心。」李存信說：「關東、河北都受朱溫控制，我們兵力不足，地方狹小，據守這個孤城，他們環城壘砌牆垣，挖掘濠溝，用長期圍困的辦法來制服我們，使我們上天無路，入地無門，坐等困死罷了。現在的形勢已經緊張，不如暫入北方韃靼之地，慢慢再設法進取。」李嗣昭極力爭辯，李克用不能決斷。

這時李克用的夫人劉氏說：「李存信不過是北川的放羊娃罷了，哪裡知道長遠打算！大王常譏笑王行瑜輕率棄城逃走，死於敵人之手，今天要傚法他嗎？況且你從前在韃靼居住，幾乎不能自免，幸虧朝廷多事，才得以再回來。今天一隻腳出了城，則禍患變亂就難以預測，塞外可以去嗎？」李克用這才打消離城出走的念頭。過了數日，河東軍逃散的士卒又集結起來，節度使軍府逐漸安定。此後，李嗣昭、李嗣源屢次率敢死隊突入汴軍營中，斬殺捕虜，攪擾得汴軍日夜不得安寧，適值當地發生瘟疫，二十一日，氏叔琮率汴軍撤走。李嗣昭、周德威率兵追趕，一直追到石會關，氏叔琮在高坡上留下幾匹馬和旌旗，河東軍以為有埋伏，便全部撤回，重新收復慈、隰、汾三州。自此以後，李克用多年不敢與朱溫相爭。

這時，朱溫的實力更加強大，天下敢與他抗爭的藩鎮勢力就剩下盤踞於關中和隴西一帶的鳳翔節度使李茂貞了。某一次突發事件，讓朱溫得以進兵關中，得到了可以削平李茂貞的絕好機會。先是唐昭宗末年，宦官勢力十分猖獗，朝官與宦官之間的鬥爭也十分激烈。宰相崔胤與昭宗密謀誅殺宦官。事情洩露，宦官非常恐懼。左軍中尉劉季述、右軍中尉王仲先等宦官相互謀劃說：「主上輕佻多變，難侍候，專聽南司崔胤的，我們終究要遭其禍。不如擁奉太子為帝，尊主上為太上皇，引岐州李茂貞、華州韓建的軍隊做後援控制諸藩，誰還能加害於我們呢？」隨後率禁軍衝入宮中，將昭宗捕獲並囚禁起來，另立太子李裕為帝。

爾後一面加封百官，獎賞將士，一面濫施殺戮，樹立淫威。凡是昭宗崇信的宮人、侍臣、方士、僧侶、道士，一律用棒打死。他們本想殺掉崔胤，但由於懼怕朱溫，未敢貿然行動，只是解除了他的度支、鹽鐵、轉運

使等職。而崔胤則給朱溫發信，讓他興兵入關，扶正朝綱。此時朱溫正在定州行營，聽說朝中變亂，立即趕回大梁。正巧劉季述派人來見他，答應將唐朝社稷交給他。朱溫猶豫不決，召集幕僚議論此事。有的說：「朝廷大事，不是藩鎮可以預先知道的。」天平節度副使李振說：「王室有難，這是霸者成業的時機和條件。現在您是唐朝齊桓公晉文帝，安危在您。季述一個宦官小兒，也敢囚廢天子，您若不討伐他，怎能號令諸侯？且幼主皇位穩固之後，則天下之權又都歸宦官了，這是把國家太阿劍柄（古代寶劍名，太阿之柄，喻為政權）交給別人啊。」朱溫完全醒悟了，便囚禁了朝中來人，並派人到京師與崔胤聯繫，準備率兵進京。

就在朱溫躍躍欲試，準備揮軍入關的時候，朝廷又出現新的情況，左神策軍指揮使孫德昭聯合右神策軍將領董彥弼、周承誨設伏兵將劉季述、王仲先捕獲，亂棍打死，迎昭宗復位。昭宗任命孫德昭為同平章事，靜海節度使，賜姓名為李繼昭；任命周承誨為嶺南西道節度使，賜姓名為李繼誨；任命董彥弼為寧遠節度使，賜姓李，兼同平章事，與李繼昭一起留下保衛宮廷。崔胤則官復原職。晉爵朱溫為東平王。朱溫入關事遂告作罷。鳳翔節度使李茂貞來京祝賀，昭宗加封他為尚書令兼侍中，晉爵為岐王。李茂貞很高興地辭歸鎮所。

不久，宰相崔胤奏請昭宗殺盡宦官。掌管內廷的宦官韓全誨等都很恐懼，每次吃飯後都流淚說聲永別，日夜謀劃除掉崔胤的辦法。崔胤當時統任戶部、度支、鹽鐵三使，全誨等鼓動禁軍對皇上喧鬧，控訴崔胤剋扣士兵冬季衣服。昭宗不得已，解除了崔胤的鹽鐵使一職。當時朱溫、李茂貞各有挾天子以令諸侯的意思，朱溫想讓皇上到東都，茂貞想讓皇上去鳳翔。崔胤知道密謀洩露，感到事情緊急，就給朱溫去信，說已接到皇上密詔，命令朱溫率兵迎接皇駕，並說：「前次能重新恢復皇帝正位，都是朱公的高妙之計，但是鳳翔李茂貞先入朝來掠取這一大功。現在若不快來，必成為罪人，豈止是功勞被他人占有，而且要被征討了。」朱溫見信，急歸大梁發兵。昭宗聽說朱溫發兵的消息後，緊急召見韓偓，說：「聽說朱溫想來京除掉君王身邊隱惡，確是竭盡忠誠，但須令他與李茂貞共有其功。如果兩帥互爭，事情便危險了。你替我對崔胤說，火速飛馬向兩鎮發信，讓他們互相友好，共同謀劃，那就好了。」

天復元年十一月初四日，韓全誨等列兵殿前，對昭宗說：「朱溫帶大兵逼近京師，想劫天子到洛陽，要求傳讓皇位給他。臣等請皇上到鳳翔，收集兵馬抗拒他。」昭宗不答應，仗劍登上乞巧樓。全誨等逼昭宗下樓，爾後脅迫他及皇后、妃嬪、諸王一百餘人西去，並放火燒了皇宮。此時朱溫已兵至零口（今陝西臨潼縣東北之零口鎮），聽說聖駕西行，便帶兵回到赤水（今陝西渭南縣東赤水鎮）屯駐。崔胤讓太子太傅盧渥等兩百餘人聯名寫信，請朱溫西迎聖駕。朱溫回信說：「前進怕遭受脅迫君王的毀謗，後退又懷有對不起國家的羞愧。然而也不能不勉力而為。」初十日朱溫從赤水出發。二十日抵達鳳翔，駐軍城東。李茂貞登上城樓對朱溫說：「天子在此避災，不是我無禮劫持。小人進讒言矇蔽你來到這裡。」朱溫答道：「韓全誨劫持遷徙天子，現在是來問罪，並保護聖駕回宮。岐王如果不參與陰謀，何必陳說表白。」昭宗幾次下詔，讓朱溫返回鎮所，朱溫遂移兵邠州。

昭宗天復二年（西元九〇二年）正月，河東軍將領李嗣昭、周德威攻打慈州、隰州、汾州，朱溫撤軍回河中。四月二十一日，崔胤從華州來到河中，哭著向朱溫訴說，恐怕李茂貞劫持天子到蜀地，應該及時迎駕東來，形勢刻不容緩。當天朱溫請崔胤喝酒，崔胤親自拿著木板擊節唱歌，以助酒興。五月十四日，朱溫率五萬精兵，從河中出發，西上進攻李茂貞。

六月初三日，朱溫率軍進至虢縣。六月初十日，李茂貞率大軍從鳳翔出發，在虢縣以北與朱溫的軍隊激戰，大敗而歸，死萬餘人。十二日，朱溫派其將孔勍出散關，攻打鳳州（今陝西鳳縣東北鳳州鎮），奪取了州城。十三日，朱溫進軍鳳翔城下。朱溫穿著朝服向城哭拜，說：「我只想迎車駕回宮，不想與岐王較量勝負啊！」於是環城設置五座營寨，將鳳翔圍困起來。

九月初二日，朱溫因為長期下雨，士卒患病，召集諸將商議帶兵回河中。親隨指揮使高季昌、左開道指揮使劉知俊說：「天下英雄窺伺這裡快一年了。現在李茂貞已經困難至極，為什麼放棄這裡回河中呢？」朱溫擔心李茂貞堅守不出，高季昌要用欺詐的計策誘使他出來。於是召募能進城當間諜的人，騎士馬景請求前去，

說：「這次進城一定死，希望大王收養撫卹我的妻子兒女。」朱溫悲傷地阻止他，馬景堅持要去。這時朱溫已讓朱友倫從大梁發兵，第二天就要到了，應當出兵接應。馬景請求藉此機會用駿馬混在眾坐騎一起出營。朱溫聽從了，命諸軍馬餵飽草、人吃飽飯，做好應戰準備。

初四日晨，放倒旗幟，潛伏起來，寂靜無聲，宛若空營。馬景與眾騎一起出去，突然躍馬西去，裝作逃亡的樣子，進城告訴李茂貞說：「朱溫率主力撤退了，只留下一萬名傷病之兵堅守大營，今晚也要撤退，請迅速去攻打他。」李茂貞信以為真，便打開城門，帶全部人馬進攻朱溫大營。朱溫在中軍猛擊戰鼓，百營人馬一齊躍出，縱兵攻敵，又派數百騎兵占據鳳翔城門，鳳翔軍隊進退不得，相互踐踏，死傷幾盡。李茂貞突出重圍，逃回城中。從此元氣大傷，才商議同朱溫講和，擁奉聖上回京，再也不敢以詔書來勒令朱溫回鎮了。初八日，李茂貞派出全部騎兵到鄜州去征運糧草。初九日朱溫挖掘如蚰蜒行地形狀的長塹，將鳳翔圍困起來，設置由狗守護的犬鋪，掛著鈴鐺的鈴架，藉以隔絕內外交通。

十月二十一日，李茂貞又派兵出城攻擊汴州軍隊在鳳翔城西的營寨，失敗而歸。朱溫給投降的人穿上絳色袍子，讓他們招集城中人，因此許多鳳翔城中的士兵夜裡用繩子爬下城來，還有很多藉由出去砍柴逃走不回的人。李茂貞派兵出城攻擊汴軍，大多不聽命令，逃散回城。這時汴軍每夜都擊鼓鳴角，城中好像在地震。攻城的人罵城上的人是「劫天子賊」，城上的人罵城下的人是「奪天子賊」。時值寒冬，連降大雪，城中食物吃光了，凍餓而死的人不可計數；有的躺下還沒有死已經被人割肉離骨。市中賣人肉，一斤值一百錢，狗肉一斤值五百錢。李茂貞儲存的食物也用完了，用豬肉和狗肉給昭宗作御膳。昭宗到市場上賣掉御衣和小皇子的衣服來換取日常生活費用，削剝一些松木浸水來餵御馬。

十二月，這時李茂貞坐守孤城，陷入絕境，遂想謀殺宦官以贖罪，並給朱溫寫信說：「禍亂興起，都因為韓全誨。我迎接聖上到這裡是防備別人劫持。您既有匡扶社稷之志，請您迎護聖上回宮，我會以破甲殘兵，為您出把力氣。」朱溫回信稱：「我率兵至此，正是因為聖駕遷徙流離，您能協力，當然是我所希望的了。」

二十五日，昭宗召集李茂貞、蘇檢、李繼誨、李彥弼、李繼岌、李繼遠、李繼忠到行宮，商議與朱溫講和。昭宗說：「十六宅諸王以下，每天凍餓死的有好幾個人，在內宮的諸王、公主、嬪妃，一天喝粥，一天吃湯餅，現在也沒了。你們想怎麼辦呢？」這些人都不回答。昭宗說：「應立即和解。」鳳翔兵十餘人在左銀台門攔住韓全誨，吵罵道：「全境困窘，全城餓死，就是為軍容你們幾個人罷了。」全誨向茂貞叩頭訴說，茂貞說：「小卒之流知道什麼！」命斟酒兩杯，對飲完事。全誨又向昭宗訴說，昭宗也開導勸解一番，而未加士卒之罪。李繼昭對韓全誨說：「當年楊軍容毀了楊守亮一族，今天軍容你也要毀繼昭一族啊！」辱罵一番後，李繼昭投降了朱溫。

天復三年（西元九〇三年）正月初六日，李茂貞單獨參見昭宗，請求誅殺韓全誨等人，與朱溫和解，護駕回京。昭宗大喜，當即派宦官率鳳翔兵四十人收押韓全誨等人，將其殺掉。這天晚上又殺掉了李繼筠、李繼誨、李彥弼和皇宮內諸使司韋處廷等十六人。初七日，昭宗派人將韓全誨等二十人的人頭送給朱溫，並說：「前時脅迫扣留皇駕，恐懼畏罪，挑撥離間，阻撓和解的，就是這些人。現在朕與茂貞決意殺了他們，你可以通告各軍，以平眾憤。」

初九日，朱溫派觀察判官李振進城獻奏章謝恩。韓全誨既已被誅，然而朱溫之圍未撤，李茂貞懷疑是崔胤讓朱溫這樣做的，便稟告昭宗急召崔胤，命他率百官到鳳翔見駕。共四次下詔，三次賜御札朱書，言語極為懇切，答應恢復他的一切官職，崔胤仍稱病不來。茂貞害怕，親自寫信給他，言辭卑恭謙遜。朱溫也寫信召他並開玩笑說：「我不認識天子，請您來辨認他是與不是。」崔胤這才來到鳳翔。二十二日，昭宗車駕出鳳翔，到朱溫大營，昭宗哭著對朱溫說：「宗廟、社稷，依賴你的忠心才再得安定；我與皇族都依仗你才再生啊。」並當場解下玉帶賜與朱溫，朱溫當日護送昭宗回京。朱溫、崔胤護駕到達長安後，立即大肆屠殺宦官，前後被殺者數百人，喊冤號哭聲，響震內外。從此朱溫完全控制了朝政。

二月初七日，朝廷賜朱溫號為「回天再造竭忠守正功臣」。初八日，又加封他為署太尉，充任天下諸道兵馬副元帥，進爵為梁王。

唐昭宗天復四年（西元九〇四年）正月，朱溫挾持昭宗遷都洛陽。是年八月十一日，朱溫派人弒殺了昭宗，另立十三歲的李祚為帝，是為唐昭宣帝。西元九〇七年夏四月，朱溫逼迫昭宣帝禪位，自己做了皇帝，改國號為梁，史稱後梁。至此唐朝滅亡。

朱溫在唐末藩鎮割據戰爭中，以河南為根據地，不斷向外擴張，逐漸發展成為全國最大的軍閥，最終篡奪唐政權，建立後梁，揭開五代史的第一幕。朱溫所以能在眾多藩鎮中脫穎而出，乃是殘唐各種社會矛盾的發展、各割據勢力長期鬥爭的客觀形勢所促成的必然結果。同時，也與他善於利用矛盾，把握時機施以謀策的政治投機能力分不開。朱溫篡唐的全過程，既是統治階級內部的血淋淋的廝殺過程，也是廣大人民群眾飽受兵災之苦的過程。所以他是踏著白骨築成的台階而登上皇帝寶座的。朱溫後梁政權的建立，並未真正結束割據戰爭，也未實現國家完全統一，而是繼續維持著分裂和戰亂局面。梁以後出現的後唐、後晉、後漢、後周及十國割據政權就是證明。

陳友諒自稱草頭王

元末亂世，英雄競出，陳友諒自稱草頭王；野心膨脹，攻伐不已，折戟沉沙空自忙。

西元九六〇年，趙匡胤取代後周，建立大宋王朝，結束了五代紛爭，中原大地復歸一統。此後三百餘年，雖然戰亂不已，但大多是中央政權與遼、金、西夏、蒙古等周邊少數民族之間的戰爭，未出現大規模的軍閥混戰。元朝建立後，一方面對外用兵，一方面加強內部控制，也未出現大的割據勢力。元朝後期，政治日益腐敗，不斷增加階級矛盾和民族矛盾，終於導致了元末農民大起義。隨著元中央政權的削弱，在江淮一帶逐漸形成陳友諒、朱元璋、張士誠、方國珍等軍事割據集團，他們你爭我奪，混戰了七、八年之久。其中尤以陳友諒與朱元璋之間的征戰最為激烈和殘酷。

陳友諒，湖北沔陽人，是漁民的後代，原本姓謝，先世入贅於陳家，冒姓陳，曾經做過書獄吏，意不能伸，悶悶不樂。恰逢徐壽輝、倪文俊起兵反元，建立天完政權，徐壽輝自稱皇帝。陳友諒慨然投奔他們帳下，最初在倪文俊手下做一名文書，不久就統領部伍，做了元帥。後來倪文俊逐漸驕恣專橫，陳友諒與他有了積怨。碰巧倪文俊謀殺徐壽輝未果，逃奔黃州（今湖北黃岡），陳友諒藉機襲殺了倪文俊，吞併了他的軍隊，自稱平章，勢力強大起來，連天完皇帝徐壽輝也無法控制他了。

朱元璋出身於貧苦農民之家，幼時是個放牛娃，七歲時入黃覺寺，成為一名雲游僧。元至正十一年（西元一三五一年），紅巾軍起義爆發，朱元璋參加起義軍，後成為義軍的重要將領。至正十五年（西元一三五五

年），義軍元帥郭子興病逝，朱元璋成為大元帥，勢力開始強大起來。西元一三五六年攻占集慶（今南京市），將其改為應天府。

朱元璋遂以此為中心，向四周擴張地盤。當時朱元璋的北面有韓林兒、劉福通的紅巾軍，東面有張士誠，西面有徐壽輝，故不直接與元軍接觸，且元軍主力正與劉福通激戰，無力他顧。朱元璋利用這種有利形勢，去消滅周圍一些處於與大部隊隔絕、孤立、分散的元軍、地主武裝和其他割據政權的軍隊，占領了鎮江、長興、常州、寧國、江陰、常熟、池州（今安徽貴池）、徽州（今安徽歙縣）、揚州等地。至此朱元璋的地盤更大，根據地也更加鞏固，已有能力向更遠的地方發展。

陳友諒是個大野心家，連做夢都想當皇帝，為此積極發展個人勢力。至正十八年（西元一三五八年）四月，陳友諒派遣部將趙普勝從樅陽（今安徽樅陽縣）出兵進犯池州（今安徽貴池縣），開啟陳朱戰爭的序幕。當時，陳友諒兵鋒甚銳，其分兵南下者，於兩個月內，連陷龍興（今南昌）、瑞州（今江西高安）、撫州（今江西臨川縣西）、贛州及吉安等地，且分兵直攻福建之邵武路、汀州路，有如破竹之勢。當時朱元璋正銳意東圖宜興、蘭溪、婺州（今浙江金華）等浙東地區，無力抽兵西迎。

及至次年三月，婺州已克，乃把注意力轉至陳友諒這邊，兩軍的大規模衝突才真正開始。是月，友諒分兵東下，一路派趙普勝率軍自池州攻朱元璋之青陽、石棣、太平縣等地；一路由其弟陳友德率領進攻信州（今江西上饒縣）、衢州（今浙江衢縣）。朱元璋一面派徐達、俞通海率軍西上，克復池州；一面命常遇春、胡大海留於浙東，伺機圖取杭州、紹興。徐達、俞通海在柵江營擊敗趙普勝，並乘勝收復池州。

八月，徐達又率軍攻打安慶。徐達派部將張德勝等人從無為（今安徽無為縣）登陸，夜間至浮山砦，打敗趙普勝的部將胡總管的軍隊，一直追殺到潛山地界。陳友諒的參政郭泰率部到沙河迎戰，徐達又大破敵軍，殺死郭泰，繳獲糧草軍械無數，並攻下潛山，形成對安慶水陸夾攻的局面。九月，攻打安慶的將領俞廷玉戰死，將士們對守衛安慶的趙普勝都很畏懼。朱元璋說：「趙普勝勇而無謀，陳友諒一直要挾主公來脅迫眾將，我們

用離間之計，只是一個人的力量罷了。」當時，趙普勝身邊有個門客，精通數術，為他出謀劃策。朱元璋便派人公開同門客交往，暗地裡卻給門客寫一封信，並故意把信送到趙普勝手裡。門客驚懼，就投奔了朱元璋，從而瞭解了趙的許多祕密。然後又用重金收買門客，讓他到陳友諒那裡揭發趙的罪過。這一切趙普勝都不知道，仍對陳友諒派來的人大誇其功，洋洋自得。友諒更加懷疑他對自己有二心，於是假稱會兵，突然來到安慶，誘趙普勝出營相迎，至雁漢登舟，當即將其擒殺，併吞並了他的軍隊。

是年十二月，徐壽輝想遷都於龍興（今江西南昌市）。陳友諒害怕他遷來後對自己不利，於是堅決阻止他前來。徐壽輝不聽，親自率兵從漢陽出發，南下江州。陳友諒假裝出城迎接，暗中在城內設下伏兵，等到徐壽輝一進城，立刻關閉城門，伏兵四起，把徐壽輝左右將士全部殺掉，並將徐壽輝幽禁在江州。陳友諒自稱漢王，還設置了各級官署。

元至正二十年（西元一三六〇年）四月，陳友諒聲言率大隊人馬來救援安慶。常遇春估計他一定會去攻打池州，遂在九華山預先埋伏下精兵，而以老弱病殘之兵守城，結果第二天陳友諒果然來攻池州，聲勢十分浩大。這時朱元璋的軍隊突然高舉旗幟，戰鼓齊鳴，伏兵四起，沿著有利地形向陳軍發起猛烈衝擊，大破陳軍，斬殺萬餘人，活捉三千人。常遇春想將俘虜全部殺死，便對徐達說：「這些都是勁敵，不殺了他們，必將成為後患。如果吳王（朱元璋）知道了，一定不讓殺。」徐達認為不妥，立即上報朱元璋。朱元璋對使者說：「你迅速回去告訴各位將軍，現在戰爭剛剛開始，不能濫殺無辜，使人絕望。這三千名精銳士兵，應該釋放，以為後用。」待使者返回時，常遇春已經殺了兩千七百人，朱元璋聽說這件事很不高興，命令將其餘的三百人全部放還。

陳友諒憤於池州之敗，又增加十倍兵力，想越過池州，攻取太平，然後約張士誠，夾擊應天府，一舉消滅朱元璋。五月下旬，陳友諒親率大軍，挾持徐壽輝順流東下，進攻太平（今安徽當涂）。守將花雲率部下三千人，列陣迎戰，連戰三天，陳友諒未能攻入城中。於是利用巨船乘漲潮之機進至城外西南角，船尾與城牆一般

高，陳軍士兵順著船尾登上城頭。當時城中缺乏糧食，朱軍士兵飢餓疲勞，無力作戰。閏五月初一日，太平陷落。陳軍士兵將花雲綁住，花雲怒罵道：「賊奴！汝等現在綁我，我主日後必定為我報仇，把汝等剁成肉片。」說罷大叫一聲，掙斷繩索，奪下看守者的刀，連殺五、六個敵兵，復大罵道：「汝等不是我主的對手，還不趕快投降！」敵將大怒，將花雲綁到船桅上，亂箭齊射，直到死，花雲仍罵不絕口。院判王鼎、知府許瑗皆不屈而死。

陳友諒已克太平，便急於謀劃篡改年號，於是當船行至采石時，假裝派人前去向徐壽輝請示事宜，乘機將其殺死，對外假稱徐得暴病而卒。隨後以采石的五通廟為行殿，冒雨登基稱帝，定國號為漢，改元大義，以鄒普勝為太師，張必先為丞相，張定邊為太尉，並率舟師折返江州。陳友諒既已自定國號，遂派人聯合張士誠，共同進攻朱元璋。未等張士誠回音，便親自率軍從江州再次東下。

消息傳到應天，諸將議論紛紛。主降者有之，主棄城守鐘山者有之，主決一死戰者有之。朱元璋不同意這些人的意見，便將劉基召入內室問計。劉基說：「先殺掉建議投降和逃奔鐘山的人，便能打敗敵軍！」朱元璋問道：「先生將要獻出何計？」劉基說：「用兵之道，後發制於人。我軍以逸待勞，何患不勝。不如傾盡府庫，開通至誠，穩固人心。而後伏兵擊敵，戰而勝之，帝王大業，在此一舉。」朱元璋聽後大喜，於是轉身出來對眾將道：「敢再提投降和棄城者，必殺無赦！」隨後與大家一起研究作戰部署。

有人提出先攻取太平，朱元璋認為：「太平壕塹深固，且彼居上游，舟師十倍，猝難攻克。」有的提出由朱元璋親自率兵迎敵，朱元璋又說：「若出師迎敵於境外，彼以偏師綴我，我欲與戰，彼不交鋒，而以舟師順流下應天，半日可達，我步騎並回，百里趨戰，兵法所忌，皆非良策。」於是決定守城，誘敵深入，用計破敵。李善長問道：「剛才還擔憂敵之來侵，為何又要誘敵速至？」朱元璋說：「遲則二寇謀合（陳友諒與張士誠），為害益大，何以支？今先破此賊，則東寇膽落矣！」於是快馬告知胡大海從浙東直搗信州（今江西上饒），以牽制陳友諒的後路。又密召指揮康茂才（與陳友諒有舊交），讓他寫信給陳友諒，「約為內應，引

其快來」，同時假報城中虛實，使其兵分三路，以弱其勢。康茂才應聲說是，並跟朱元璋說：「我家有位老看門人，過去曾服侍過陳友諒，派他去送信，陳友諒一定會相信，不致生疑。」朱元璋同意。康茂才遂派老僕乘船，徑至陳友諒軍中，呈上書信。

陳友諒見信，深信不疑，問道：「康公今在何處？」看門人說：「現正駐守江東橋。」陳又問：「橋是什麼樣的？」答曰：「是木橋。」陳友諒聞聽非常高興，當即設宴招待看門人。在送看門人返回時，陳友諒又說：「你回去告訴康公，我到了就喊『老康』作為信號。」看門人應諾。康茂才將整個經過報告了朱元璋，朱元璋非常高興，說道：「陳賊已落入我的圈套了。」遂命令李善長迅速將木質結構的江東橋換成鐵石橋，第二天橋已告竣。正在這時有一個從陳友諒軍逃來的人，說陳曾探問新河口的道路。朱元璋又急忙派大將趙德勝速建橫跨新河口的虎口城，封鎖這一通道。又命令馮國勝、常遇春率帳前五翼軍三萬人，埋伏於石灰山兩側；徐達等人陳兵南門外，以楊璟駐軍大勝港；張德勝、朱虎率領水軍出龍江關外；朱元璋親自率大軍屯駐盧龍山（即獅子山，在城的西北隅）。命令拿旗的人，把黃旗藏在山的左側，把紅旗藏於山的右側，告誡他們：「敵至則舉紅旗；舉黃旗則伏兵齊起，各嚴陣以待。」

閏五月十日，陳友諒果然率大軍東下，楊璟整兵抵禦，港口特別狹窄，僅能容納三隻船一起進入。陳友諒見船隻不得並進，急忙率軍撤回大江，直趨江東橋，見橋是大石砌成，並不是木橋，甚感驚異，連呼「老康」，無人答應，乃知中計。即與其弟友仁率舟千餘趨龍江。先遣萬人登陸立柵，來勢十分兇猛。時值酷暑，天氣悶熱，朱元璋身穿紫絨甲衣，在傘蓋下指揮作戰，見士卒汗流浹背，即命去掉傘蓋。

眾人想馬上與敵接戰，朱元璋說：「天將下雨，待雨來乘機攻打敵軍。」說話時尚晴空萬里，須臾間，西北風起，黑雲翻滾，一聲悶雷後大雨如注。朱元璋命高舉紅旗，並令各軍乘雨拔除敵柵。陳友諒麾軍來爭，兩方兵馬剛接觸雨就停了。朱元璋又命舉起黃旗，鼓聲大震，馮國勝、常遇春伏兵四起，徐達也驅兵趕到，張德勝、朱虎水軍亦雲集而來。朱軍內外合擊，陳軍大敗潰逃，紛紛登舟。適值潮退，其舟擱淺，被殺和溺水而死

的無計其數，生擒七千餘人，劉世衍等皆降。陳友諒另乘小船逃遁。朱元璋命徐達、馮國勝、廖永忠等率軍追擊，至慈湖（即當涂北六十里）又焚其舟，陳軍四散逃命。追到采石，陳友諒整軍再戰，馮國勝以五翼軍衝擊敵陣，又大敗之。陳友諒率殘軍逃回江州。徐達所部乘勝收復太平。五月二十三日，胡大海也取得了攻克信州的勝利。是役由於朱元璋的速勝，張士誠驚恐之餘，未敢派兵助戰。

是年六月，朱元璋軍攻克安慶。七月，徐壽輝舊將於光、余椿，擊敗陳友諒部將辛同知，攻陷饒州（今湖北波陽），獻城投降朱元璋。九月，徐壽輝舊將歐普祥獻袁州（今江西宜春）降。

元至正二十一年（西元一三六一年）三月，陳友諒派部將李明道反攻信州，兩軍相戰至六月，胡大海復破之，生擒了李明道，押送應天。朱元璋釋放並任用了他。其時朱元璋準備西進征討江州、南昌，向李明道詢問陳友諒虛實。李明道說：「陳友諒謀殺徐壽輝後，將士們離心離德，政令也不統一，作戰驍勇的將領如趙普勝，被疑忌而殺，所以雖有眾，不足恃也。」於是朱元璋召集諸將說：「陳友諒殺主公冒用帝王的尊號，侵犯我之疆土，傷我之名將，觀其所作所為，不掃平他是不可以的。你們要各自激勵士卒，奮力作戰。」

八月十二日，朱元璋乘龍驤巨艦，督率水師，乘風逆流而上，征討陳友諒。二十日，進攻安慶（時安慶被陳友諒大將張定邊所奪），廖永忠、張志雄等奮勇當先，拔了水寨，進兵攻城，自旦至暮不下。劉基獻計說：「安慶城高而固，急切不能攻下，何若移師江州，破他巢穴。」元璋不待說畢，即下令撤圍，鼓舟西上。朱元璋軍行至小孤山，遇有數舟來降，舟中有兩員大將，一個叫傅友德，一個叫丁普郎。元璋召入，問明來歷，知是陳友諒部將，自然心喜，且見傅友德乃一英武奇才，即提拔為大將，命他仍率原舟，作為前導。沿途遇著江州巡兵，一概招降，稍有不服，立刻掃淨。結果朱軍一帆風順，徑達江州城下。

友諒聞報，尚疑是士卒誤傳，待至城外鼓角喧天，方知敵軍來到，慌忙整軍守禦。江州抱水依山，也是一座堅城，友諒之所以將其倚作巢穴，就是因為它易守難攻。當下兩軍一守一攻，相持兩日，城完如故。陳友諒稍稍放心，不想到了夜間，朱軍竟登城而入，帶著妻小，逃出城門，乘舟西上，直至武昌。原來朱元璋用劉基

的計策，密測城之高矮，令軍士在各艦尾搭造天橋，乘著暗夜，將船倒行，直逼城下，天橋與城樓相接，將士緣橋登城如履平地，不費力氣便殺入城中，友諒還以為是神兵天降，怎麼能不倉猝逃去？

八月二十五日，朱元璋進入江州，並乘勝攻拔南康（今江西星子）。與此同時，還分兵攻略蘄州（今湖北蘄春）、黃州（今湖北黃岡）、興國（今湖北陽新）、黃梅（今湖北黃梅）、廣濟（今湖北廣濟）等地，皆一一獲勝。

這時陳友諒行省丞相胡廷瑞守南昌，遣其部將鄭仁傑到朱元璋營表示願意投降歸順，並請求不要解散他的部下。朱元璋聽後面露難色，劉基暗中用腳踢朱元璋所坐之床，元璋恍然大悟，立即答應他們的要求，並賜書安慰說：「鄭仁傑到我這裡，說明你有歸附之意，這是你的明智之舉。至於所擔心你的部眾分與他人統管之事，請勿須多慮。我起兵已有十年，英雄豪傑，八方彙集而來。其中有能預知天時、料算事機的，均委以重任。前來投奔的人，也是想在世上建功立業，以留名後世。大丈夫相遇，相互間本應磊磊落落，一笑之間情投意合，洞察肺腑，所以應當推心置腹地相待，根據才能而任用。如果兵力少可增添兵力，地位低下，可提升官職，錢財缺少可多賞錢物，這是我對待將士的想法。如此我怎能拆散你的部下，辜負你前來投靠的一片心意呢？陳友諒對待部將就不是這種態度了，如像趙普勝這樣的驍將，仍因猜疑而被殺害。像這樣猜疑別人的人，怎能成大事呢？近來有龍江之役，長張、梁鉉、彭指揮等人來降，我把他們看成自己的部將，恩義均一，相互之間沒有半點嫌隙。所以長張攻破安慶，梁鉉等攻克江北，功業已相當卓著。像這些人，他們自己認為沒有再活下去的可能，我尚且如此厚待他們，更何況不勞一兵一卒，你就獻給一座完好無損的城池前來歸服呢！得失之機，成敗之利，其間不容一根毛髮，還是應該早定大計。」胡廷瑞接書後即派康泰前往江州投降。此後，陳友諒的部將余干吳宏、龍泉彭時中、吉安曾萬中和孫本利等人，聞聽南昌胡廷瑞已向朱元璋投誠，遂分別派人前來聯繫投靠事，朱元璋一一接見，好言相慰，納為己用。

元至正二十二年（西元一三六二年）正月，朱元璋親臨南昌，胡廷瑞率祝宗、康泰等人前來迎接拜見。朱元璋命鄧愈為江西行省參知政事，鎮守南昌。當時祝宗、康泰歸降並非本意，歸降後不久就謀劃叛亂，胡廷瑞將此事密報朱元璋。朱為防止事變，命祝、康率所部隨徐達一起攻打武昌。

二月，朱元璋率胡廷瑞返回應天。當祝、康軍行至女兒港時，公開反叛，回攻南昌，知府葉琛兵敗被殺，鄧愈逃回應天。徐達得知兵變消息，立即回師南昌，擒殺祝宗，南昌失而復得。康泰因是胡廷瑞的外甥，特別寬恕了他。朱元璋聞報，高興地說：「南昌遙控荊、越，是西南的屏障，得到南昌，等於去掉陳友諒的一隻臂膀，不是骨肉重臣是不可鎮守的。」遂命大都督朱文正統領元帥趙德勝、薛顯和參政鄧愈駐守南昌。

元至正二十三年（西元一三六三年）二月，陳友諒對自己的疆土日漸縮小，心中憤憤不平。於是開始大規模地製造艦船，積極準備東征。所造巨艦高數丈，外塗紅漆，分為上下三層，各層都置馬棚，下設板房作掩蔽之用，又造數十個大櫓置於板房中。上下層相互聽不到說話的聲音，櫓箱用鐵皮包裹，自以為堅不可摧，戰則必勝。

三月，張士誠部將呂珍聯合元軍進攻安豐（今安徽壽縣西南），劉福通請求朱元璋救援。朱元璋同徐達、常遇春率軍馳援，呂珍敗走，安豐克復。夏四月，陳友諒利用朱元璋赴安豐救難的機會，率六十萬大軍東下，進攻南昌。二十三日，陳友諒兵臨城下，將南昌城團團圍住。城中守將朱文正緊急部署防守事宜。命鄧愈鎮守撫州門，趙德勝鎮守官步、士步、橋步三門，薛顯守章江、新城二門，牛海龍等鎮守琉璃、澹台二門，朱文正自己坐鎮中央，指揮調度各路兵馬，四處往來，互相策應。

二十七日，陳友諒親自督兵攻打撫州門，陳軍士兵各拿箕狀盾牌，用來抵擋城上射來的飛箭流矢，極力進攻，城毀壞二十多丈。鄧愈以火銃擊退敵兵，隨即樹立木柵，敵兵前來爭奪木柵，朱文正督促諸將死戰，一面拒敵，一面修築城牆，一夜之間全部修好。但是李繼光、牛海龍、趙國旺、許珮、朱潛、程國勝等將領全都戰死。五月八日，陳友諒再次進攻新城門，薛顯率領精銳士卒開門迎戰，斬殺敵將劉震昭，擊退敵兵。六月十四日，陳友諒增修進攻所用兵器，想破柵後從水路入城。朱文正派勇士用長槊從柵欄內刺殺敵軍，敵奪槊而進。

文正又命人將鐵戟、鐵鉤用火燒紅，穿柵刺敵，敵來奪，手皆灼爛。陳友諒用盡所有攻擊辦法，而城中備御有方，木柵巋然不動。陳軍又去攻打宮步、士步二門。

守將趙德勝巡城至宮步門樓指揮，被敵流箭射中，箭頭入體內六寸，趙奮力拔箭，拍著大腿嘆道：「我自從三十歲從軍，被流箭飛石打傷多次，沒有一次像現在這麼嚴重，是天意啊，只恨不能跟隨主上掃清中原了！」說完大叫一聲死去。南昌被圍既久，內外隔絕，朱文正見形勢危急，派千戶張子明告急於應天。朱元璋詢問陳友諒兵力情況，張子明答道：「兵勢雖然強盛，但戰死的人很多。現在江水日益乾涸，對巨艦行動不利。且師久糧乏，援兵至，必可破敵。」朱元璋讓張子明趕快回去向朱文正報告，再堅守一個月，援兵即到。張子明返回時，在鄱陽湖口被陳軍所擒。陳友諒逼令他到城下誘降。子明表面答應，到城下後大聲呼道：「主上令諸公堅守，大軍且至矣！」陳友諒怒而殺之。朱文正等將領聽到這一消息，守城的決心更加堅定。

是年七月六日，朱元璋親率徐達、常遇春、廖永忠、俞通海、馮國勝諸大將，及劉基、陶安等人，舟師二十萬，刻期出發，浩浩蕩蕩，順江而上。七月十六日，進駐湖口（鄱陽湖入長江之口）。朱元璋先派指揮戴德以一軍屯於涇江口（今安徽宿松縣西南百里，濱於長江處），另以一軍屯南湖嘴（九江東四十里臨彭蠡湖口），以斷陳友諒歸路；又派人調信州兵守武陵渡（今南昌東南西洛水入武陽水之口），以防其奔逸。從朱元璋以上部署，可見其在鄱陽湖聚殲陳友諒軍的雄心壯志。

截至七月十九日，陳友諒圍困南昌共八十五天，及聞援軍將至，乃撤南昌之圍，東出鄱陽湖以迎敵。朱元璋率諸軍由松門（今江西都昌縣南二十里）入鄱陽湖。七月二十日，兩軍相遇於康郎山（江西余干縣西北八十里鄱陽湖南涯）。陳友諒將巨舟一字排開，擋住朱軍去路。朱元璋見狀對將士說：「彼巨舟首尾相連，不利進退，可破也。」遂命舟師編為十一隊，火器、弓弩依次鱗列，並告誡諸將說：「我軍靠近敵船時，先發射火器然後再用弓弩，等到接觸敵船時就用刀劍等短兵器攻擊敵兵。」

二十一日，徐達、常遇春、廖永忠、俞通海等進兵搏戰。徐達身先士卒，擊敗陳軍前鋒，殺死一千五百餘

人，並繳獲一艘巨艦，士氣大振。俞通海乘風發射火炮，焚燒敵船二十艘，被殺和溺水而死的無計其數。徐達搏戰良久，大火延及己舟。他邊撲火邊與敵相戰，敵艦乘機襲來，朱元璋派舟增援，經過苦戰敵兵方退。不久，陳友諒的驍將張定邊奮力衝向前來，進攻朱元璋的戰船。朱元璋所乘之船這時已被淤泥膠住，動彈不得，遂被陳軍重重圍住。程國勝手提利劍，大聲呵斥，和陳兆先一起奮力拒敵。牙將韓成進見朱元璋說：「古人殺身以成仁，我不敢吝其生，願替主上死。」說完穿上朱元璋的衣服，投水而亡。陳軍以為朱元璋已死，攻勢稍減。當此危急時刻，常遇春一箭射中張定邊，俞通海、廖永忠飛舸來擊，張定邊之舟方才退去。

朱元璋的船也因通海、永忠之舟驟來，水急浪湧，脫出淤泥，離開險境。俞通海、廖永忠用快船追擊張定邊，張定邊奪路而逃，身上中箭百餘處，陳軍戰船亦迅速退卻。時至傍晚，朱元璋鳴金收兵，召集諸將申明約束，喻以生死利害。同時，朱元璋考慮到張士誠進攻安豐得手，並擊敗割據杭州的楊完者，自稱吳王於平江，其勢大張，為防其偷襲，命徐達撤離鄱陽，還守應天。

七月二十二日晨，朱元璋鳴角集師，親自布陣，再次與陳友諒決戰。陳友諒將大船連鎖在一起排成長陣，旌旗樓櫓，望之如山。朱軍船小仰攻，屢屢受挫，形勢極為不利，張志雄、丁普郎、余昶、陳弼、徐公輔等戰將先後陣亡。朱元璋連失愛將，十分惱火，親自督戰，斬隊長十餘人，仍無效果。部將郭興進言道：「非將士不用命，實舟小不敵，非用火攻不可。」朱元璋認同，便命令常遇春等調來漁船，載滿蘆荻，雜以火藥、膏油。又在七隻小船上用草紮成假人，飾以甲冑，手執兵器，像是準備與敵戰鬥的樣子。

下午四時，颳起東北風，朱元璋讓敢死隊員操縱小船在前，而以載草大船在後，急速向陳軍船隊駛去。將要接近敵船時，乘風放火，風急火烈，迅速燃及敵船，片刻之間，陳軍數百隻戰船變成一片火海，鄱陽湖水也被映得通紅。直燒得陳軍士卒哭爹喚娘，紛紛落水，不是燒死，就是淹亡。朱元璋乘勢擂起戰鼓，朱軍人人奮勇爭先，陳軍死傷甚眾。陳友諒的弟弟陳友仁、陳友貴、平章陳普略等皆被燒死，陳友諒因此非常氣餒。

翌日，朱元璋通諭諸將說：「友諒戰敗氣沮，亡在旦夕，今當併力，一舉將其擊滅。」朱軍將士摩拳擦掌，躍躍欲試，當即向陳軍進攻。陳友諒發現朱元璋所乘之船的桅杆是白色的，於是集中兵力攻擊。朱軍拚力相抗，雙方互有死傷。朱元璋知道後，連夜將所有船隻的桅杆全部漆成白色，使敵無法辨認。二十四日，陳軍再次聯舟進攻，其巨艦運動困難，朱軍以小船靈活機動地打擊敵人，殺傷士卒甚多。搏戰自辰至午，陳友諒軍大敗，遺棄旗鼓器仗浮蔽湖面。

陳友諒屢戰不利，想要退守鞋山（即大孤山），但為朱軍所扼，於是斂舟自守，不敢再戰。朱軍諸將欲退師休整，朱元璋說：「兩軍相持，先退不利。」俞通海以湖水淺，請移舟扼江上流，劉基也提出應移軍湖口。朱元璋聽從了他們的意見。因水路狹窄，船隻不能並進，又怕白天開進為敵所乘，於是朱元璋夜間行進，在船上放個燈籠，相繼渡水。這樣天明時朱軍船隻全部撤至左蠡（今江西昌都西北鄱陽湖岸）。陳友諒也移船出湖，停泊在渚磯（即星子南七十里當鄱陽湖之西渚）。

兩軍相持兩日，陳友諒之左右執金吾將軍投降了朱元璋，友諒兵力益衰。朱元璋見其避戰，遂派人送信給他。信中講道：「你憑藉船大與我對峙，但已損兵折甲。以你平日的強橫兇殘，應當親自出來同我決一死戰，為何卻緩緩跟在後面，好像是聽我的指揮，難道你不是大丈夫嗎？」陳友諒接到書信後大怒，將使者扣留，並將俘獲朱軍士卒全部殺死。朱元璋聞悉，馬上下令將所俘陳軍士卒全部釋放，傷病者給以醫治。並通知部隊，以後俘敵將士，都不能殺死。另外還祭奠陳友諒的弟弟及死難將士，以此作為攻心之戰。同時，命令常遇春率舟師橫截湖面，阻其歸路，又以一軍立柵於岸，控制湖口。

十五天過去了，陳友諒一直不敢出兵。朱元璋再次寫信給他說：「過去你我之船相對著停泊在渚磯，我曾派人前去送信，現在仍然不見使者回來，你的度量太淺了！大丈夫謀取天下，哪有什麼私仇，自從辛卯以來，天下豪傑紛紛舉起義旗……江淮英雄，只有你和我，為什麼要自相吞併呢？你的弟弟、侄兒和一些部將都已戰死，你還逞什麼威風呢？你的土地，我已經得到了，即使你竭盡全力指揮殘兵敗將決一死戰，也不可能再奪回去了。假如你能僥倖逃走，也應修身養性，不要再作出一副欺負人的樣子。去掉帝王的名位，而真心對待主

公，不這樣，將會喪家滅姓，後悔晚矣。」陳友諒看過書信，沒有作聲，但心裡更加憤恨。當時陳軍糧草已經耗盡，派軍到南昌去劫掠糧食，朱文正派兵火燒其船，使其形勢益發困難。當時朱元璋軍水陸兩處紮營，在江的南北兩岸排設柵欄，水營之中設置了火船、火筏，嚴陣以待。

八月二十六日，陳友諒勢窮力蹙，進退失據，再也支撐不下去了，於是冒死突圍，繞道江的下流，欲從江中禁區逃走。朱元璋指揮各路兵馬乘機追殺，用火船、火箭、火筏衝擊陳軍，陳軍船隻四散逃奔，朱軍一直追殺了數十里，自辰至酉，搏戰不已。及至涇江口，朱軍預設之伏兵四起，又將其擊敗。便有降卒來告：陳友諒已在舟中中流矢而死。朱軍聞之，歡呼雀躍，鼓噪出擊，遂擒其太子陳善見、平章姚天祥等。

八月二十七日，陳友諒的平章陳榮悉舟師來降，得士卒五萬餘人。只有張定邊乘夜以小舟載陳友諒屍及其子陳理逃向武昌，復立理為帝。戰役結束後，朱元璋對諸將說：「此賊亡，天下不難定矣！」又私下對劉基說：「我不當有安豐之行，假使陳友諒乘我出，應天空虛，順流而下，我進無所成，退無所歸，大事去矣。今友諒不攻應天，而圍南昌，計之下者，不亡何待！乃知天命有所歸也。」

鄱陽湖之戰既勝，諸將多勸朱元璋乘勝直搗武昌，朱元璋不從，遂於九月一日，自湖口還於應天。一面論功行賞，一面經理應天防禦。命李善長、鄧愈協助徐達守應天，自己於九月十六日復率常遇春、康茂才、廖永忠、胡廷瑞等，馬步車舟，水陸並進，西向武昌，征討陳友諒之殘餘勢力。十月七日，諸軍抵達武昌，即命常遇春等分兵四門，立柵圍之。又於江中聯舟為長寨，以絕其出入之路。並分兵向漢陽、德安（今湖北安陸）進攻。湖北諸郡皆降。十二月一日，朱元璋以張定邊、陳理等已成甕中之鱉，不足為患，而張士誠猖獗於東南，乃命常遇春總督諸將固守營柵，作久圍長困之態，並囑之曰：「敵猶孤獨處牢中，欲出無由，久當自服，若來衝突，慎勿與戰，宜堅守營柵以困之，不患其城不下也。」囑畢，自還應天。

元至正二十四年（西元一三六四年）正月初一日，朱元璋應諸將之請，在應天即吳王位，建百司官署，置中書省左右相國，以李善長為右相國，徐達為左相國，常遇春、俞通海為平章政事，立長子朱標為世子，

仍以龍鳳紀年，百官皆有封賞。二月一日，吳王朱元璋因武昌久圍不下，復親往視師。十七日至武昌，即命諸將攻城。

朱元璋見城東有一座高冠山，登及山頂，可以俯瞰城中一切，陳軍已事先派人駐守。為收地形之利，便對諸將說：「誰能為我奪之！」傅友德當即請纓，率五百壯士衝上山去。傅身先士卒，衝在最前面，臉上中了一箭，肋下又中了一箭，毫不氣餒，一鼓作氣奪下高冠山，眾人全都歎服他的勇敢。當夜陳軍大將陳同僉，驍勇敏捷，善使一桿長矛，騎馬衝入軍帳之中，朱元璋正坐在床上，大聲疾呼：「郭四，替我殺死賊人！」郭英聞聲而起，執槍奮臂大喝一聲，將敵刺落馬下。朱元璋解下身上紅袍，賞賜給他，並稱其為：「典韋再生，敬德重現。」一波剛平，一波又起。就在這時，探子進帳報告，說陳友諒的丞相張必先率潭州、岳州士兵來援，已到夜婆山。吳王大吃一驚。原來張定邊見武昌危急，暗中派人，縋城而出，奔赴岳州，請張必先救援。張必先率軍前來，屯紮於洪山（即武昌東二十里）江面觀望，未敢輕進。吳王得知這一消息，急命常遇春率精兵五千前去截擊。常乘其立足未穩，一舉將其擊敗，生擒了張必先。

張必先驍勇善戰，綽號為「潑張」，武昌依以為重。吳王將張必先綁至城下，告訴城上守軍說：「你們一向倚仗的張必先，已被我軍擒獲，還有何人可賴？趕快投降吧！」張必先也大聲喊道：「我現在已到如此地步，事情不會逆轉，你們應趕緊歸降，方為上策。」張定邊被氣得說不出話來。幾天之後吳王朱元璋又派陳友諒舊部羅復仁進入城中，告訴陳理說：「如前來投降，當可不失富貴。」陳理表示懷疑，羅復仁出城對朱元璋說：「主上實施好生之德，恩惠一方，使陳氏這根獨苗能存留下來，那麼我就是丟掉性命，也死而無憾。」朱元璋說：「我的兵力不是不夠，所以長期圍困這裡，就是要讓他們自己前來歸降，以免傷害生靈。你再去一次，一定不負你之勞。」羅復仁來到城下大聲號哭，陳理感到有些意外，於是放他進城。羅復仁將朱元璋的意見轉告陳理，言辭誠懇親切。當時陳理手下將士謀略沒有能超過張定邊的，張定邊也知道不能堅持多久，於是決定舉城投降。

二月十九日，陳理面縛銜璧，率張定邊等人到軍門投降，陳理俯伏在地，顫慄不已。吳王見他年紀幼小，拉著他的手說：「我不怪罪你，不要害怕。」遂派太監入宮，傳達自己的命令，撫慰陳友諒的父母，凡是府中的資財物品，陳理均可取用。隨後將其文武官員依次遣送出門，他們的妻子兒女也得資助行裝跟隨。從至正二十三年（西元一三六三年）九月朱軍圍困武昌城起，到至正二十四年（西元一三六四年）二月陳氏殘餘勢力獻城投降止，長達半年時間，朱軍沒有擅入城內，城中平靜的樣子好像沒有戰事。待武昌城下時，城內百姓已發生飢荒，吳王見此情形，忙命人發放糧食，賑濟貧民，對城中父老進行安慰，人們都很高興。附近漢、沔、岳等郡縣聽說後也都相繼歸降。吳王朱元璋當即設立湖廣行中書省，命樞密院判楊璟為參政，鎮守武昌。封陳理為歸德侯。江西行中書省把陳友諒曾用過的用金子做的龍床進獻給吳王。吳王仔細觀看一下後對侍臣說：「這和五代時蜀國國君孟昶用過的七寶溺器有何區別！一張床如此精工巧做，其他的東西不是可想而知嗎？陳友諒豪華奢侈到這種程度，怎能夠不滅亡呢？」當即命人將金床銷毀。

吳王朱元璋克復武昌後，採取了兩項重要戰略行動：一是略取廬州；一是略取襄漢。前者為「淮右噤喉，江南脣齒，自大江而北出，得合肥，則可以西問申蔡，北向徐壽，而爭勝中原」。後者為「跨連荊豫，控扼南北」，「北通汝洛，西帶秦蜀，南遮湖廣，東瞰吳越。欲退守江左，則襄陽不如建鄴；欲進圖中原，則建鄴不如襄陽；欲御強寇，則建鄴、襄陽，乃左右臂也」（上述引語見《方輿紀要》）。為此，朱元璋在武昌城下不久，即向長江中上游發展，控制荊湘地區。同時揮兵東向，先後消滅張士誠、方國珍等割據政權。然後北進中原，與元軍決戰，於西元一三六八年消滅元朝政權，建立大明王朝。

元末農民起義爆發後，在江淮河漢之間逐漸形成了陳友諒、朱元璋、張士誠、方國珍等割據集團，其中尤以陳友諒的勢力最為強大。陳友諒自恃勢大，想吞併朱元璋等，主動挑起戰爭。朱元璋面對陳友諒、張士誠的兩面夾攻，集中兵力，重點抗擊陳友諒，用六年時間削平陳氏，然後東向進擊張士誠、方國珍，漸次剷除各割據勢力，再北伐中原，擊垮元朝政權，建立明朝。陳朱之戰是元末最激烈、最殘酷的軍閥混戰之一，特別是鄱

陽湖戰役，其緊張慘烈的程度，是朱元璋討伐其他軍閥作戰中所沒有過的。陳朱之爭，以陳友諒的徹底慘敗而告終。究其原因，主要是陳友諒政治上目光短淺，軍事上不善用兵；就其個人品格來說，他仍未脫離草頭王的本質，如奢侈腐化，剛愎自用，驕傲輕敵，猜忌嗜殺等。而朱元璋則與其相反，他在兩強夾擊中，善於審時度勢，運用謀略，被動變為主動，劣勢變為優勢，每戰占有先機，事事胸有成竹，從而以弱小之兵，戰勝強大的敵人。另外，朱軍紀律嚴明，指揮統一，兵精將勇，也是其取勝的重要因素。

吳三桂挑起三藩亂

愛紅顏，衝冠一怒賣江山；洩私憤，南征北戰為鷹犬；蓄異志，割據西南成一統；擅稱帝，刀光血影亂江南。

明朝末年宦官專政，政治混亂，內憂外患十分嚴重。一方面，封建土地所有制迅速發展，地主階級與農民的矛盾日益尖銳，農民起義此起彼落；另一方面，位於東北地區的清朝勢力迅速崛起，直接威脅到明王朝首都北京的安全。

明崇禎十七年（西元一六四四年）三月十九日，李自成農民起義軍攻進北京，崇禎皇帝自縊而死，腐朽的明王朝終於被推翻。當時駐守在山海關一帶抗阻清軍的吳三桂，出於一己私憤，勾結清軍入關，擊敗李自成起義軍。隨後入主北京的大清王朝，實行以漢制漢的政策，封吳三桂為平西王，使徇川滇；封孔有德為定南王，使徇廣西；封尚可喜為平南王，使徇廣東；封耿仲明為靖南王，使徇福建，這裡使徇有攻占、占領之意。此四人皆為明室降將，為清廷消滅各地起義軍和明朝殘餘勢力，效盡了犬馬之勞。後來，定南王孔有德與子孔廷訓戰死於桂林，清朝所封四王，僅餘其三，史家稱為「三藩」。

吳三桂，字長白，又字月先，明萬曆四十年（西元一六一二年）生於遼西中後所。生母姓氏不詳，繼母祖氏，為遼西豪族祖大壽的妹妹。其祖父原居安徽徽州，後因販馬，「流寓遼東」。其父吳襄，初為明軍低階軍官，後因軍功升為總兵。三桂自幼習武，弓馬嫻熟，十七歲中武舉，在舅父祖大壽手下任低階軍官，二十歲升

為游擊將軍，二十三歲升為參將，至崇禎十一年（西元一六三八年）被破格提拔為副將。第二年又被朝廷任命為寧遠總兵，是繼袁崇煥、祖大壽之後，第三個鎮守寧遠的封疆大吏。

崇禎十四年（西元一六四一年），明軍在松山（今遼寧錦縣西南）被清軍擊敗，洪承疇、祖大壽被俘投降，吳三桂遂成為明軍在遼西的實際統帥。其間，清政權多次勸降，許以高官，均不為所動。西元一六四三年春，吳三桂奉命馳援京師，受到崇禎皇帝的接見，賜尚方寶劍，寄以重託。五月，納京城名妓陳圓圓為妾。旋因邊事緊急，留圓圓於其父吳襄家，自回任所。

西元一六四四年正月，李自成義軍進兵京師，吳三桂奉命勤王，軍至山海關，京師已陷，崇禎自盡，遂滯留不進，徘徊觀望。三月二十八日，李自成派人前來招降，三桂「忻然受命」，決定率師歸附，並命全軍縞素，為崇禎皇帝治喪舉哀，而後起行。至永平（今河北盧龍縣），遇見從北京逃出的家人。三桂詢問家中情況，家人告其父被捕，三桂毫不在意。又告陳圓圓為劉宗敏所奪，三桂不禁勃然變色，怒髮衝冠，咬牙切齒地說：「大丈夫不能保一女子，有何面目見人耶！」當即下令停止前進，揮師東向，一路擄掠，返回山海關。這才是「慟哭六軍俱縞素，衝冠一怒為紅顏」。

吳三桂回到山海關後，即給清攝政王多爾袞寫信請兵。信中說：「三桂初蒙我先帝拔擢，以蚊負之身，荷遼東總兵重任，王之威望，素所深慕。但春秋之義，交不越境，是以未敢通名。人臣之誼，諒王亦知之。今我國以寧遠右偏孤立之故，令三桂棄寧遠而鎮山海，思欲堅守東陲而鞏固京師也。不意流寇逆天犯闕，以彼狗偷烏合之眾，何能成事？但京城人心不固，奸黨開門納款，先帝不幸，九廟灰燼。今賊首僭稱尊號，擄掠婦女、財帛，罪惡已極，誠赤眉、綠林、黃巢、祿山之流，天人共憤，眾志已離，其敗而可立待也。我國積德累仁，謳思未泯，各省宗室如晉文公、漢光武之中興者，容或有之；遠近已起義兵，羽檄交馳，山左、江北，密如星布。」

「三桂受國厚恩，憫斯民之罹難，拒守邊門，欲興師以慰人心。奈京東地小，兵力未集，特泣血求助。我

國與北朝通好二百餘年，今無故而遭國難，北朝應惻然念之，而亂臣賊子，亦非北朝所容也。夫除暴翦惡，大順也；拯順扶顛，大義也；出民水火，大仁也；興滅繼絕，大名也；取威定霸，大功也。況流寇所聚，金帛、子女不可勝數，義兵一至，皆為王有，此又大利也。王以蓋世英雄，值此摧枯拉朽之會，誠難再得之時也。乞念亡國孤臣忠義之言，速選精兵，直入中協西協，三桂自率所部，合兵以抵都門，滅流寇於宮廷，示大義於中國，則我朝之報北朝者，豈惟財帛？將裂地以酬，不敢食言。本宜上疏北朝皇帝，但未悉北朝之禮，不敢輕瀆聖聰，乞王轉奏。」

當時清太宗皇太極已故，年幼的順治皇帝剛剛登基，多爾袞為攝政王，掌管朝廷大事，他接信後，立即召集多鐸、阿濟格、恭順王孔有德、懷順王耿仲明、智順王尚可喜及范文程、洪承疇等一大批滿漢蒙將領進行討論。然後統率十萬清軍出關，連同吳三桂的五萬遼軍，浩浩蕩蕩殺奔北京。一舉擊敗李自成的農民起義軍，大清王朝定都北京。吳三桂被封為平西王。此後清廷對吳三桂寵信有加，命他統率大軍，東征西討，去消滅各地農民起義軍和明朝殘餘勢力。

順治二年（西元一六四五年），西入甘陝，追擊李自成起義軍，於湖北襄陽將其剿滅；順治五年，進入四川，移鎮漢中，八年剿滅張獻忠起義軍；十五年入貴州，擊敗南明李定國軍；十六年攻下雲南，旋入南寧，圍剿南明永曆帝朱由榔；十八年捕捉逃到緬甸的朱由榔，並平息雲南土司之叛。由此可見，吳三桂在清王朝統一全國的過程中甘當鷹犬，為清廷效盡了犬馬之勞的同時也成為割據一方的大軍閥。

當初吳三桂統兵由陝甘入川滇，路途遙遠，交通不便，通信不暢，清廷乃假以便易行事，讓雲貴兩省督撫皆受其節制。凡財賦兵馬及設官用人之權，全部由吳三桂做主，朝廷吏、戶、兵三部不得過問，儼然一個獨立王國。這時耿尚二藩王各統十五佐領（清軍編制，每佐領統兩百甲，每甲五丁，共有正兵千人、副兵千人、伕役數倍於兵數，故一佐領相當於今之一旅之兵力），此外又各有綠旗兵六七千人，丁口各約兩萬。總計起來，他們各自所擁有的兵力不下十六萬之數。而吳三桂則擁有漢軍旗五十三佐領，綠旗兵一萬兩千人，其兵力數倍

於耿尚。合三藩之兵，每年需俸銀兩千萬兩（平均每人年俸三十兩），糧兩百萬萬石，要耗去清政府全年總收入的一半以上，江南各省賦稅皆歸三藩提調依然不夠用。

康熙六年（西元一六七七年），吳三桂自感人事上之不安，乃以目疾為辭，將任免官吏之權歸還吏部，但對兵餉的要求卻有增無減。常自派使者至西藏，設茶、馬互市，以自徵關稅；更課賦於各土司，以充實其私囊；同時還私開礦山、私鑄銀錢，入於藩庫之中。

一開始，三桂的本意只不過是貪戀權勢，保其祿位，並無反清意圖，後來隨著地位的鞏固，生活上的奢侈腐化，政治上的野心也隨之膨脹起來。吳三桂晚年在昆明，把明永曆帝五華山舊宮變為自己的藩王府；將明故國共沐恩波之七萬畝莊園，變成藩王別墅。一時間蒙古、新疆名馬，充實藩王之廄；奇珍異寶，流入藩王之庫；「四面觀音」、「八面觀音」等美女，集於藩王後宮，使得著名美女陳圓圓失寵退位，到尼姑庵削髮為尼。這時他認為以雲貴為基地，進可以謀取中國，退可以自為帝業，因而更加驕奢淫佚，專橫跋扈，根本不把北京皇室放在眼裡。清廷對吳三桂也是如骨鯁在喉，必欲除之而後快。

康熙十二年（西元一六七三年）春，粵藩尚可喜與其子尚之信互不相容，便託辭年老，不克守邊，請准其歸還遼東，留尚之信襲爵守邊。康熙皇帝早就認為三藩擁兵南陲，尾大不掉，是為國家隱憂，遂當即准其父子俱還遼東海城故鄉，是謂撤藩之命。

吳三桂初聞撤藩消息，頗為震驚。後來又一思量：尚可喜教子無方；長子之信，淫洶恣橫，不得留鎮，自罪有應得。而自己是開國元勛，功高尚氏，實力尚氏也比不上，何況康藏回疆尚未平定，沙俄乘勢侵犯北邊，清廷更該留住自己鎮守西南。於是，三桂決定以爭取皇帝的信任，穩固自己的地位為由，相約閩藩耿精忠同時上疏，請求撤藩安插，藉以窺視朝廷真意。

康熙皇帝接奏疏後，召開御前會議，許多王公大臣都主張慰留，只有戶部大臣米思翰、兵部尚書明珠、刑部尚書莫洛主張撤藩。他們認為：「天下財賦之半耗於三藩，天下兵員之半統於三藩，彼又私自開山鑄錢，截

關稅購買蒙古馬群，厚自封殖，奢於皇帝，是撤藩亦反，不撤藩亦必反，不如從其所請，為先發制人之計。」康熙皇帝因而決策說：「藩鎮久握重兵，猶如人體養癰，若不及早除之，何以善後？況其勢已成耶？撤亦反，不撤亦反，不若先發制之。」於是乃下撤藩之詔。並令禮部左侍郎折爾肯、學士傅達禮前往雲南催促吳三桂上路；命戶部尚書梁清標往廣東、吏部侍郎陳一炳往福建，處理粵、閩二藩啟行事宜。又因雲南地處邊陲，撤藩後需加強控制，特增設雲南總督，以鄂善任之。由於康熙皇帝此次撤藩準備不充分，急於成行，於是激起了三藩叛亂。

當初，吳三桂自負功高，以為清廷必不會奪其封土，所以才上疏請求撤藩，直到朝廷撤藩令到，跟他的想法有所出入，因此一怒之下，決定謀反。但是以什麼名義造反呢？這讓他非常困擾。想以反清復明為號召，他卻親自弒殺了永曆帝朱由榔，但不以復明為號召，又會招天下唾罵，思來想去，不得其解，便決定先撤至中原而後發難。

因此他表面上對詔命恭順，暗地裡積極部署，並不斷拖延行期。偏偏雲南巡撫朱國治卻不知好歹，三天兩頭來催問行期一下子惹惱了吳三桂，遂於康熙十二年十一月二十一日，逮捕並處死朱國治，自稱大明天下都招討兵馬大元帥，公開起兵反清。

並檄告天下說：「原鎮守山海關總兵官，今奉旨總統天下水陸大元帥，興明討虜大將軍吳，檄天下文武官吏軍民人等知悉：本鎮深叨大明世爵，統鎮山海關。惟時李逆倡亂，聚賊百萬，橫行天下，旋寇京師。痛哉，毅皇列後之賓天！慘哉，東宮定藩之顛踣！文武瓦解，六宮紛亂，宗廟邱墟，生靈塗炭，臣民側目，莫敢誰何。普天之下竟無仗義興師勤王討賊者，傷哉國運，夫復何言？本鎮獨居關外，矢盡兵窮，淚乾有血，心痛無聲！不得已，歃血訂盟，許虜藩封，暫借夷兵十萬，身為前驅，斬將入關，李賊逃遁。夫君父之仇，不共戴天，必親擒賊帥，獻首太廟，始足以對先帝之靈，幸而渠魁授首，方欲擇立嗣君，繼承大統，封藩割地，以謝滿酋，不意狡虜逆天背盟，乘我內虛，雄據燕京；竊我先朝神器，變我中華冠裳。方知拒虎進狼之非，莫挽抱

薪救火之誤。本鎮刺心嘔血，追悔靡及，將欲反戈北伐，掃蕩腥羶，適遇先皇之三太子，太子年甫三歲，刺服為記，寄命託孤，宗社是賴。姑飲血隱忍，未敢輕舉，故避居窮壤，養晦待時，選將練兵，密圖興復，迄於今日，蓋三十年矣。茲者虜酋無道，奸邪高張，道義之儒，悉處下僚，斗屑之輩，咸居顯職，山慘水愁，婦號子泣，以致彗星流隕，天怒於上；山崩土裂，地怨於下。本鎮仰觀俯察，是誠伐暴救民順天應人之日。爰卜甲寅之年（康熙十三年）正月元旦，恭奉太子，祭告天地，敬登大寶，建元周啓。」

吳三桂的這篇討清檄文，巧言偽飾，謊稱起兵是為報君仇，把當漢奸說成是忍辱負重，弒殺永曆帝事卻避而不談。為了矇蔽部下，他又厚顏無恥地說：「為故君復仇，須先謁故君之陵，以別故君。別故君，當以故君衣冠見。」並指著自身說：「我先朝曾有此冠乎？我先朝曾有此衣乎？老臣且易服以祭，諸君共預圖之。」然後來到永曆陵前，戴上方巾，穿著素服，再拜痛哭，伏地不起。於是其軍皆哭，聲震如雷，人情激憤。隨後三桂下令舉兵北伐。

十二月初三日，吳三桂檄書到京，舉朝震動，不知所措。大學士索額圖請誅建議削藩之臣，以削三桂，康熙皇帝不准。只好派人馳詔閩粵，勿撤耿尚兩藩。並命各地駐軍將領，各率精兵向湘、川馳進增防。命荊州都統巴爾布增防常德；命武昌都統珠滿增防岳州；西安將軍瓦爾喀率部速赴四川；命直、魯、豫、晉各都督率軍馳西安、漢中、安慶、兗州、鄖陽、汝寧、南昌等地，聽候調遣。命順承郡王勒爾錦為寧南靖寇大將軍，率領滿漢諸將進討吳三桂。為瓦解叛軍軍心，又讓新安處士謝四新作詩揭露三桂之檄文，詩曰：

李陵心事久風塵，三十年來詎臥薪？
復楚未能先覆楚，帝秦何必又亡秦？
丹心已為紅顏改，青史難寬白髮人。
永夜角聲悲不寐，哪堪思子又思親。

吳三桂閱讀此詩，卻不覺得氣餒。

吳三桂既舉兵反叛，清貴州巡撫曹申吉、提督李本森，雲南提督張國柱皆響應之，遂據有雲、貴兩省。於是派其部將王屏藩率軍由貴州北取四川；遣馬寶為大軍先鋒，由貴州向湖南前進。康熙十三年（西元一六七四年）正月，令張國柱、龔應麟、夏國相各軍相繼出湖南。清湖南提督桑額自澧州（今湖南澧縣）逃往湖北宜昌；清湖南巡撫盧震亦放棄長沙。而清將巴爾布、碩岱、珠滿等於二月初才率兵進至荊州、武昌，皆畏縮不前。於是常德、長沙、岳州（今湖南嶽陽）、澧州、衡州（今衡陽）等重鎮全都落入叛軍之手。這時清廣西將軍孫延齡、提督馬雄，清四川巡撫羅森、提督鄭蛟麟、總兵譚洪、吳之茂，清襄陽總兵楊來嘉皆叛清響應，雲、貴、川、湘及廣西五省俱歸三桂掌握。

其時閩藩耿精忠聞吳三桂起兵，又得傳檄及遊說，亦於是年三月據閩響應。耿精忠關押了福建總督范承謨，一邊約據守台灣的鄭經（鄭成功之子）出兵潮惠（今廣東省東部）；一邊自稱大明總統兵馬大將軍，派總兵曾養性率軍出東路，進攻浙江之溫（永嘉）、台（臨海）、處（麗水）、紹興等府縣；派總兵白顯忠率軍出西路，進攻江西之廣信（上饒）、建昌（南城）、饒州（鄱陽）等府縣；派都統馬九玉率軍出中路，進攻浙江之金華、衢州、杭州等府縣。這樣，福建全省及浙江、江西兩省之大部陷於耿精忠之手。

吳三桂在滇，聞湖南已定，乃自雲南啟行，親赴常德、澧州督戰，招苗猓土司以助其軍鋒，伐湘西山木製造樓船巨艦，鑄滇銅為錢，轉川湖之粟。廣布羽書，號召天下，聲勢所趨，咄咄逼人。但這時吳三桂害怕其在京任官的兒子被誅，欲與清朝保留講和餘地，先割江南而有之，不為乘勝北伐之計。因此派其將吳應麟作堅守岳州之準備，於岳陽城外築壕三道，掘陷坑，植鹿角，並於洞庭湖口攢立梢樁，以拒舟艦。

至於澧州、石首、華容、松滋等城，亦皆布重兵以為犄角，下令諸將，不許北進，同時托西藏達賴喇嘛向清廷說和。當時清朝各提督已率兵聚集於荊州、襄陽、武昌、宜昌一帶，在寧南靖寇大將軍勒爾錦統帥下，各據地為守，不敢渡長江以攖其鋒。三桂諸將有的建議疾行渡江，以全力進攻畏縮之清兵，一戰而勝之；有的建

議大軍沿江東下，攻取南京，以扼運河，絕清南北糧道。這些好的意見三桂皆不採用，相反卻分兵東攻江西，西出四川，北攻陝西。鑑於三桂上述表現，可以看出，他在骨子裡，並非真的要推翻清王朝，起兵造反不過洩一時之憤而已。割據一方，稱王稱霸才是他的根本目的。

就在吳三桂據有南方六省，清廷大軍南下守禦長江不久後，北方也出現了內蒙古察哈爾部汗布爾尼和陝甘右鎮總兵王輔臣的叛亂。布爾尼本是內蒙古察哈爾親王額哲之後裔，以其族被清朝征服及受虐待為恥，久欲起兵復仇而未得其便。適逢三桂起兵，北京空虛，遂於康熙十三年四月，舉兵反清，與吳三桂遙相呼應，成為清朝背後的一大威脅。陝西右鎮總兵王輔臣，乃是吳三桂的養子，三桂檄書傳到彼處，他曾派其子王繼貞進京告變，受到皇帝嘉勉並晉封其爵。旋清將莫洛征四川，欲盡調輔臣軍中之馬，輔臣怒，派人殺死莫洛，並公開叛清。

康熙皇帝這一年才二十歲，面對這種四面楚歌的形勢，沉著鎮靜，指揮若定，有條不紊。他首先認定陝西王輔臣並非有意叛亂，而是莫洛調馬逼迫使之，因此派其子王繼貞返回陝西進行勸諭，希望他迷途知返。其時，王輔臣已起兵寧羌（今陝西寧強縣），並派人與吳三桂聯絡，三桂許以餉銀二十萬兩，封其為平遠大將軍、陝西東路總管。但王輔臣認為三桂向來口惠而實不至，故對清朝尚未採取大的軍事行動。及至王繼貞攜詔書回陝，輔臣見朝廷並未責其擅殺莫洛，說他「變起倉促，情非得已」，便立即上疏朝廷表示歸順。

不久吳三桂派人運來銀兩，持來大印，輔臣為利所動，遂又大舉反清，並攻陷甘肅及陝西之南北部大片地區。後來在平涼（今甘肅平涼縣）為清軍所敗，輔臣又投降於清，陝甘始得平靜。對於內蒙古察哈爾叛軍，康熙皇帝則採取快刀斬亂麻的辦法，迅即派大學士圖海率京師滿蒙老弱殘兵及隸役轎伕等數萬人北伐，因無糧餉可用，特准該部以胡匪搶掠方式，自籌糧草，向北驅進。及出張家口外，圖海對部下說：「前此所掠，皆士庶家，不足為寶，今察哈爾之開平（今內蒙古多倫），承有元代數百年之業，珠玉寶物不可勝計，汝等如能獲取，富貴終身矣。」其眾踴躍從命，很快進至達祿（今河北沽源縣東北），布爾尼在大梁山設伏，以三千騎來誘，圖海率眾擊之，直至梁山下。叛軍伏兵齊發，圖海分兵力戰破其一部。布爾尼悉眾出戰，圖海率清軍拚死擊之，大破其眾，布爾尼率三十騎北走，被科爾沁額駙沙律所追斬。察哈爾部從此被列為蒙古四十八旗之外，直接為朝廷所管，成為清朝的牧馬場。

康熙十三年四月，康熙皇帝聞知吳三桂以重兵守岳州，不北上，亦不東進，有據守雲、貴，割地請和企圖，遂誅殺了三桂的兒子吳應熊和孫子吳世霖，以示征討到底的決心。吳三桂聽說後大吃一驚，說：「上少年乃能是耶？事決矣。」遂令王屏藩出四川北攻秦隴，進取山西、河北而窺京師；留兵七萬守岳州、澧州，七萬守長沙、醴陵、萍鄉；自駐松滋，調度上游，以扼荊宜咽喉。對外揚言將破壞荊州的堤防，灌水淹城，以掩飾移兵之意圖。

當時正巧清朝安遠靖寇大將軍尚善，率大軍至荊州，知三桂有移兵入川之意，為了破壞其戰略企圖，便採用心理戰法，致書吳三桂說：「王以亡國餘生，乞師我朝，殄殲賊寇，為國雪恥，為父復仇。蒙恩眷顧，列爵分藩，榮施後嗣，迄今三十餘年矣。而晚節末路，自取顛覆，竊為王不解也。何者？王今藉口復興明室，則曩者大兵入關，奚不聞王請立明裔？且天下大定，猶為我計除後患，翦滅明宗，安在為故主效忠哉？將為子孫計，創大業，則公主額駙入，滇之時何不即萌反側？至遣子入侍，乃復背叛，以陷子戮，可謂慈乎？如欲光耀前人，則王之投誠也，祖考皆膺封賜，今則墳墓毀棄，骨骸遺於道路，可謂孝乎？為人臣僕，身事兩朝，而未嘗忠於一主，可謂義乎？不忠、不孝、不義、不慈之罪，躬自蹈之，而欲逞志角力，收復人心，猶厝薪於火而云安，結巢於幕而云固也。諺言：『老將至而耄及之。』王非老悖，即當輸誠悔罪，聖朝寬大，應許自新，毋蹈公孫述、彭寵故轍，赤族湛身，為世大謬。」三桂見信又氣又急，只好下令諸將暫停入川。

清廷害怕吳三桂與耿精忠軍在江西會合，便命安親王岳樂為定遠平寇大將軍，自安徽進軍江西，以擊三桂東側，使其不得抽兵西進。岳樂兵入江西，接到康熙諭旨說：「湖南一隅，四方群寇所觀望。今荊州兵未能渡江，岳州城艱難驟進，宜由袁州（今江西宜春縣）直取長沙。長沙一破，賊勢瓦解。荊州大兵即可乘機進攻。」

岳樂於是先攻取建昌（今江西南城縣）、廣信、饒州等地，然後轉兵西向長沙。簡親王揚威大將軍喇布亦移軍江西，在後面支援。岳樂分兵間道襲取袁州，然後自醴陵圍攻萍鄉，擊破三桂部將夏國相軍，斬首萬餘。直到萍鄉被攻破，長沙地方因此垂危，三桂非常生氣，削夏國相軍政各職，並放棄西進計畫，自松滋回軍援救長沙。此後三桂無論是在心理上，還是在軍事上，皆陷入被動狀態，一切均隨著清軍的行動而行動。

吳三桂為了恢復其作戰上的主動地位，命令驍將高大節率兵間道出醴陵、萍鄉之東，欲切斷岳樂軍之後路。高大節驍勇善戰，且有方略，先進軍江西，占領吉安，派其將韓大任守之，然後率精兵四千人由吉安向北襲擊新喻、清江、高安、奉新，岳樂軍後路被切斷。時清揚威大將軍喇布正屯兵南昌，不敢輕出，清廷屢以詔書催之，不得以始出南昌與高軍戰。高大節善能以少擊眾，岳樂、喇布之軍常為所敗。有一次高大節率百餘騎攻清軍於南昌西之大覺寺，衝入清軍陣中，斬殺清將，擎旗而出。還有一次，高大節以少數兵攻喇布及布爾根於新西之螺子山，喇布和布爾根大敗棄營逃走，高大節入據其營，縱兵飲食，飽掠而歸。其後，高大節病死於軍中，韓大任繼領其軍，則不敢出戰，因而清軍得以出兵進圍吉安。

康熙十六年（西元一六七七年）春，吳三桂派部將馬寶率精兵九千人，自長沙援吉安，軍至吉安河西，與清軍激戰，見城中寂然無聲，疑不敢進。而韓大任卻懷疑清軍用詐術誘其出戰，故不相應，以待機變。馬寶不敢進戰，乃引兵退。是年四月，吉安空竭，不能再守，吳軍遂相率乘夜突圍出城南，步兵涉水渡河，且行且以炮反擊，清軍以為劫營，天明猶不敢追擊，韓大任率吳軍得以逃出吉安，東走寧都一帶。

吳三桂起兵反叛後，閩藩耿精忠積極響應，而粵藩的尚可喜堅決抵制，一面將三桂派來的使者逮捕關押起來；一面將三桂誘降之書上奏朝廷。又慮其長子尚之信不可靠，遣其次子尚之孝率軍進攻潮州叛軍，並請以之孝襲封其爵，朝廷下詔授之孝為平南大將軍，而以之信為討寇將軍。當時廣東方面響應三桂者全都被尚可喜捕滅，但長子尚之信心中想隨三桂叛，因懼於其父之威嚴，未敢驟然發動。康熙十四年以後，耿精忠與鄭經聯兵進攻廣東沿海，三桂亦派原廣西提督馬雄自廣西進圍肇慶，加之尚可喜的部將祖澤清叛變，廣東十郡已失其四，可喜在腹背受敵的情況下，便乞請江西清軍往援，清廷遂命將軍覺囉囌恕及副都統莽依圖自江西進兵廣東，尚之信見清軍入廣，便嚴兵守府，並將其父尚可喜軟禁起來，使他不得再傳一令，然後接受三桂東路招討大將軍之任命，改旗易服，移檄遠近，公開叛清。

當時尚之孝駐軍於惠州，清將舒恕軍於高州（今廣東省茂名縣），莽依圖則軍於肇慶，精銳不下三萬，本可以合力制服尚之信，但清兩廣總督金光祖接到三桂的密信，暗中進行牽制，讓各軍孤立作戰，故被尚之信叛軍各個擊破，尚之孝軍敗退守廣州，舒恕所率之清軍也被擊破，而莽依圖援軍則望風而逃，兩廣總督金光祖、廣東巡撫佟養鉅均降吳三桂，廣東遂入三桂之手。吳三桂任命尚之信為輔德親王，命其率師北伐，但尚之信遲遲不動，吳三桂見之信不願出兵，而兩廣總督金光祖、巡撫佟養鉅又不足以任大事，遂任命其親信大將董重民為兩廣總督，以馮蘇為廣東巡撫，同時限期之信出兵，於是金光祖、佟養鉅、尚之信三人相互勾結，暗中與清軍聯繫投降事宜。清廷當即以莽依圖為鎮南將軍，自江西再入廣東，尚之信則將吳三桂委任之兩廣總督董重民捕獲，率軍民投降清軍。

三桂聞廣東有變，急派大將馬寶、胡國柱率大軍南攻廣東。清鎮南將軍莽依圖認為韶州（今廣東省曲江縣）是扼制贛粵之咽喉，故率軍死守，自七月至九月，多次激戰，互有勝負。十月，清援軍大舉南下，擊破馬寶、胡國柱叛軍，並一直追到樂昌（今廣東樂昌縣）。清軍在韶州獲勝，風聲所至，廣東震動，三桂將佟國卿以瓊州（今海南島）降，祖澤清亦以高州、雷州（今海康縣）、廉州（今合浦縣）降。於是廣東省復入於清。

在閩浙方向，耿精忠響應吳三桂反叛後，出兵浙、贛及廣東沿海，一時聲勢極重。康熙十三年六月，清廷派康親王傑書為征閩大將軍，率貝子傅拉塔赴浙江增援。是年秋與耿軍東路曾養性戰於衢州。次年破曾養性於金華城外，奪回處州（今浙江省麗水縣）。傅拉塔間道出兵黃岩，連破叛軍，曾養性退保溫州（今浙江省永嘉縣）。耿軍中路馬九玉部據有浙西開化、常山、江山三縣，與清浙江總督李子芳數戰，相持不下。當時正好耿精忠與台灣之鄭經交惡，鄭經出兵攻奪福建南部各府縣，精忠前後受敵，無力支援北方。清大將軍傑書等乘勢

進攻馬九玉於衢州，先截其糧道，攻其外圍，於八月十五日搗其大營，火燒其寨，馬九玉大敗，率三十騎奔仙霞嶺，於是浙江省復為清朝所有。

這時耿軍進至江西之白顯忠部也為清將布爾根所敗，白顯忠投降。清大將軍傑書遂率各軍進入閩境，並寫信勸耿精忠投降，信中說：「爾蒙累朝厚恩，世授王爵，正當遇時立功，以承先緒。乃溺於奸計，自取誅族。聖上念爾祖之功，凡爾在京諸弟俱留原職，如舊豢養。復遣爾弟聚忠招撫，不得前進還京。今大兵屯仙霞嶺，長驅直入，攻破浦城。浦城乃閩省財賦要地，咽喉先塞，糧運不通，建寧、延平，旦夕可下。與其引頸受戮，不如率眾歸誠，仍受王爵，保全百萬生靈，況鄭經與爾有仇，爾當助大軍，進剿立功，何久事仇人為？」耿精忠得信，遲疑未決，這時傑書率清軍已攻克建陽，進圍延平，精忠震懾無措，遂派其子耿顯祚到傑書軍前，獻吳三桂所賜之總統印綬，並殺福建總督范承謨以滅口，然後出降清軍。其東路指揮官曾養性在溫州聽說後，亦以溫州降清。至此耿藩浙、閩之亂平定，時在康熙十五年（西元一六七六年）十月。

當時廣西為孫延齡叛軍所據。孫延齡是孔有德女兒孔四貞的丈夫，最初被封為和碩額駙、內輔政大臣。順治十七年（西元一六六〇年）被封為鎮守廣西將軍，不久又晉升為上柱國光祿大夫。吳三桂反叛後，朝廷認為廣西與雲、貴相鄰，遂封孫延齡為撫蠻將軍，命其就地防守。

康熙十三年二月，孫延齡響應吳三桂叛軍，自稱安遠大將軍，吳三桂則加封他為臨江王，當時廣西各地皆叛，惟獨提督馬雄據柳州不從，不久三桂出兵廣西，馬雄則以廣西降，三桂任命他為東路總管，孫延齡因此與馬雄不和。有一個叫傅宏烈的人，曾當過廣西知府，因告發吳三桂生活奢侈事，被朝廷以誣陷罪貶謫到蒼梧（今廣西蒼梧縣），三桂舉兵反叛時，知道他的才能，便派人說服他反叛，宏烈表面上接受三桂將軍之職，私底下卻想為朝廷恢復兩廣，他知道孫延齡與馬雄有隙，便擴大他們之間的猜疑而加以利用。遂先去說服孔四貞不要忘記朝廷恩德，然後向延齡曉以利害與大義。延齡派傅宏烈東行聯絡清軍，使宏烈得以率兵出廣西，爾後傅宏烈傳檄聲討吳三桂之叛亂，並跟隨尚可喜收復肇慶，迎清軍自江西進入廣東。

吳三桂知道被宏烈欺騙後憤恨不已，下令馬雄在柳州殺害宏烈一家。宏烈遂建議清軍說：「王師但進廣東為聲援，則廣西一面，宏烈可獨當之。但當假以虛銜，並頒各土司印，以便號召。」清廷當即任命宏烈為廣西巡撫、撫蠻滅寇將軍，准其招募義勇，便宜行事，並令莽依圖等分兵助之。但兵力一下子難於集中，宏烈便派人勸孫延齡趁早歸降，馬雄探聽到這一消息後，立即上報吳三桂，說孫延齡有異志，趕快想辦法對付他。

康熙十五年（西元一六七六年）十二月，吳三桂派從孫吳世琮率軍進入桂林，捉住孫延齡，將孫殺死。孔四貞因為是吳三桂義女的關係，被送到雲南，讓她在那裡籠絡吳三桂軍。傅宏烈聞孫延齡已死，認為桂軍多有可招撫者，便不再等待清軍的援助，獨自率軍進入廣西，襲取梧州、潯州（今廣西桂平縣），成為吳世琮在廣西的勁敵。後來馬雄死，宏烈說服馬雄的兒子馬承蔭率部降清。這時三桂已失去廣西一帶。

康熙十六年（西元一六七七年），吳三桂原先占有的陝西、福建、廣東、廣西、江西、浙江已先後為清軍收復，其所據之地僅有湖南、雲南、貴州、四川四省。康熙十七年（西元一六七八年），清廷命清軍專攻湖南，以動搖吳三桂的根本。清將穆占率軍進攻茶陵，收復湘東十三縣；清將軍岳樂連克瀏陽、平江，三桂的水師將軍林興珠在湘潭投降。湖南的東北部為清軍所有。

康熙十七年（西元一六七八年），吳三桂的處境越來越困難。由於他自起兵以來，東西調撥，用度浩繁，各地賦稅不足以供軍需，財用漸竭，情勢緊迫。三桂擔心四方見輕，將士們因此反叛，便告訴部下們他要登基，自稱皇帝。三月初一日，登壇即位，國號曰周，建元昭武，並以衡州（今湖南衡陽）為都，置百官，封諸將，造新曆。殿瓦來不及換成黃色，便用黃漆塗上，朝房不夠用，便造草舍萬間充當。同時下令雲、貴、川、湘舉行鄉試，以籠絡人心。結果恰恰相反，吳三桂取消復明口號自立為帝，則更加失去民心。

三桂稱帝後，認為永興乃衡州門戶，現在被敵人占據，遂調集大將馬寶、王緒、胡國柱等率部全力攻擊永興，一舉殲滅都統伊里布之軍。清統領碩岱據城死守，城牆被炮摧毀，用裝土的袋子補修，力戰二十日，數次瀕危。清揚威大將軍喇布龜縮茶陵，不敢增援。將軍穆占自郴州來援，為叛軍擊敗。八月，永興城漸漸不支。

恰在這時，吳三桂得暴病而亡，叛軍乃自動解圍而去。

吳三桂死後，諸將擁立其孫吳世璠為帝，改元洪化。因不敢留在衡州而退居貴陽。於是清軍士氣大增，安親王岳樂在湖南，廣西巡撫傅宏烈、莽依圖在廣西，平涼提督王進寶、陝西提督趙良棟在四川，都連戰皆捷。至康熙十八年（西元一六七九年）清軍收復了岳州、澧州、衡州、永州等地，吳國貴、夏國相、吳世琮、王屏藩等叛軍大將先後戰死。清軍節節逼近雲貴，迫使吳世璠退居一隅。康熙十九年十月，清將彭泰率湖南之軍由平越（今貴州省貴定縣東北）前進貴陽，吳世璠逃奔雲南。

康熙二十年正月，貴州全省收復。二月清貝子賴塔率廣西之軍入滇，與湖南之軍會師於曲靖，進攻昆明。吳世璠派其將郭壯圖率步騎數萬及象隊迎戰於三十里外。清軍左右夾擊，激戰至午，五戰五進，不分勝負。忽然叛軍象陣大亂，自踏其軍。清軍乘機以勁騎衝之，叛軍大敗而逃。清軍一直追到城南歸化寺，遂相戰於城下。清軍作長圍數十里，昆明危急。

吳世璠派人召外地兵將回救，清軍分別追擊攔阻，叛軍將領或死或降，無一至昆明城外者。吳世璠又寫信給西藏達賴喇嘛，許以割地，請其出兵。信為清軍所獲，亦不得達。四月，清軍趙良棟部自四川南進昆明，與湘、粵軍聯合攻城，吳世璠率眾死守。十月，昆明城中糧食已盡。其南門守將開門投降，昆明城陷。吳世璠服毒而死，時年十六歲。至此，長達八年時間的三藩之亂平定。

吳三桂發動三藩之亂，禍及十省，時達八年，給江南人民帶來深重的災難。縱觀吳三桂一生，本是明季守邊重將，但為一時之憤，竟叛明降清，甘當清朝鷹犬，殘酷屠殺義軍；後來割據一方，驕奢淫逸，野心勃勃，竟至策動叛亂，自立為帝。從中可以看出，其所作所為，皆以利己動機為出發點，根本不以國家民族利益為重，所以他完全是一個憑藉武力、謀取私利的大軍閥、大野心家。

就軍事而言，吳三桂雖戎馬一生，但不過是一勇之夫而已。他胸無大志，腹無韜略。起兵反清，卻不知北進中原，打擊清軍主力，致使良機頓失；既然以復明為反清之政治號召，就該擁立明室後裔為帝，但卻自立為

帝，野心暴露，喪失軍心民心，結果難逃失敗命運。康熙皇帝為了鞏固中央集權，維護國家統一，選準時機，先發制人，斷然實行削藩。三藩亂起，能沉著鎮靜，運籌帷幄，指揮若定，斬奸細於朝中，發大兵於京外，南征北討有條不紊，政治爭取、軍事打擊，兩相結合運用自如，最終取得平叛勝利。削平三藩後，又採取一系列措施，限制軍閥割據勢力發展，鞏固了多民族國家的統一。因此，康熙皇帝堪稱一代明主。

袁世凱專權竊國

多謀多變，鑽營投機，得為擁兵大員；小恩小惠，蓄積黨羽，遂成北洋之父；大奸大惡，野心畢露，終成為竊國大盜。

康熙皇帝平定三藩之亂後，清王朝保持了較長時間的統一和穩定，史稱「康乾盛世」。嘉慶皇帝即位，清王朝開始逐漸衰敗。隨後之道、咸、同、光四朝，則更加腐朽不堪，外患接踵，內憂不斷，清政府已處於風雨飄搖之中。西元一九一一年，孫中山領導的資產階級民主革命，推翻清王朝，建立了中華民國，然而革命果實很快被袁世凱所篡奪。從此開始了近二十年的北洋軍閥的黑暗統治。這期間，不分東南西北、春夏秋冬，都是一年三小仗，三年一大仗，戰火連綿、兵災不斷，中華大地百孔千瘡，黎民百姓因而陷於水深火熱。而造成這種軍閥長期混戰局面的罪魁禍首就是袁世凱。

袁世凱，字慰亭，號容庵，清咸豐九年（西元一八五九年）八月二十日生於河南省項城縣一官宦之家。其叔祖袁甲三是清朝的漕運總督；其父袁保中是當地的大紳士；伯父袁保緒是清天津海關道員；叔父袁保慶是清江南道員。在這樣的家庭中，袁世凱從小養成了放蕩不羈、鑽營投機的性格，後來兩次科場考試，皆名落孫山，便決心棄筆從戎，以武功立身，另尋出路，自我安慰道：「大丈夫當效命疆埸，安內攘外，豈能齷齪久困筆硯間。」不久就跑到天津，投奔其伯父袁保緒，袁保緒將他推薦給自己的好友、淮軍將領吳長慶處任幕僚。

西元一八八二年，朝鮮發生「壬午政變」。當時大清帝國還是朝鮮的宗主國，為幫助朝鮮統治者鎮壓起義，

同時阻止日本「借事居功問罪，得肆要挾之謀」，清政府派吳長慶率清軍六營赴朝，袁世凱也隨軍前往。是年十月，袁世凱因鎮壓朝鮮兵變有功，受到了清政府「以同知分發省份，前先補用，並賞戴花翎」的獎賞，其後袁世凱又投到李鴻章的門下，李鴻章稱讚他：「此子有為，可塑為大才。」一八八四年四月，李鴻章奏薦袁世凱為「總理營務處，會辦朝鮮防務」，因此他成為駐朝清軍要人。

這時朝鮮東學黨發動叛亂，袁世凱在奏請李鴻章派兵輪東來的同時，自行決定率清軍一千人，闖入朝鮮王宮，「保護國王」，並與支持朝鮮叛亂的日軍展開槍戰，迫使日軍自焚駐朝使館後撤回日本。然而袁世凱此次「立功」，非但沒有受到朝廷獎賞，卻被清政府以「擅開邊釁」的罪名查辦，幸好有李鴻章從中保護，才得以免受懲處。西元一八八五年七月，沙皇俄國染指朝鮮，企圖把朝鮮納為其保護國。為維護中朝「宗藩」關係，李鴻章極力保薦袁世凱為駐朝鮮總理交涉通商事宜的全權代表，並以知府分發，加三品銜。袁世凱對李鴻章感激涕零，立即上書表忠心說：「卑府才力駑下，深懼弗克勝任，惟有仰賴聲威，敬謹從事，以期下不負委任至意。」此時袁世凱已成為清朝重臣，更加不可一世。西元一八九四年，中日甲午戰爭爆發，袁世凱電請李鴻章出兵朝鮮，為此曾親自回京，面報軍情。結果甲午之戰，清軍失敗，李鴻章開始失勢，而袁世凱則見風轉舵，立即去攀附慶親王奕劻、榮祿等人，被任命為直隸按察使，擔負起保衛京津的重任。

當時的清政府鑑於甲午中日戰爭之敗，舊軍隊腐朽不堪，對外不足以抗拒列強之侵略，對內不足以鎮壓人民之反抗，清王朝統治已岌岌可危，遂下決心編練新軍，而編練新軍的歷史重任又偏偏落到袁世凱的頭上。西元一八九五年十二月八日，清政府命袁世凱去天津接管定武軍七千人，作為改練新軍的基礎。袁世凱訓練新軍，雖然在表面上參照歐洲軍制，講究西法洋操，但在骨子裡卻繼承曾國藩、李鴻章的衣缽，以封建宗法關係來部勒屬下，將「新建陸軍」訓練成一支「兵為將有」、「絕對服從命令」的軍閥部隊。正像他自己後來所說的：「練兵的事情，看起來似很複雜，其實也很簡單，主要的是練『絕對服從命令』。我們一手拿著官和錢，一手拿著刀，服從就有官有錢，不服從就有刀吃。」官、錢、刀並用，這就是袁世凱練兵的奧祕，也是他發跡

後拉攏親信、培植黨羽的祕訣。

所以，袁世凱一到天津小站，第一件事就是網羅一批死黨。首先把自己的老朋友徐世昌請來當參謀營務處總辦；將唐紹儀、阮仲樞找來當文辦；又從北洋武備學堂畢業生中找來了馮國璋、段祺瑞、王士珍充當教官；另外還收羅一些小站舊人，如王懷慶、段芝貴、曹錕、陳光遠、張懷芝、盧永祥、雷震春、田中玉、孟恩遠、陸建章等，及一些老兵老將姜桂題、張勳、倪嗣沖等，初步拼湊了新建陸軍的班底。後來又加進了趙秉鈞、梁士詒、胡惟德、楊士琦等文人墨客。袁世凱為了把這些人收羅為自己的私黨，採取了不同的籠絡手段。對於武職人員，特別是對頭腦簡單的舊軍將領，主要採用收義子、門生、封官許願、小恩小惠、金錢收買等手段。如將段芝貴收為乾兒子；段祺瑞的妻子死了，就將自己的乾女兒張佩蘅送給段作繼室；後來馮國璋的妻子死了，他又將自己的家庭教師周道如嫁給馮國璋作繼室。至於武備學堂出身的，他一律視為自己的學生。同時他還使其長子袁克定與各將領結為義兄弟。每當逢年過節，或遇有婚喪喜事，他都給這些將領一些特殊的照顧。這樣袁世凱屬下的北洋將領，不是他的義子，就是他的學生，或是他兒子的義兄弟，從而把本屬於國家的軍隊，變為私家的軍隊。

袁世凱籠絡部下的手段無所不用其極，有一次袁世凱的文案阮仲樞在天津某妓院結識妓女小玉，二人情投意合，阮欲納之為妾，袁世凱知道後，大發雷霆，當面嚴斥說：「朝廷命官，新軍將領，納妓女為妾，有礙聲譽。」阮仲樞挨了一頓訓斥，心中鬱鬱不樂，但也敢怨而不敢言，只好作罷。事過之後，袁世凱馬上命人祕密將小玉贖出，併購置了豪華房舍及家具，一切準備妥當，袁叫阮來津一遊，阮仲樞不明就理，便隨袁走進一處深宅大院中，只見裡面鋪陳異常華麗，堂上紅燭高照，大紅喜字，高高掛起，屋內人來人往，各個喜氣洋洋，像是誰家在辦喜事。阮仲樞此時心中暗暗叫苦，不禁埋怨袁大人事先不把情況說清楚，連份禮物都沒準備，一會兒主人出來，兩手空空，該作何解釋。正在這時奏起喜樂，一盛妝麗人緩步而出，司儀將阮拉到大紅喜字下拜起天地。阮仲樞仔細一看，新人正是自己朝思暮想的小玉，這才明白袁世凱的一番苦心。從此對袁世凱更加死心塌地，較前馬後，未有半點不忠。

袁世凱對部下封官許願，也有自己的高招。西元一九〇二年，他將新建陸軍擴大為北洋新軍，相繼成立了三個協（旅），在選拔協統時，他強調採取考試辦法，選賢任能，不偏不倚，結果第一次考取了王士珍，第二次考取了馮國璋，而段祺瑞卻接連兩次都未考上，第三次考試前夕，段祺瑞心中十分緊張，擔心再次名落孫山，非但臉面丟盡，而且再也沒有升遷的希望了，故此終日悶悶不樂，臨考試的前一天晚上，袁突然將段叫去，東拉西扯地閒談一氣。當段告退時，袁塞給他一張紙條。段祺瑞心中納悶，匆匆趕回家中打開一看，原來是第二天考試的試題，這一次段果然以第一名的成績被任命為第三協的協統。段對袁的垂顧，自然感恩戴德，沒齒難忘，多年之後段對馮國璋、王士珍談及此事，二人哈哈大笑，原來他們也是這麼考上的，由此可見袁世凱之心機，對於武將是這樣，而對於文臣，則又是另一種伎倆。

徐世昌早年流落河南淮寧，在一家蒙館中教幾個小孩讀書，窮困潦倒，後來結識了袁世凱，袁資助他進京應試，先後考中舉人和進士，被任命為翰林院編修，袁見徐在翰林院官小職卑，俸祿低微，便將其調到天津小站任幫辦，以後又多次保薦，使徐步步高升，徐因此把袁視為知音，加入了袁的北洋集團，成為袁的主要謀士。廣東香山人唐紹儀在天津海關任職期間與袁世凱相識，交流頻繁、意氣相投。西元一八八五年，袁任駐朝鮮總理交涉通商事宜全權代表後，即邀唐去朝幫辦稅務，西元一八九四年甲午戰爭爆發前，袁世凱回國，又將其總理朝鮮交涉通商大臣的關防印信交唐保管，使唐對他十分感激，曾以朝鮮海關巨款接濟袁，袁在小站練兵後，立即委任唐為新建陸軍營務處幫辦。以後袁世凱調任山東巡撫、直隸總督時唐均追隨其左右。

河南臨汝人趙秉鈞早年曾在一官宦人家當書僮，此人雖出身低微，但野心很大，有人問他姓名，他說是百家姓上第一家；問他生日，他說是正月初一子時生。他取名秉鈞，意為主持一國之政，字號智庵，意為滿腹經綸，包藏智慧，由於他辦事幹練，又善於迎合，故很受袁世凱的青睞，被袁破格提拔為天津巡警道。後來袁世凱就依靠這些人組成了北洋軍閥的政治班底。

袁世凱為了實現自己的政治野心，不僅利用各種手段網羅軍事和政治班底，而且千方百計地在朝廷尋找靠山。他除了早年拜在李鴻章、榮祿等權臣腳下外，隨著官職的升遷，又極力去討好慈禧太后和滿清王公大臣。西元一九〇〇年，八國聯軍攻破北京，慈禧太后挾光緒皇帝逃往西安。一路上顛沛流離，忍飢挨餓，袁世凱認為這是巴結慈禧的極好機會，立即送去十萬兩白銀供奉西太后，隨後又截留安徽、江蘇解往北京的十六萬兩餉銀送往慈禧所在之處，慈禧逃到西安後，袁又派人送去二十一萬兩白銀、兩百匹貢緞和其他許多物品。西元一九〇一年，慈禧率逃官自西安返京，袁世凱先是派張勳帶兵前往護駕，然後又派姜桂題到河南迎駕，十二月下旬，當慈禧一行將要抵達直隸省界時，袁世凱又親自趕到省界恭候聖駕，當他看見慈禧的車駕，立即俯伏道旁，跪請聖安，並放聲大哭起來，按照清王朝的規矩，只有皇帝「駕崩」、皇后歸天時，臣下才能向即位皇帝哭泣，眾人見袁世凱哭駕，無不替他捏一把汗，誰知當慈禧問他為什麼哭泣時，袁世凱卻抽抽噎噎地說：「臣見陛下如此清瘦，痛切於心，不覺失禮。」這句話觸到慈禧內心的痛處，自己也難過一陣子，流下幾滴眼淚，不但沒有怪罪袁世凱，反而親切地對袁說：「好孩子，你起來，總算菩薩保佑我們，今天又和大家見面了。」接著又對左右大臣誇獎袁世凱說：「你們瞧，這才是真正的大忠臣！」從此慈禧對袁世凱更是寵愛有加。

袁世凱不僅對慈禧處處表現出「孝心」，而且對慈禧所寵信的王公大臣、太監也極盡賄賂、討好之能事。西元一九〇三年，奕劻剛升任軍機大臣，袁立刻派心腹幕僚楊士琦送去一張十萬兩的銀票，奕劻原來就是一個貪官，見著銀票，嘴上說：「不可，不可！」，但手已把銀票接下，楊士琦趁機湊到奕劻耳邊，小聲說道：「這只是慰亭給王爺您上任時的零花錢，以後孝敬王爺的日子還長著呢！」以後每到逢年過節或奕劻家有婚喪之事，袁世凱必定要送去一份重重的厚禮。據說袁世凱前後賄賂奕劻的白銀達四十萬兩之多。此外，對其他王公大臣，袁世凱也不放過，不是拜為義兄弟，就是結為兒女親家。

更可悲的是，為了政治上的需要，他還不遺餘力地去討好太監總管李蓮英，並卑躬屈膝地與慈禧的貼身小太監馬賓廷結為兄弟，給予重金賄賂，利用他們刺探朝中消息，打通關節，有了這些人的援引和保薦，袁世凱除自己步步高升外，還將他的北洋班底中的軍閥、政客逐步安插到朝廷和各省區的重要崗位上，從而控制了朝廷政治、軍事和經濟大權。如徐世昌先後任練兵提調、軍機大臣、巡警部尚書、東三省總督、郵傳部尚書和內閣協理大臣等要職；唐紹儀歷任外務部侍郎、滬寧及京漢鐵路總辦、郵傳部侍郎、尚書、奉天巡撫等職；趙秉鈞歷任民政部侍郎、尚書等職；梁士詒歷任京漢及正太等五路總提調、交通銀行幫理和郵傳部大臣等職；馮國璋、段祺瑞、王士珍分別擔任了軍學司、軍令司和軍政司的正使，以及第一軍跟第二軍的總統、提督和陸軍部大臣等要職。這樣，袁世凱及其私黨最終形成一個尾大不掉、敢於同清廷分庭抗禮的軍閥集團。

袁世凱一手揮舞著官和錢，另一手卻揮舞著雪亮的軍刀。早在西元一八八二年駐軍朝鮮時，他就曾以整肅軍紀為名，將七名無辜士兵正法，充分暴露了他虐殺成性的軍閥本色。正如當時有人寫詩諷刺的那樣：「本是中州偽秀才，中書借得不須猜。今朝大展經綸手，殺得人頭七個來。」西元一八九六年四月，他在天津小站練兵才幾個月，便擅自殺了軍營外賣菜的老百姓，為了這事他曾受到御史胡景桂的揭發，險些丟了官職。更有甚者，西元一八九八年戊戌變法，他表面上擁護變法，被康有為引為同志，但當光緒皇帝下密詔讓他誅殺榮祿，率軍進京，捕殺後黨時，他毫不猶豫地向慈禧告密，致使變法失敗，譚嗣同、楊銳、林旭、劉光第、楊深秀、康廣仁六君子血染菜市口，而他自己卻踏著烈士的血跡，跑到慈禧太后那裡邀功領賞去了。在袁世凱羽毛尚未豐滿的時候，他一方面在主子面前，儘量把自己打扮成溫順的走狗，時時處處表現出一副搖尾乞憐的奴才相；另一方面對妨礙自己的人，又像一條兇殘的惡狼，瞪著血紅的眼睛，兇狠地撲向獵物，即使是親朋好友，他也絕不會手下留情的。這就是近代中國歷史上的袁世凱。

袁世凱為了實現其政治上的野心，除了採取籠絡部屬、巴結權貴等措施外，還拚命擴大自己的私人軍隊。本來他剛開始在小站練兵時，只有新軍七千人。西元一九〇一年袁世凱接任直隸總督兼北洋大臣，隨即對新建陸軍進行改革，進一步擴大軍隊規模，他首先將軍權集中於參謀、教練、兵備三處，任命段祺瑞為參謀處總辦，馮國璋為教練處總辦，王士珍為兵備處總辦，王英楷為總參議。其次是設立常備軍，改募兵製為徵兵制。

常備軍的編制為鎮，每鎮轄步兵兩協，每協兩標，每標三營，每營四隊；另設騎兵一標，每標三營；砲兵一標，每標三營；工程兵一營；輜重兵一營。全鎮人員共有一萬兩千五百一十三名。西元一九〇四年，袁世凱設立北洋六鎮：第一鎮，駐京北，以何宗蓮為統制官；第二鎮，駐直隸遷安，王英楷為統制官；第三鎮，駐直隸保定府，段祺瑞為統制官；第四鎮，駐直隸馬廠，統制官為吳長純；第五鎮，駐山東濟南，統制官吳長純（西元一九〇五年）；第六鎮，駐京師南苑，統制官為王士珍。六鎮總兵力為七萬四千五百餘人。西元一九〇七年，清政府決定在各省普建新軍，計畫擴建新軍三十六鎮，直至武昌起義前夕，實際上只編了十四個鎮、十八個混成旅、四個標及一支禁衛軍，總計十三萬一千八百餘人。這樣隨著北洋軍事力量的不斷擴張，天津小站的軍人遍布全國，以小站系統為核心的北洋軍閥集團，遂成為長期把持中央政權、割據地方的龐大的軍事力量，幾乎掌握了整個中國的命運。而袁世凱這個「北洋軍閥之父」，就是憑著北洋集團而登上中國政治舞台的巔峰。

西元一九〇八年，光緒皇帝、慈禧太后相繼過世，年僅三歲的溥儀登基，是為宣統皇帝，朝政則由隆裕皇太后和攝政王載灃主持。他們見袁世凱手握重兵，專橫跋扈，陰險毒辣，遂解除袁的直隸總督、北洋大臣的職務。袁世凱被趕下台後，雖然退居河南彰德，但仍操縱著北洋六鎮，暗中窺測時機，以達到掌握權力的目的。西元一九一一年十月十日，武昌起義爆發，打響了辛亥革命的第一槍。清政府派蔭昌率馮國璋的第一軍前往漢口鎮壓革命軍，袁世凱知道這是一個千載難逢的好機會，於是祕密聯絡馮國璋，命令馮在孝感、信陽一帶按兵不動，坐觀事態變化，而在清廷的內閣會議上，徐世昌聯絡奕劻、那桐公開提出起用袁世凱的主張，在袁氏私黨內外逼迫的情況下，清廷被迫起用袁世凱，任命他為湖廣總督，督辦對武昌起義的剿撫事宜。

十月十四日，清廷發布了起用袁世凱的上諭後，阮仲樞、趙秉鈞、張錫鑾等袁氏親信，頻頻往來於北京與彰德間，與袁世凱密謀對策。結果，袁世凱一面上表對清廷的起用「彌增感激」，一面以「足疾未癒」為藉口，遲遲不動，要挾清廷給予更大的權力，這時清攝政王載灃見袁世凱不肯出山，而辛亥革命的烈火已燃遍全

國，急得像熱鍋上的螞蟻一般，無奈只好請徐世昌到彰德勸袁，徐世昌一到彰德便與袁世凱商定了要挾的六項條件：即明年開國會、組織責任內閣、寬容武昌黨人、解除黨禁、給予指揮大權、撥給充足軍費。

徐世昌回到北京後，卻假惺惺地對奕劻說：「慰亭太不像話，好像沒有他就不行了，以後別再去找他了。」奕劻連連追問：「慰亭是怎麼說的，快講呀！」徐世昌這才講出了袁世凱的六點要求，這六條的核心就是要給予袁世凱一切軍政大權，載灃對袁世凱的要挾，雖然十分不滿，但眼看清朝大廈行將傾覆，便不得不接受這些要求，遂於十月二十七日任命袁為欽差大臣，節制調遣全國陸海軍，袁世凱軍權到手後，「足疾」也好了，「舊症」也不發作了，頭也不眩暈了，表示完全聽從朝廷「調遣」，終於從河南老家出山，當即命令北洋軍迅速出擊，去撲滅南方的革命烈火。

十一月一日，馮國璋率軍攻占了漢口。與此同時，袁世凱也以迅雷不及掩耳之勢，先後平息了石家莊、太原、灤州的新軍起義，一躍而成為挽救清王朝的元勛和巨匠，清廷不負所言，遂於北洋軍攻占漢口的當天，宣告解散「皇族內閣」，任袁世凱為總理大臣。十一月八日，資政院根據新頒布的憲法條款，再推舉袁為內閣總理。十三日，袁世凱北上進京組閣。十六日袁氏內閣成立，閣員大多數是他的親信黨羽和老友。袁世凱為將中央軍權牢牢掌握在手中，又採取軟硬兼施的辦法，逼迫載灃交出「監國攝政王」大印，逼隆裕太后申明「親貴不得干預政事」的家法。隨後，袁世凱又調馮國璋入京，接管了由載灃控制的禁衛軍。至此，袁世凱以北洋軍為後盾，攫取了清廷的全部權力，成為清王朝唯一的實權人物，而隆裕太后及小皇帝溥儀則成為名副其實的傀儡。

袁世凱當上內閣總理後，立即下令停止向武昌進攻，同時派出劉承恩、蔡廷乾等人多次過江與革命軍首領晤談，企圖達到一箭雙鵰的目的，一方面壓迫清政府向他交出全部政權，另一方面想要革命派向他屈服投降，當他得知黃興關於讓他當第一任總統的許諾以後，即正式派唐紹儀為和談總代表，與革命軍代表伍廷芳進行談判，正當袁世凱順利實行「國民會議」計畫，做著總統美夢的時候，孫中山從海外歸來，並當選為中華民國臨時大總統。袁世凱這一氣非同小可，立即下令唐紹儀停止和談，同時指使馮國璋等四十八位北洋將領，聯名通

電，反對民主共和，隨後下令北洋軍對武漢民軍進行猛烈炮擊，在北洋將領的武力恫嚇下，資產階級革命黨人紛紛逼迫孫中山讓步，孫中山不得不於西元一九一二年一月二日通電表示「不忍南北戰爭，生靈塗炭」，願意重開談判，這樣南北和談代表於一月八日重新會談，至一月下旬達成協議：只要清帝宣布退位，袁世凱「絕對贊成共和主義」，孫中山即宣布辭職，推舉袁世凱為臨時大總統繼任人。

袁世凱在得到革命黨人的保證之後，便唆使其黨羽上演了一場「逼宮」的鬧劇。一月十九日，在御前會議上，趙秉鈞、胡惟德、梁士詒三人統一口徑，說：「人心已去，君主制度恐難保全。」建議由袁世凱在天津組織臨時政府，取代清王朝。當他們的主張遭到清朝王公大臣們反對時，趙秉鈞勃然大怒，全然不顧君臣之禮，對隆裕太后大吼大叫道：「今天開會，明天開會，議來議去，議而不決。」說完拔腿就走，胡、梁二人也跟著拂袖而去，把隆裕太后嚇得目瞪口呆，不知所云，這時北洋之虎段祺瑞也連連致電清廷，進行威脅，說清廷再阻撓共和，部隊將立即暴動。一月二十六日，段祺瑞聯合四十九名北洋將領發出通電，要求清廷「明降諭旨，宣示中外，立定共和政體」，否則將「率領全軍將士到京，與敗壞大局之王公大臣剖陳利害」同時袁世凱還授意清駐俄公使陸征祥聯合各駐外公使聯名電請清帝退位。

這樣在內外夾攻下，隆裕被迫於二月十二日發表遜位詔書：「朕欽奉隆裕太后懿旨：前因民軍起事，各省響應，九夏沸騰，生靈塗炭，特命袁世凱遣員與民軍代表討論大局，議開國會，公決政體。兩月以來，尚無確當辦法，南北暌隔，彼此相指，商輟於途，士露於野，徒以國體一日不決，故民生一日不安。今全國人民心理多傾向共和，南中各省既倡議於前，北方諸將也主張於後，人心所向，天命可知，予何忍因一姓之尊榮，拂兆民之好惡。用是外觀大勢，內審輿情，特率皇帝將統治權公諸全國，定為共和立憲國體。近慰海內厭亂望治之心，遠協古聖天下為公之義。袁世凱前經資政院選舉為總理大臣，當茲新舊代謝之際，宣布南北統一之方，即由袁世凱以全權組織共和政府，與民軍協商統一辦法。總期人民安堵，海宇乂安，仍合漢滿蒙回藏五族完全領土為一大中華民國，予與皇帝得以退處寬閒，優游歲月，長受國民之優禮，親見郅治之告成，豈不懿歟！欽此。」

就在宣統皇帝退位的同一天，袁世凱公開致電孫中山，稱：「共和為最良國體，世界所公認，今由帝政一躍而躋及之，實諸公累年心血亦民國無窮之幸福。大清皇帝既明詔辭位，業經世凱署名，則宣布之日，為帝政之終局，即民國之始基。從此努力進行，務令達到圓滿地位，永不使君主政體再行於中國。」云云。二月十三日，孫中山亦通電辭職，推薦袁世凱為臨時大總統候選人，並經臨時國會一致通過而當選。在北洋軍閥、官僚們的密切配合下，袁世凱終於竊奪了辛亥革命的勝利成果。

袁世凱竊取辛亥革命成果，騙得總統大權後，立即擴充北洋軍，準備以武力消滅革命勢力。他將原新軍九個師十一萬人、巡防營四萬人，擴大為新式陸軍十二個師另十六個混成旅，約計二十二萬人，再加上舊巡防營軍和東北張作霖軍共計三十餘萬人。此時革命黨人以為取消帝制，實現共和，革命成功，內部呈現出四分五裂的狀態，以宋教仁為首的國民黨人熱衷於議會選舉，放棄了節制資本、平均地權等革命綱領，完全喪失了原有的革命精神，以黃興為代表的革命軍領袖竟大刀闊斧地遣散各省的民軍，將東南四省的二十五個師，裁掉了二十個師；將湖南的五個師全部編遣；湖北民軍的八個師另兩個混成旅亦被裁編為三個師又兩個旅，這些都使革命勢力大為削弱，並給了袁世凱大肆鎮壓革命了條件。

西元一九一三年三月二十日，袁世凱派人暗殺了國民黨領袖宋教仁，完全暴露了其真正的反革命嘴臉，孫中山聞訊後立即從日本返回上海，召集黨內主要領導人商討對策，決定對袁進行討伐。五月六日，袁世凱下達了一道「除暴安良」的命令，準備對革命派進行反撲。七月十二日，江西都督李烈鈞宣布獨立，並組織討袁軍；黃興在南京宣言討袁；孫中山發表討袁宣言。七月二十三日，袁世凱宣布通緝孫中山，至此二次革命爆發，孫中山任命李烈鈞為江西討袁軍總司令，以黃興為江蘇討袁軍總司令。而袁世凱也兵分兩路：第一路由軍長段芝貴率王占元、李純兩師出湖北，進攻江西；第二路軍司令馮國璋率張勳、雷震春等部攻打南京，在江西方向，李烈鈞指揮歐陽武、方聲濤等部，同段芝貴的北洋軍展開激烈戰鬥，八月十八日，因討袁軍內部叛亂，

李被迫放棄南昌，率殘部退往湖南。江蘇方向，討袁軍守衛徐州的第三師，在張勳的猛攻下棄城而走。馮國璋率部乘勝渡江，黃興等不戰而走。其他地方的討袁軍均未獲勝，所以二次革命不過一個多月，就被袁世凱鎮壓下去。

袁世凱在鎮壓「二次革命」後，乾脆一不做，二不休，先用武力逼迫國會「選舉」其為正式大總統；緊接著下令解散國民黨、解散國會；後來又召集約法會議修改約法，制定出終身總統制的新條款，作為他成為終身總統的法律依據。這樣袁世凱終於建立起以北洋軍為後盾的軍事獨裁統治。但袁世凱這時仍不滿足，又終日思量著如何恢復帝制，好南面登基，建立起袁氏朝廷，為此他竟敢冒天下之大不韙，承認日本旨在滅亡中國的二十一條，以換取日本支持其登上皇帝寶座。同時還指使親信，到處煽風點火，大造帝制輿論，一時間，籌安會、請願團鬧得滿城風雨，萬言書、勸進信搞得烏煙瘴氣，袁世凱的長子袁克定甚至讓他的愛妾花元春（妓女出身）組織北京妓女上街遊行，以此反映「百姓」要求袁世凱登基的意願，帝制鬧劇愈演愈烈，各種醜態無所不及，在做好各種準備之後，袁世凱完全違背當初向革命黨許下的諾言，堂而皇之地龍袍加身，於西元一九一五年十二月十二日登上大寶，自稱洪憲皇帝。

儘管孫中山領導的資產階級民主革命未能徹底消滅封建勢力，但他所締造的中華民國已深入人心，因此袁世凱擅改國體、帝制自為的所作所為，必然激起全國人民的反對，終於導致了一場轟轟烈烈的反袁護國戰爭。西元一九一五年十二月二十五日，蔡鍔、唐繼堯、李烈鈞、戴戡、任可澄等通電全國，宣布雲南獨立，並組織護國軍，討伐袁世凱。蔡鍔、唐繼堯、李烈鈞等舉起反袁大旗後，即將雲南部隊整編為三個軍，蔡鍔任第一軍總司令，由雲南進入四川，占據長江上游，以控制西南各省；另聯絡貴州劉顯世採取共同行動，派軍進入湖南，進窺湖北，與入川之護國軍構成川、黔、湘犄角之勢。李烈鈞為第二軍總司令，率部進入廣西，由梁啟超前往廣西遊說陸榮廷獨立，使其進軍廣東，迫龍濟光起義；然後李再率部進駐粵北，進兵江西，經略東南沿海各省。唐繼堯為第三軍總司令，率部留守雲南，作為預備隊。

袁世凱對南方人民反對封建帝制的活動早有戒備，在搞垮二次革命後，即派北洋軍盧永祥第十師進駐上海；李純第六師進駐江西；王占元第二師進駐湖北；另以曹錕率北洋主力第三師進駐岳陽，配合湖南之湯薌銘扼制兩廣。另以劉冠雄率北洋海軍和陸軍一個旅進駐福建，廣東則駐有堅決反對革命的龍濟光巡防營舊軍。因此，當蔡鍔等在雲南起兵後，袁世凱認為滇黔兩省地瘠民貧，兵力不過三萬，成不了什麼氣候，只要調訓練有素的北洋軍前去鎮壓，就能一舉蕩平，遂派曹錕第三師、張敬堯第七師、李長泰以及第八師、王汝賢旅進入四川，連同先期入川的伍祥禎、李炳之、馮玉祥三個混成旅，以及川軍周駿、劉存厚兩個師，共三萬多人，組成第二路軍，由張敬堯任總司令，重點防守四川方向；另派馬繼增第六師、唐天喜第七混成旅、范國璋第二十師一部及倪毓棻之安武軍，共兩萬餘人，組成第一路軍，由馬繼增任總司令，進駐湘西，重點防禦貴州方向。以上兩路大軍統歸其虎威上將軍曹錕指揮。此外，袁世凱還組編了第三路軍，擬派廣東之龍濟光率濟軍進入廣西，循右江而上，進攻滇南，抄襲護國軍後路，但因種種原因而未能如願。

西元一九一六年一月初，蔡鍔的第一軍分三路向四川進發，一路為劉雲峰的第一梯團，出昭通直趨敘州，這是進攻四川的主攻方向；一路是趙又新的第二梯團，向貴州開進，到達畢節後再根據情況，或向北進攻瀘州，或東下貴陽向湘西發展；另一路是顧品珍的第三梯團，作為後續部隊。當時，袁之四川將軍陳宧得知蔡鍔向四川進軍的消息，即派伍祥禎旅到敘州布防；派川軍劉存厚師以及熊祥生旅布防於瀘州、雷飆旅布防於瀘州前沿之納溪；另派能征慣戰的馮玉祥旅進至內江，策應敘、瀘兩軍。一月十七日晨，護國軍之劉雲峰第一梯團進至川滇交界之新場，與袁軍伍祥禎旅之前鋒接戰。護國軍士氣高昂，人人奮勇，很快將袁軍先頭部隊擊潰，隨即猛攻敵之左右兩翼，伍祥禎率部狼狽而逃，護國軍繳獲敵人大量裝備，乘勝於二十日橫渡長江，占領敘州。護國軍初戰告捷，全軍振奮，蔡鍔遂於二月初組織瀘州戰役，川軍第二師旅長雷飆與蔡鍔系湖南同鄉，又是經蔡鍔介紹到川軍當旅長的，且雷本人亦擁護共和，反對帝制，經蔡鍔派人聯繫，即決定起義，師長劉存厚也在熊克武的策動下，同意投入護國軍，並就任四川護國軍總司令，只有該師另一旅長熊祥生堅決擁袁，據守

瀘州，劉便命雷飆率部進攻熊祥生旅，經過數日激戰，瀘州幾乎不守，這時袁軍張敬堯師和川軍周駿第一師陸續開到瀘州，劉存厚率部主動撤退，張敬堯自恃其勇，驕傲輕敵，率部猛追劉軍，進入護國軍的埋伏圈，滇軍占據有利地形，居高臨下，以猛烈火力予袁軍重大殺傷，使其攻勢受挫，被迫退走。二月下旬，護國軍開始轉入反攻，連續突破袁軍三道防線，進至瀘州城下，二月二十四日，蔡鍔集中全軍力量向瀘州發起猛攻，並親率三千名敢死隊員突擊敵軍陣地，戰鬥異常激烈。結果在護國軍炮火的轟擊下，袁軍築成的防禦工事盡毀，死傷纍纍，被迫棄城逃走，三月五日，蔡鍔進入瀘州。

與此同時，在重慶方向，護國軍將領戴戡率黔軍也與袁軍殺得昏天黑地。

原來，蔡鍔率護國軍路過貴州時，曾於一月二十五日進入貴陽。貴州護軍使劉顯世原是唐繼堯所推薦，政治上屬於立憲派，其甥王伯群是國會議員，是國民黨人，而其掌握兵權的另一個外甥王文華，畢業於師範學堂，是當時貴州新派的核心人物，經過蔡鍔、唐繼堯的敦勸和其外甥的推動，劉顯世於二十七日宣布獨立，並將其黔軍一萬兩千人編入護國軍，蔡任命戴戡為第四梯團司令官，統率黔軍，進攻袁軍，並將黔軍編為兩個支隊，一個支隊由王文華率領，前出鎮遠，挺進湘西，牽制兩湖之北洋軍；由戴戡率黔軍熊其勳支隊前出遵義，直搗重慶。

二月初，戴戡率黔軍由桐梓出發，十三日進據松坎。翌日拂曉，熊其勳督隊向北洋軍張敬堯部發動猛攻，連續攻占九子盤、青羊寺等戰略要點，十七日晚攻占了萬壽場，二十四日，張敬堯在連吃敗仗的情況下，惱羞成怒，從江津集中大量部隊，反攻青羊寺，企圖抄襲黔軍後路，包圍並吃掉之，二十九日晨黔軍乘濃霧突圍，退回黔境，此後黔軍雖屢次出境，攻擊袁軍，但終因張敬堯調李炳之、劉燮元等旅防守，故重慶未能攻克。其時，王文華所率進攻湘西之黔軍東路軍，由於湘督湯薌銘殺人如麻，湘人恨之入骨，紛紛揭竿而起，積極支持護國軍，故黔軍進展迅速。二月三日，一舉攻克晃縣，隨後黔軍分兵追擊，連克洪江、黔陽、鳳凰、乾縣，爾後合兵圍攻芷江。十三日，芷江城陷。十六日黔軍又乘勢奪取麻陽。王文華黔軍的一連串勝利，加之袁軍前線

司令官馬繼增的突然死亡，對袁軍統帥部是一個極大的打擊，遂急忙抽調援軍進行反撲，二月下旬，袁軍新任司令官周文炳率增援部隊萬餘人圍攻麻陽，黔軍與之激戰近一個月後，從麻陽退出，並轉戰湘南，先後奪取武岡、寶慶等地，進而威逼長沙。

四川戰場由於北洋軍的瘋狂反撲，護國軍開始轉入守勢。三月一日，馮玉祥率生力軍五千人圍攻敘州，當時滇軍劉雲峰率主力正在瀘州參加會戰，故敘州只有少數守城部隊，在馮軍的猛攻下，滇軍無法支持，遂於三月三日退出敘州。這時在瀘州方向，張敬堯指揮本部及新到之吳佩孚、王汝賢部，也對護國軍展開攻擊，蔡鍔以瀘城孤懸江右，難以固守，遂將部隊主動撤回江南，在野外與北洋軍展開激戰，在曹錕的親自督戰下，吳佩孚、馮玉祥（從敘州趕來）奮力死戰，於三月七日先後奪取了江安、納溪等城。北洋軍的這些勝利，無疑地給瀕臨垮台的洪憲皇帝打了一針強心劑，袁皇帝急忙傳令嘉獎馮玉祥、吳佩孚、吳新田、熊祥生等作戰有功將領，然而袁世凱高興得太早了，沒過幾天形勢就發生了不可逆轉的變化。

三月十五日，陸榮廷發出通電，宣告廣西獨立，並就任兩廣護國軍總司令，同時將袁派到廣西的龍覲光部八千人繳械，這一消息對北洋軍是一個很大的打擊，對護國軍是一個極大的鼓舞。三月十七日，蔡鍔即指揮滇、黔、川護國軍轉入反攻，兵鋒所至，勢如破竹，幾天內就攻下江安、南川、納溪、綦江、彭水等城，張敬堯負傷逃回瀘州，之後袁軍龜縮在幾座孤城之中，再也不敢主動出擊。而廣西方面，陸榮廷解決了龍覲光後，在李烈鈞的配合下，率桂軍主力循潯江東下，直奔廣東，迫使龍濟光宣布獨立，除此之外，陸還派師長秦步衢率部由桂林北上，前出永州，與占領寶慶的黔軍王文華部會合，進攻衡州。

至此，護國軍已控制滇、黔、桂、粵全部及川、湘一部，聲勢日益壯大。隨之浙江呂公望、童葆暄，陝西陳樹藩，湖南程潛、譚延闓，廣東陳炯明、朱執信，山東居正、吳大洲等，先後宣布獨立。在四面楚歌的形勢下，北洋軍前線紛紛告急袁世凱雖欲調兵增援，但其北洋舊部張勳、靳雲鵬、倪嗣沖等拒絕派兵，甚至連其小站練兵時的得力幹將段祺瑞、馮國璋，亦都託病不見，最後其親近黨羽陳宧、湯薌銘和由馬弁升任旅長的唐天

喜也發出與袁脫離關係的電報。這時袁世凱才發覺自己已經眾叛親離，大勢已去，不得不於三月二十二日宣布取消帝制，恢復共和國體。六月六日，袁世凱這個竊國大盜，便在全國人民的唾罵聲中死去。

北洋軍閥是近代中國半封建半殖民地社會的畸形兒，是清末民初一切反動勢力的總代表，是帝國主義在中國的代言人。它的黑暗統治，既給中國人民帶來深重的災難和痛苦，又為帝國主義侵華提供了必要的前提條件。正因為北洋軍閥的黑暗性、反動性，所以才遭到廣大中國人民堅決反對和唾棄，並在「打倒軍閥，打倒列強」的人民革命鬥爭中，最終成為歷史的渣滓。作為北洋軍閥之父的袁世凱，並非傳說中的「金龍轉世」，但卻是一條道道地地的變色龍。他多謀善變，不學有術，奸詐詭譎，專橫跋扈，既野心勃勃，又善於偽裝，凡是官僚政客所具有的種種惡劣品質及卑鄙手段，他無一不通，無一不用。為了攫取高官厚祿，他在主子面前是奴才；為了培植個人勢力，他在奴才面前是主子。他鎮壓辛亥革命，卻打扮成革命的同盟者，最終竊取了革命果實；他熱衷封建帝制，但卻偽裝成反對帝制的英雄，結果自己當了皇帝，這就是北洋鼻祖袁世凱，這就是竊國大盜袁世凱。

段祺瑞黷武窮兵

號稱北洋之虎，實為老袁走卒；欲爭中國領袖，大肆興兵動武；對外投降賣國，不惜棄宗背祖；雙手沾滿鮮血，卻要唸佛吃素。

護國戰爭結束了「洪憲帝制」，袁世凱在四面楚歌中憂憤而死，隨著袁的死亡，由他所維繫的北洋軍閥專制主義統一傾覆破碎。然而，推翻袁世凱的各種政治和軍事力量卻無力實現新的統一，因此中國歷史上出現了又一個軍閥割據時期——即北洋軍閥割據時期。這個時期，北洋軍閥分裂為皖、直兩大派系，以及稍後以張作霖為首的奉系，他們之間的爭奪和混戰，主要是圍繞著爭奪中央政權進行的。而西南軍閥以滇、桂、黔係為主，包括川、粵、湘系在內，他們與北洋軍閥的對峙鬥爭及相互間的爭鬥相比，更多是有著地方自衛和擴大勢力範圍的性質。以段祺瑞為首的北洋政府推行武力統一政策，及所發動的軍閥戰爭，則是上述矛盾和鬥爭的直接反映。

段祺瑞，生於西元一八六五年三月六日，安徽合肥人。原名啟瑞，字芝泉，晚號正道老人。段祺瑞出身於軍人世家，其曾祖父被清廷授予「振威將軍」；其祖父段佩，因鎮壓捻軍有功，官至淮軍統領；父親段從文，一生務農。段祺瑞的祖父去世後，家道開始衰弱，一度貧窮的連供其上私塾的學費都付不起，使他被迫輟學。段祺瑞十七歲那年以超人的毅力，徒步兩千里，到山東投奔任清軍管帶的族叔段從德。西元一八八四年以優異成績考入李鴻章興辦的天津武備學堂，入炮科學習。西元一八八九年以考試第一名的成績，被清廷派赴德國留

學。回國後在山東武備學堂任算學和炮學教習。西元一八九六年，經蔭昌介紹，段祺瑞與王士珍、馮國璋等人投奔袁世凱門下，成為袁在天津小站練兵時的得力助手，時稱「北洋三傑」，不久段當上了袁世凱新建陸軍的砲兵統帶，後又兼任武衛右軍學堂總辦。

袁世凱署山東巡撫，段隨其同往，駐防濟南，為袁鎮壓山東義和團運動效盡犬馬之勞。袁世凱任直隸總督期間，段祺瑞於西元一九〇二年五月奉命鎮壓河北廣宗、威縣一帶的農民起義，屠殺起義農民近千人，因「軍功」被清廷授予「奮勇巴圖魯」的稱號，並賞戴花翎。西元一九〇三年五月，袁世凱奏請清政府設立軍政司，他本人兼任督辦，段被任命為參謀處總辦，曾協助袁創辦陸軍速成學堂，為了袁培養了大批北洋軍事骨幹，西元一九〇三年六月，袁世凱開始建立北洋六鎮，段先後擔任過第三、第四、第六鎮的統制，西元一九〇九年，袁世凱被清廷免職，段祺瑞不僅沒受牽連，反而為清廷所重用，被任命為江北提督加侍郎銜，駐軍江蘇。西元一九一一年十月十日辛亥革命爆發，清廷召段祺瑞進京，任北洋軍第二軍軍統，署理湖北都督，成為北洋軍的第一號大將。

西元一九一二年一月一日，孫中山在南京宣誓就任中華民國臨時大總統，第二天，受袁世凱的指使，段祺瑞與馮國璋等聯名通電，表示維護君主立憲，反對共和，宣稱「若以少數意見採用共和制，必誓死抵抗」，以此恐嚇革命黨人。當孫中山表示「如清帝退位，宣布共和」，「以功以能，首推袁氏」後，段又在袁世凱的授意下，於一月二十六日，率四十餘名將領，聯電清室，實行共和，否則「即率全軍將士入京，與王公剖陳利害」，迫使清帝於二月十二日宣布退位，段祺瑞就是這樣為袁世凱篡奪辛亥革命果實而奔走呼號，並贏得了「締造共和」的虛名。

袁世凱出任中華民國臨時大總統後，段祺瑞被任命為陸軍總長，被授予陸軍上將和一等勳位。西元一九一三年，段祺瑞參與了鎮壓孫中山領導的「二次革命」，殘殺了數以萬計的革命志士；西元一九一四年二月段親率北洋軍二萬餘人剿殺白朗起義軍，八月白朗戰死，起義失敗。

由此可見，段祺瑞這隻北洋之虎，其實是袁世凱篡奪國家最高權力過程中的忠實走卒。

然而就在段祺瑞死心塌地為袁賣命的時候，袁大總統卻漸漸對他不放心起來。原來段祺瑞為人剛愎自用，處事獨斷專行，儘管對袁忠心耿耿，但從不巴結逢迎；雖然克於職守，但又我行我素。當初「北洋三傑」均衡發展時，尚能注意克制，及至袁世凱當上大總統，北洋之「龍」王士珍歸隱故里，北洋之「狗」馮國璋外調南京，北洋集團三足鼎立局面不復存在，軍事大權由他一人獨攬時，便開始跋扈起來，對有關北洋軍事問題，除個別重大的向袁請示外，其餘一概自作主張，久而久之出現了「只知段總長，不知袁總統」的局面。

有一次，袁世凱的兒子袁克定想往陸軍部安插一個同鄉，便給段寫了一封推薦信。那人持信找到段祺瑞，段正在下棋，很不耐煩地批了個「交徐辦」，讓他去找次長徐樹錚，而徐也很跋扈，在信上批道：「查本部已無空缺，批駁，驗過。」這件事使袁克定大為光火，便跑到袁世凱面前告狀說：「陸軍部太目中無人！有時連您的話也不放在眼裡。」

於是袁世凱對段有了戒心，不久又發生了蔣百里自殺未遂事件，使袁世凱更為惱火，蔣百里曾是日本士官學校的優等生，後又到德國學習軍事，回國後在禁衛軍任職，不久晉升為陸軍少將，袁世凱欲將他收為己用，便任命其為保定軍校校長，蔣花了大量心血制定了一套軍校擴建計畫，受到袁的讚賞，但是段祺瑞因為袁事先沒告訴他任命蔣為校長的事，遂耿耿於懷，對軍校擴建百般刁難，氣得蔣百里在全校師生大會上掏槍自殺，幸好未擊中要害，經搶救脫險，後來袁任命蔣為參議，而陸軍部卻頂著不發委任狀，這一系列事情的發生，使袁世凱心中很不痛快，但又不好當面表露出來，於是便成立了陸海軍統率辦事處，囊括了陸、海、參謀三個部，袁凌駕其上，總攝軍權，從而使陸軍部的權力受到極大削弱，對此段祺瑞非常不滿，便託病不到部裡上班，隨後又正式提出辭去陸軍總長職務，袁世凱順水推舟，毫不客氣地將其免職。

段祺瑞的憤而辭職，既有對袁世凱削其軍權不滿的一面，又有反對袁世凱稱帝的一面，就在袁世凱上演稱帝鬧劇之時，段曾多次進行規勸，而袁則模稜兩可，敷衍了事。有一次段對袁說：「祺瑞自小跟隨總統，鞍前

馬後，將近二十年，總統知遇之恩，祺瑞沒齒難忘。如今國勢危殆，倘有變動，後果不堪設想。祺瑞無知，赤誠可鑑，望大總統三思。」段越是苦口婆心地勸袁世凱不要冒天下之大不韙，就愈加引發了袁的憎厭之心，遂下決心將段免職。段祺瑞不是一個民主主義者，為什麼會極力反對袁氏稱帝呢？他曾對別人說過：「我當年曾發採取共和之電，如今又擁護項城登基，國人其謂我何？且恐二十四史中，亦找不出此等人物！所以，論公，我寧死也不參與；論私，我從此只有退休，絕不多發一言。」

西元一九一五年十二月十二日，袁世凱帝稱帝，改中華民國為中華帝國，次日，袁在居仁堂匆匆登基，這天段祺瑞在家中對徐樹錚說：「項城作孽啊！」袁世凱稱帝後果然出現眾叛親離的局面，在危難之機，袁不得不請段出來收拾殘局。西元一九一六年三月十八日，袁把段請到中南海家中，對段說：「我老且病，悔不聽你言，致有今日糾紛，若取消帝制，還需要你幫忙。」而段祺瑞也給袁面子，當即表示：「當竭我力相助。」此情此景，如同當年清廷請袁世凱出山時差不多，正如梁啟超在給段祺瑞的信中所說：「今日之有公，猶辛亥之有項城。清室不讓，雖項城不能解辛亥之危；項城不退，雖公不能挽今日之局。」

事實正是這樣，段祺瑞復出後，也用當年袁世凱對付革命黨和清廷的辦法，來對付袁世凱和討袁護國軍，即外抗護國運動，內奪袁氏大權，同時他還傚法當時袁世凱不直接從「孤兒寡母」手中奪權之法，也不直接從「衣食父母」手中奪權，而是借用護國軍的力量來達到奪權的目的，但是袁世凱絕非隆裕太后，他對段祺瑞始終保持著高度的警惕，採取軟硬兼施的辦法，來巧妙周旋，他開始想用徐世昌為國務卿，以牽制段祺瑞，段步步進逼，徐任職一個月不得不提出辭職；袁想任段為國務卿，段堅絕不幹，非要當國務總理不可，迫使袁於五月四日任他為總理；段就職後，立即任命自己的心腹徐樹錚為祕書長。

但袁世凱對這位「小徐」很反感，便對段說：「段總理是軍人，小徐也是軍人，以軍人總理而用軍人祕書長，大不相宜。」段祺瑞聞聽後怒火中燒，覺得袁世凱太不識相了，於是不顧往日對袁的畢恭畢敬，把口中的香菸往桌子上一摔，聲色俱厲地說：「時至今日，還是如此，一點都不肯放手！」話音剛落，鼻子立即

向左邊歪去，這位「北洋之虎」有個習慣動作，盛怒的時候鼻子就歪向一邊，因此，人們背後都叫他：「段歪鼻子。」其時袁世凱仍想以武力解決南方護國軍，段祺瑞則堅決反對，袁世凱大怒道：「和又和不了，戰又不想戰，你到底想幹什麼？」段祺瑞毫不客氣地回答：「如果總統堅持用兵，那我只有辭職。」第二天果然遞上辭呈，此時袁世凱真是又氣又恨又無可奈何，不久就驟然死去。因此，段祺瑞沒費多大力氣，就掌握了北洋政府的統治權。

袁世凱死後，黎元洪繼任大總統，馮國璋為副總統，段祺瑞仍任國務總理。為了平息與西南方面的紛爭，段祺瑞同意恢復《臨時約法》和召開國會，於是南北融合，氣象一新，然而國內和平剛一實現，黎、段之間的矛盾馬上爆發出來，當時北洋軍閥已分成直、皖兩大派系，馮國璋代表直系，雖為副總統，但一直據守南京；段祺瑞是合肥人，遂成為皖系頭子，並儼然以北洋派正統首領自詡；而黎元洪雖為辛亥元勛，但並非北洋出身，手中又無一兵一卒，故段祺瑞根本不把他放在眼裡。不僅段祺瑞驕橫無比，就連徐樹錚等人對黎也十分無禮。

然而，段祺瑞萬萬沒有想到，一向優柔寡斷、言語溫和的黎元洪，一旦坐上總統寶座，其態度也驟然硬了起來，有時比當年袁世凱還厲害，段祺瑞想安排徐樹錚為國務院祕書長，黎竟滿臉怒氣地說：「我總統可以不做，絕對不能與徐樹錚共事！」還說：「一萬件事我都依你，只有這一件辦不到！」段氣得鼻子一歪，拂袖而去，回到國務院大罵黎元洪說：「我是叫他來簽字蓋印的，不是叫他壓在我頭上的！」由此開始了府院之爭，有了段祺瑞作後台，徐樹錚也異常跋扈。

有一次國務院任命了幾位外省的廳長，黎元洪見有幾個人很陌生，便隨口問了一下。徐樹錚很不耐煩，訓斥道：「你問那麼多幹什麼？讓你蓋印你只管蓋好了，我忙得很，哪有閒工夫？」當時把黎元洪臉都氣白了。徐在內閣裡經常與受黎元洪支持的內務總長孫洪伊發生衝突，段提出將孫免職，黎元洪非但不同意，而且提出要免除徐的職務，二人怒目相視，互不相讓，最後將孫、徐一起免職，才算打個平手。府院之爭後來

在對德宣戰問題上，則以更激烈的形式表現出來。西元一九一七年一月，德國潛水艇在海上實行封鎖政策，日本由原來反對中國參戰，轉而積極慫恿中國參戰，日本政府派西原龜三來華推行扶持段祺瑞、加強控制中國的計畫，而段祺瑞也想取得日本支持，來實現其武力統一全國的目標，日本在華勢力的膨脹，引起了英美等帝國主義國家的不滿，於是他們便鼓動黎元洪反對段祺瑞的參戰案，這樣參戰問題成了府院之爭的焦點，是年二月，西原龜三攜帶誘使中國參戰的優待條件第三次來華，段祺瑞更加有恃無恐，立即將對德絕交的報告提交國會討論並通過。

三月四日，他率內閣成員到總統府讓黎元洪在文件上簽字。黎看看文件，只說了句：「此案當再考慮。」段祺瑞就火了，兩人當場爭吵起來，最後段憤憤走出總統府，當天宣布辭職，並回到了天津。段祺瑞的這一手還真的把黎元洪給唬住了，急忙派總統府祕書長去天津請段，表示同意蓋印，六日段回京，八日黎被迫蓋章。事後黎十分悲憤地說：「昔受項城屈辱，今又見侮於段。」隨後段祺瑞又想通過對德參戰案，為了給總統府和國會施加更大的壓力，四月下旬段召集各省督軍會議，組成「督軍團」，企圖以武力威脅的手段，來促使參戰案的通過，五月二日，段祺瑞唆使安徽督軍倪嗣沖、福建督軍李厚基、山東督軍張懷芝跑到總統府去進行威脅，而這時黎元洪膽子卻大了起來，以「軍人不得干政」為題，把督軍們給狠狠地訓了一頓，五月六日，段祺瑞帶著參戰案，率內閣成員再次來到總統府，讓黎元洪蓋印。

黎把提案遞給一位姓唐的監印官，監印官生氣地說：「此案我不能蓋印！」又把提案推給了黎元洪，段祺瑞剛要發作，他身邊的教育總長大吼大叫道：「爾何人！怎敢說不蓋印？」說完把監印官猛地推出門外，將門上玻璃撞得粉碎，黎見小胳膊扭不過大腿，便親自動手蓋了印，五月十日，參戰案被拿到國會上討論，段祺瑞指使人組織了兩千餘人的「公民請願團」，將國會包圍起來，上演了一場逼迫國會通過提案的鬧劇，這些人手持小白旗，向議員散發傳單，要求必須在當日通過參戰提案，否則不准議員回家，甚至對議員拳打腳踢，進行人身威脅，結果此事弄巧成拙，議員們根本不吃這一套，一直到晚上十點，提案也未通過，段祺瑞只好下令將

「公民團」撤走，段祺瑞不僅沒有闖過國會關，反倒因「督軍團」、「公民團」醜行而聲名狼藉，內閣成員紛紛辭職，自己則成了光桿總理。

五月二十三日，在美國及直系軍閥支持下，黎元洪利用段祺瑞向日本出賣國家主權之事被揭露的機會，下令免去其國務總理和陸軍總長職務，段憤然離京至天津，並發表通電倒黎。皖省首先宣布獨立，奉、魯、閩、豫、直各省軍閥紛紛響應。七月一日，張勳率軍進京復辟清室，解散國會，這時段祺瑞搖身一變，拉起「討逆」大旗，於七月十二日率軍進京，擊敗張勳的「辮子軍」，成為「再造共和」的英雄，重新掌握北洋政府大權，而黎元洪則灰溜溜地下台了，總統一職由馮國璋代理。

重新上台的段祺瑞更加有恃無恐。他對外加緊投靠日本帝國主義，指使曹汝霖、章宗祥、陸宗輿等親日派官僚，以各種名目和方式，向日本借款，僅西元一九一七年八月至一九一八年九月的一年多時間，共向日本借款五億元，遠遠超過袁世凱統治時期向日本借款的總額，同時還與日本簽訂了《中日軍事協定》，使日本不僅得以在中國境內駐軍，而且還可以指揮中國軍隊。

這個引狼入室的賣國協定，遭到了全國人民的強烈反對，在對內政策上，段祺瑞加緊實行軍事獨裁統治，公然宣布「三不」施政綱領，即一不要約法，二不要國會，三不要舊總統，這樣的倒行逆施，理所當然地遭到以孫中山為首的國民黨的憤怒聲討，國會兩院議員也因段非法解散國會，拒絕恢復「約法」，而紛紛隨孫中山南下，並於廣州召開非常國會會議，選舉孫中山為大元帥，唐繼堯、陸榮廷為元帥，於西元一九一七年八月宣告成立護法軍政府，九月十日，孫中山宣誓就職，並任命伍廷芳為外交總長，孫洪伊為內務總長，唐紹儀為財政總長，胡漢民為交通總長，張開儒為陸軍總長，程璧光為海軍總長，章炳麟為大元帥府祕書長，許崇智為參軍長，護法軍政府成立後，各地紛紛響應，廣西譚浩明、廣東陳炳昆、雲南唐繼堯、陝西於右任、福建許崇智、四川熊克武、湖南劉建藩等相繼宣布獨立；同時李烈鈞在廣東逼走了龍濟光；海軍則由程璧光率領南下，南北又形成對峙的局面。

西南各省獨立後，馮國璋主張和解，支持他的有李純、陳光遠、王占元等直系長江三督。段祺瑞主戰，支持他的有皖系軍閥及曹錕、張作霖等，馮在段壓力下下令通緝孫中山，同時廣州軍政府也下令通緝段祺瑞等，南北戰爭揭幕，史稱護法戰爭，此戰波及閩、粵、贛、湘、鄂、川、陝七省，戰線犬牙交錯，綿亙五千餘里。當時段祺瑞的作戰指導思想是：「對湖南用兵以制兩廣；對四川用兵以制滇黔」，為了達到此目的，段祺瑞於西元一九一七年八月六日派心腹大將傅良佐為湖南督軍，另派皖系大將吳光新為長江上游總司令兼四川查辦使，並調北洋第八師、第二十師入湘。

九月九日，傅良佐到長沙接任督軍。湖南省長譚延闓當即辭去省長職務，並集中在湘南的軍隊，由第一師第二旅旅長林修梅、零陵鎮守使劉建藩率領，宣布獨立，傅良佐遂任命第八師師長王汝賢、第二十師師長范國璋為正副司令，率部進攻湘南。湘南爭奪戰，點燃了南北戰爭的導火線。為了對抗北洋軍的南侵，陸榮廷在南寧召開兩廣援湘軍事會議，組織兩廣護國軍，命廣西督軍譚浩明為司令，率五路大軍出援，雙方在湘南展開大廝殺。結果，在湘粵桂聯軍的強大攻勢下，北洋軍內部發生分裂，王汝賢、范國璋在馮國璋的授意下，通電主和，從衡山撤兵；傅良佐見大事不好，也趁夜登艦，逃之夭夭，聯軍因此很快進入長沙，前鋒直逼岳州，而進攻四川的吳光新所部在重慶被川軍包圍繳械，吳光新則落荒而逃，段祺瑞因兵敗於十一月十六日引咎辭職。

是年十二月上旬，在護法軍奪取湖南的聲勢下，湖北第一師師長石星川在荊州、江蘇留鄂第一師師長黎天才在襄陽、原鄂軍師長王安瀾在隨縣，相繼宣布自主；陝西民軍首領郭堅在鳳翔、陝軍團長胡景翼在三原均宣布獨立；浙軍旅長葉煥章等在寧波宣布自主；豫西民軍首領王天縱在汝州宣布獨立。

北洋軍閥盤踞的地區也一片騷亂，這時在主戰派的逼迫下，馮國璋命令吳光新、吳佩孚、王占元、趙倜等率部對黎天才、石星川、王安瀾、王天縱等進行討伐，黎等很快失敗，為支持黎天才等反抗北軍的壓迫，湘、粵、桂聯軍一舉攻克北軍盤踞的岳州，此時主戰的皖系軍閥氣焰更為囂張，逼迫馮國璋再下討伐令，馮被迫於西元一九一八年一月三十日命第一路軍總司令曹錕、第二路軍總司令張懷芝進兵，再度攻湘，正在這時，馮國

璋舊直系的軍師陸建章，策動駐武穴的中央第十六混成旅旅長馮玉祥發出反對對南方用兵的通電，馮旅原本奉命援閩，到浦口後拒絕前進；隨之又奉命援湘，開到武穴即按兵不前，在陸建章的指使下，馮驅趕了主戰派、安徽督軍倪嗣沖，造成主戰派的重大打擊。

為了壓迫馮國璋對南方用兵，徐樹錚勾引張作霖奉軍入關，並劫走直系軍閥從日本購買的步槍兩萬七千支，馮國璋在皖系、奉系的脅迫下，只得請段祺瑞出來組閣。是年二月中旬，曹錕率第一路軍由鄂北移向鄂南；三月上旬，第二路軍司令張懷芝率部到達南昌。三月十日，北軍下達總攻擊令，吳佩孚率海陸軍很快突破湘軍第一師的防線，占領岳州。這時段祺瑞在曹錕為首的北洋軍閥頭目的籲請下，於三月二十三日再任總理。二十六日，北軍占領長沙，身無寸功的張敬堯被段祺瑞任命為湖南督軍兼省長。

為了實現武力統一的狂妄野心，段祺瑞於四月二十四日親臨漢口，召開有曹錕、張懷芝、王占元、趙倜及蘇、皖、直、湘、晉、陝、奉七省督軍代表會議，部署第三期作戰計畫。會後，吳佩孚率直軍各部向湘南進攻，南軍譚浩明率桂軍迅速後退，使程潛所率湘軍處於孤立無援境地，遂主動撤離衡陽，直軍進入衡陽後即不再前進，張懷芝的第二路軍進攻醴陵、攸縣方向，但被劉建藩殺了個回馬槍，敗逃江西萍鄉。至於其他戰場，援閩粵軍總司令陳炯明率部擊垮閩浙聯軍，於五月底前占領閩南大片地區；在陝西方向，親皖陝督陳樹藩困守西安孤城，陝北、西府和商洛等地均落入胡景翼等靖國軍之手。

曹錕所率直軍是北洋軍的主力，段祺瑞讓其衝鋒陷陣，包藏著趁機削弱直系的險惡用心，吳佩孚早就看到了這一點，便與曹錕商定了先戰後和之策，故攻下衡陽後，即不再前進。雖然段祺瑞對曹吳封官許願，甚至重金收買，都無濟於事，八月和九月間，在曹吳的策劃下，南北將軍聯名發出通電，要求停戰，公開反對段的武力統一政策，這不僅使段祺瑞十分難堪，而且對其想謀取北洋最高權力的企圖也是一個沉重的打擊，原來段祺瑞早就想爬上總統寶座，然而要當總統非經國會選舉不可，但舊國會已被他解散，重組國會又缺乏法律根據，正在段祺瑞一籌莫展的時候，舊進步黨梁啟超主動前來相助，建議他沿用民初的先例，召集臨時參議院作為過

渡性的立法機關，由這個立法機關修改國會組織法和參、眾兩院議員選舉法，再根據這個新法召集新國會，段祺瑞為了建立一個完全由他控制的立法機關，為自己當選總統創造條件，不惜用重金收買了一大批無恥政客、無恥議員，成立了一個叫「安福俱樂部」的組織，為其競選而搖旗吶喊。

西元一九一八年八月二十日，全國大選揭曉，共選出八百名議員，其中安福系議員竟達三百八十名之多，所以這屆國會又稱「安福國會」，國會議員選出後，段祺瑞還指使其親信大肆收買議員，從軍隊兵餉中撥出三十萬元作為議員活動經費，每人每月可得三百元，正當段祺瑞做著總統美夢的時候，直皖矛盾白熱化，各派勢力反皖態度漸趨明朗，段祺瑞極不情願地把徐世昌推上總統寶座，但實權仍控制在自己手裡。

就在直皖矛盾日益激化的時候，第一次世界大戰宣告結束，西元一九一九年一月，帝國主義列強召開具有分贓性質的「巴黎和會」，不久傳來「巴黎和會」上中國外交失敗的消息，全國人民懷著極大的憤慨，紛紛聲討段祺瑞北洋政府推行的投降賣國的外交政策，並爆發了具有劃時代意義的「五四」反帝愛國運動。段祺瑞極力主張以武力鎮壓愛國青年學生，千方百計包庇曹汝霖、章宗祥、陸宗輿等賣國賊，同時，他還喪心病狂地發出通電，要求中國代表在巴黎和會上簽字，段氏的這一切舉動，使人們進一步認清了他這個北洋軍閥獨裁專制、賣國求榮的反動嘴臉，其他實力派，特別是直系軍閥，為了爭得輿論的支持，換取民眾的同情，也出來指責皖系賣國，並於西元一九一九年底結成了直奉七省反段聯盟。

西元一九二〇年初，吳佩孚正式提出從湖南撤防北歸，四月曹錕同意吳的意見，決定以撤兵回防的行動來反對段的武力統一政策，要求解散安福俱樂部，削弱段的政治實力，五月，吳佩孚率師北撤，直皖戰爭一觸即發，面對直系軍閥的強大壓力，段祺瑞毫不示弱，他一面指示駐北京的皖系將領以營房不足為藉口，拒絕直軍撤回北京；一面電召徐樹錚，將西北邊防軍全部調到北京附近，段還親自出馬，擔任川陝剿匪總司令，打算率兩個邊防軍師，以向陝西進軍為名，奪取河南，爾後同安徽、山東的皖軍共同夾擊吳佩孚的直軍，後因奉軍揚言打進關來「拱衛京師」，才使段不得不放棄其聲東擊西的計畫。

七月五日，段祺瑞以邊防督辦的名義命令邊防軍緊急動員，隨後發表聲討直系的通電，並以重兵包圍總統府，強迫徐世昌下令罷免曹錕、吳佩孚，「依法嚴懲」，隨後段祺瑞決定對直作戰，並組織定國軍司令部，自兼總司令，以徐樹錚為參謀長，段芝貴、曲同豐、魏忠瀚分別被任命為第一路、第二路以及第三路軍司令，直系方面，以吳佩孚為討逆軍前敵總司令兼西路軍前敵總指揮，以「驅老段，誅小徐」為口號，沿京漢線開進，當時奉軍張作霖也率部入關，設司令部於軍糧城，七月十二日，直奉聯軍聯名通電，直指段祺瑞為賣國誤國之罪魁禍首，十三日，吳佩孚發布了出師討賊電文，指出：「自古中國嚴中外之防，罪莫大於賣國，醜莫重於媚外。窮凶極惡，漢奸為極，段祺瑞再秉國政，認仇做父，始則盜賣國權，大借日款以殘我同胞；終則導異國之人，用異國之錢，膏我民之血，繩神黃之裔。實敵國之忠臣，民國之漢奸也。」

當時直隸、天津的商會等團體也紛紛通電討段，並在電文中列舉了段的「八大罪狀」即：「目無總統，任意橫行」；「信任曹陸，借用日款」；「任用權術，利用金錢收買下級軍官」；「組織安福俱樂部」；「任用爪牙徐樹錚，種種作惡」；「吸食鴉片，行賄賂」；「自謂淡泊無慾，維護國家綱紀，以欺天下」；「陽飾清廉，陰實貪賣」。這些電文還以大量事實戳穿了段以清廉自持的偽善面目，文中指出：「海內不知其底蘊者，不免為其所愚，今試查天津意租界段氏之宅，為誰所賄乎？則徐樹錚於民國元年所得漢陽之款，以三十萬元分潤於段氏也。又試查北京新造段氏之宅第，為誰所賄乎？則曾雲霈以安福系之黨費，為之興造春夏秋冬四季式房屋，以貢獻於段氏也。復辟討逆所餘之款兩百萬元，盡入囊中。中日匯業銀行一百萬元之股份，眾所共聞。其他各銀行、各公司之股，莫不有段氏之堂名。清廉者固若似乎。」這些鮮為人知的醜聞的披露，剝去了段的種種畫皮，使人們徹底看清了段祺瑞的廬山真面目。

七月十四日，直皖大戰爆發。直系大將吳佩孚運用「擒賊先擒王」的戰術，先是夜襲段祺瑞坐鎮指揮的團河，使段祺瑞慌忙逃回北京，接著襲擊了松林店的定國軍前敵總司令部，活捉了包括段祺瑞手下「四大金剛」之一曲同豐在內的全部高級將領。皖軍東路總指揮徐樹錚，在直奉兩軍的夾擊下，也大敗而逃，中路軍陳文運

部遂不戰自潰。這樣前後不到五天，段祺瑞靠舉借外債編練、苦心經營數年的段家軍，竟全軍覆沒。他藉以飛揚跋扈的老本全輸光了。至於屯駐宜昌、沙市的吳光新部五個混成旅，與馮玉祥的第十六混成旅稍事接觸，即被全部繳械，吳光新於七月十六日被王占元逮捕。此後，徐世昌以大總統的名義發布命令，撤銷西北邊防督辦公署及西北邊防軍的建制，嚴辦安福系禍首徐樹錚等十人，解散新國會，削曲同豐等官職爵位。至此，把持北京中央政權近五年的皖系軍閥集團，基本上退出歷史舞台。

西元一九二〇年七月二十日，戰敗了的段祺瑞，自請免去身兼各職，「以謝國人」。第二年，他退居天津的日本租界，在那裡窺測時機，以求一逞，他於西元一九二一年十二月二十二日，曾派徐樹錚赴粵，與孫中山的代表廖仲愷、蔣介石祕密商討聯合討直問題，西元一九二二年初他又派段芝貴破壞、挑撥奉直之間的關係，至同年二月，段祺瑞、張作霖、孫中山，終於組成了反直三角同盟。

西元一九二四年九月，原屬皖系的浙督盧永祥與原屬直系的蘇督齊燮元發生戰鬥，奉張以援段為名進兵關內，第二次直奉戰爭爆發，段祺瑞給古北口前線的直系大將馮玉祥送去親筆函，鼓動馮玉祥倒戈反直，隨後馮玉祥發動北京政變，推翻了直系軍閥的統治，並推舉段為「中華民國臨時總執政」。但這時中國革命已有了新的發展，孫中山實行聯俄、聯共、扶助農工的三大政策，國共組成統一戰線，一場轟轟烈烈的大革命即將開始，面對這種形勢，段祺瑞非但不改邪歸正，反而變本加厲，對外推行賣國投降路線，宣布承認帝國主義強加給中國的一切不平等條約，維護列強在華特權，以此換取帝國主義列強對他的賣國政府的承認和支持。對內實行專制獨裁，反對人民革命。西元一九二五年二月一日，他一手包辦了一個由實力派軍閥參加的「善後會議」，與國共兩黨召開的國民會議相對抗。正如馮玉祥所說的：「他不但舊有的蝨子未除，反而加了臭蟲；不但大瘡未割，反倒加了疥瘡。」

西元一九二六年，張作霖與吳佩孚勾結，向馮玉祥的國民軍進攻。三月十二日，日本帝國主義的軍艦在天津大沽口公然炮擊國民軍，助張吳作戰，英美帝國主義也阻止國民軍在天津布防，十六日，英美等八國駐華使

節向北京政府發出最後通牒，提出無理要求，並調集二十餘艘軍艦在大沽口停泊，對中國進行威脅，帝國主義的武裝干涉和最後通牒，激起了中國人民的極大憤慨。三月十八日，北京大學、高等師範學堂等十幾所學校的學生及一部分工人群眾，共約五千餘人，在天安門前舉行集會，會後進行遊行示威，當遊行隊伍行至鐵獅子胡同執政府門前時，段祺瑞竟下令向手無寸鐵的愛國群眾開槍，當場打死四十七人，打傷一百五十五人，製造了震驚中外的「三一八」慘案，魯迅先生曾怒不可遏地指出，這是「民國以來最黑暗的一天」。

西元一九二六年四月，直奉聯軍與馮玉祥的國民軍之間的戰火逼近京畿時，段祺瑞夢想再進行一次政治投機，以維護其岌岌可危的地位。他自願為奉軍作內應，圖謀把國民軍趕出北京，駐京國民軍將領鹿鍾麟得知後，於四月十日晨派兵包圍了執政府，欲將其逮捕，段提前得到消息，倉皇逃進東交民巷，請託庇護於帝國主義，國民軍退出北京後，他又通電復職，妄圖繼續盤踞執政地位，張作霖不願理他，吳佩孚更是宿怨未消。他們派人將段祺瑞監視起來，並下令逮捕安福系分子，這時他才感到自己已是窮途末路，遂於四月二十日宣布引退，回到天津日租界寓所，過起吃齋唸佛的寓公生活。

西元一九三三年一月，蔣介石派人將段祺瑞接到上海居住，每月送給他一萬元供生活之用。西元一九三四年春，段因胃出血住院治療，出院後，醫生和友人見他年事已高，身體虛弱，勸他開葷以增加營養（段一生吃素），但他執意不肯，答道：「人可死，葷不可開。」西元一九三六年十一月一日，段祺瑞因胃病再次發作，出血不止，於次日晚死於上海醫院，時年七十二歲。

段祺瑞是北洋軍閥的巨魁之一。袁世凱作為「北洋之父」造就了北洋軍閥；而段祺瑞作為「北洋之虎」卻活動於整個北洋軍閥統治時期。由於北洋軍閥是一個封建軍事集團，確立封建統治是這一集團的根本利益，為此他們打內戰、毀國會、逐民黨、斥袍澤、破壞革命運動、鎮壓人民起義，幹盡了各種壞事，甚至不惜勾結帝國主義，出賣民族利益，挾洋人以自重，甘當無恥的賣國賊。北洋軍閥以武力為後盾，不斷挑起戰爭，給廣大人民造成無窮無盡的災難。在軍閥的燒殺劫掠之下，百業俱廢，民生凋敝，極大地破壞了社會經濟的正常發

展，如護法戰爭期間，「湖南寶慶，城廂內外，及各鄉百里間，凡兵隊經過駐紮之處，幾使家無倖免，女無完節，戶少炊煙，路斷行人，傷人慘目，天日為暗。環顧國中，如寶慶者不知凡幾！」頻繁的戰亂還造成政局的動盪，控制中央政權的軍閥頭目，像走馬燈一樣，不停地變換，真正是「亂鬨哄，你方唱罷我登場」。當然作為段祺瑞來說，在反對袁世凱稱帝、不參加日偽政權，以及生活儉約、不置產業等個人品質方面，還是值得稱道的。

吳佩孚逐鹿中原

初時秀才造反，後成北洋巨頭；號稱革命將軍，原為殺人兇手；數度逐鹿中原，鹿為他人所有；晚年節操可嘉，未作東酋之儔。

西元一九二〇年七月爆發的直皖戰爭，象徵著袁世凱死後北洋軍閥集團的公開決裂，從此中國內戰重心已由南、北軍事集團的對峙，開始轉變成北洋軍閥內部為爭奪北京政權而進行的廝殺。這一時期，直系軍閥曹錕、吳佩孚，奉系軍閥張作霖，都是中國政壇的風雲人物，其中吳佩孚的成長與發跡，在舊軍人中更具有典型性。

吳佩孚，字子玉，西元一八七四年四月二十二日生於山東蓬萊一清貧之家。其父吳成，在縣城經營一家雜貨舖，以維持全家生計。吳佩孚天資聰穎，六歲入私塾讀書，先生見他勤學不輟，便誇道：「惟子鶴立雞群，不與群兒同流合汙，自是可造之才。」吳佩孚十四歲那年，父親病故，家道中落，被迫輟學。隨後入水師營，成為一名學兵，開始了邊從戎、邊讀書的生活。西元一八九六年，吳佩孚參加科舉考試，中了秀才。後因事觸犯當地一位豪紳，為官府通緝，被迫逃亡北京。

西元一八九八年，吳佩孚到天津投淮軍聶士成部，初被派到一個管帶手下當勤務兵，不久為該部文案郭緒棟所推薦，入開平武備學堂步科班學習。西元一九〇〇年學堂停辦，吳佩孚重回聶部軍中，擔任後路炮隊隊官。西元一九〇二年九月，吳被選送到保定武備學堂測繪科學習。西元一九〇四年一月畢業，被分派到天津北

洋督練公所參謀處任中尉參謀，從此正式成為北洋系的一員。日俄戰爭爆發後，北洋督練公所與日本軍隊在山東煙台祕密組織偵察隊，專門刺探俄軍情報，吳與日人岡野增次郎等多次到東北地區活動，頗有收穫，受到日人獎勵，隨後他被調到北洋陸軍第三鎮，任第十一標第一營督隊官，次年升為該營管帶。

西元一九〇七年，吳佩孚隨第三鎮到東北長春市駐防，與該鎮統制曹錕過從甚密，深受曹的賞識，成為曹的得力幹將。次年，第三鎮奉調入關，其砲兵第三標在娘子關發生叛變，標統因失職被撤，吳接任標統。西元一九一二年，袁世凱當上民國大總統，北洋軍改鎮為師，改標為團，吳佩孚遂成為第三師砲兵第三團團長，駐軍南苑，兩年後，曹錕因鎮壓孫中山「二次革命」有功，被袁世凱任命為長江上游警備總司令，所轄之第三師駐防岳州，吳升為該師第六旅旅長，後來袁世凱自稱「洪憲皇帝」，雲南都督蔡鍔起兵討袁，率護國軍由滇入川。

西元一九一六年一月，袁世凱命曹錕率第三師入川鎮壓護國軍。吳佩孚見有機可乘，遂主動請戰，率本旅先行入川，連戰皆捷，為北洋系立下汗馬功勞，被袁世凱破格賞為三等男爵，授予陸軍中將軍銜，吳佩孚受寵若驚，發誓要蕩平護國軍，以報袁氏知遇之恩，然而袁世凱在全國一片討伐聲中，被迫放棄帝位，不久死去，吳佩孚只好隨第三師撤回保定。

袁世凱暴卒後，北洋軍閥分裂為直、皖、奉三系，分別以馮國璋、段祺瑞、張作霖為首領。這時的吳佩孚雖然是個小小的旅長，但他對北洋系的局勢發展卻十分關心，多次向曹錕獻計，認為總統黎元洪不過是個傀儡，而國務總理段祺瑞手握大權，不可不防，副總統馮國璋控制長江中下游，是段祺瑞的唯一競爭對手，應當加以聯絡，在這群雄並立的時代，自己要能立住腳、有發言權，手中必須有一支強大的武裝力量，因此要在第三師的基礎上，不斷「擴充基本武力」，曹錕深納其計，並讓吳佩孚具體負責招兵買馬事宜。

西元一九一七年七月一日，清廷忠實走狗、辮帥張勳，率「辮子軍」進京，把已退位的清宣統帝溥儀請出來，大搞復辟活動，北洋軍閥直皖兩系聯合起來，組織「討逆軍」討伐張勳。曹錕被任命為「西路討逆軍」總司令，吳佩孚被任為前敵先鋒，率部由保定出發，先占領北京的門戶蘆溝橋，幾天後便攻進北京城，在天壇與復辟軍展開激戰，張勳的復辟軍抵擋不住，紛紛作鳥獸散，張勳見復辟夢破滅，也自顧逃命去了。此次反覆辟之戰，使吳佩孚驍勇善戰的名聲更大了，從而為自己撈到不少政治資本。

張勳復辟失敗後，北洋政府由馮國璋代理大總統，但實權卻操縱在皖系頭子、國務總理段祺瑞手中，段祺瑞以「再造共和」功臣自居，根本不把直系馮國璋放在眼裡。為了建立皖系的獨裁統治，他一面拒絕恢復民國初年的國會和《臨時約法》，一面主張對南方的孫中山護法軍政府用兵，實現武力統一。同時任命曹錕為總司令，吳佩孚、張敬堯、張懷芝分別為第一、第二跟三路軍司令，率軍南下討伐，曹錕本是直系，但又與皖系保持了良好關係，故欣然受命，並當眾表示：「我願戰至最後一人！」吳佩孚在保定得知此情後，大驚失色，急忙趕到天津，向曹錕陳述利害，指出皖系借統一之名，消滅異己、削弱直系的陰謀。

曹錕如夢方醒，詢問補救措施，吳提出「先戰後和」之策，即先與南方一戰以挫其銳氣，然後與其議和，這樣既不損害直系利益，又顧全了段祺瑞的面子，曹錕聽後大喜，遂命吳佩孚隨軍駐漢口，代理第三師師長，兼前敵總指揮。曹錕幾乎把自己的全部家當都交給了吳佩孚，可見他對吳的信任程度。西元一九一八年二月六日，吳佩孚率王承斌、閻相文、蕭耀南等三個混成旅由湖北大舉南下，三月十日占領羊樓司，十三日攻克雲溪，南方護法軍見吳佩孚來勢兇猛，主動撤退。十七日吳佩孚未遇抵抗便進占了岳陽。

連戰皆捷，使吳佩孚殺戒大開，橫衝直撞，如入無人之境，二十六日攻占湖南省會長沙，四月初又進占湘南重鎮衡陽。就在吳佩孚入湘作戰節節勝利之際，段祺瑞卻給曹錕發來兩個急電，一是任命無尺寸之功的張敬堯為湖南督軍兼省長，二是命吳佩孚繼續追擊向南潰退之湘軍。為了安撫吳佩孚，北洋政府授予他「援粵軍副司令」和「孚威將軍」的虛銜，吳佩孚對段的嫡系張敬堯無功受封之事，心中十分不滿，也更加看清段讓直系在前面當炮灰，欲乘機削弱直系勢力的圖謀，所以攻下衡陽後，便按兵不動，開始對段祺瑞陽奉陰違起來，特別是當馮國璋與段祺瑞的分歧公開化以後，吳佩孚立即站在馮國璋一邊，積極參與倒段活動，湖南實力人物譚

延闓、趙恆惕也嗅到北洋政府內部紛爭的氣味，派人四處活動，說服吳佩孚一起反段，五月二十五日，吳佩孚派代表與譚、趙談判，雙方約定，各守疆土，段祺瑞聽說吳與湘軍談判的消息後，非常震驚，深怕吳此舉破壞自己的武力統一計畫，忙於六月三日親自給吳打電話，詢問此事，同時封官許願，答應拿出三十萬元犒賞作戰有功部隊，但吳佩孚認為段的做法有輕視自己的意思，不僅不為所動，反而更增加了對段的敵意，並加快了與南方媾和的速度，於六月十五日同南軍達成停戰協定，隨後他又指使手下王承斌、閻相文、蕭耀南、張學顏、張福來五個旅長，聯名發電向段「請假」，接著以三師全體官兵的名義通電全國，揚言「兵疲將憊，不堪再戰」，至此吳的「先戰後和」謀略已經實現，而反戈倒擊段祺瑞之階段即將開始。

段祺瑞見情況不妙，便去遊說曹錕，想讓曹親自督促吳佩孚繼續南進。曹錕早與吳串通一氣，對段虛與委蛇，假意責備吳幾句以應付差事。而吳對北京政府催他南進的一封封急電，連看都不看就扔到一邊，根本不予理睬，相反地與南方代表接觸則更加頻繁。

八月七日，吳在沉默一段時間後，突然發表一份致江蘇督軍李純的通電，指責段祺瑞政府的武力統一是「亡國之策」，從而開始公開反段，八月二十一日，吳佩孚致電馮國璋，要求頒布全國停戰令，提出南北議和主張，並表白自己「不做督軍、不住租界、不結洋人、不借外債」，把自己打扮成成愛國將領的模樣。九月四日，段祺瑞操縱「安福國會」選舉徐世昌為大總統，把馮國璋趕下台，吳佩孚對此根本不予承認，並致電徐世昌，威脅說：「公若就職，民國分裂乃由公始，師長等不敢為公賀，且將為民國吊。」吳的通電博得了南方軍閥譚浩明、譚延闓、岑春煊、唐繼堯等人的同聲喝彩，盛讚吳佩孚「大義凜然」。九月二十六日，在吳佩孚的策劃下，湖南前線的南北將領聯名通電，請下停戰令，南北軍閥公開聯合起來，共同反對北洋領袖，這是自南北戰爭以來的第一次，段祺瑞看到這封電報後，勃然大怒道：「吳秀才公然造反了。」他想以「通敵罪」來討伐吳佩孚，但又難以找到能對付吳的人，無奈只好於九月三十日以國務院的名義發了一封駁斥南北軍人的電報，而不了了之，一時間吳佩孚的聲名大震，變成滇、桂、湘和南方政府等所有反對武力統一的人士所喜愛的

「和平之神」。

西元一九一九年「五四」運動爆發，段祺瑞親日賣國政府成為眾矢之的，吳佩孚見機行事，接連發出通電，反對北京政府在「巴黎和約」上簽字，主張取消中日密約，表示要以武力解決山東問題，同時還通電「支持」學生愛國運動，痛斥曹汝霖、陸宗輿、章宗祥賣國罪行，要求嚴加懲辦，吳佩孚的這些通電，字字句句慷慨激昂，聞者動心聽者垂涕，「報端幾無日不有吳氏之通電，且語語愛國，字字為民，吳氏之大名，遂無人不知。」面對直系咄咄逼人的攻勢，段祺瑞也加緊擴充其皖系實力，特別是他將參戰軍改編為邊防軍，構成了對曹、吳直系和張作霖奉系的直接威脅，遂使直奉兩系於西元一九一九年秋冬之間首先聯合起來，建立七省反皖同盟。十一月二十八日，吳佩孚又與南方唐繼堯、陸榮廷等西南軍閥簽訂《救國同盟軍草約》，使反皖同盟很快擴大到十三個省，因此北洋軍閥各集團間的矛盾愈演愈烈，火藥味也越來越濃。

西元一九二〇年五月，吳佩孚由唐繼堯、陸榮廷祕密供給軍費六十萬元，從衡陽帶兵北上，撤出的地盤由湘軍接防，這時張敬堯在長沙大做其壽，鬧得烏煙瘴氣，吳佩孚聽說後便給張去電報說：「今聞大帥千秋，特率全體官兵，前來長沙慶祝大壽。」張敬堯接電知道事情不妙，急忙電告段祺瑞，段命張接防衡陽，同時調自己的內弟吳光新增援湖南，吳佩孚率軍從水路起程，過長沙時停船於大西門外，戰鼓咚咚，號角齊鳴，示威一番後起錨北上。

五月三十一日，吳佩孚到達武漢，一些青年學生手持鮮花，到碼頭歡迎，稱吳為「革命將軍」，吳佩孚欣然受之，並發表演說，責罵段祺瑞政府是「妖孽亂京師」，發誓要「揚國威，除國賊」，「不問個人瘦，為期天下肥」，博得一陣陣喝彩。六月一日，吳佩孚再次發表演說，聲稱此次北上要解決三件事：一是打破日本在北京的勢力；二是破壞安福系；三是竭力使中國政治脫離軍人的操縱。從上述口號看，吳佩孚不僅僅是一個愛國軍人，而且還是一個憂國憂民的「民族大英雄」了，為了給段祺瑞施加更大的壓力，吳佩孚在武漢停留不久，即揮師北上，直入中原，而段祺瑞在吳這個狡猾的對手面前卻連連失著，先是內弟吳光新援湘經鄂時被直系王

占元扣押；繼而湘軍接管了吳佩孚撤出的所有地盤，張敬堯無防可接，在湖南站不住腳，退到湖北，見難以容身，又灰溜溜地跑到天津，段祺瑞惱羞成怒，強迫當時的大總統徐世昌下令罷免了曹錕、吳佩孚的一切職務，皖直兩系公開決裂，雙方各自加緊備戰，戰爭一觸即發。

六月二十二日，張作霖以「調解人」的身分到達保定，曹錕會同正在保定的江蘇、江西、山東、河南、吉林、黑龍江、綏遠、察哈爾等省的督軍代表，與張作霖舉行祕密會談，共商向皖系開戰的大計，吳佩孚在會上言辭最為激烈，認為當時內政外交一團糟，全是安福系執政和徐樹錚跋扈所致。因此必須解散安福國會，罷免安福系閣員，撤銷邊防軍，罷黜徐樹錚。會議一致通過了《最後通牒》。段祺瑞見到《最後通牒》後，氣勢洶洶地說：「吳佩孚區區一師長，公然要挾罷免邊防大員，此風一開，中央政府威信何在！你們如果一定要罷免徐樹錚，必須同時罷免吳佩孚！」

七月六日，段祺瑞對張作霖說：「罷免吳佩孚，萬事皆休。」張作霖回道：「這恐怕辦不到。」段咬牙切齒地說：「辦不到也得辦！你們辦不到，我一定要辦到！」七月九日，段祺瑞組成「定國軍」司令部，自任總司令，徐樹錚任參謀長。同日，直系在保定組成「討逆軍」，曹錕為總司令，吳佩孚為前敵總司令兼西路軍總指揮。七月十四日晚，直皖戰爭爆發。其中尤以從涿州到定興的西路戰場打得最為激烈，一開始由於皖軍從日本得到的優良武器和日本顧問的策劃，處於優勢，吳佩孚則採取避其鋒芒、以逸待勞、隨機應變的策略，命令直軍逐步抵抗，漸次撤退，並放棄軍事要地涿州，故意示人以弱，七月十六日，西路戰場風雲突變，因天降大雨，皖軍大砲失去威力，吳佩孚乘機下令部隊反攻，親自率兩個旅包圍了涿州，並用計俘獲皖系第二路軍總司令曲同豐及屬下各將，皖軍隨之大亂，吳佩孚趁機發起衝鋒，西路皖軍全部潰敗，其總指揮段芝貴挾妓逃回北京。東路戰場，段祺瑞自恃有日本人撐腰，加上張作霖「中立」，故對戰場形勢估計樂觀。

七月十三日，段接到張作霖發出的《派兵入關參加助直倒皖戰爭》的聲明，才有些慌了手腳，但為時已晚，張作霖命令奉軍張景惠部從北倉配合直軍向廊坊進攻，使東路戰場形勢發生逆轉。七月十九日，東路皖軍在直奉兩軍的南北夾擊下，潰不成軍，東路皖軍總指揮徐樹錚落荒而逃，匿身於北京的日本使館，這樣前後不到五天時間，皖系經營多年的精銳部隊就全部瓦解了，段祺瑞見大勢已去，被迫引咎辭職，回府學胡同居住。七月二十四日，直奉兩軍耀武揚威地開進北京，分別接收了皖軍南、北苑營房，隨後吳佩孚策劃由直奉兩系共同接管北洋政府，曹錕被任命為直魯豫三省巡閱使，吳為巡閱副使，直皖戰爭使吳佩孚再次大出風頭，英帝國主義甚至稱他是「新中國的大英雄」。這使吳的野心進一步膨脹，同時他也感到，在群雄割據的中國，沒有強大的武力作後盾，是很難稱王稱霸的，於是他決定離京到洛陽，整編軍隊，增強實力，以圖大舉。

八月六日，吳佩孚從北京起程回洛陽，途經鄭州時，吳對前來採訪的記者宣布：「我一不做督軍，二不打內戰，三不干政，四不擾民。」並說：「這次率第三師回洛陽，就是不干預政治的行動。」事實果真像他所說的那樣嗎？以後的歷史發展證明，吳佩孚的「四不」宣言，不過是掩人耳目而已，他一到洛陽就開始了擴充實力的活動。首先在洛陽設立了「直魯豫巡閱副使公署」，藉以建立一套屬於自己的軍事指揮機構；其次將第三師所屬各旅擴大為師，這樣吳直接掌握的部隊有第三師、第二十三師、第二十四師、第二十五師、第二十師等五個師；再次是舉辦各類隨營學校和軍官講習所，培訓懂得近代軍事知識、絕對服從命令的中下級軍官；最後是加強軍事訓練，以連為單位，每日「三遍講堂、二遍操」，以提高部隊作戰能力。此外他還花大本錢改善所屬各師的武器裝備，增添了山炮、鐵甲車等新式武器，增強了部隊的攻擊能力。這樣經過一段時間的擴軍練兵，使吳佩孚的軍隊無論在數量上還是在素質上，都比其他軍閥高出一籌，為其日後窮兵黷武奠定了堅實的基礎。

西元一九二一年七月，湘軍攻鄂，湖北督軍王占元告急，吳佩孚因與王同屬直系，又是山東老鄉，所以起初表示支持王占元，他在會見湖北「民意代表」時，說王占元當督軍是政府任命的，不能隨意推翻。後來見反王勢力雄厚，王占元無法保住，便改變初衷，立即以援鄂為名，派親信蕭耀南率軍入鄂，大敗趙恆惕湘軍，八月，吳佩孚被任命為湖北湖南兩省巡閱使，成為全國三大巡閱使之一。湘直戰爭後，吳佩孚很快又與川軍接

火，並將川軍打敗。此時他躊躇滿志，以天下救星自詡，寫詩道：

彝陵風雨洞庭秋，一葉扁舟駛上游。
東北峰煙猶未息，西南鼙鼓幾時休？
廬山面目真難現，巫峽波濤慣倒流。
獨坐梢頭思逝水，江水咽盡古今愁。

吳佩孚在取得對湘、川作戰勝利，飽覽兩湖山水後，仍舊回到洛陽老巢，不久他又利用河南人民反對趙倜的情緒，推波助瀾，把趙倜擠走，讓自己的心腹張福來做河南督軍，從此將中原大地全部掌握在自己手裡，這時的吳佩孚更加狂妄自大，以為天下無敵。

十一月十二日，吳在曹錕召集的保定會議上，竟提出要率十萬大軍攻打廣東，「統一」全國，然而就在他意滿志得之時，全國反對其武力統一的運動已走向高潮，一切非直系的勢力均起而響應，他們紛紛以「民主」、「自治」、「聯省自治」，及其他各種名目，與吳佩孚相對抗，特別是以張作霖為首的奉系軍閥，自直皖戰爭結束以來，與直系積怨越來越深，本來奉系張作霖是懷著入關爭霸的野心參加反皖戰爭的，但擊敗皖軍後，皖軍三個師的武器彈藥皆為吳佩孚所吞占，而奉軍只得到皖軍教導團的一部分重炮和器材，分贓不勻，使張作霖大為不滿，後來在組閣問題上，直奉又不斷發生摩擦。

張作霖經過一番幕後策劃，抬出梁士詒為國務總理，來壓制直系勢力，而吳佩孚則通電指責梁士詒親日賣國，於西元一九二二年一月把梁趕下台，直奉矛盾因而激化，甚至發展到兵戎相見的程度。這時，直系方面的曹錕，因與張作霖是兒女親家，不願公開鬧翻，曾三次派人去奉天談判。但張作霖毫不讓步，並提出罷免吳佩孚、梁士詒復任內閣總理、京津地區由奉軍駐防等苛刻條件，來進行要挾，因此夾在吳、張之間的曹錕才下決心反奉，並電告吳佩孚說：「你即是我，我即是你，親戚雖親，不如你親，你說怎麼辦就怎麼辦吧！」

四月十日，奉軍開始入關，將鎮威軍司令部設在軍糧城，前鋒直抵德州，四月十七日，吳佩孚任直軍總司令，兵分三路，迎戰奉軍，四月二十七日，奉軍發表對直作戰通電，斥責吳佩孚「貪、鄙、狠、惡、不忠、不信、不仁、不義」，並說：「罪在吳氏一人」，「與曹使無涉」，四月二十九日，鎮威軍總司令張作霖下達了總攻擊令，稱：「乃吳佩孚者，狡黠成性，殃民禍國，醉心利祿，反覆無常」，「盤踞洛陽，甘作中原之梗；弄兵湘鄂，顯為吞食之謀」，至此第一次直奉戰爭爆發。戰爭開始，東路直軍在奉軍騎兵衝擊下，退守任丘、河間；西路直軍受奉軍炮火的壓制，也無進展，恰在這時奉軍西線上的鄒芬第十六混成旅（原系馮國璋直軍，後被奉軍收編）突然倒戈，遂使奉軍整個戰線崩潰，張作霖準備了半年多，但僅僅打了六天，就以失敗告終，張為了保存奉軍實力，匆忙率軍退出關外，第一次直奉戰爭時間雖短，然而奉軍損失卻十分慘重，共死亡兩萬餘人，重傷、逃亡一萬餘人，被俘四萬餘人，同時被迫吐出了京、津地區這兩塊肥肉。

奉系被趕出關外後，由直系獨自控制了北洋政府。起初他們迎立黎元洪為總統，儘管黎對曹、吳非常倚重，但卻得不到他們的全力支持，因為這時曹錕也在做著總統夢，他一面指使左右親信四處活動，為自己上台大造輿論，一面給黎元洪出難題，施加壓力，此時吳佩孚本想利用黎元洪這塊招牌，完成武力統一計畫，但又不願公開得罪曹錕，所以對曹錕的各種活動，既不積極參與，也不出面阻止，採取聽之任之的消極態度，因此這期間他很少到北京，而是在河南專心經營自己的大本營。

西元一九二三年二月，河南發生中國革命史上的一件驚天動地的大事，在中國共產黨的領導下，京漢鐵路工人在河南鄭州成立總工會，召開大會時，吳佩孚指使軍警前往阻撓破壞，不准開會，與工人發生衝突。鐵路工人義憤填膺，於二月七日舉行大罷工。這時吳佩孚徹底撕去了「革命將軍」的偽裝，派荷槍實彈的士兵進行武力鎮壓，當場開槍射擊，打死四十餘人，打傷多人，鐵路工人的鮮血，染紅了中州大地。作為屠夫和劊子手的吳佩孚，對人民犯下了不可饒恕的罪行。

西元一九二三年十月，曹錕以每張票五千元的價碼賄賂國會議員，在十月五日當選為總統，醜聞傳出，國

人皆罵受賄議員為「豬仔議員」，浙江、四川、雲南、廣東等省通電反對這次賄選，曹錕為了坐穩總統交椅，便安撫吳佩孚，把過去由自己擔任的直魯豫三省巡閱使讓給他，此時的吳佩孚表面上是直系第二號人物，但實權卻牢牢控制在自己手中，其設在洛陽的巡閱使公署，機構十分龐大，除設參謀、軍需、執法、軍械、政務、教育、交際、副官等八大處外，還聘請許多顧問、諮議、差遣等，總數不下千人，各省實力人物，為了討好吳佩孚，均派有代表常駐洛陽，當時洛陽成了中國北方的政治、軍事中心，人們只知吳佩孚，而不知北洋政府，就連英美等國也對吳高看一眼，美國曾運給吳佩孚價值三百多萬元的軍火，供其打內戰之需；英國也不甘落後，除給吳大筆貸款外，還派莫立斯和格林擔任吳佩孚的政治、軍事顧問；日本人岡野增次郎當年曾與吳佩孚一起赴東北刺探情報，趣味相投，吳佩孚也將他聘為顧問。

吳佩孚的權傾一時還體現在他的兩次做壽上。第一次是在西元一九二三年（農曆三月初七）吳佩孚五十歲生日，雖曾登報謝壽，但仍有七百多人專程跑到洛陽為他祝壽，連前清廷的攝政王也趕來湊熱鬧，並送上「大內珍玩」為壽禮，吳佩孚看後十分喜愛，回贈萬元致謝，還有因變法而名噪一時的康有為，這時也想拉攏吳佩孚支持自己的政治主張也前來祝壽，並親自撰寫壽聯：「牧野鷹揚，百歲勳名才半紀；洛陽虎視，八方風雨會中州。」康在聯中把吳比作完成統一大業的周武王，吳佩孚非常得意，當即賞給康四百塊大洋。第二次，吳佩孚五十一歲生辰，場面更為熱鬧。

為了辦好慶賀活動，吳下令徵用了洛陽所有的旅館、煙館、妓院以接待來賓，結果前來祝壽的中外賓客達數千人，城裡館舍住不下，好些人住到兵營中。即使這樣，北京宣統遜帝的代表鄭垂仍無處下榻，只好與日本顧問岡野擠在一起，那幾日吳佩孚的大帥府，真是高朋滿座，杯斛交錯，燈紅酒綠，熱鬧非凡，吳兩次做壽，各方送來的大批壽禮中，金玉珠寶、字畫幛繡，應有盡有，據估計總價值四百萬元，為了存放這些禮品，吳佩孚讓人在漢口英租界租了七個大倉庫，還略顯緊張。

吳佩孚在當時之所以能如此「大將軍八面威風」，主要是因為他控制著五個師、一個混成旅，共十餘萬人的軍隊，他深諳軍權之重要，故不管有多少個頭銜，但仍兼任其賴以起家的第三師師長一職，駐防洛陽，另派王汝勤第八師駐湖北宜昌；以靳雲鄂第十四師駐鄭州；以楊清臣第二十四師駐開封；以田維勤第二十六混成旅駐豫南。此外還有其他部隊駐直隸、陝西等地，這樣就形成了一個以河南為中心，包括鄂、直、陝幾省在內的勢力範圍。

在這塊土地上，吳佩孚成了主宰一切的統治者，而其影響卻遠遠超出這個範圍，連大總統曹錕也懼他幾分，常派特使到洛陽與其商議軍機大事，當時的吳佩孚權勢達到頂峰，野心也愈加膨脹，常常流露出雄踞中原、鯨吞海內之意，待人接物更加目空一切，專橫跋扈，頤指氣使，吳年輕時的一位老同學到洛陽投奔他，吳瞧不起這人，便安排他一個閒職，這位同學不服氣，要求到一個縣任縣長，吳佩孚輕蔑地批道：「豫民何辜！」不答應他的請求。此人仍不死心，又要求領一旅人馬，踏平兩廣，並說班師後絕不戀兵權，解職種樹自娛，吳佩孚眉頭一皺，冷笑數聲，提筆又批道：「先種種樹再說。」徹底回絕了這位同學的請求，吳的這位同學究竟為何等人物姑且不論，而吳當時那種居高臨下的傲氣和一言九鼎的權勢，則可以看得清清楚楚。

吳佩孚的驕橫跋扈，引起了直系以外各軍事力量的恐懼和不安；而曹錕的賄選醜聞，更變成各軍閥聯合反直的催化劑，在直皖和直奉兩次大戰中先後遭到失敗的皖系段祺瑞和奉系張作霖，對吳佩孚一直耿耿於懷，他們一個是陰謀東山再起，一個是企圖捲土重來，這種共同的遭遇、共同的命運，終於促使他們聯合起來，去打倒直系這一共同的敵人，特別是張作霖，在這中間起著一種極為特殊的作用，張作霖向來不屑與吳佩孚為伍，吳自稱「大帥」，他即讓人稱自己為「老帥」，並稱他的兒子張學良為「少帥」，讓其與吳處於同一等級，第一次直奉大戰，張作霖兵敗退回東北後，無日無時不思報仇雪恥。為此他採取招攬人才、加強練兵、更新武器等一系列措施，同時還加強與日本的勾結，爭取日本的財力支持和軍事援助，經過兩年時間的準備，奉軍實力大增，遂決定主動出擊，派大軍入關，與直系再爭天下。

西元一九二四年九月，盧（皖）齊（直）戰爭爆發，張作霖便借支持皖系盧永祥為名，進軍榆關。曹錕慌

忙電告吳佩孚，吳則作出同時對盧、張作戰的決定，並於九月十四日由洛陽奔赴北京，九月十七日晚，在中南海四照堂召開軍事會議，大戰在即，會議本應很嚴肅，但吳根本不把奉軍放在眼裡，身著短衫，歪坐在桌邊宣讀討奉宣言，吳的這種反常表現，令與會的高級將領吃驚，私下議論說，主帥把決戰視為兒戲，前景不容樂觀，會上吳宣布自任討逆軍總司令，任命王承斌為副總司令兼直隸後防籌備總司令；「任命彭壽莘為第一軍總司令，沿京奉線出發，率直系主力部隊布防山海關和九門口，與奉軍作正面對抗；任命王懷慶為第二軍總司令，統率熱河駐軍，出喜峰口，攻平原、朝陽；任命馮玉祥為第三軍總司令，出古北口，攻赤峰，後兩路人馬意在分散奉軍兵力，如得手可長驅直入，威脅錦州，在奉軍老巢開戰；當奉軍主力被扯得七零八落時，再由直軍悍將靳雲鄂率精銳第十四師、張福來率第二十四師及第三師六旅，由葫蘆島登陸，截斷奉軍後路，南北夾擊，圍殲奉軍主力，然後揮師北上，占領整個東北。」

吳佩孚在會上還特別提到：「奉軍經過了幾年的準備，又有日本人撐腰，難以速戰速決，必須先在山海關、九門口方向吸引住奉軍主力，以防禦為主，打陣地戰，使他前進不能，後退不得，繼而由熱河兩路出兵威脅東北，使奉系軍隊顧此失彼，分散兵力，最後出奇兵在葫蘆島登陸，一舉結束戰爭，使日本人來不及插手……」，吳佩孚講得滔滔不絕，忽有人提醒說：「海空軍作何部署？」吳愣了一下，又為海軍和空軍分配了任務，最後任命曹鍈、胡景翼、張席珍、楊清臣、閻治堂、張治公、李治雲、潘鴻鈞、譚慶林為各路援軍司令，任命張福來為援軍總司令，統率協調各路援軍，隨時準備增援，直軍投入這次戰爭的總兵力有四十餘萬人，而奉系僅二十五萬人，雙方兵力對比，直系占有較大優勢。

戰爭開始，奉軍很快奪取了熱河各戰略要地，王懷慶直軍向長城各口潰逃，山海關方向，張學良、郭松齡率本部奉軍從九月二十八日起，向直軍發動猛烈進攻，直軍居高臨下，奉軍傷亡枕藉，但奉軍在飛機、大砲的火力支援下，攻勢更加猛烈，先後攻占九門口、石寨等戰略要地，吳佩孚為挽回頹勢，於十月十二日親臨山海關前線指揮，並將其主力第三師及靳雲鄂、閻治堂、王維城、楊清臣等五個師和田維勤等八個混成旅投入戰鬥，同時命馮玉祥部出兵熱河，策應山海關方向作戰。

就在直奉雙方處於膠著狀態，不料吳佩孚的後院卻著起一把衝天大火，徹底打亂吳的整個作戰部署，事情的原委是這樣的：吳佩孚為人剛愎自用，「老子天下第一」，聽不得不同意見，加之對部下分三六九等，所以內部矛盾重重。第三軍總司令馮玉祥秉性耿介，不隨流俗，政治上有自己的見解，治軍也有一套辦法，因而不受吳的喜愛，而馮對吳也不馴服，更不阿諛奉承，吳佩孚五十大壽，馮玉祥不滿吳的鋪張和一些人的攀附，竟送去清水一盆當作壽禮，還附上一句話：「君子之交淡如水。」吳表面上對別人說：「究竟煥章是有心人。」但內心裡卻增添了幾分忌恨，馮玉祥督河南時，吳派親信寶德全為軍務幫辦，意在監視馮玉祥，馮以牙還牙，派人在半道上將寶殺掉，吳追問此事，馮來個一問三不知，此後二人積怨越來越深，每逢作戰，吳總命馮軍衝在前面，而軍餉卻經常拖欠，馮為此常有怨忿之言，而吳則藉機解除馮的兵權，馮找到曹錕告狀，曹便將他留京任檢閱使。

第二次直奉大戰將起，吳深知馮部英勇善戰，才重新起用馮為第三軍總司令，讓馮到前線當炮灰，對此馮心裡也是非常清楚，怎能不另作打算？恰巧有一天直軍第十五混成旅旅長兼大名鎮守使孫岳，來到北京南苑馮玉祥新建之昭忠祠致祭，孫早年參加過同盟會，思想傾向革命，受到吳佩孚的懷疑和壓制，心中不滿，常與南方革命黨聯絡，想伺機倒吳，馮孫二人祭祀完畢，孫感慨道：「民國成立不過十餘年，這裡躺下這麼多英烈！」馮玉祥接道：「他們為國捐軀，落得一個忠字，也算不朽了。」接著馮又以言挑之道：「孫二哥，將來你百年之後，人們該怎麼稱道？」孫岳說：「在革命黨看來，一個不折不扣的走狗。」馮又說：「你統兵數千，坐鎮一方，怎麼落個走狗？」孫岳反問道：「這算什麼？還有帶三、四萬兵馬的人甘心做走狗呢！」馮玉祥盯著孫岳，突然哈哈大笑後連說：「說得好，說得好！」於是馮將孫請到自己官邸，彼此傾訴衷腸，相約聯合倒吳，孫岳還提出再聯絡胡景翼一起幹，並說由他先去跟胡提議這項計畫。

胡景翼也是直系的一位重要將領，早年參加同盟會，受孫中山派遣，暫率軍棲身於直軍，以保存實力，等待時機，平時與馮交往較多，故當孫提出聯胡反吳，馮當即同意。幾天後，胡景翼以看病為名，來京會見馮玉祥，表示支持馮的倒吳行動，至此馮孫胡三角同盟形成，馮玉祥深知吳佩孚勢力很大，單靠他們三人難以迅速成功，遂祕密派人與張作霖聯繫共同倒吳事宜，張作霖大喜過望，隨即派人與馮協商，答應擊敗吳佩孚後，由馮玉祥主政，奉軍不進入關內，而馮玉祥則表示自己絕不把持政府，而是請孫中山先生北上主持國事，雙方很快達成協議，馮張祕密結盟，使奉軍避免了兩面作戰，得以集中主力專攻山海關方向，掌握了戰爭的主動權，當吳佩孚將精銳部隊全部抽到山海關一線時，馮玉祥認為時機已到，便於十月十九日發動兵變，率第三軍晝夜兼程兩百四十里，回師北京倒戈囚曹，同時胡景翼也率陝軍由遷安開回通州。

十月二十三日，馮孫胡正式宣布推翻了直系政府，電邀孫中山先生北上以組成國民政府，同時他們還決定把自己統率的部隊改為國民軍，以示與舊軍隊一刀兩斷，徹底決裂，對於直系實力人物吳佩孚，則解除其一切職務，另任他為青海墾務督辦，實際上等於是把他流放了。

吳佩孚得知馮玉祥北京兵變的消息，氣急敗壞，於二十三日晨在秦皇島車站召開緊急會議，當即決定：由吳佩孚親往天津主持討馮事宜；由張福來代理總司令職務，繼續指揮對奉戰事。十月二十四日，吳佩孚率第三師和第二十六師一部共萬餘人，自山海關前線趕赴天津，二十六日在天津新站設總司令部，發出通電，稱馮玉祥劫持元首，十惡不赦等，然後組織兵力向北京進發，馮玉祥對此早有準備，派精兵迎頭痛擊，結果吳軍一觸即潰，頃刻瓦解，吳佩孚又急令南方之齊燮元、孫傳芳火速北上增援，不料山東的鄭士琦卻宣布中立，不讓南軍過境，在增援計畫無法實現，而國民軍步步緊逼的情況下，有人勸吳佩孚暫時避進租界，吳呵斥說：「堂堂軍人，託庇外人，不可為也。」此時，昔日威風凜凜的吳大帥也一籌莫展了，百般無奈，只好從天津登艦南下。幾經輾轉，回到河南老巢。剛剛坐定，胡景翼帶兵追討，又倉皇逃奔湖南。從此，以北洋勁旅第三師為基礎發展起來的曹吳直系軍事集團，已潰不成軍，吳佩孚在其戎馬生涯中，第一次嘗到從權力寶座上跌落下來的滋味。

西元一九二五年初，湖南督軍趙恆惕派兵護送吳佩孚到鄂城縣西山休養。後吳又蟄居於鄂豫交界的雞公山，但是不甘寂寞的吳大帥，絕不會像他自己聲明的那樣，不再過問國事。相反卻是賊心不死，隨時準備東山再起。十月，當孫傳芳在江蘇通電擁吳反奉時，吳佩孚以為時機已到，立即出山，並組織起十四省討賊軍總司令部，自任總司令，宣布討奉，但沒多久，為了對付已經「赤化」的馮玉祥，吳又與死敵張作霖握手言和，並結拜為兄弟，聯手進攻國民軍。

西元一九二六年六月，正當吳佩孚在南口指揮部隊與馮玉祥的國民軍激戰時，廣東革命政府的北伐軍已兵進兩湖，吳匆忙南下，在漢口網羅殘兵敗將，與北伐軍相對抗，在汀泗橋戰役中，吳佩孚親自督戰，致使汀泗橋四易其手，儘管吳所派大刀隊接連砍下九個臨陣退卻的營、團長的頭顱，但仍無法挽回敗局，八月二十九日，北伐軍在當地農民的支持下，終於占領了汀泗橋。十月十日，北伐軍攻陷武漢三鎮，吳軍主力全部被殲，吳佩孚只帶少數殘兵逃亡鄭州，旋又逃至四川，西元一九二七年十二月，蔣介石南京政府對吳發出了通緝令。

西元一九三一年春，蔣又以聘吳為南京政府高級顧問為名，誘吳出川。而吳卻來了個明修棧道，暗渡陳倉，以應蔣介石電召為名，率衛隊北上，經甘肅、內蒙，於西元一九三二年底到達北平，投奔張學良處，企圖伺機再起，張學良對他敬而遠之，除供其日用生活費用外，並不讓他過問軍國大事，吳佩孚只好在北京什錦花園過起隱居生活。抗日戰爭爆發後，日本為強化在華統治，千方百計請吳到漢奸政府中任職。吳始終不肯出山，並在一次記者招待會上發表了「恢復全面和平，保持中國領土與主權完整，日本必須撤軍」的嚴正聲明，使日本特務機關十分惱火，西元一九三九年冬，吳佩孚在一日本醫生為其治療牙疾時死去。

吳佩孚是北洋軍閥的後起之秀。他從一個勤務兵，逐步成長為北洋軍事集團的首腦人物，並在中國政壇上馳騁了十幾年，幾乎參與了北洋軍閥後期的所有重大軍事行動，且被冠以「秀才軍閥」、「長勝將軍」、「革命將軍」等名號，這一切都得益於他作為「儒將」的文化知識水平和政治投機能力。他善於窺測時機，順應形勢，適時提出一些激進的口號，來蠱惑人心，以求一逞；他深諳亂世中控制一支為己所用的軍隊的重要性，自

始至終抓住軍權不放；他善於治軍、用兵，故能以訓練有素、勇猛善戰之軍，在一些戰役、戰鬥中取得勝利，在一定政治條件下獲得某些成功。

但是，吳佩孚作為一個封建軍閥，不可避免地會帶有同其他軍閥一樣的反動性，如窮兵黷武殘民以逞，驕橫跋扈奢侈腐化等，最後竟發展到逆歷史潮流而動，成為壓制民主，反對進步，屠殺人民，破壞革命的劊子手，結果為北伐革命的怒潮所淹沒，落得個兵敗身逃的可卑下場，值得指出的是，吳佩孚晚年不為日本侵華勢力所屈，至死不當漢奸的高尚節操，是十分難能可貴的。

張作霖入關問鼎

遭逢亂世，起於山林草莽；稱雄東北，自建獨立武裝；染指北洋，數度入關爭霸；結日援己，終為日寇所亡。

北洋軍閥在袁世凱死後逐漸分化為皖直奉三大派系。皖直兩系的主要首領大都出自「小站將弁」，乃是袁世凱的嫡系，張作霖為首的奉系，則是以東北土匪為班底發展起來的，故被稱之為北洋軍閥中的小兄弟，但這個桀驁不馴的小兄弟，在稱雄東北之後，野心急驟膨脹，數次入關，與北洋皖、直兩係爭奪中央領導權，企圖問鼎中原。西元一九二四年九月第二次直奉戰爭爆發後，奉系張作霖與馮玉祥祕密聯合，一舉擊敗直系吳佩孚，結束了直系在北洋政府的統治。一年後奉、直相結，將馮玉祥之國民軍驅逐出京，奉軍進占津京地區，張作霖入主中南海，自稱安國軍大元帥，成為北洋末期的實際統治者。

張作霖，字雨亭，遼寧海城人。原籍為直隸河間府，先祖為李姓，因過繼張家，改姓張。道光年間，其曾祖張永貴因災荒攜家遷往東北，先是落戶於廣寧高山子，後遷往海城定居。祖父張發，一生務農。父張有財，「不事生產」，嗜賭成癖，娶妻邵氏，生一子一女，邵氏病亡，續娶王氏，生二子一女。張作霖生於西元一八七五年，排行第三，小名「張老疙瘩」。張作霖幼時聰明伶俐，但不喜讀書，深受父影響，放蕩成性，上過一年私塾，因鬧惡作劇被開除，後經常隨其父出入賭場。張作霖十四歲那年，其父因賭債糾紛，被毆致死。其母王氏怕他學壞，便借幾弔錢讓他做小本生意，後又讓他學做木匠活，不久又改學獸醫，結果均無所成。西

元一八九四年中日甲午戰爭爆發後，張作霖入宋慶毅軍馬隊，由於他精於騎射，很快被提升為哨長。戰後宋慶奉命移防關內，張作霖「攜械潛逃」，私自逃離隊伍回到黑山，當時遼西地方政府全部癱瘓，兵痞、流氓紛紛落草，馬賊、胡匪嘯聚山林，一些地方豪強，在保境安民招牌下，組織民團、保險隊等土匪武裝，張作霖也在北鎮縣中安堡一帶建立起有幾十人的保險隊，約在辛丑年間，他與張景惠部土匪合夥，聲勢日大，不久湯玉麟、張作相等又先後投靠，遂奠定了奉系軍閥的班底。

西元一九〇二年，張作霖主動要求清政府招撫，在當地豪紳保薦下，新民廳知府增韞將張部土匪收編為省巡防營；西元一九〇三年，張被任命為新民廳游擊馬隊營管帶；西元一九〇四年，日俄戰爭爆發，張開始暗中助俄，後又轉而助日，並為日軍收集情報，其間張的隊伍由一營擴充為三營，後又擴為五營；西元一九〇七年，徐世昌出任東三省總督，張設計刺殺遼西巨匪杜立三，受到徐的嘉獎，提升為奉天巡防營前路統領，隨後徐將張部調至洮南一帶追剿被沙俄收買的蒙匪陶克陶胡，在剿滅匪幫過程中，張乘機將孫烈臣部編入己部，至此張作霖的武裝頗具規模，辛亥革命後，張作霖的巡防營進駐省城。

西元一九一二年一月，張奉趙爾巽之命，誘殺革命黨人張榕，殘酷鎮壓辛亥革命，被清廷任命為「關外練兵大臣」並賞戴花翎，這時張多次與日本駐奉天總領事落合謙太郎等商討東北局勢，張說：「與其將東北三省委於南方人之手，勿寧讓予外人更為了當。當此時刻，日本國如對本人有何指令，本人自必奮力效命。」二月五日，落合回訪時，張更露骨地說：「如果皇帝退位，成立共和政府，本人即不能聽從指揮。日本國如認為本人不堪信任，而本人又無論如何不能依附共和，只好採取自主行動。其結果，地方紛擾不免為之曠日持久。倘若日本國對於本人及東三省人民尚有關切之情，則本人率民依歸，並非難事。吾人既已失去應為之效命之皇帝，則依附同種之日本，乃屬理所當然。」但是落合知道張是土匪出身，狡詐善變，因此採取了「姑妄聽之」的消極態度，僅表示在「不承擔任何義務」的條件下，與張保持聯繫。袁世凱竊取辛亥革命果實後，張作霖轉而擁袁，是年九月，袁世凱將張作霖所部按新軍編制改編為陸軍第二十七師，納入北洋系統，任張為師長。

西元一九一四年八月，袁世凱企圖以「護軍使」的頭銜，誘使張作霖離開奉天老巢，前往內蒙，為張所拒絕。西元一九一五年八月，袁世凱將親信段芝貴安插東北，任奉天督軍並節制吉林、黑龍江兩省，張作霖內心不快，但懾於袁的聲威，對段佯表歡迎。西元一九一六年春，袁世凱稱帝遭到全國反對，善於見風轉舵的張作霖，立即改變對袁的恭順態度，逼迫段芝貴離開奉天，袁世凱病死後，北洋政府任命張作霖為奉天督軍兼省長，是年十月，日本寺內正毅擔任首相，主張扶植張作霖作為日本在中國東北的代理人，幫助張作霖進一步統一東北，把東北建設成為日本侵略全中國的基地，日本內務大臣後藤新平在對東北進行考察後著文說：「張作霖並無宦途履歷，與中央政府亦無密切因緣，而在滿洲，則有特殊之勢力與地位。」「張氏心中惟有權勢利慾」，「反對日本於彼不利，傾向日本，於彼有益。」「張氏為滿洲專制之王，而日本亦得利用張氏，在滿洲為所欲為。」其時張作霖任奉天督軍後，也加緊同日本勾結，透過其顧問菊池轉告寺內說：「對日本在滿蒙有特殊地位這一點十分瞭解，對日本開發滿蒙一事，……抱持歡迎態度。」在中國內亂的情況下，他將「力避投入政爭漩渦，一意和日本提攜，維持東三省及東蒙的安寧秩序，以專心致力於開發。」後來在日本的支持下，張作霖找藉口剝奪了二十八師師長馮德麟的軍權，吞併黑龍江、吉林兩省，統一東北並進而染指關內，成為北方最強大的軍閥集團之一。

西元一九一八年九月五日，張作霖被北洋政府任命為東三省巡閱使，成為名副其實的「東北王」。此後張作霖野心變得更大，總想入關問鼎，稱霸中原，統一全國，建立張家天下。西元一九二〇年七月，直皖戰爭爆發，張作霖乘機率軍入關，七月十二日，發出《派兵入關參加助直倒皖戰爭》的通電，七月十九日，奉軍協助直軍擊敗東路皖軍，段祺瑞被迫辭職，直皖戰爭結束，北京政權落入直、奉軍閥之手，張作霖在與直系曹錕共同把持北京政權期間，雙方在戰利品分贓、組閣、劃分地盤等問題上不斷發生矛盾，最後竟發展到兵戎相見的程度。

張作霖為進行反直戰爭，積極籌劃新的反直同盟，他一方面派專使南下，結交孫中山，企圖借助孫的威望

以壯大聲勢；另一方面，在北方與段祺瑞化敵為友，共同對抗直系軍閥，遂結成張段孫反直三角同盟，同時不斷擴大軍事力量，到西元一九二一年底，奉軍已擁有五個師，二十三個混成旅，三個騎兵旅，遍布東北三省和熱、察、京、津、庫倫等地，西元一九二二年四月，張作霖在軍糧城組成鎮威軍司令部，自任總司令，以孫烈臣為副司令，楊宇霆為參謀長，下設軍需、軍醫、副官、諜報、密電、交通、文書、運糧等處，還有總兵站、野戰醫院等，他將奉軍兵分兩路：以張景惠為西路總指揮，以張作相為東路總指揮。

四月二十九日，奉直兩軍在長辛店、固安、馬廠一帶展開激烈戰鬥，第一次直奉戰爭開始。西路奉軍在戰鬥開始後由長辛店向南推進，直軍拚死抵抗，雙方處於膠著狀態，由於奉軍鄒芬的十六混成旅前線倒戈，致使奉軍於五月四日全線崩潰；東路奉軍第一梯隊受西路軍潰敗的影響，不戰自亂，向後撤退；由張學良、郭松齡指揮的第二梯隊與吳佩孚的主力第三師、第二十三師在信安鎮一帶進行激烈戰鬥，吳佩孚親自督戰，張學良等也率先接敵，終於擊退直軍的進攻，但郭松齡見整個戰局勝負已定，便有計畫地將參戰部隊撤出陣地；東線第三梯隊雖一度取得馬廠殲敵數千的勝利，但士氣受到西線潰敗的影響，遂為直軍所敗，被俘七千餘人。餘部被迫退往灤州。張作霖見形勢不妙，為保存實力，便收集殘兵，退出關外，第一次直奉戰爭結束。

五月十日，在直系軍閥的支配下，大總統徐世昌下令：「免去張作霖東三省巡閱使、奉天督軍兼奉天省長等本兼各職，聽候查辦；裁撤東三省巡閱使及蒙疆經略使；任命吳俊升署理奉天督軍、袁金凱署理奉天省長；任命馮德麟署理黑龍江督軍、史紀常署理黑龍江省長。」其時張作霖尚在天津接到命令後，當即宣布東三省獨立，並於五月二十八日與吳俊升、孫烈臣等聯名，給孫中山、唐紹儀、伍廷芳及各省督軍發出通電，稱：「共和以來內亂之所以頻仍，由於各軍閥諳於世界潮流，輕棄法令，蔑視民權所致。設非加以根本改造，難期和平統一。吾等當通力合作，促進民治。吳佩孚喪心病狂，跋扈已極，蹂躪人權，肆行叛亂，是以前次奉軍入關，即在促使吳佩孚之徹底覺悟，策劃共同行動。然而吳佩孚反致開戰，更長驅而至天津，干預政治，吾等為救國起見，不得已宣布東三省自治，並與西南及長江各同志將領，採取一致行動，擁護法律，促成統一。今天下厭

亂，合法政府如能迅速實現，吾等願立即解甲歸田，不再與問政治。」云云，西元一九二二年五月三十日，張作霖返回奉天，自任東三省保安總司令。

張作霖退歸東北，總結失敗教訓，深感以土匪起家的奉軍官兵素質低、戰鬥力差，要想徹底打敗直軍報一箭之仇，就必須進行整軍備戰，重新武裝奉軍，為此他作出了「重用新人，信任新人，以臥薪嘗膽之精神，整軍經武，以雪戰敗之恥」的決策，並採取措施進行大規模整軍：一是成立整軍領導機構，具體負責整編事宜；二是整頓軍風軍紀，重用新派人物；三是擴建和充實陸軍東北講武堂，提高軍官素質；四是充實骨幹部隊，提高作戰能力；五是擴大軍火生產，改善武器裝備；六是建立海軍、空軍，購買軍艦飛機；七是裁汰無能冗員，實行新式軍制。奉軍經過這番整編和改革，的確有一股朝氣蓬勃的景象，再也不是當年的烏合之眾了，此外奉張為了發動對直系的復仇戰爭，不僅加強同國內各反直力量的聯繫，形成奉粵皖三角聯盟；而且加緊同日本帝國主義的勾結，大量購買日本軍火，如西元一九二二年十月，張作霖以一百萬元購買日本存在海參崴的兩萬支步槍和砲彈、飛機等；西元一九二三年二月，日本把從義大利那邊購入的一萬三千支步槍、十二尊大砲全部轉賣給奉軍；同年八月，日本又供給價值三百六十八萬元的武器裝備。在經過長達兩年時間的準備，奉系軍閥終於能夠捲土重來，再次入關與直系軍閥爭奪中央領導權了。

西元一九二四年九月，江浙戰爭爆發，張作霖發出通電，以援助浙江軍閥盧永祥為藉口，挑起第二次直奉戰爭。九月十五日，張作霖組成鎮威軍總司令部，自任總司令，下轄六個軍：第一路軍軍長姜登選、副軍長韓麟春；第二路軍軍長李景林、副軍長張宗昌；第三路軍軍長張學良、副軍長郭松齡；第四路軍軍長張作相、副軍長丁超；第五路軍軍長吳俊升、副軍長闞朝璽；第六路軍軍長許蘭州、副軍長吳光新。其具體作戰部署是：以第一跟第三路軍為主力負責進攻山海關方向；以第二、六路軍進攻朝陽、建平方向；以第四、第五路軍為預備隊，在錦州一帶待命。直系軍閥吳佩孚在英、美帝國主義支持下，也在積極備戰，於九月十二日，組成討逆軍，吳佩孚自任總司令、王承斌為副總司令，兵分三路，與奉軍相抗。

九月十七日，第二次直奉戰爭爆發，奉軍首先出兵進襲熱河，占領朝陽、赤峰、凌源、開魯等地。隨後負責進攻山海關方向的奉軍主力部隊，經過激戰，先後攻克了九門口、石寨等戰略要地，吳佩孚親臨前線督戰，企圖奪回失地，雙方打得難解難分，正當直奉在山海關方向激烈戲鬥時，直系第三軍司令馮玉祥率部於十月十九日倒戈，數萬人馬殺回北京，囚禁了直系首領、大總統曹錕，迫其下達停戰令，罷免吳佩孚直魯豫巡閱使職務，根據馮張在戰前達成的祕密協議，馮玉祥於十月二十五日在北京召開軍政會議，決議電請孫中山北上主政；將馮部改為中華民國國民軍，馮任總司令兼第一軍軍長，這時張作霖趁馮倒戈反直，直軍內部大亂的機會，命奉軍全線出擊，十月二十八日，奉軍李景林、張宗昌部攻入冷口，占領灤州，截斷直軍退路；十月三十一日，奉軍郭松齡部攻占了山海關，將直軍包圍在山海關與秦皇島之間，直軍除少數重要將領由秦皇島乘船逃回天津外，其餘全部被俘。奉軍僅在山海關附近繳獲的直軍槍支就有三四萬支，其他裝備器材和各種物資無計其數，吳佩孚在奉軍和國民軍的夾擊下走投無路，只好率殘部兩千餘人於十一月三日從天津乘艦南逃，第二次直奉戰爭以直系的徹底慘敗而告終。

馮玉祥發動「北京政變」，使張作霖再次進入北京政府由可能變為現實。奉軍戰勝直軍後，張作霖撕毀與馮達成的「奉軍不入關」的協議，將大批奉軍開到關內，以此作後盾，再度插手北京政權。西元一九二四年十一月十日，張作霖趕到天津，十四日便進駐北京，十五日，張馮共舉段祺瑞為「中華民國臨時總執政」，共掌北京政府，這時張作霖與段祺瑞狼狽為奸，串通一氣，其目的一是抵制孫中山進京執政，二是將馮玉祥排擠出北京政府，他們在表面上也邀請孫中山北上「共商國是」，但實際上卻極力反對孫中山的聯俄容共的革命主張，當孫中山接受離粵北上的建議，發表北上宣言，主張召開國民會議，提出反對帝國主義，廢除不平等條約的口號時，張作霖和段祺瑞卻以「外崇國信」，承認一切不平等條約，召開有軍閥、官僚、政客參加的「善後會議」來對抗，孫中山到達天津，張作霖於十二月十四日在天津張園與孫會見，非常無禮地說：「孫先生，我是粗人，坦白言之，我是捧人的，我今天能捧姓段的，就可捧姓孫的。唯我是反對共產，如共產黨，雖流血所

不辭。」

西元一九二五年二月一日，張、段不顧孫中山的激烈反對，強行召開善後會議，使孫中山一氣之下病倒，於三月十二日病逝於北京，隨後他們又把鬥爭矛頭指向馮玉祥，馮見他們對孫中山先生毫無誠意，而奉張又咄咄逼人，連自己從吳佩孚敗兵中收編的一些軍隊也被繳械，遂提出到京西天台山「休養」，至此北京政府完全被張段二人所控制，而張作霖則乘機派軍四處搶占地盤，從西元一九二四年到一九二五年上半年，奉軍先後占據直隸、山東、安徽、江蘇、上海等地，其勢力範圍除東三省外，「北起熱河，南包蘇皖，威逼京津，問鼎中原」，此時的張作霖，真是八面威風，猖狂至極，然而，奉張勢力南下卻觸犯了英美帝國主義的利益，一九二五年十月，在英美的支持下，直系軍閥孫傳芳，自稱浙閩皖蘇贛五省聯軍總司令，出兵進攻奉系軍閥，楊宇霆、邢士廉、姜登選一槍未放，倉皇出逃，奉軍第八師全部被俘。孫傳芳出兵不到五天，就把奉軍逐出上海、江蘇、安徽，氣得張作霖七竅生煙，剛想部署如何收回失地，自己的後院也著了一把大火——郭松齡倒戈反奉。

郭松齡，字茂宸，西元一八八三年生於奉天漁樵寨。早年曾參加同盟會，具有民主革命思想，是奉軍中英勇善戰的將領，兩次直奉戰爭均立有大功，但張作霖卻功高不賞，使其產生倒戈反奉之念。十一月二十二日，郭松齡與馮玉祥訂立「郭馮密約」，當晚郭又與李景林連發三個通電，即要張作霖下野、要楊宇霆下台、宣布奉國兩軍停止敵對行動，二十三日，郭在灤州召開緊急軍事會議，將所部七萬人改編為四個軍，宣誓回師奉天，起初郭進攻得手，張作霖十分緊張，一度準備下野，就連北京政府之段祺瑞，也擬好了革去張作霖本兼各職的命令，只等郭進至瀋陽再公開發表，就在郭部已進至興隆店，張作霖統治岌岌可危時，日本關東軍表示出面助張，條件是誘逼張作霖與其簽訂賣國害民的「日張密約」。主要條款是：一、日本臣民在東三省和東部內蒙古，均享有商租權；二、間島地區行政權移讓給日本；三、吉敦鐵路的延長，並與圖們江以東的朝鮮鐵路接軌和聯運；四、洮昌道所屬各縣，准許日本開設領事館；五、以上四項的詳細實施辦法，另由中日外交機關共

同協商決定。張作霖當即在密約上簽字。隨後日軍於十二月九日調動飛機、大砲和地面部隊，幫助張作霖阻擊郭軍，雙方經過激戰，郭軍戰敗，郭松齡夫婦被捕，在楊宇霆的慫恿下就地處決。郭反奉雖然失敗，但對奉軍的打擊卻是十分沉重的。

當時中國正值第一次國共內戰階段，南方廣東革命政府正積極準備北伐，以推翻北洋軍閥的反動統治；在北方，馮玉祥也傾向革命，被稱為「赤化將軍」，這樣一切反革命勢力逐漸彙集到北洋軍閥的大纛下，無論皖系、直系、奉系，還是一些地方割據勢力，在「反赤」問題上目標都是一致的，就連一年前是冤家對頭的張作霖和吳佩孚，這時也握手言歡「聯手反赤」，共同對付馮玉祥的國民軍。為此張作霖以進攻郭松齡殘部為名，於西元一九二六年一月率奉軍第三次入關，與此同時，東山再起的吳佩孚，自任討賊軍總司令，率直軍殘餘部隊，進軍河南，馮玉祥的國民軍處於直奉軍隊的夾擊之中，面對這種嚴重局面，馮玉祥為擺脫困境，緩和對方的進攻，遂通電下野，前往蘇聯考察，將國民軍交張之江統一指揮，但奉直軍步步緊逼，毫不退讓，英日等帝國主義也為虎作倀，除在武器彈藥上援助奉直軍外，還蓄意製造各種事端，公開幫助奉直聯軍。

其中最有名的就是當年三月日本軍艦炮轟大沽口砲臺事件，三月初奉系渤海艦隊司令畢庶澄率領五艘軍艦，運送張宗昌的陸戰隊，企圖在大沽口登陸，與榆關張學良部、馬廠李景林部聯合進攻國民軍，三月七日奉軍艦隊在北塘登陸，與國民軍發生激戰，結果為國民軍所敗，於十日退回直隸灣，經過這次戰鬥，國民軍加強了對港口的防範，在港口附近敷設水雷，並規定外國船隻，只准白天航行，但國民軍的正義行動卻遭到外國使團的抗議，國民軍作出讓步，提出在「外輪不得再為敵軍運送軍械」、「外輪進入港口不得使敵艦尾隨而入」的前提下，同意開放大沽口。

但是列強對國民軍的勸告置之不理，十二日下午三時，日本兩艘驅逐艦駛入大沽口，後面尾隨著數艘奉船。駐守砲臺的國民軍發現這一情況後，立即以旗語阻止其前進，日艦卻突然向砲臺實施炮擊，當場打死國民軍四人，傷八人。國民軍被迫進行還擊，將日艦驅逐出大沽口。大沽口事件發生後，日本帝國主義反而向中國

提出抗議，誣我違反《辛丑條約》，並於三月十六日糾集各國公使向中國政府提出最後通牒，第二天又將二十多艘軍艦齊集大沽口，進行示威，帝國主義的野蠻行徑激起中國人民的極大憤慨，在中國共產黨人李大釗的領導下，五千多名學生、工人和各界愛國人士，於三月十八日在天安門廣場集會，抗議帝國主義的侵略暴行，會後到位於鐵獅子胡同的國務院請願，段祺瑞政府在列強的唆使下，派出大批軍警進行鎮壓，當場打死四十七人，打傷近兩百人。製造了震驚中外的「三一八慘案」，奉直軍利用這起事件，全力向前推進。四月，直魯聯軍突破馬廠，直撲津京；接著直軍占領了開封、鄭州，迫近石家莊；奉軍也已逼近北京，四月十五日，國民軍在各方面壓力下，撤出北京，退守南口，至四月底，奉軍和直魯聯軍已將南口團團圍住。

八月，直魯聯軍在張宗昌、褚玉璞統率下，以軍長王棟為前敵總指揮，率部在京綏鐵路左側，奉軍第十軍在京綏鐵路右側，同時向國民軍發起攻擊。國民軍利用有利地形，構築堅固陣地，以密集火力，進行奮勇抗擊，扼制了敵之攻勢。雙方遂形成膠著狀態，八月上旬，北路奉軍吳俊升部和湯玉麟部於沽源、獨死口一線大敗國民軍宋哲元部，進而攻下多倫，長驅直入，直搗國民軍的大本營張家口，八月十二日，擔負正面進攻南口任務的奉軍，攻入得勝口，出其不意地搶占了馬耳山，扼住了居庸關險要。隨後奉軍在大砲、坦克的配合下，進行近兩晝夜的攻擊，國民軍軍力無法再持續下去，遂由南口總退卻，奉軍占領南口。

國民軍於四月撤離北京後，張作霖於六月二十六日以勝利者的姿態進入北京。二十八日吳佩孚也從武漢趕到，當天張作霖與吳佩孚「親切」會面，一掃前嫌，重歸於好，並結拜為兄弟，同時商定了繼續進攻革命軍的計畫，鑑於廣東國民革命軍北伐在即，吳佩孚不敢在北京久留，遂於當天晚上離開北京，趕往武漢，部署與北伐軍作戰事，此後北京政權實際上操縱在張作霖手中。八月奉軍攻下南口後，控制了張家口、直隸、熱河、察哈爾等大片地區，張作霖當即任命褚玉璞為直隸督辦，湯玉麟為熱河都統；高維岳為察哈爾都統，商震為綏遠都統，李景林因為曾支持過郭松齡反奉，故被撤銷河北督軍職務，這期間張作霖極力摧殘北方的革命人士和進步勢力，著名記者邵飄萍就慘死在奉軍的屠刀下。十一月十四日，張作霖在天津蔡園舉行軍事會議，商討對抗

北伐軍和馮軍進攻問題，十二月一日，張作霖就任安國軍總司令，並發表長篇「反赤宣言」叫嚷道：「吾人不愛國則已，若愛國非崇信聖道不可；吾人不愛身則已，若愛身非消滅赤化不可。」張作霖企圖以安國軍來「安定」中國，奪取北京政府的最高領導權；他妄想靠安國軍來「統一」中國，使其成為「萬民擁戴，世界欽敬」的中國領袖，此後張作霖在「反赤」問題上與蔣介石南北呼應，西元一九二七年四月十二日，蔣在上海製造「四一二事件」，屠殺共產黨人，而張作霖在北方則於四月二十四日絞殺中國共產黨創始人之一李大釗和其他革命黨人共二十人。

六月十一日，張作霖在北京順承王府召集會議，討論解決北方政治問題，孫傳芳、張宗昌及奉系將領參加了會議，會上孫傳芳積極主張擁戴張作霖為中國陸海軍大元帥，組成鞏固的安國軍政府，以完成對南方用兵和「討赤大業」，張宗昌等均表示贊同。六月十六日，由孫傳芳、張宗昌、吳俊升、張作相、褚玉璞、張學良、韓麟春、湯玉麟等八人聯名發表擁戴電，稱：「天禍民國，政綱解紐，國無政府，民無元首，紛紜擾攘，累載於茲。現在赤氛瀰漫，天日為昏，毒痛全國，無所不至。國民之期望，友邦之責備，皆以討赤為惟一安國之大計。」所以，「際此存亡續絕之交，正我輩奮身報國之日」，為了「拯神州陸沉之危，救元元塗炭之厄」，「惟有籲懇總司令以國家為前提，拯生靈之浩劫，勉就海陸軍大元帥，用以振奮軍志，激勵士心，堅中央出令之權，一全國同仇之愾，庶可道掃赤氛，澄清華夏」，張作霖也於當天發表通電，大肆汙衊人民革命鬥爭，詆毀共產主義事業，表明其反共反革命的反動立場，通電說：「……比者共產分子歸降蘇聯，宣傳赤化，甘心賣國，貽禍寰區。作霖不武，痛神明華胄等於鹿豕，大好神州淪於夷狄。為驅除洪水猛獸，不能不戰；為世界人類生存，不能不戰。用是聯合諸帥，共起義師。……一息尚存，此志不改。作霖未嫻政事，除完成討赤事業外，固無絲毫成見。」

在作了一番反共討赤表白後，張作霖於六月十八日午後三時半，在北京中南海懷仁堂宣誓就任陸海軍大元帥，並發表就職宣言：「比年以來，四方多難，國是蜩螗，中央無負責之人，邪說乃乘機而入。作霖者睹茲赤

氛日熾，不忍使五千年神明衣冠之冑，淪為異類；三萬里城社農商之盛，夷為荒墟。勉徇群情，於本月十八日就陸海軍大元帥之職。整理內治，惇睦外交，尤為當務之急。……赤逆一日不清，即作霖與在事諸人之責一日未盡。」張作霖於就職當天，任命潘復為國務總理，主持內閣事務。同時任命內閣成員：外交王蔭泰、內務省瑞麟、軍事何豐林、財政閻澤溥、實業張景惠、農工劉尚清、交通潘復（兼）、司法姚震、教育劉哲。至此張作霖成為北洋軍閥政府的最高統治者，終於實現了他多年來夢寐以求的願望。

為了在軍事上便於指揮，張作霖就任大元帥後決定，將過去各路軍隊的名稱，如北方鎮威軍、直魯聯軍、南方五省聯軍等，一律取消，統一稱為安國軍，任命孫傳芳、張宗昌、張學良、韓麟春、張作相、吳俊升、褚玉璞為第一至第七方面軍團長，張作霖分析當時形勢，認為北伐軍連戰皆捷，已據有兩湖、兩廣及江浙地區，建立起南京國民政府，已成為一支強大的軍事力量，而奉系軍閥窮兵黷武、連年征戰，遭到全國人民的強烈反對，其形象在老百姓心目中越來越糟，有鑑於此，要想鞏固奉系的地位，維護其在北方的統治，適時與南方議和是非常急需和完全必要的，遂於六月二十五日發表「息爭令」，企圖與南方政府在平等地位上議和，然而這息爭令剛發出，張作霖就開始後悔，原因是國內形勢又有新的變化，西元一九二七年七月，蔣介石、馮玉祥徐州會議後，雙方在如何對付奉系軍閥問題上產生分歧，接著國民黨南京政府與武漢政府關係破裂，桂、粵系軍閥也同南京政府產生矛盾，蔣介石於八月十三日通電下野。張作霖看到南方國民革命軍內部分崩離析，遂重新鼓起稱雄中原的野心，放棄了與南方議和的計畫，決定向南方發動大舉進攻。

命孫傳芳直軍主持津浦線戰事，奉魯軍繼續進攻河南，津浦線上的孫傳芳部計畫由浦口、揚州、江陰三處渡江，接下來前兩路進攻南京後一路沿滬寧路進攻上海，八月二十五日，孫傳芳部分軍隊順利渡江，先後占領了烏龍山、棲霞、龍潭、鎮江等地，八月二十六日，孫軍第二路劉士林部乘大霧強行渡江成功，並向棲霞、龍潭一帶集結，是時南京政府已派出何應欽第一軍和李宗仁第七軍前來阻擊孫軍之進攻，雙方在龍潭地區展開激戰，孫軍傷亡慘重，八月二十九日，白崇禧率部從上海趕來增援，孫軍三面受敵，堅持到三十日晚，終不能

敵，便率部分人馬退回江北，其餘大部被包圍殲滅。再說河南方向，奉魯軍對閻錫山部作戰是從十月二日開始的，先是晉軍乘奉軍立足未穩，急速出兵，使奉軍措手不及，迭失要地，十月七日，張學良和韓麟春在保定指揮奉軍第三、四方面軍團進行反攻，很快奪取定州、正定、石家莊、宣化、張家口等地，與此同時，晉軍第四師師長傅作義率部前出，占領涿州，直接威脅北京，十月十五日，張學良將指揮部移至高碑店，對涿州晉軍發動猛烈攻擊。

截至十二月中旬，奉軍總共向涿州發動九次總攻，動用了大砲、飛機、坦克、毒瓦斯、燃燒彈等多種武器，採取了重炮轟擊、鋪設鐵路炸城牆、綁紮雲梯登城、挖掘地道炸城等各樣方法，但涿州城固若金湯，傅作義從此以善於守城而著稱。在隴海線上，張宗昌部魯軍同馮玉祥部的戰鬥是從十月十一日開始打響的，魯軍從碭山以西之楊集向馮玉祥軍馬牧集部進攻，由於馮軍中路劉鎮華部姜明玉旅倒戈投敵，拆毀蘭封至李八集間鐵路路軌，並誘擒馮第八方面軍副總指揮鄭金聲，從而使魯軍初戰獲勝，至十月下旬，先後占領了歸德、民權、蘭封、考城等地，鋒芒直指開封，馮為擊破當面之敵，將其善戰之孫良誠、馬鴻逵部布防於杜良寨、杞縣間；石友三軍陣於杞縣城東；鹿鍾麟軍集結於杞縣、太康間；劉鎮華部五個師部署於考城；鄭大章騎兵軍向歸德以東迂迴運動，襲擾敵人後路；孫連仲、韓復矩軍集結於開封、鄭州，為總預備隊。

十月二十六日自黃河南岸至杞縣兩百里戰線上，兩軍主力展開決戰，晝夜肉搏，戰鬥慘烈，二十七日韓復矩部亦投入戰鬥，三十日拂曉與石友三軍併力進擊突破直魯聯軍陣線，孫良誠軍十一月一日占蘭封，二日占內黃，三日向歸德、考城追擊潰敵，韓復矩、龐炳勳兩軍，五日占歸德，俘直魯聯軍軍長袁家驥。是役馮玉祥軍俘直魯軍三萬餘人，繳獲各類槍支兩萬餘支，鐵甲車五列，大砲四十餘門，為馮軍出潼關以來獲勝最大的一次戰役，蘭封戰役後，張宗昌為擺脫兩面作戰的困境，遂決定在何應欽之中央軍未渡淮河前，集中優勢兵力，擊破馮玉祥的西北軍，當時張宗昌坐鎮徐州，派褚玉璞為前敵總司令；以劉志陸為右路總指揮，率所部五萬人進攻考城；以徐源泉為中路總指揮，率所部五萬人沿隴海路正面向西推進；以張敬堯為左路總指揮，率所部三萬

人向杞縣、太康挺進。馮玉祥為防禦直魯聯軍的進攻，在蘭封大捷後，將部隊向後收縮，命孫良誠部集中於蘭封以東、黃河以南地區；石友三部布防於杞縣東北地區；鹿鍾麟軍除留小部隊守歸德外，主力撤到太康、杞縣待命；韓復矩部兩個師控制在鄭州，並調劉汝明部出潼關東進，警備隴海沿線。

十一月十六日直魯聯軍劉志陸部向考城進攻，劉鎮華軍激戰三日，撤退至西瓜營一線，劉志陸揮軍西向，攻勢甚猛，但徐源泉、張敬堯兩路卻畏縮不前。馮玉祥採取各個擊破戰術，嚴令劉鎮華、馬鴻逵部在正面阻擊，以孫良誠之吉鴻昌師，向考城北迂迴攻擊；另以梁冠英師由定陶切斷敵之後方供給線，二十四日孫良誠軍開始攻擊，將劉志陸包圍於考城一帶，經五日激戰，擊斃其軍長潘鴻鈞，俘旅以上軍官四人及官兵兩萬餘人，繳槍萬餘支。孫軍乘勝追擊，連克菏澤、單縣，圍姜明玉於曹縣，同時馮軍之韓復矩、石友三、鹿鍾麟各部也向當面之敵發起進攻，至十二月一日，韓復矩軍占領碭山，三日進迫徐州城下，攻占隴海站，切斷津浦路，將張宗昌、孫傳芳圍困於徐州城內，隨後石友三、鹿鍾麟、龐炳勳等軍亦先後至達徐州外圍，十二月十四日，何應欽率領之中央軍第一軍團趕到徐州。何馮協同作戰，向徐州直魯聯軍發起攻擊，十六日，孫傳芳、張宗昌率部北逃，徐州宣告克復。

西元一九二八年一月，蔣介石重任北伐軍總司令，並作出北攻張作霖的決定。在此之前，蔣介石曾於西元一九二七年五月北上進攻奉軍，日本以「保護僑民」為名，出兵山東。這一次，蔣吸取教訓，事先赴日本與日首相田中義一進行密談，承認日本在中國東北的特殊地位，與日在對待奉張問題上達成默契。四月七日，蔣介石下達了討伐奉軍的總攻擊令，由蔣介石、馮玉祥、閻錫山、李宗仁等新軍閥，組成四個集團軍，共同向奉系軍閥發動攻擊。蔣介石率第一集團軍沿津浦路北上；馮玉祥第二集團軍之孫良誠第一方面軍進攻魯西，孫連仲第二方面軍進攻京漢路正面；閻錫山第三集團軍之北路總指揮商震、東路總指揮徐永昌分別防守雁門關和娘子關，以牽制奉軍主力；李宗仁第四集團軍為北伐軍預備隊。蔣介石在此役中之四個集團軍總兵力達百萬以上，分由津浦路正面之海州、歸德、曹州、濮陽，京漢路正面之井陘、五台、雁門等地出動，壓向張作霖控制的

冀、魯、察三省腹地。戰線北起晉北的偏關，東迄蘇北海州，綿亙兩千餘里。

四月十日，蔣、馮、閻三個集團軍同時下達攻擊令，當日蔣軍的正面部隊就占領了韓莊，左翼則渡過微山湖，占領了夏鎮、魚台，右翼占領了台兒莊、郯城等地。張宗昌精心構築的四十公里防線，一觸即潰，四月十二日，張宗昌敵不住蔣軍攻勢，下達總退卻令，同一天孫傳芳率所部向蔣軍發動猛烈反攻，並突破蔣軍左翼，收復魚台等地，但馮玉祥軍於十五日趕到，孫良誠所部騎兵攻占了巨野、嘉祥，進而於十六日占領濟寧，切斷了孫傳芳軍的後路，迫使孫軍慌忙後撤，損失十分慘重。此後蔣、馮兩軍一路未遇抵抗，於二十二日會師泰安城下，三十日泰安城破，至此張宗昌、孫傳芳在山東的防線徹底崩潰，二人於三十日晚狼狽逃走，張作霖聞知山東慘敗的消息，慌忙調吉黑兩省軍隊入關參戰，四月二十九日，黑龍江省督軍吳俊升率部開到德州駐防，然而此時戰場形勢對奉軍極為不利，迫使張作霖改變作戰方針，由攻勢作戰轉入防禦作戰，其時入關助戰的吉、黑部隊見大勢已去，作戰非常消極，在南方軍閥的咄咄攻勢下，奉軍連連敗退，而馮玉祥、閻錫山的部隊則乘勝迅速搶占了順德、大名、石家莊、正定、德州等地。

五月十一日，張作霖派吳俊升在榆關設立後方總司令部，掩護奉軍退卻，五月十九日，奉軍放棄張家口，五月三十日，張作霖召集張作相、楊宇霆、張學良等人舉行會議，決定即日下達總退卻令，停戰息爭，退出關外。

這時，張作霖承受來自內外兩方面的壓力，對內，軍事上的節節失利，勢窮力蹙，為了自保，只好退回東北；對外，日本帝國主義乘機進逼，要挾他履行在郭松齡反奉時與日本訂立的「日張密約」，日本公使芳澤在張決定離開北京的前幾天，不停地去糾纏他。直到六月二日，芳澤用電話問張：「那份文件簽字了沒有？」隨後，芳澤來到中南海，請求接見，張作霖未予理睬。嘴裡還說：「我張作霖最討厭這種辦法！我是東北人，東北是我的家鄉，祖宗父母的墳墓所在地，我不能出賣東北，以免後代罵我張作霖是賣國賊。我什麼都不怕，我這個臭皮囊早就不打算要了。」芳澤聽到這些話，「坐立不安，急得團團轉」，只好悻悻而去。

這時一個新的陰謀正在等著張作霖，六月三日凌晨一時十五分，張作霖乘車離開北京，六月四日清晨五時三十分，當張作霖所坐專列行駛至皇姑屯附近京奉、南滿鐵路交叉點時，日本帝國主義分子預掛在鐵路鋼樑上的兩百五十磅黃色炸藥發生劇烈爆炸，三節貴賓車全被炸翻，張作霖被炸成重傷，幾小時後死去，昔日的東北王，最後竟死在日本人手裡。

張作霖死後，年僅二十八歲的張學良易服回省，就任東三省保安總司令，國恨家仇，使他衝破種種阻撓，於西元一九二八年十二月二十九日毅然宣布東北易幟，懸掛青天白日旗，接受中央領導，西元一九二九年一月，南京國民政府任命張學良為東北邊防總司令長官，至此國民黨完成了全國表面上的統一。

奉系軍閥首領張作霖，「既非名門」出身，又「無特別宦途履歷」，僅一草莽英雄而已，但受清廷招撫後，卻青雲直上，由清軍管帶而至巡防營統領，辛亥革命後，因緣時會，又一躍而為民國師長、奉省督軍、東三省巡閱使，進而稱兵關內，問鼎中原，最後竟自封為北京政府陸海軍大元帥，居然成為北洋政府末代之國家元首，他的成長與發跡，既有很大的偶然性，又有一定的必然性，這就是亂世英雄起四方，有槍便是草頭王。

就個人經歷和性格來說，張作霖是一個很複雜的人物，他自身文化修養較差，但卻十分重視辦教育，創立了東北大學；他滿腦子封建思想，妻妾成群，但是絕對不許她們干政；他善於以「逐級分肥」之法籠絡部屬，但又能注意選賢任能；他非常專權，但又能對所信任之人大膽放權；他投靠日本帝國主義，但最終又不願當一個無恥的賣國賊，如此等等，美醜善惡，相互兼容。如果就政治信仰來看，張作霖無疑是封建、落後、反動的代表人物，如鎮壓辛亥革命，反共反蘇，殺害革命志士，鎮壓群眾運動等，都是逆歷史潮流而動的，奉系軍閥統治東北和入關爭霸，窮兵黷武，給人民帶來深重的災難，特別是他勾結日本，出賣東北利權，起了為虎作倀的惡劣作用，這一點是不容否定的。

沉睡的帝國：
藩鎮割據之亂與新政舊制衝擊的悲歌

作　　者　趙東艷、張志坤

發 行 人　林敬彬
主　　編　楊安瑜
編　　輯　王艾維、李睿薇
封面設計　蔡致傑
編輯協力　陳于雯、高家宏

出　　版　大旗出版社
發　　行　大都會文化事業有限公司
11051 台北市信義區基隆路一段 432 號 4 樓之 9
讀者服務專線：（02）27235216
讀者服務傳真：（02）27235220
電子郵件信箱：metro@ms21.hinet.net
網　　　　址：www.metrobook.com.tw

郵政劃撥　14050529 大都會文化事業有限公司
出版日期　2021 年 05 月初版一刷
定　　價　420 元
I S B N　978-986-99436-5-9
書　　號　History-133

Metropolitan Culture Enterprise Co., Ltd.
4F-9, Double Hero Bldg., 432, Keelung Rd., Sec. 1,
Taipei 11051, Taiwan
Tel:+886-2-2723-5216　Fax:+886-2-2723-5220
E-mail:metro@ms21.hinet.net
Web-site:www.metrobook.com.tw

◎本書由遼寧人民出版社授權繁體字版之出版發行。
◎本書如有缺頁、破損、裝訂錯誤，請寄回本公司更換。

國家圖書館出版品預行編目（CIP）資料

沉睡的帝國：藩鎮割據之亂與新政舊制衝擊的悲歌 / 趙東艷、張志坤著 . -- 初版 -- 臺北市：大旗出版：大都會文化發行 , 2021.05 ;384 面 ; 17×23 公分 . -- (History-133)
ISBN 978-986-99436-5-9(平裝)

1. 中國史

610　　109013165

大都會文化　讀者服務卡

書名：沉睡的帝國：藩鎮割據之亂與新政舊制衝擊的悲歌

謝謝您選擇了這本書！期待您的支持與建議，讓我們能有更多聯繫與互動的機會。

A. 您在何時購得本書：　　年　　月　　日

B. 您在何處購得本書：　　書店，位於　　（市、縣）

C. 您從哪裡得知本書的消息：

1. □書店　2. □報章雜誌　3. □電臺活動　4. □網路資訊
5. □書籤宣傳品等　6. □親友介紹　7. □書評　8. □其他

D. 您購買本書的動機：（可複選）

1. □對主題或內容感興趣　2. □工作需要　3. □生活需要
4. □自我進修　5. □內容為流行熱門話題　6. □其他

E. 您最喜歡本書的：（可複選）

1. □內容題材　2. □字體大小　3. □翻譯文筆　4. □封面　5. □編排方式　6. □其他

F. 您認為本書的封面：1. □非常出色　2. □普通　3. □毫不起眼　4. □其他

G. 您認為本書的編排：1. □非常出色　2. □普通　3. □毫不起眼　4. □其他

H. 您通常以哪些方式購書：（可複選）

1. □逛書店　2. □書展　3. □劃撥郵購　4. □團體訂購　5. □網路購書　6. □其他

I. 您希望我們出版哪類書籍：（可複選）

1. □旅遊　2. □流行文化　3. □生活休閒　4. □美容保養　5. □散文小品
6. □科學新知　7. □藝術音樂　8. □致富理財　9. □工商企管　10. □科幻推理
11. □史地類　12. □勵志傳記　13. □電影小說　14. □語言學習（_____ 語）
15. □幽默諧趣　16. □其他

J. 您對本書（系）的建議：

____

K. 您對本出版社的建議：

____

讀者小檔案

姓名：______________ 性別：□男　□女　生日：____年____月____日

年齡：□20歲以下 □21～30歲 □31～40歲 □41～50歲 □51歲以上

職業：1.□學生 2.□軍公教 3.□大眾傳播 4.□服務業 5.□金融業 6.□製造業
7.□資訊業 8.□自由業 9.□家管 10.□退休 11.□其他

學歷：□國小或以下 □國中 □高中／高職 □大學／大專 □研究所以上

通訊地址：______________________________

電話：（H）______________（O）______________ 傳真：______________

行動電話：______________ E-Mail：______________

◎謝謝您購買本書，歡迎您上大都會文化網站（www.metrobook.com.tw）登錄會員，或至Facebook（www.facebook.com/metrobook2）為我們按個讚，您將不定期收到最新的圖書訊息與電子報。

沉睡的帝國

趙東艷、張志坤◎合著

藩鎮割據之亂與
新政舊制衝擊的悲歌

北區郵政管理局
登記證北臺字第9125號
免　貼　郵　票

大都會文化事業有限公司
讀者服務部　收

11051臺北市信義區基隆路一段432號4樓之9

寄回這張服務卡〔免貼郵票〕
您可以：
◎不定期收到最新出版訊息
◎參加各項回饋優惠活動

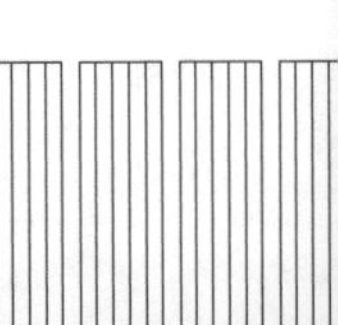